文革史料叢刊第二輯

第三冊：講話類

李正中　輯編

只有不漠視、不迴避這段歷史，中國才有希望，中華民族才有希望！忘記歷史意味著背叛！

——摘自「文革史料叢刊·前言」

蘭臺出版社

巴金先生说在文革
受尽火与血磨炼
的人是不会沉默的

八十又五叟
李正中

著名中國古瓷與歷史學家、教育家。
李正中　簡介

祖籍山東省諸城市，民國十九年（1930）出生於吉林省長春市。
北平中國大學史學系肄業，畢業於華北大學（今中國人民大學）。
歷任：天津教師進修學院教務處長兼歷史系主任（今天津師範大學）。
　　　天津大學冶金分校教務處長兼圖書館長、教授。
　　　天津社會科學院中國文化研究中心主任、研究員。
現任：天津理工大學經濟與文化研究所特聘教授。
　　　天津文史研究館館員。
　　　天津市漢語言文學培訓測試中心專家學術委員會主任。
　　　香港世界華文文學家協會首席顧問。
　　　（天津理工大學經濟與文化研究所供稿）
為加強海內外學術交流，應邀赴日本、韓國、香港、臺灣進行講學，
其作品入圍德國法蘭克福國際書展和美國ABA國際書展。

序言：中國歷史界的大幸，也是國家、民族之大幸

張培鋒

李正中先生積三十年之功，編集整理的《文革史料叢刊》即將出版，囑我為序。我生於1963年，在文革後期（1971-1976），我還在讀小學，那時，對世事懵懵懂懂，對於「文革」並不瞭解多少，因此我也並非為此書寫序的合適人選。但李先生堅持讓我寫序，我就從與先生交往以及對他的瞭解談起吧。

看到李先生所作「前言」中引述巴金老人的那段話，我頓時回想起當年我們一起購買巴老那套《隨想錄》時的情景。1985年我大學畢業後，分配到天津大學冶金分校文史教研室擔任教學工作，李正中先生當時是教務處長兼教研室主任，我在他的直接領導下工作。記得是工作後的第三年即1987年，天津舉辦過一次大型的圖書展銷會（當時這樣的展銷會很少），李正中先生帶領我們教研室的全體老師前往購書。在書展上，李正中先生一眼看到剛剛出版的《隨想錄》一書，他立刻買了一套，並向我們鄭重推薦：「好好讀一讀巴老這套書，這是對「文革」的控訴和懺悔。」我於是便也買了一套，並認真讀了其中大部分文章。說實話，巴老這套書確實是我對「文革」認識的一次啟蒙，這才對自己剛剛度過的那一個時代有了比較深切的瞭解，所以這件事我一直記憶猶新。我記得在那之後，李正中先生在教研室的活動中，不斷提到他特別讚賞巴金老人提出的建立「文革紀念館」的倡議，並說，如果這個紀念館真的能夠建立，他願意捐出一批文物。他說：「如果不徹底否定「文革」，中國就沒有希望！」我這才知道，從那時起，他就留意收集有關「文革」的文獻。算起來，到現在又三十年過去了，李先生對於「文革」那段歷史「鍾情」不改，現在終於將其裒輯付梓，我想，這是中國歷史界的大幸，也是國家、民族之大幸！

前兩年，我有幸讀到李正中先生的回憶錄，對他在「文革」中的遭遇有了更為真切的瞭解。「文革」不僅僅是中國知識分子的受難史，更是整個民族、人民的災難史。正如李先生在「前言」中所說，忘記這段歷史就意味著背叛。李先生是歷史學家，他的話絕非僅僅出於個人感受，而是站在歷史的高度，表現出一個中國知識分子的真正良心。

就我個人而言，雖然「文革」對我這一代人的波及遠遠不及李先生那一代人，但自從我對「文革」有了新的認識後，對那段歷史也有所反思。結合我個人現在從事的中國傳統文化教學與研究來看，我覺得「文革」最大的災難在於：它對中華優秀傳統文化做出了一次「史無前例」的摧毀（當時稱之為「破四舊，立新風」，當時究竟是如何做的，我想李先生這套書中一定有非常真實的史料證明），從根本上造成人心

的扭曲和敗壞，並由此敗壞了全社會的道德和風氣。「文革」中那層出不窮的事例，無不是對善良人性的摧殘，對人性中那些最邪惡部分的激發。而歷史與現在、與未來是緊緊聯繫在一起的，當代中國社會種種社會問題、人心的問題，其實都可以從「文革」那裡找到根源。比如中國大陸出現的大量的假冒偽劣、坑蒙拐騙、貪汙腐化等現象，很多人責怪說這是市場經濟造成的，但我認為，其根源並不在當下，而可以追溯到四十年前的那場「革命」。而時下一些所謂「左派」們，或別有用心，或昧了良心，仍然在用「文革」那套思維方式，不斷地掩飾和粉飾那個時代，甚至將其稱為中國歷史上最文明、最理想的時代。我現在在高校教學中接觸到的那些八十年代、九十年代後出生的年輕人，他們對於「文革」或者絲毫不瞭解，或者瞭解的是一些經過掩飾和粉飾的假歷史，因而他們對於那個時代的總體認識是模糊甚至是錯誤的。我想，這正是從巴金老人到李正中先生，不斷呼籲不要忘記「文革」那段歷史的深刻含義所在。不要忘記「文革」，既是對歷史負責，更是對未來負責啊！

記得我在上小學的時候，整天不上課，拿著毛筆——我現在感到奇怪，其實就連毛筆不也是我們老祖宗的發明創造嗎？「文革」怎麼就沒把它「革」掉呢？——寫「大字報」，批判「孔老二」，其實不過是從報紙上照抄一些段落而已，我的《論語》啟蒙竟然是在那樣一種可笑的背景下完成的。但是，僅僅過去三十多年，孔子仍然是我們全民族共尊的至聖先師，「文革」中那些「風流人物」們今朝又何在呢？所以我認為，歷史是最公正、最無情的，是不容歪曲，也無法掩飾的，試圖對歷史進行歪曲和掩飾其實是最愚蠢的事。李正中先生將這些「文革」時期的真實史料拿出來，讓那些並沒有經歷過那個時代的人們真正認識和體會一下那場「革命」的真實過程，看一看那所謂「革命」、「理想」造成了怎樣嚴重的後果，這就是最好的歷史、最真實的歷史，這也就是巴老所說的「文革紀念館」的一個重要組成部分啊！我非常讚成李正中先生在「前言」中所說的，只有不漠視、不回避這段歷史，中國才有希望，中華民族才有希望！

是為序。

中華民族最黑暗的年代「文革」48周年紀念於天津聆鍾室

〔注〕張培鋒：現任南開大學文學院教授博士班導師

古月齋叢書4　文革史料叢刊　第二輯

首長講話
天津工学院紅衛兵战友
电61-1
李劍美
封面设计很美有才华
不知今日干啥?

《重要講話》

这篇文章很重要，請好好读一读。——不便告訴作者。

〈一〉娃娃们要造反，要支持他们，让他们自己闯出一条路，不怕犯錯誤。

〈二〉同志们！这是小将们向我们这一大批老将们挑战了。难道我们不应当向他们学习一点东西吗？------如果我们不向小将们学习，我们就要完蛋了。

〈三〉要发揚民主，要虚心听别人批評，要听人家批評。自己要经得起批評。------总之，让人家說話。天不会塌下来，自己也不会垮

〈四〉群众一到魔鬼全消。本来没有鬼，只在一些同志的头脑里感到有鬼。这个鬼的名字叫"怕群众"。

〈五〉要真正把问题敞开，让群众講話。那怕是骂自己的話，也让人家講。骂的結果无非是自己垮台。不能做这项工作了，降到一般机关去工作，或者調到别的地方去工作。那又有什么不可以？一个人为什么只能上升不能下降呢？我認为这种調动，不論升与降，都是有益的。可以鍛炼革命意志，可以調查研究許多新情况，增加許多有益的知識。

〈六〉牢骚也罢，反动言論也罢，放出来就好。牢骚是一定要人講的，虽然言者无罪，反动言論放出来以后，他们就会立刻感到孤立，他们自己会作批評。不批判也不要紧，群众的眼睛中已经照出他们的真容，跑不掉了。也可以执行言者无罪这一条规律。

〈七〉要坚持原則，同时要有独創精神。什么叫坚持原則？就是要有无法无天的精神，要破除迷信，反对四平八稳。要在运动中自觉，是否方向对头。

世界上做大事的人都是年青人。

要有高尚的风格，要有势如破竹，高屋建瓴的气概。

要把心交出来，不要当面不說------不要逢人只說三分話。

〈八〉領导工作怎么搞？

①抓思想 ②抓动态 ③抓政策 ④抓措施 ⑤目前下面情况

放。

要路线正确，方向对头；又要鼓足干劲，力争上游，有独创精神，要方法对头，根据唯物主义和辯証法，要看到问题抓起来。

〈九〉让人讲话，是采取主动好还是被动好？当然主动好。已经处于被动了怎么办？过去不是民主，还陷于被动地位，那也不要紧，请大家批评吧！白天出气，晚上不看戏，白天晚上都听你们批评（笑声）这个时候，我坐下来冷静的想一想，三、五天晚上睡不着觉，想通了，然后诚诚恳恳地作一篇检讨，这不就好吗？

〈十〉：各种剥削阶级的代表人物，当着他们处于不利的情况的时候，就要保护他们现在的生存，以利将来的发展。他们往往采取以攻为守的策略，或者无中生有的当面造谣，或者抓住若干表面现象攻击事物的本质，或者吹捧部份人，或者借题发挥，冲破一些缺口使我们处于被动地位。总之，他们总是在研究对付我们的策略，窥测方向以求得逞，有时他们会躺下，以待时机反扑，过去他们有长期的阶级斗争的经验，有时他们会作各种形式的斗争——合法的斗争和非法的斗争。我们革命党人中须懂得他们这一套，必须研究他们的策略，以便战胜他们。切不可书生气十足，把阶级斗争看得简单了。

〈十一〉：主动就是"高屋建瓴"，"势如破竹"，这件事来自实事求是，来自客观外界的辩证法的认识过程，中间经过许多错误的认识，逐步改正这些错误，以求得正确。

错误不可不犯，如列宁所说："不犯错误的人从来没有，郑重的党在于把错误找出错误的原因，公开改正，我党的总路线是正确的，实际工作也是基本上做得好的，有一部份错误也是难以避免的。哪里有完全不犯错误的，一次就完成了真理的圣人呢？真理的认识是不是一次完成的，而是逐步完成的。

我们是辩证唯物主义论者，不是形而上学认识论者。自由是必然的认识，从必然王国到自由王国的飞跃，是一个长期认识过程中逐步完成的，对于我们的社会主义革命和建设，我们已经有了十几年的经验，已经懂得不少东西了。但是我们对于社会主义经验不足，在我们面前还有一个很大的未被认识的必然王国。我们还不深刻认识它，我们要在今后的实践中继续调查研究，从中找出它固有的规律，为社会主义服务。

〈十二〉：以真正平等的态度对待干部和群众，必然使人们感到人和人互间的关系确实是平等的，使人感到你的心是交给他的。学习鲁迅，鲁迅的思想是和他的读者交流的，和他的读者共鸣的。人们的工作分工不同，职务有所不同，但是任何人不论官有多大，在人民中间都要以一个普通劳动者的姿态出现。决不允许摆架子，一定

摆官气，对于下级提出的不同意见，能够耐心听完，并且加以
，不要一听到和自己不同的意见就生气，认为是不尊重自己，
以平等态度待人条件之一。

十三、……实行这个方法，有个根本出发点，必须坚持相信群
大多数是会站在我们方面的，是讲道理的，这一点已为运动的
经验所证明。

十四、我敢说一句话，他日，中华民族的改革将较任何民族为
，中华民族的社会，将较任何民族为光明，中华民族的大联合
任何地域，任何民族，而先告成功。

十五、攻其一点或数点，尽量夸大，不及其余。這是一種脱离
的形而上学的方法。一九五七年资产阶级右派分子向社会主义
进攻，他们就是用的這种方法。我党历史上吃过這种方法的大
就是教条主义占统治地位的时期。王明路线就是如此。修正主义或者右
会主义也用这种方法。我们应该总结过去的经验，从认识论上加以批评
独秀和抗日战争时期的王明路线也就是如此。一九五四年高岗、饶漱
党联盟也用這种方法。

我们应该總結过去的經驗，从认识論和方法論上加以批判，使
觉醒起来，以免再吃大亏。好人犯了别錯誤的时候也会不自覺
用這種方法。所以，好人也要研究方法論。

这种狗屁文章也要翻印，看来我们的大学生脑子都进水啦！
一群缺少家教的混蛋。

天津工学院 红衛兵 红战友

电611 再翻印

一九六六年十二月九日

一九六六・十二・九晚十点

周 总 理 讲 話

在中南海小礼堂

同学們、紅卫兵战友們：

今天临时召开这个会，在座位問题上发生了争执，现在移上台，一视同仁，过去我和紅卫兵談話总是在台下。今天讲对外問题。紅卫兵六月誕生后，七月发展，仍是少数，但是被毛主席发现了，抓住了，毛主席給清华附中的支持，在陈伯达同志的讲話中讲到过。八月十八号接見紅卫兵，上天安門震动世界，成了一股青少年突击力量。这个最新力量不仅中学发展了，大学也发展了，且推到全国社会各个方面，工厂、企业事业、科研单位，甚至农村也出现了，紅卫兵过去我们曾有一个时期設想大中学校組織紅卫兵。初期限于大中专院校，其他没有紅卫兵組織的停一停看一看。大中学校紅卫兵向各地串联而其它紅卫兵并不串联。后来被这种蓬勃发展的形势冲破了，其他没有紅卫兵組織的也以战斗組出现。现在看起来是大势所趋，影响全国各个方面，影响全世界，这是伟大的創造。在别的国家没有。我们把紅卫兵袖章送給外国朋友，是友誼的标誌，作为留念。促进革命友誼的发展。现在全世界注视着紅卫兵的一举一动。特别是北京的紅卫兵，这就是紅卫兵对世界的影响。目前由于条件不成熟，不可能組織国际紅卫兵，国际紅卫兵也不能自称，我们要考虑一下，看属于那一派。这是下一段的事。

今天讲紅卫兵对外影响的問题，这是关系到国家声誉，而且也关系到毛主席的号召，影响声望的問题。现在談第三个国际活动，第一次国庆活动在首都是好的，当然做了一些工作。努力学习十六条，党的方針政策、語录和人民日報社論，爭取对外大方向一致。这样下工夫得到一些收获。国际評价是好的，这些消息在参考消息登了好多，過去大学生能看到，（叶剧栄鑫同志注意一下）以后中学生也可以看参考消息。第二个活动是广州对外商品交易会，在貿易战綫上，我們紅卫兵也起了相当的作用，給出口商品提了很多意見。展覽会上紅卫兵参观，三十天有二十七万人，平均每晚一万多，这么大的数字，但紅卫兵遵守紀律，提了很多意見，那些不能表现无产阶級文化大革命气象一新的东西。打破了商品出口框框……。第三个活动就是这次中日青年大联欢以前日本反动派阻挠破坏，日本青年不能来，但日本左派青年向往中国青年带有狂热。上年來到中国來，受到中国青年热烈欢迎。今年与去年不同，社会主义革命推到一个更新的阶段。他們来可以有更新的体驗。今年日共修正主义压制他們，他們和左藤政府一起压迫他們，日本青年在反帝反修反对反动政府斗爭中打开了一条路，从両方面看，我們的斗爭热情提高到更高的阶段。他们又反帝又反修，这样相見会分外知己。今年中日联欢比在去年电影上看到的那些带有低級趣味和資产阶級的，今年不能再出现了。去年彭真这些出來欢迎日本青年。那些彭真的面派拉拢腐蝕。今年揭发了彭、罗、陆、杨反党集团，还揭发了資产阶級反动路綫，坚决擁护毛主席的正确路綫。在这种形势下，接待那些排除万难的，按主席教导：下定决心，不怕牺牲，排除万难，去爭取胜利。

党中央有了国庆活动，广州对外貿易交流的經驗，又有了籌备中日青年联欢的經驗。对于这个問題，沒有注意，結果出了問題，这証明了越不注意的地方，越是要出問題。主席說要在游泳中学会游泳，要在斗爭中学会斗爭。事情发生了，中央抓了，昨天知道了，今天开这个大会（这时有人遞条子要总理坐下。总：开会老坐，难得站的机会

毛主席、林副主席信任的。我提醒你們，我講的話不是百分之百的正確，有一半对就了不起，但我沒坏主意，我是高举毛泽东思想偉大紅旗講話的。在这次联合行动中，我們要抛弃私心杂念，即使有錯誤意見，可以保留。我們要求在毛泽东思想旗帜下联合起来，要求对中日联欢有共同的行动。

中央兩次文件，十月五日批轉中央軍委关于"平反"的通知，十一月十六日的补充規定，現在找个典型都沒有。現在还在爭。你們是各紅卫兵代表，是負責的，可以談一談要用什么方法組織工作机构。十四个单位如何組成一个領导。恢复在民族飯店的秩序。那种打架的方法，对敵人是需要的。紅卫兵是解放軍的后备力量，你們要学习解放軍。最后一批接見，主席說动員軍隊工作人員去訓練，收到了成績，建立了管理，排班的都編。每天学习，晚上文娱生活、学語录。現在宣布：十二月二十日以后，解放軍休整一下，調二十万補助中学参加訓練，大学后一步，紅卫兵是解放軍的后备軍，北京的中学訓練一个月，然后轉到大学。冬季过軍事生活很好。我在湖南、尽管搞过几年，我指揮百万人，我在北方搞軍訓，身体很好，你們現在与我們比較完全不同了，你們在毛泽东时代条件比我們好，你們拿毛主席的話去学，今冬訓練，明春出去串联更有紀律。

还有一个問題，糾察队的名字，开始我有好感，1924——1927年大革命时期，工人糾察队防止工贼破坏罷工，防止資本家的狗腿子，手枪手的保护罷工机构。可現在糾察队变成紅卫兵的上一級，接待日本朋友一定要以紅卫兵組織出現，糾察队的名字改不改由你們，伯达同志說不用糾察队这个名字，我同意伯达同志的意見，但執行不下去。（周恩來同志說：海淀区×××糾察队用条子說打人是枝节問題），周总理生气地說：我不同意。隨手从衣兜里掏出一个小紅本

可憐的周恩來！活得太累了！

子，讀了林彪同志八月三十一日的講話……武斗只能触及皮肉，文斗才能触及靈魂。）斗走資本主义道路的当权派还是如此，何况我們紅卫兵自己。所以打人不是枝节問題，是原則問題。这个問題，存在在北京城里！

再談斗爭大方向問題：进行徹底批判那些还不改的人，要斗爭走資本主义道路的当权派，公开批判彭、罗、陆、楊的反党集团，要深入斗爭，这就是阶級斗爭。这就是大方向，要把許多隱藏的敌人揪出来，他們成不了气，但他們还搗乱，我們不要被敌人利用，如作多一些，他們会鉆空子，我呼吁不要受蒙蔽，不要上当，这一小撮人还在活动。大街上出现反动傳單，污蔑我們偉大領袖毛主席、林彪同志、中央文革。你們是否假革命，有責任揭穿这个問題，看看这是誰搞出来的，要整頓自己的队伍、特别要并擊傲去德，真正高举毛泽东思想紅旗，学习十六条、毛主席著作，在阶級斗爭中鍛炼自己，継續把革命搞好。

問題很多，我这个講話希望对同志們有参考价值。我講的不能百分之百对，但基本原則我是坚持的。

（廖承志同志講話略）（肖荣鑫同志講話略）

（群众递给总理許多条子）同学問：第一司令部属于哪一派？

总理回答：第一司令部偏左，后又改組。是保守、还是奋斗，由群众来定，比我封的好。

总理継續回答同学提出的問題：西城区要求跟我談話，我愿意单独跟你們談。說老实話，咱們要以誠相見，我贊成陈伯达講的，高干子女最好不当領导，但有的高干子女与父母脱离关系，我不贊成，这办法不好，不提倡，革命靠自己，要在大风大浪中鍛炼自己。相信只要有一颗信任毛主席的紅心，只要緊跟毛主席，革命群众不抛弃他。

周总理、李先念副总理在中南海小礼堂接見財貿及革命造反派代表的講話
(1967年2月17日凌晨2.40—5.30)

周　总　理　講　話

(未經总理审閱，仅供参考)

今天請各部、委、各学院的革命造反派来談話，沒請部长、司局长。杜向光，站起来！出去！（杜向光对抗总理指示，迟疑着不走，李付总理讲：“滚出来！”周总理对紅卫兵讲：“紅卫兵，执行任务！把他赶出去！”杜不得不拿起衣服往外走，要到門口时，总理說：“解放軍同志，把他逮起来！”几名解放軍同志把杜逮捕了）。

（同志們高呼：战无不胜的毛泽东思想万岁！毛主席万岁！坚决执行周总理指示等口号。）

总理：謝謝同志們的帮助。

財政部的同志，你們受他蒙蔽，（同志們高呼：受蒙蔽的同志觉悟过来），他要夺財政大权。財政业务大权我說只能监督，不能夺。敖本立，你到前面来讲，是不是这样（敖本立走到前面，坐在总理身边說：“是这样。”）那你們为什么不这样作？！（敖本立答：“我錯了……”）（接着，总理讲了杜向光如何对抗中央指示的情况。詳見“先念同志同財政部前付部长杜向光讲話記录”下面几句話可充分反映杜公然违抗中央的面目，杜說：“总理下命令，我怀疑。”并說：“我个人意見，夺业务权夺的对！”李付总理問：“总理指示为什么不执行！”杜答：“沒有理解，不能盲目执行。”）

財政、外交、公安的权不能夺，他这样做，使中央受了損失。他們解散了党組，党組可以由群众宣布解散嘛！他們給吳波、姚依林扣了罪名，使財經的学生受了蒙蔽，犯了錯誤。

你們就相信杜向光？財政大权能象你們这样的夺？把財政大权交給你們，这不是夺到中央来了？！夺毛主席的权了！这是中央啊！中央的財政大权，財政部不是单独的，这是中央的，党权、政权、軍权都是大权，政权里还有財权等，这些权不能夺。我总鼓励你們，想拿財貿口、外事口作为全国的典范，但是結果却成了搬起石头砸自己的脚。这样的杜向光，大权能給他嗎？財政大权不能夺，这样做我們要犯罪的，把事情弄糟了，我們要負責的，你們刚刚起来，光靠你們就能把权掌住了嗎？！杜向光是典型的个人主义，我們三次让秘书叫他出去，他不出去，我叫他，他还不走，这总算仁至义尽了。他和先念同志談話，最后，还說什么：“現在夺权了，党組会不能开了。”然而他却摇身一变成了造反派的头子，这不是把革命的队伍攪混了嗎？把人民的事业搞乱了嗎？財政部还有黑手王××，王××在背后伸手。你們年青，我們不会挫伤你們的干劲的，但走到边緣了，我們要提醒你們，不要走到歧路上去。首先我要作自我批評，太信任你們了，不知你們当中有人混水摸魚。

●，前次接見外貿学院的同学犯了火烧我的錯誤，貼我的大字报，我已說不要紧了我們几十年的共产党員，这样的容量应該有的，然而現在这样的事，犯这样严重的錯誤，我們就不能忍受了，現在援助的事多的很，世界上只有中国援助越南，李先念同志刚和越南同志談判完，陈毅付总理和毛里塔尼亚签訂协定，毛主席接見了。可是对外經委主任方毅同志被你們斗了一个月，工作不能进行，几千个援助項目，这样斗怎么行呢？我很难过，逼得我下命令让方毅同志休息。

我們外債还光了。內債到1968年还光。这能說不是执行的毛主席的路綫嗎？你們不看大局，就听信一两个人半眞半假的材料行嗎？！在最困难的年月里，高举毛泽东思想伟大紅旗是軍队。

外事口在国际上建立了广泛的反美統一战綫，財貿口还清了外債。世界上那有一个国家不是借外債、欠內債的，美国就有各种內債。我們这么大的国家，能够这样的自力更生，不是毛主席的思想指导，怎么会取得这样大的成績？不錯，陈云是有他的影响，但未能占統治地位。每次也只有两个月，你們不算大賬，这样搞文化大革命还行，这样子批斗法，能不能上当啊！

1962年刘少奇搞財政赤字，我們頂回去了，毛主席給我們五年进行調整，我們二年就完成了。外貿在許多方面政治不挂帅，但是执行命令是坚决的。

对吳波，你們就是因为一个桃园大队的問題，非把他打成反党分子，結論党中央做嘛！林业口象王震，这样的搗乱中央前天开会还决定保他。

紅旗第三期社論第三段是毛主席加的，怎么可以把三、四十年的老干部都不要啦！他們都不好？姚依林是我叫他来中南海休息的，你們对他下通緝令，就是对中央下通緝令。你們还年青，你們的闖劲，革命干劲我們千个万个信任你們，但要有組織性、紀律性。

过去許多部政治不突出，我能讲的都沒有向你們隐瞒过，可是你們不能搞到中央头上来，不能把党、政、发号施令权都夺过去，要有界限嘛。同志啊！也好，有許多事情都是从反面教育人的。今天杜向光問題就是阶級斗爭，他用造反派名义来混水摸魚，我是先礼后兵的，你們靠一个杜向光就来夺財政大权啊！事前先念同志和杜向光打了招呼，准备明天接見他們，可是他还是这样，今天要来。

干部三結合我們是欢迎的，我們主张，但想混水摸魚是不行的。一月廿二日讲了夺权斗爭，实际上我們从上海的斗爭上就开始准备了，这个准备想让你們試点，十八日我讲話支持你們夺权，比外事口早，外事口現在还未开成，現在你們却弄成这个样子，不过还不晚，夺权才一个月嘛！

北京大学的大字报，"五四运动""一二九"一直是学生带头。到了夺权斗爭阶段，就不是聶元梓一张大字报能解决問題的了，就要广泛的发动群众。上海夺权，主席首先看到，說要支持，九号以后我們发表了。在地方上我們要实行三結合，革命領导干部一种是犯了錯誤又改了，一种是有些反党反社会主义言行，但不是屡教不改的，还允許将功贖罪，撤职留用，限期观察，将功折罪，以观后效。吕正操如果改了还有希望嘛！这是主席讲的"惩前毖后，治病救人"党的革命传統政策，毛主席从遵义会議以后就提出的，我們清清楚楚的知道，我們犯过錯誤，允許我們改正。怎么能这一次把这么多老干部都丢掉，外边有許多标語，都不是中央同意的，我們要和紅卫兵开会，这是降低了斗爭水平。現在北京的漫画登到香港去了。甚至現在又搞到解放軍身上了，围攻軍区刚才我費了很大劲說服他們。三位一体才能算无产阶級革命派夺走資本主义当权派的权。毛主席不贊成加坚持资产阶級反动路綫的頑固分子。

中央各部夺权，凡是未經中央同意的，不能算数。中央各部都是走資本主义道路当权派的？中央不能作这样的結論，过去文件上包括坚持资产阶級反动路綫的頑固分子很不好，主席不贊成。这样就有人伸黑手了，象杜向光这样的，一个人事不由己的，杜向光今天不来，我們不能这样做，但今天他来了，走的比我們原想的更远了。現在的夺权只能是四清夺权的继續。主席把范围縮的更小，免得年青同志方向不准确，主席看到了目标一扩大，坏人就会伸手，打击目标要有的放矢，不然就要乱打，团結不了大多数。李先念同志和杜向光吵了半天，杜說党組解散了，連李先念同志的第一书記也不要了。主席看到打击目标太大了，就会有問題。过去文件上有坚持资产阶級反动路綫的頑固分子，以后不会有了，路綫要掌握的非常严格，每个步驟都要抓紧。你們要懂得，地方上都是夺党內走資本主义道路当权派的权。中央一定要发生鏈鎖反应。但是不能說中央各部都是党內走資本主义道路当权派。极少数的，如广播事业局是由下而上夺的，但也不成功，还得三結合，包括革命領导干部、革命的中层干部、革命造反派。由监督业务走到三結合，中央各部門不能軍管。

“长”字号的現在可以逐步吸收，个别吸收，这样的三結合，組成革命委員会，成立监督机构，这样有好处，領导人也要有人管。你們这半年来管的好嘛！你們造反造的好，就是火烧多了一些，只要不打倒，打倒就得靠边站了。如果我們对国家大事不过問，把中央的事都交給你們，做群众尾巴，你們能承担得起嗎？！你們陷进去，行嗎？我們怎么对得起党和人民，这是犯罪啊！

你們这有廿多岁，卅多岁的，还有四十多岁的。二月七日李先念同志讲的就是不听嘛！你們这样，怎么能把毛主席的作风传下去？到了这样的关头，我們还是要管的。各部門的夺权斗爭，业务采取监督形式，要給領导同志一个机会，让他們亮相，彼此建立了信用，以后成立革命委員会，就会起到监督作用。前两天我把这推荐到外交系統，我还把这个推荐給你們来試点。

先念同志叫財政部的同志来，你們說：“对李先念无話可說。”（下面同志們插問：“誰說的，站起来！”随后群众又气憤地叫在总理接見前鬧事的刘振宇等其他三人站了起来。）刘振宇同志的态度很不对头嘛，采取的是敌視的态度。我們不願意你們走到反面去，你們走过头，就要走向反面的，你們应該懂得这些，杜向光是相反的性质的。你們走到边緣了，我們不提醒不行。你們回去开个会，痛切的检討（李先念付总理插話：“財經学院八·八队……（記不清单位）犯了方向性錯誤”）要好好的冷靜一下头脑。

三結合不容易，只能监督，过了份的要退出来，只能监督。外貿部还好一点，粮食部也好一些，因为我們作了工作。各部业务工作你們管錯了，我就要犯錯誤，对人民，对毛主席犯罪。主席这样信任我們，我們能不管嗎？財政部是个反面的例子，党組还要恢复，还是吳波、还是先念。三次人大时就有提出不兼，毛主席說一律兼。薄一波、陆定一是中央发覚的。罗瑞卿是沒发覚，但林彪同志心中有数，沒告訴我們。財政部党組恢复你們內部整风，你們解决你們自己的問題，杜向光不能作財政工作。郭福成（可能有誤）还不忙拉进来。你們不能欺騙我們。你們不能不信任我們，你們回去整风，痛切地检查。

别的部监督业务变成領导业务的退出来，党組还得恢复，商业部还是姚依林，通緝令取銷，要道歉。也要好好检查，不然要走到反面的。工交系統他們那样做法，我們不同意。鉄道部鬧的很厉害打得一塌糊涂，我們已經讲了十次了。这样子，要走到反面的。其他部門如果有这些問題，也应加以考慮。你們只能监督，不能領导。責任还是部长，司局长負。党組織权要恢复，监督业务不能超过份。

各部运动要以本身造反派为主。有关学校根据情况参加，以本部造反派为主。有些部就是不能让外面去参加的，如公安部，允許政法学院試一下，夺了北京市公安局，但效果不好。一百多人管一万多人，把高一級領导全靠边站了，就光靠下面的人出点子，这就出現了随便捕人，結果秩序維持不了，只好軍管。我們想通过这样做，把彭、罗的黑手抓出来，这是小小的不成功的試驗，外部代替了，外部一掌权，內部就造不起反来，全部包下来变成了黑白不分，好坏不分，最后不行了，只好軍管。天津更严重，內部的坏人造了反，张淮三这样的人造了反，天津十几天連崗楼上的民警也沒有，他們还挂了牌子“天津政法公社”，这是假的。我們只好接管，接管后天津人民欢騰极了。你們一旦有了名就有人想到处沾你們的光吶，你們要防止有人冒你們的名，本身尾大不掉。北航是有威信的，很多地方用北航的名字，如貴州有一个北航貴州分团，其实根本沒有北航的人。“盛名之下，其实难符”，要小心。地质东方紅、北航紅旗、清华井崗山、北大、財經学院八・八队等，都是有名的。我有个感覚，当革命造反派处于政治优势时最好，保守势力开門整风，分崩离析，但当革命造反派变成組織上的优势时，危险就来了，西安交大发展到98％以上，西北工大及××占70—80％，革命的、保守的都包含在內，思想不那么一致了，管不了了，同时坏人就来鉆空子了。在政治优势时应继續前进，要以各部的革命造反派为主，把部內造反派发动起来，三个学院（財經学院、商业学院、外貿学院）的同学要帮助造反派夺“私”字的权，树“公”字的权。三司的文章的确很好，今天光明日报轉登了首都紅卫兵写的一篇文章，就是干部問題，把我今天說的都写了，說明年青小将思想确实先进。帮助各部造反派起来，然后就舍己为人，如果眞有感情，也可以留一部分，可以长期住下去，但必須是全心全意的眞正願意为革命的人。在調查部的国际关系学院的同学，有一部份同志要回学校继續念书，搞完就回去，与人为善，舍己为人，也有一部分同志因为工作中知道了一些机要的东西，离不开了，他們就願意留下来。我还是这个意見，少数人对那个部建立了思想感情，不是三心二意，可由双方革命造反派协商留下来。这要固定，不能今天来，明天走。建立新秩序，可以輸送新的力量，不在数量，而在政治优势。到数量优势时要吸收中层干部了，我們不反对中层干部参加造反派。部的业务系統不要打乱，以后要有一部分人被調开。

薄一波等要罢官，梁膺荣被捕起来了。还有留用、撤职留用、停职留用。今天宣布了荣高棠罢了官，他有一个历史問題。干部要排队，在群众面前要表态、亮相，上級領导也要考察。不能象現在这样斗法，比如方毅同志，他的机构最小，只有几百人，国外还有几个专家，工作很好，斗了他一个月，他还签了二十多个协定。那天与毛里塔尼亚签訂协定时，他沒来，外經委主任不到，怎么行？我問为什么不来，說造反派让他检查，交待汪道涵問題。但这是国家的事，越南同志、非洲朋友都知道他，他不出席就使人感到他有問題了。这人很謙虚，让别人代替他来，他作检查。現在对干部一斗就是十几天，連續不放张霖之的死，我心里很不安，斗了四十多天，突然死了，这人有他的长处。康世恩、段君毅、王磊等人是我下命令要回来的。听說还要开万人大会，斗謝北一，也不与我們打个招呼。

主席是非常实事求是的，1919年时主席說他还是个爱国主义的无政府主义者。肖三和主席是同学，上学时不用功，吊儿郎当的，他写了主席传，主席很不高兴，那些話不能用，如“天下者，我們的天下……”这些話資产阶級也可以用，沒有阶級性，主席不贊成用。刊登的主席詩詞，第一首是从1925年开始的。但主席写的第一首詩何尝是这一首，早在中学时主席的文笔就出名了。主席一篇也不拿出来。1925年他已經是中央委員了。主席要求很严格，以历史唯物主义眼光来衡量。乱用，就不合乎主席思想。

关于干部的斗爭，不能这样斗，一斗几十天，十几天，业务耽誤了，身体也摧残了，不能用对待敌人的办法来对待他們，你們不算什么，我們看了心里不忍。老干部都这么对待，他們不能沒有情緒。每一次主席开会，都是先讲革命，后面都要讲一段干部。如果主席的干部政策，不能在你們手中传下去，很不好，1935年以前是“无情打击，残酷斗爭”。現在，戴高帽子、挂黑牌子、噴气式照出相来，还有什么百丑图，中央看了很不安，老干部是党的財富，坏的只是少数。对彭眞也不需要这样的方式，主席讲斗爭要文明一些。阶級斗爭不能这样，你們当了政，下一代也这么对待你們行嗎？这是資产阶級的，封建主义的，我想到这，我就难过。我若不說，我要犯罪的。别的同志发言权比我低。你們要懂得我們老干部的心情，你們統統把他們抛开，我們不能放心，統統撇开，为所欲为行嗎？你們这样代代相传，不能把党內的坏作风去掉，这是坏作风，党內是有坏作风的，七大經过整风，才扭轉了的。以后党校整风，彭眞插了一手二十年后爆发了。刘少奇的“論共产党員修养”是唯心主义的，許多干部受这影响。唯心主义多了，毛泽东思想少了。里面还有封建的东西，如孔、孟的話。当然有唯物主义的，还是可以用的。这次揪出来了彭、罗、陆、楊。批了刘、邓，这样就大大宣传了主席思想，树立了毛泽东思想。但是，那样斗他們是不利于宣传主席思想的，不利于后代。不是应該臭的，为什么非要斗臭？历史的問題，只能在专案上解决，历史的有档案，要把做了一些錯事，說了一些錯話的同走資本主义道路当权派、反动学术权威严格区别开来。

李先念同志要給他一个机会作自我批評，然后各部、司局长也要检查一下，过了一后，排个队，这样形成三結合，希望在財貿口树几个典型，业务由监督到监察，先由各部搞，你們还要开一个头。

（財經学院同学作检查，內容略）

李先念副总理講話

財政部的問題我是有气的，要讲革命性、科学性、紀律性。革命性是好的，但要讲科学性。有些材料許多是代有煽动性的，比如說楊××到我家去吃飯，我根本不认識这个人。有个材料說吳德被揪回吉林去了，这純属造謠。这样不好，应提倡实事求是的作风……。

商业部、財政部党組要恢复，吳波工作要恢复，姚依林已斗了二十多次了。吳雪芝問題，总理讲了一次，他是个阴謀家。对高級干部我們脑子里不能沒有区别，我讲話有范围、有条件的。你們想搞掉吳波，汽車也搞掉了，开了就追这还行！这样的作风不好，为什么不摆事实、讲道理，大辯論嘛！你有发言权，我也有发言权，可以有不同的意見嘛！一点不同意見都不能听，一听就火。这样是不許別人发表意見。象杜向光这样造反？这是政治扒手，这是野心家，不准这样造反。我对財政部造反团是相当忍耐的，已經忍耐够了，我不想泼你們的冷水，太不自覚了。我們是支持你們的，但你們那样干，我們是不支持的。部长那能一棒子打光！就是把权都交給你們，也是不簡单的。你們把部长罵一頓，叫他干几件事，根本沒有阶級感情的給他們念語录，全是敌我矛盾，那样那成！

好好討論总理指示，不能蛮干、蛮打。

我的讲話是有根据的，但我不能說这是主席讲的，那是总理讲的，各部回去要好好传达。干部有病的要休息一下。

供銷社的王学明不是一般历史問題，这个人是跟彭眞的，但是彭眞认为他沒有用，这个人問題很多，很严重，是三大案件的后台，他和薄一波关系很密切。有些是蛻化变质的，你們不揪，我也要揪。

各部长要恢复发言权，要和你們商討，文化大革命会出一批闖将的，但要学三、四年。我問了好多人是否学习主席著作，他們沒有很好学，整天忙忙碌碌，連板凳都坐不住。

（外貿学院风雷兵团代表发言：略）

彭崎明，三天或五天內我接見你們。

（商业部代表向党中央毛主席、周总理請罪。）周总理讲："他們貼了我的大字报，我想还是有則改正，无則加勉，我們原諒他們。"

（財政部向党中央毛主席、周总理請罪）周总理讲：你們二月十六日发了一封信，你們要收回，检查这个錯誤。（有的同志要求把这封信拿下来給大家批判）还是让他們自己教育自己吧！凡是你們有一点干劲，我們都不願挫伤。

（商业部代表发言：略）

周总理讲話

現在广播事业局夺权不彻底，那天留欧学生回来，我准备讲一些关于外交斗争策略問題，結果广播、电視都播出去了，可是我又不知道，新华社問我讲話在不在报紙上发表，我說不用。对这件事国外就評价了，說周某人讲話太溫和了，紅卫兵通不过（笑声）。所以中央文革决定还是接管广播事业局。

（工商局同志讲話后，李副总理讲：工商局要派人去。）

（前进报同志发言：現在乱用主席的話，說“商业部是破坏部”）

总理：你們印的动态消息要控制一下，姚依林不是彭真的人。

財貿口的联絡站还是好的，但不要是全国的，就北京这几个单位联絡。派到全国去的七十人是我同意的，是去作調查的，不要干涉底下的革命，否則会引起糾紛。七十人出去不要以我的名义压人，下面群众已經起来了，我希望你們注意。外事系統已經分裂了（李副总理插話：財貿口也要分裂）財貿不要分裂，不要因我的問題吵架，其实已經解决了。

外貿机关口革命造反联絡总部整理
天津市化工局机关紅卫革命造反队轉抄于北京
1967.2.18
天津市文化局毛泽东思想《紅旗》造反团
1967.2.27　翻印
天津市延安印刷工校文革委員会翻印
1967.2.28

中　央　首　长
第五次接見天津代表的誹話

时間：八月二十四日晚

首长：謝付总理，郑維山

首先把写好的三个协議宣讀完，然后签字。第一个是抓革命促生产的协議，第二个是六四一厂两派的协議，第三个是塘沽港两派的协議。每个协議都有爭論的地方，最后由謝付总理定，大家通过。在第三个卽关于塘沽港的协議完了之后謝付总理誹：

天津四百万人，一个农民每年收入約七十元，一万人就七十万元，十万人就七百万元，停产就等于5、6万农民的收入，这还是小事，更主要的是，会影响产品的进出口，有些零件不能用，妨碍了我們的机修，不能投入生产，这个損失就大了。第三是政治影响，外国船一停；影响就大了。……如果封鎖港口，不能渡船。无产阶級革命派是不会办出这样子事来的。有些人只要人家承認是革命，造反派对什么事情也就干得出来，这可以不可以？（答不可以），不能因为是造反派；而且是响响当当的造反派，就什么都干得出来，这样会走向自己的反面。

一月份，上海的港口停工了，（簡单的誹了一下上海当时的情况）上海的无产阶級革命派在三天之內就把港口疏通了，这才是眞正的造反派，是响当当的造反派，全国的革命派要向上海的无产阶級革命派学习，天津也要向上海的学习。

天津市的无产阶級革命派要关心塘沽的无产阶級革命派，当然首先要支持他們造反，但也要支持他們抓革命促生产。希望你們协商把港口疏通，塘沽的交通直接关系到北京，关系到全国，希望你們帮人民的忙，把港口疏通。那天伯达同志也說，任何人不能封鎖港口，軍队要协助。在天津要动員一批装御貨物有經驗的造反派，去帮助疏通港口，这才是响当当的造反派。中学生不行、大学生勉強、写大字报行，还是工人本事大。

天津两派的同志們，在签定协議后、回去要掀起一个大規模宣傳制止武斗。这个武斗是不符合毛澤东思想的，不符合四百万人民利益的。誰要挑起武斗絶沒有什么好下場。武汉的"百万雄师"四川的"产业軍"搞武斗。現在重庆武斗很历害。我到过重庆，我一到重庆就对他們負責人讲，你們要立即制止武斗，否則发展下去就不由你們了。双方武斗，一杀死人、敌对情緒就大了，将来就控制不住了。大家都要有敌情观念，两派一对立，敌人就钻空子了，势面就控制不住了。今天下午总理讲話中有一段很重要的指示……你們要按主席思想办事，对对学习主席著作。

同志們在这里談、家里的同志們就你們错了，你們要坚定、坚定、再坚定。要坚定的按毛主席的革命路綫办事。回去以后，大头头，二头头，三头头一冲击，就不坚定了，这样敌人就会冲垮我們，我們一定要坚定不移。伯达同志讲的話，戚本禹同志讲的話、我們这些人讲的話，你們都要听，特别是伯达、戚本禹讲的話，是代表中央的，是按主席思想办事的，你們一定要听。你們是听中央的，还是听家里的某一个厂的头头呢？（答，听中央的）。

坏人是有的，百分之一，百分之零点之，就是千分之一，一千人就有一个坏人，四百万那就有四千，这四千人就希望我們停产，希望我們工厂破坏，希望我們港口堵塞。我們不要上当，我們要听毛主席的話，听中央的話，不要听坏人的話。回去跟你們吵架的人都是好的，那坏人說話要拐好几个弯子，拐四、五个弯子，鼓动一个、两个、三个、四、五个人，你們这些青年人就是没經驗。坏人都在你們的队伍里。……

你們都不讲了，协議达成了，你們就须坚决执行。

郑維山：

要执行的話，要造成一个声势，要家喻戶曉，人人监督执行。这是第一个。

第二个最近社会秩序出現的問題不少，伯达同志也讲了不少，要让四百万人民維持社会秩序，鎮压盜窃犯，強奸犯等等。……

第三个协議达成后，再就大联合达成协議，你們回去好好协商。（打断讲話，互相揭发）（謝付总理带大家讀主席語录P223第二段，P3最后一段）。

謝：我們开了几天会，你們都是批評对方，自己就沒有缺点，这是不符合实际的，不是一分为二的、你們一定要自我批評。你們要有敌情观念天津是第三大城市，上海第一、北京第二、天津第三。

（六四一厂大联合发言）

謝：你們講得越多，批評对方越对，我們就認为你越沒有理，我們就是这么看的。

下一步协商两个問題。第一个五代会的加強，用什么方法也好，应該参加的都参加，那怕增加50%、60%、80%，恐怕还有些沒参加的代表，今天又参加了九个大学。

（卫东：張国中插話：还有几个沒参加）（沒人理采他）

那天伯达同志講，如果有条件，就馬上成立革命委員会。我贊成这个建議。恐怕馬上成立还有問題，还是先扩大五代会，成立革命委員会是毛主席的指示，对毛主席的指示理解也得执行，不理解也得执行，現在有七个革命干部，还要增加干部，增加解放軍、增加造反派，搞他三十多个。

卫东来了沒有。还有八一八，卫东的文章《大胆使用革命干部》听說八一八有意見（姜請講：文章不符合实际……）八一八是好組織，卫东也是革命的，八一八也是革命的。八一八搞調查，抓叛徒先抓，卫东后抓。

当前的形势，需要这篇文章，文章是好文章，卫东也不要驕傲，八一八也可以写嗎，如果你們写得比他們还好，也登在第一版。

干部要解放嗎，不能干部也不要，66軍也不要，光要你們两派，你們那个蹬三輪車的，还有赵？（叫赵建敏）还有你們两个（指工代会的。）四百万人交給你們，将来肯定是你們的，我們不要，66軍也不要，主席講过嗎，打开主席語录249頁（唸主席語录）我也五十多了。要大胆使用青年。我們要好好交班，但总得有个过程，夺权筹备小組有缺点，你們也可以批判。

达成协議，不要爭权爭席位。我們对党內一小撮走資派，就是打倒，要夺权，对革命队伍內部不需要。

主席教导我們要为党爭党权，爭軍权，但不要象張国濤那样。有一个造反派犯了錯誤，而且一直再犯，他們的口号是：夺权、夺权…

在会上他大吵，我們爭了半天，根本就是为了一个权。我一下就抓住了，在会上暴露了，我們叫他張国涛。

××同志，剛才謝富治同志講的，希望大家好好想想好好执行。要搞大团結、搞大联合、好好貫徹，要听其言观其行，用毛澤东思想来衡量。

剛才謝富治同志講的两个問題，大家好好想想，大家要好好貫徹协議，这做为下一次檢查看誰貫徹的好，执行的好。下一次搞革委会，大家多协商、多討論。

《大联筹提出傳达中央首长接見代表講話問題》

謝：

傳达可以，有利于自己的不傳达，不利于自己的要傳达，这才是造反派，有水平。

（大联筹要求講武斗根源）

謝：

不要講了，我到河南去了，河南的保守派說挑起武斗的罪魁禍首是謝富治，那么天津的是否是呢？

（散会后，謝付总理唸一个条子：天大九一五要求派代表参加接見他們有几个人打着牌子睹在大会堂門口要进来）

八一三：九一五是第三軍，是保守組織，过去有四千人，現在不到一千，現在又以极左的面目出現，象南大八一八一样，在夺权筹备小組絶食靜坐。

（姜詰同志发言）

謝：

你（指八一三）的目的是为了攻击八一八，还是搞人家。

工代会　电气傳动設計研究所
毛澤东思想革命造反团翻印

周总理的讲话 1967.1.8.清晨三时 地点 人民大会堂

接见人：周总理、陈伯达、江青、王力、关锋、戚本禹、穆欣、汪东兴

周总理讲话

同志们、同学们！红卫兵战友们！今天中央文革小组组长陈伯达同志、第一付组长江青同志、关锋同志、汪东兴同志和我在这个地方接见你们。首先让我代表我们伟大领袖毛主席和林副主席、党中央和国务院向你们好！同志们，你们来访的有从农村战线上来的，有从教育战线上来的，有从外地请愿来的。你们都在中南海西门、西北门、南门、西南门等地方，我们在那里不好接见，所以在这个地方接见你们。彻底批判资产阶级反动路线，革命群众斗争，我们表扬的。我们有部分同志今天参加了天安门广场批判资产阶级反动刘邓反动路线大会。我们坚决支持你们。高举毛泽东思想伟大红旗，批判资产阶级反动路线，坚决拥护以毛主席为~~代表~~首的无产阶级革命路线。同学们，你们刚在中南海进门提出批评与我政治局、国务院某些领导同志的错误或没有提出中央政治局如谭震林同志、陈毅同志、谢富治同志、李先念同志、李富春同志，还有经委余秋里同志，这些同志在文化大革命中可能说了些错话，写了些错文章，犯了些原则性的错误，是在初期或一段时间内犯的。当时提出错误路线的刘邓二位，责任是刘邓而不是上述面提到的这些同志。这些同志在十一中全会上有的已经作了检查，有的正在作检查，要给他们一定的时间作检查。为什么呢？因为这些同志都处在我党政治工作第一线，如谭震林同志负责农林方面的工作，李先念负责财政方面的工作，陈毅同志负责外交方面的工作，谢富治同志负责公安司法方面的工作，余秋里负责石油、大小三线工作。他们的性质不同于制定反动路线代表人物刘邓二同志。不同于继续反动路线的陶铸。批判资产阶级反动路线要把方向指正了，不要把方向指错了，要指向制定反动路线的刘邓。

一步指向继续反动路线的陶铸，是一步指向彭、罗、陆、杨的反动集团。经权线上还这么指向余秋里同志，而应该指向和彭、陆、罗、杨结起的薄一波、安子文、杨尚昆的工作上和彭真一样的反动罪行。所以斗争矛头一定要指对。我们要把批判反党分子和斗批改结合起来，因为在思想战线上有共同的东西。这是需要和大家讲清楚，所以你们要求批评在中央工作的某些负责同志，他们愿意听到你们的批评意见，把材料交给中央接待站，我再转给中央转给他们本人，让他们作准备，在适当的时机，适当的场合给某个单位去检查，这是第一部分要说的。

第二，你们的请愿是合理的，但接待的是劳动人民文化宫，在那里我们派了几百人接待同志，反映给有关部门（漏了几句），至于这个地方，或其他地点是中央文革分配接待你们的地方。至于中南海、人民大会堂、钓鱼台这些地方我们是要警卫保卫的。你们晓得，中南海是我们伟大领袖毛主席和党中央、国务院工作的地方，应该给一定的安静，使我们伟大的领袖也能够关心国内外大事。我们不要在那个地方请愿，从早上到晚上，好多喇叭直对中南海，所以我们呼吁北京的学生，希望通过你们向广大劳动人民说清楚这个问题，大家看好不好？（大家答：好！）

所以我们有些规定，无论是西门、西北门、南门、西南门、东门都要坚决保护，不让任何人冲进中南海。在西北门、东门都发生过这种情况，到那时候，我们都要挺身而出，保卫中南海，保卫党都要挺身而出，保卫中南海、保卫党中央、保卫毛主席！我曾四次处理过这样的事情，大家说如何要遵守这个最高纪律。有些年轻同志不懂这些冲了进去，我路是劝说他们回去了。我们也没有公布这些人，我们应该告诉串联同学、工友，向他们讲清楚，如果武装警卫战士人员态度生硬一点，如果他莽撞一点，我们替他们向你们道歉，同时要求你们对毛主席的好战人民解放军予以应有的尊重。

同志们，刚才说你们要批判刘邓为代表的资产阶级反动路线，现在要批判陶铸同志继续执行的资产阶级反动路线，这是对的。但是你们要去揪他们，党中央毛主席不同意这个做法，要党内批判，我们不同意你们这个做法，但是我们愿意帮助你们转、揭发他们的材料，要负责帮助你们办到。

现在各单位要有组织去串联，批判反动路线，比如政治战线，文教战线、财贸战线、农林战线等等，以便更好的串联，更好的交流经验，这对无产阶级文化大革命有好处，希望能得到你们的赞成和支持。

高举毛泽东思想伟大红旗，彻底批判资产阶级反动路线！

以毛主席为代表的无产阶级革命路线万岁！

无产阶级文化大革命万岁！

我们伟大的领袖毛主席万岁！万岁！万万岁！！

人大红卫兵整理

天津国营[illegible]无产阶级[illegible]

周总理接见广州两派代表谈话（摘要）

接见时间：　8月22日凌晨4:47分至7:35分。

接见地点　　人大会堂安徽厅。

参加代表：　工联、红旗工人、广铁总司、红旗贫下中农、中南局联络总部、省直红旗、机关红司、市机关红旗、红司、三司、新一司、新地总、红革联等52名造反派代表。

一·二五总部三人。

地总、红总、主义兵、春雷、大联总、贫革联、工交红旗、红一司等26名保守派代表。

军区、省、市军管会广州警司代表以及应邀支左模范代表共17人。

参加接见的还有站出来的领导干部陈郁（中南局书记、广东省省长）、王首道（中南局书记）、解放军报记者、新华社记者、首都红代会等数名代表。

总理进来首先说：很久不见了，今天请你们来有紧急事情；19日早晨刚把总工会的事情劝下来，20日三元里的、佛山的又闹起来，21日中午冷冻库的事不肯撤走，几个事情都很严重，解放军的……还要不要？解放军担负防线，你们能指挥得动吗？你们是解放军后备军，解放军后备的东西能否用？都用啦，解放军的东西你们那一派都不能抢。我14日讲话是要增加你们的敌情观念。广州的事立刻就传到香港，你们肆无忌惮，漠然视之。前次我也给三司讲啦，哦！换人啦！前一次是女同志，那女同志很勇敢承认啦，而且打电话回去已停止广播，现在也搞出来啦，武传斌你们红司是否搞广播？（武答不知道）陈家孝你知道不知道？（陈答不知道）（解放军记者回答红司不知道）（问解放军）你们知道不知道？（解放军记者答：听说有这回事）（中大红旗武传斌讲原来是准备搞的）你们打电话回去问一问，好不好，如果确有其事不论那一派都不能用电台。三司的，我说了一句马上打电话回去，不搞了，这是很好，不论那一派应共同对敌，为什么把我们内部吵架的事叫香港知道呢？波长多少？（无人答）你们学工的都不知道，长波的香港能收到，50瓦以上香港都听到。为什么内部吵架的事叫香港知道呢？这是我呼吁的第一件事，不搞广播器，大家赞成不赞成？（大家鼓掌赞成）北京的广播器现在都没有了，你们有了广播就成了，过去中南海的广播器吵得我们不能工作，不能睡觉，造反派我们可以谅解，你们广东对陶铸、王任重、赵紫阳可以用广播嘛，不要把矛头对准解放军，不要做亲者痛仇者快的事。

第二无论如何不能把矛头指向解放军。7月20日后提到抓军内一小撮，这是我们宣传机构搞错了的一句口号，伟大领袖毛主席批评了。61年63年与刘少奇争论，刘提：四清与四不清的矛盾，或者大小贪污的矛盾。毛主席从七届二中全会就提出社会主义和资本主义两条道路，无产阶级与资产阶级两个阶级的矛盾，已经进入社会主义革命时期1963年社教就更清楚了，1957年主席提出了正确处理人民内部矛盾，都是说的这个问题，1964年四清时刘少奇不是不懂，但他硬说是四清与四不清、清官与贪官的矛盾。这个在封建社会、奴隶社会那个朝代

都可以提　而现在的矛盾从七届二中全会主席关于无产阶级和资产阶级两个阶级的矛盾，社会主义和资本主义两条道路的矛盾；中间有一个很短的过渡时期，从逹雁反霸经社会主义改造时期，解放后进入社会主义革命，由浅而深，这是自下而上广泛的社会主义革命，斗争矛盾没有改变，主要矛盾是走社会主义道路还是走资本主义道路。1964、65年主席狠狠地批评了刘少奇提的不对，主席还是指出社会主义与资本主义两条道路，无产阶级和资产阶级两个阶级的矛盾，主要的矛盾，是对准党内一小撮走资派《二十三条》打中了刘少奇的要害，刘少奇不甘心，发言抗拒，把宪法、党章都捧出来了，拦阻主席发言。主要打击党内一小撮，军区还是由党领导，现在到处都抓军内一小撮这样搞党内一小撮不是放弃了吗？军队还是党领导的。7月20日后，当宣传提出军内一小撮，出了毛病。

我可以告诉同志们，现在不再提了，当然，这也不怪同志们。党领导一切，全国就是刘、邓，中南最大一小撮就是陶、王，主要是他们的责任。现在，不集中目标去搞党内一小撮走资派，忘记了敌人，内部打起来，以至动枪炮。集中的目标是党内一小撮走资派，刘少奇就是最大的走资派，他的流毒没有肃清，正在大批判，现在武斗，动枪炮，没有敌情观念。（总理看名单，武传斌、黄翔、林昌文、陈家基……总理问到他总头××，总理说）八一兵团平反了，总之，要集中目标，对准党内一小撮走资派，以刘少奇为首的一小撮是党内的走资本主义道路当权派，他在党内领导很长时间，他领导一切，在党内影响很大。当然，十八年来，毛主席的红线是发展，起主导作用，刘少奇的黑线经常干扰，特别是62年以后，更发展了，什么"三自一包""三降一灭"、"包产到户"，四清搞形"左"实右，各级的干部都不相信，到了无产阶级文化大革命，派工作组，这是黑线的发展，不相信干部，实际也是不相信群众，搞四清搞秘密串连。去年工作组不到两个月，就打击一大片，保护一小撮，走资本主义道路当权派打击一大片，保护一小撮，不仅在中央，也在地方，影响都很深。十一中全会后，红卫兵起来才揭发了各级各级领导，现在机关都瘫痪了。不是统统都要打倒，而是没有这个根，所以就瘫痪。中南局主要是陶、王，所以瘫痪了。今年四月一日领导干部才站出来。解放军就不同，是毛主席亲手缔造和培养的，解放前二十二年的战争生活，人民解放军是用毛泽东思想培养起来的。解放后，抗美援朝，中印边境，加上抗美援朝二年，即25年了。福建前线、广东沿海经常受蒋匪扰乱，解放海南岛。65年赫鲁晓夫完蛋，苏修换了新的领导，比赫鲁晓夫更坏，搞美苏合作。越南的战争，影响后方，昨天打下两架飞机，解放军是负有作战任务的，打下两架歼灭机，在钦县以南窜扰，打死一个美国佬，抓起一个美国佬（鼓掌），你们这样鼓掌就好。想一想，现在连空军炮弹都抢，气象台也抢啦，导航有影响，是导航台吧？（答：不是），怎么不是！这是远距离操纵导航台的。"广铁"的好，在导航的机枪撤了啦，各种控制你们不懂。

广东面临两个战线，东面是美蒋，正南是美英蒋，西南是美吴，三方面的长城你们怎么能指挥？

还是要靠解放军，听说，十九日在佛山打解放军，工联在油管塆手榴弹，有二联 七中红旗 铁中红旗、十二中等 要开枪打连长，排长一拉，枪响到天上，结果刺伤了连长，另外，昨天解放军被刺伤27人，死3人。二联的同志好，到后头，马上承认错误。你们见到有几个手枪便去抢，不是讲好了吗？讲好了武装你们，要经过学习，实践和锻炼，犯一些错误要进行教育，所以林付主席提出三性。北京接待红卫兵，解放军搞操练，主要是学习政治。十月一日以后检阅，行进快了，长安街巡视更有秩序，许多中学生，大学生，更有水平了，水平更高了。解放十多年，陈军，中印边境军队，海军，都接受过考验，这场文化大革命，我们的解放军接受了考验，许多被打伤，个别被打死，这么大的考验都能忍受，这是更高的主席思想武装起来的。中学生不懂事，打伤了一个连长，打了手榴弹已冒烟了，被战士抢去结果伤了27人，死了一人，二联派出两个代表同解放军谈判。

中国人民解放军是举世无双的，北京去年主席接见红卫兵十四次就是我们解放军在天安门保卫，凡是打架的，吵架的就把他们隔开人民解放军在中间隔开挨打的、受伤的人数，不是以几万计，而是几十万计，人民解放军遵守骂不还口，打不还手，不开枪。现在解放军的枪被抢走了，我们心里难过，群众抢了解放军的枪，甚至打了解放军 怎能完成"三支""两军"保卫祖国呢？我们不能动摇对解放军的信念，主席讲三个相信，三个依靠。毛主席发动了这场无产阶级文化大革命运动，世界上以前没有的，当然以后还是会有的，这样无产阶级专政下的大民主。一是相信广大群众是要革命的，是好的，要经过教育，最后团结95%。学生、工人、机关干部、街道居民、农民、革命干部起来，并不是都按主席思想办事，并不是一下子都懂得主席的思想，人民解放军是最可靠的支柱，没有这个支柱，不可能把无产阶级文化大革命进行到底。这是用毛泽东思想武装起来的战士，这个长城怎么能挫伤。当然个别不好的可以法办。巩固、加强解放军最重要。第三，相信和依靠大多数好的和比较好的干部。

解放军整个是主席思想占主流，最主要，武汉只有陈再道等几个人，闹不出什么来，最后解决问题还是靠解放军内部 解救谢付总理王力同志，靠解放军，靠解放军内自觉分子，包括司令部里执行过反动路线的人。到要叛乱时，挺身而出，武汉军区那个警卫营长就是挺身而出的。被独立师长煽动起来一个战士，要开冲锋枪，这个营长有高度的勇敢，挺身而出，当枪对准王力同志时，他挺起胸膛挡过去，一句话就教育了这个战士，那个战士软了，不仅营长是用毛泽东思想武装起来，就是那个战士，也有毛泽东思想，这是毛泽东思想的威力。军区付司令、付政委，虽然执行过资产阶级反动路线，犯过错误，但是到关键时刻，能够挺身而出，转移王力脱险。没有毛泽东思想是不行的。陈再道、锺汉华，还有独立师长 政委、人武部部长，从现在看来是五个人，师长把批评他们的话，对部队进行煽动。现在武汉问题不是解决了吗？北部都安静。青海就是一个赵永夫，刘贤权站出来不是很好了吗？内蒙走资派乌兰夫，操纵军区一个付部长，开了枪。我们马上叫来北京 经过三个月，最后把几个人揪出来了，是一个参谋长搞的。不是靠的个战军。

对解放军要有一个基本信念，否则就不是一个唯物主义者，不能到处都抓一小撮，不能凡是司令员都是陈再道，不能小说成的，这是不清楚武汉情况。文化大革命一年多，水平要提高，不能象我四月份去广州的时候了 首先要达成协议。把支援兄弟国家的国际列车装的武器，广西造反派抢走了。中央文革前天打电话给南宁《4·22》限24小时内 把援越物资拿回来，又打电话，晚上就拿回来了。拿这些干什么呢？高射炮你们有飞机吗？高射炮是打美国飞机的，你们拿去简直是儿戏！有的抢了导弹，二百来的，你们能打飞机吗？不仅没有纪律观念，而且无知。有的援越物资存放很久，到援越物资仓库抢拿，算什么造反派。援越仓库里有的别的国家给的，也不能用，中国自己的物资弹药，均不要用。主义兵、地总开枪炮，打到人，主义兵你们要做毛主席的好学生，就要听毛主席的话，主义兵来了没有？（答：来了），就不能乱放枪。放枪群众不满（地总：旗派用汽油点下面烧死主义兵的人），先将武器封存起来，不封存起来，还有什么纪律，会谈有什么用。先达成协议，第一对外广播不能用，订下来；第二不能夺取解放军武器；第三在手的武器，已夺取的武器，封存起来，不能动用，下命令大家要通知一下：第四，停止武斗。这几件事先做。特殊的问题，还有铁路的两派，先恢复火车运输。不同观点业余可以讨论，听说今天要开追悼会，一开即传到香港，不要开了嘛！抬死尸游行，解放军也有死的，传到外国不好，这是激动感情。如果真正勇敢打敌人可以报名，组织义勇队，真正保卫毛主席。流血沙场才是勇敢，不要白流血牺牲。这几件是考验你们是不是毛主席的好学生，开追悼会，解放军不能参加支持一方，这是一个决定。这是惨案，这是真的，别的地方有假的。代表要响应号召，广播停下，铁路要恢复，抢夺解放军的武器封存起来。第一不抢，第二封存，第三不武斗。你们红旗派提出的协议稿，我看了一下，文字要修改一下，要双方接受。一，不夺取解放军的武器、粮食；二，封存弹药武器，包括长矛、短刀、匕首；三，不武斗。其它广播、抬尸游行都不要搞。

总理：西村冷藏库有没有搬出来，是两片文攻武卫指挥部住在里面的，有没有搬出来？里面有几吨压缩的氨，是会炸的 是红司的，三司的，机关红司的。 （接下页）

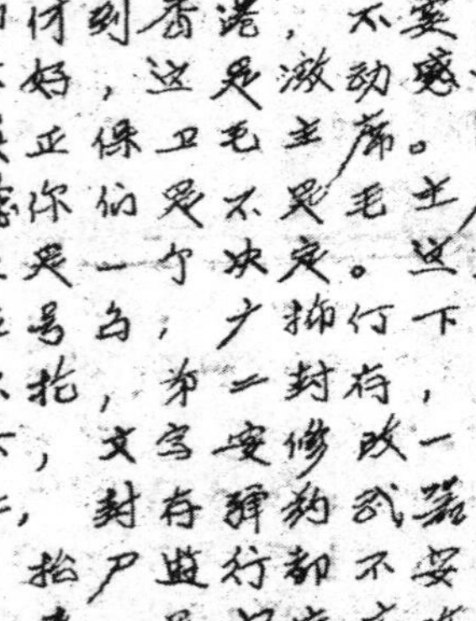

工联：主义兵包围了这个地方，占了电站，我们要保卫。

总理：有工、四吨氧，打起来就会爆炸。

主义兵：报告总理，我们七月廿三日后，都被赶下农村，下工了，根本没有参加武斗。

（造反派当即起来揭露，主义兵武斗事件，主义兵无词可说。）

总理：不要争论了。这个厂子里有多少职工？（答：一千多人）是两派，不能武斗。如果占绝对优势，可以武装你们（向着造反派）红司三司、红旗工人、工联的，你们去保卫，但内部两派谁先打起来。打起来就会炸坏。

签订协议双方同意不同意？（大家答：同意，鼓掌）（逐一问广铁总司、红旗工人、工联、八一战斗兵团等同意不同意？回答：同意，坚决执行总理指示，）对新地总，你是不是从地总杀出来的？答：是，是哪个厂的？多少人？（答：合成化工厂，有二百人，我们刚杀出来的，杀出七十人）

新地总：我们是赤手空拳，搬了三次家。

总理：赤手空拳也可以干革命，是文化大革命，不是武化革命嘛！（总理问三司、红司、中医701，均表示同意。中南局代表：坚决执行总理指示，中南局代表说：我们没有枪）总理：你们没有枪可以找个个人去保卫冷艺库。（中南局代表：我们赤手空拳。）赤手空拳也不怕嘛，（有人说：陈郁也来了）那好呀，陈郁带头去保卫电厂，中南局代表：好，我们尽力而为。

总理问省直红旗。省直红旗代表说：我们没有枪，我们坚决贯彻总理指示，总理又讲：省级机关杀出来的干部不多？（中南局代表：付省长赵紫阳可以杀出来，）省直红旗提到赤手空拳时，）总理：赤手空拳就有勇气，我当了二、三十年兵，现在也没带枪。（省直红旗递纸条提到赵紫阳、尤风、曾昭明已杀出来，建议参加代表团会议）总理念条纸后问：赵紫阳、曾昭明，尤风来了没有？（中南局代表：赵紫阳在北京。省直红旗：其它没有来。）总理：好，是杀出来的嘛！还有陈郁省长嘛！接着总理问市机关红旗，市机关讲：我们没有枪，我们有毛主席语录，总理：这句话讲的好，（总理拿起毛主席语录）我这里和你们一样，也有毛主席语录。当问到新公安时（答：从1.25杀出来的）总理：1.25杀出来的，又杀出一位，好！（鼓掌）接着总理问文艺红旗总部，文艺红旗总部代表：坚决执行总理指示，并即组织人员，编排节目大力宣传。总理：那好，谢谢你。（当即总理联络安排了文艺红旗的代表在人大礼堂挂长途电话。）总理又问：珠影东方红，红旗贫下中农、珠江红司谈到地总珠江分部把他们七条船打沉时，总理很生气说：要追到底这是犯法行为，这是人民内部矛盾，掉下水要救嘛，就是资本主义国家船沉了他们的船员也要救。海军完全有权管这件事。地总狡辩说这是红海员（省直大联总）干的。遭到造反派驳斥。造反派也揭发，有五六条船经过省总工会被地总主义兵开枪扫射。地总狡辩说："在总工会只有五支枪。"总理很生气：不要讲了，你们乱打枪，我知道啦！"当说到红总时，"1.25"误以为是地总，说地总抓了"1.25"七个人，红总说：我是红总，这是地总干的！

当问到新珠影时，珠影东方红揭发，新珠影"谁给东方红平反，谁给东方红平反、谁就没好下场。"总理这时很生气说："谁判东方红是中央平反的、谁反对平反、谁就没有好下场！"

当问到春雷时，造反派揭发春雷搞武斗，总理问商德田："商德田，你要采取公正态度，不能支持一派，民兵的枪不能发。"商德田狡辩说："没有"。这时造反派当场将商本人所写发枪的条子、商德田"文攻武卫"的证件递给总理。造反派还揭发春雷扣了人，春雷说："不是先扣"总理说："不管先扣后扣，今后扣都不对。"马上令春雷放人，催春雷立即打电话，总理说：放人要放得齐齐地，连根毛也不要损。"总理问白玉礼：你是一个局长吗？白答："是"。总理着令立即电话放人，说："这是考验考验你，看你称职不称职！"

当问到郊贫联时，郊贫联狡辩说："没有参加武斗"，总理生气说："三元里打死人的事我知道了，你们打埋伏……"

人家去抢武器不对，打埋伏打死人更不对。"

当问到主义兵时，问你的父亲是谁，男的答是公安局付局长，女的答是北站站长，主义兵狡辩说："没有参加武斗""是不由不属总部领导的。"总理："是不属为什么从不开除，不是总部的，你们为什么不改名呢，为什么叫主义兵呢？去年八月已给你们讲了"。主义兵狡辩说："这名字是去年取的，改名要回去和大家商量。"总理说："叫毛泽东思想不好吗？"主义兵说："我们就叫"红卫兵"。总理说："你看，这一来连毛泽东思想都不要了！我们讲毛泽东思想，你们偏要用毛泽东主义，"主义"是外国词，思想是中国词更好嘛。"接着总理念了毛主席语录本上林副主席题词和前言，勉励大家听林付主席的指示"读毛主席的书，听毛主席的指示办事，做毛主席的好战士"。

在问了大联总、工交红旗以后，总理说：一个偏保守的我要教育，造反派也有毛病。

好，现在主要先订四条，找大家来签订协定，散发下去，大多数是拥护和欢迎的，但有几个组织我是信不过的，大坏人坏人可能会造谣，就让他们去说去吧。好，签好字，把协定搞下去，八月廿二日建立新秩序。

大军区、分军区、警司也要负责任，黄永胜首先负责任。

（到会代表又有些争执）总理说：问题解决要有个先后，现在交易会也开不成了。……你们的弓弦就是拉得很紧，一触即发。你们是来毛主席司令部解决问题的。

黄永胜：好了，总理该休息了。

全体起立，高呼口号。接着代表在协定书（另件）签字。会后及会议中间，造反派代表积极响应总理指示，纷纷打电话回广州给各司令部，坚决贯彻执行。

红代会外交学院革命造反兵团动态组翻印

一九六七年八月廿三日

周总理、李先念副总理接見財貿口司局长以上干部时的講話

（1967年2月18日晨3点半至6点45分于中南海小礼堂）

周总理讲話：

昨天同各部的造反派谈了一次，八个单位，加三个财贸院校以及粮食研究所。一般谈的还好。我们首先在财经战线上试点，提倡造反派实行联合，首先成立了北京的联络站。也曾想要联络站派些人到全国各地去，已经派了一些是我们同意的(唠)，去作些调查研究，了解一些财贸单位两条路线斗争的情况。我们也开过反对经济主义，彻底粉碎资产阶级反动路线新反扑的誓师大会。运动现在已经发展到夺权阶段，强调夺权问题，已经正正一个月了，开始出现了一些新的情况。文化大革命运动，可以说基本上是一个思想革命，是触及人们灵魂的一场大革命，是社会主义革命的最后阶段。林彪同志去年在中央政治局扩大会议上讲的很清楚。这一场革命的任务，不是一个短时期，而是要在一个很长的时期内才能解决的。我们夺取政权，又进行经济的，政治的革命，文化上思想上的革命，这个革命在别的社会主义国家是从来没有搞过的，而我们的伟大领袖毛主席，在我们建国十七年后，亲自领导我们发动了这一场伟大的革命。全国几万万人都发动起来了。我们每一个人，在这场革命中都有两重性，我们既要争取做一个革命的动力。但是，必不可免的还有另一方面，又要做革命的对象，要破旧立新。不能光站在指挥位置上去指挥别人。这场革命的广度、深度，都是不可比的，它要把一切封建主义、资本主义的思想统统冲洗掉。但这个革命有一项主要的任务，这就是从我们解放战争结束以后，无产阶级夺取政权的继续。尽管我们在一九四九年夺取了全国的政权，建立了无产阶级专政。当时我们是依靠农村包围城市，用我们的革命武装力量扫平蒋介石的军队，推翻他们的反动统治。用自上而下的办法，接管了全国政权，那里敌人的军队被扫平了，就在那里接管政权，不是每处都是人民自上而下发动起来自己去打江山的。这样，革命的深度就不够，政权也不够巩固。尽管我们的政权组织成分不同于国民党，但许多国民党反动政权人员我们都包下了，这种包下来的方式，在当时的好处就是和平解放，减少一些战争的损失，但许多旧社会的东西也都一起包下来了。解放后进行了土地改革，但武装斗争结束后的土改，大体上和平土改的性质多些。激烈的阶级斗争，比战争时期缓和得多。解放战争以后，我们进行了一系列的政治运动，比如，解放初期的清匪反坝、三反五反、反右派、反右倾等等斗争，到一九六三年后，全面开展了社会主义教育运动，这些都是夺权斗争的继续，都是为了把占据领导地位中的一小撮走资本主

义道路的当权派清除出去。无论是从思想上清除，还是从组织上清除，但这些都是采取由上而下和由下而上相结合的方式，重点都是由上而下的领导发动，唯有这一次是在过去历次社会主义教育运动的基础上在国内外形势很有利的情况下，发动了自下而上的大民主运动，是有领导的，但是，高度集中的领导。放手发动群众，实行四大民主，把宪法上规定的几项权利真正的兑现了，的确把群众真正发动起来了。正因为是高度集中的领导，按照毛主席的指示办事，走社会主义道路，按十六条办事，这些都是些大的原则，大的方向，实行四大民主，波及面广，各方面的触动很大，广大革命群众起来造反，目标广，来势猛，但各级领导在精神上一般的都没有准备，正象毛主席批評的很不理解，很不理解就很不认真了，很不得力了。彭、陆、罗、杨被揪出来，来的很猛。一九六五年冬发表姚文元的文章是个信号，到十二月罗瑞卿被揪出来了。林彪同志在中央政治局扩大会议上的讲话中着重提到政权问题是根本问题，我们不仅要夺取政权，还要巩固　保卫政权，防止资本主义复辟，防止修正主义篡夺政权，防止我们的头糊里糊涂的丢掉了，这就给我们敲了警钟。就在这个会议后，去年六月一日，毛主席亲自批了聶元梓的大字报，群众馬上就发动起来了，但就在这时，领导上与此相反，出现了刘、邓路线，站在反动的资产阶级立场上，企圖维持旧的统治秩序，和广大革命群众的革命要求完全相反，在五十多天，不到两个月的时间里，就向各学校、机关、企业派出工作组，各单位几乎都去了，用工作组代表党，实行一条錯误的路线。这条錯误路线在全国带有普遍性，真是不脛而走，全都实行了，中央各了也自不待言了。我们可以设想，假如沒有主席的领导　沒有广大群众起来反对，用工作组这种方式来维持旧的统治，全国到处都跟着走。毛主席还健在，全国就无一例外地都执行了刘、邓路线，如果不纠正，继续下去，不就不知不觉地走到修正主义道路上去了？一九六三年主席就曾经说过要防止党内一两个有威信的人带錯了路　舒舒服服地变成了修正主义。一九六五年主席又提出要是中央出现修正主义地方敢不敢造反这个问题。到一九六六年就果然出现了　真是不幸而言中，这是主席英明伟大的予见，试想如果彭、罗、陆、杨的阴谋成功，那不知道有多少人头要落地。这是一种赫魯晓夫式的，是政变的形式。另一种方式，就是舒舒服服地走向修正主义。试想要是主席不在，你不就跟着錯下去了吗？那时候就不单單是一条资产阶级反动路线的问题了。而是整个国家、整个党都要变颜色的问题了。现在把问题揭发了，在党的十一中全会上解决了，我们大家要为此而庆贺。这是关係到全党、全国人民、全世界人民的最高利益的问题，如果我们都有这样的认识，在过去半年里，我们同志们受到一点委屈，受到一些过分的批評，健康也受到一些损失，我们个人付出这点代价，又算得了什么呢？付出这一点代价，从而保证了我们党、我们国家不变颜色，使世界革命加速走向胜利，我们个人这点损失只不过是大海当中的一滴水而矣，又莫得了什么，几个月来，我总是以此来鼓励大家，同時也勉励我自己。我说这些话的意思，就是希望大家看到光明伟大的前途，认清大好的革命形势，我们个人付出一点代价是值得的，当然，我们对一些事也不是听之任之，有困难就要去努力克服，争取少走一些弯路，少受一些损失，这是我们作为领导的责任。但是，即使如此，也总要有一些损失和伤害。我们应当辩证地来看这个问题，要尽力减少一些损失和伤害，但要认识到这也是不可能完全避免的。革命的洪流是不可阻挡的，在一个几万万人口的大国里实行如此巨大的民主，是举世无双的，它非冲击一切不可，它的发展速度之快，来势之猛，是事先不可能完全予见到的。六月一日开始公布第一张大字报，全国马上都动员了起来，不论是大中学校、党政机关、科研单位都毫无例外地行动起来了。当然尽管工作组那样的压制，各单位都毫无例外地起来造反，也就是主席讲的一条真理，那里有压迫，那里就有反抗，不论那个单位，只要有工作组的形式在那里压制、阻挡、就一定有反抗，这是一条规律，是毫无例外的。后来工作组一撤出，广大革命群众的巨大革命潜力就解放出来，朝着革命的方向前进，就势不可挡。接着就出现了红卫兵，这在十六条中也是没有设想到的。新的事物它总是不会按照我们的主观愿望来发展的。红卫兵这个新事物一经出现，主席就马上抓住，加以鼓励，加以提倡。八月十八日在天安门一接见，马上就迅猛发展，冲向各学校，又从学校冲向社会，从北京冲向全国，直到农村，全国大串连也就出现了，当时十一中全会刚刚开始传下去，红卫兵就到了，各省市委都没有准备，加上主席一张炮打司令部的大字报，这时也开始传达下去，开始是不管你是那个司令部，任何地方都打，这种斗争局势的形成，带有普遍性，连锁反映。当时各个革命组织的思潮起伏不定，初期也分不出什么左、中、右，经过大动荡、大分化、大改组的反复过程，十月份我们提出批判资产阶级反动路线，进行两条路线的斗争，在斗争中进一步促进了这种分化和改组，形成了革命的左派力量，我们加以支持。十月、十一月两个月，我们除了支持革命左派，支持大串连以外，当时还面临着繁重的生产任务，开始，我们在九月指示中曾企图把运动暂时性的限制在十六条中已指出的大中城市、大中院校和党政机关中，但革命的洪流既然已经冲了出去，就以排山倒海之势，按着它自己本身的规律前进了，这不是任何主观愿望可以限制得了的。当时在抓了三秋之后，曾设想将农村文化大革命纳入以四清为主分期分批地进行，但实际上这已经不可能了。工业方面，抓革命促生产起了点作用，但是要分期分批也已不可能了。尽管都有指示，但革命的群众运动仍然按照它自己的规律前进，这就逼着我们在十二月九日、十二月十五日发出了两个十条，来代替九月有限制的文件，如果我们在九月份能够予见到这种情况，那我们就不会把运动约束在一个临时性的措施上，而将十二月的文件早一点提出来，这说明，我们虽然都在主席身边，紧跟、紧学，但还是跟不上，仍然延误了时间，这也说明我们对这场文化大革命不但不理解，就是理解了，跟不上也不行。

再看财贸方面的情况，在运动中，对于资产阶级反动路线的抵抗，也不是我们所想象的那样坚决。这条反动路线既然在财贸各个部门起过作用，这就说明有它的思想基础，不在这个地方表现，就在别的地方表现出来，在财贸方面的表现就是经济主义，开始，是用抓生产来压革命，压不住了，就倒下来了，什么都答应，结果大大助长了经济主义的发展，这在去年第四季度更为明显。当时，全国许多问题都出来了，临时工、合同工问题、工人离厂外出串连问题等等，全国出现了许多组织，如荣复转退军人组织，许多超行业、跨部门的组织，这些组织实际上已经象政党一样地出现了，六五年毕业生的问题也出现了，这些都是不符合社会主义原则的组织，带有封建的行会性质。串连的发展，使许多人自由离开生产岗位、业务岗位，财政支出了也增多了，红卫兵中也出现了一些浪费现象，以及化公为私等等这样的一些情况，我们抓，也抓得晚了一些。反对经济主义的五条，到一月十一日才发出去，比上海工人阶级还落后，他们在一月五日，就以三十二个团体的名义发表了告上海市人民书和十条紧急措施。在政治方面，公安六条也在一月十三日才发表，实际上，问题早就出现了，破坏社会主义的秩序。我们的大民主，要冲垮的是一些旧的东西，革命的制度是要保卫和巩固的，我们要用阶级斗争的观点来分析，这方面，我们也抓得晚了一些。就军队来说，发了总政的指示，现在看来，这个文件粗糙了些，它起了动员作用，但也有些付作用。几个月来，各军事院校、文艺团体、军事工厂等，形势也是不可阻挡，但军事院校对军事指挥机关冲击也是没有予见。在北京可以看得很清楚，就在三座门，经常有很多人在吵闹，有些是不完全符合革命要求的，也是未能予见到。这些事都教育了我们，最近发表了军委八条命令和七项规定。这些都说明，一切问题，由于运动如此迅猛，我们抓问题，总是比客观存在要晚，这也说明了是要先出事实，再去总结经验，作出规定，否则，也只能是一般的号召书，要是先作出规定，就会不切实际，要犯主观主义的毛病，二是既然地平线已经出现了事实，就要快抓，要有予见，我们紧跟主席，紧学主席，总是不够。现在运动是更加深入了，已经深入发展到工矿、企事业、科研、农村，全面展开了阶级斗争，运动深入后，现在又发展到夺权斗争。自从上海发表告人民书之后，中央就紧紧抓住，在宣传、报告中都讲了，但来势凶猛，也并未予计到，我们主动号召革命造反派起来夺权，予先告诉他们要夺文化大革命的领导权，夺业务的监督权，尽管如此，各个夺权斗争中的偏向仍然产生，比如工交部门，就更猛，比较稳的是科研部门，损失少一些，开始，科委发展的慢一些，由上而下的分化，造反派从政治上的优势，发展到组织上的优势。当然，新的问题也就出来了，既然存在矛盾，不管用什么形式，它都是要出现的。既有敌我矛盾，又有人民内部矛盾，还有两类矛盾的交叉，各种矛盾又都在转化中，在这场夺权斗争中，要更进一步地来锻炼我们。我们许多同志，革命几十年了，武装斗争也二、三十年，现在在自己的党的领导下，在无产阶级专政的条件下，在伟大的人民解放军的支持和保卫下，毛主席亲自领导着我们，让我们经过这样一场锻炼，这是我们莫大的幸福，这是我们所不可设想的，这是主席早有设想的，这就是领袖之所以为领袖，我们之所以为我们。现在斗争更加激烈了。但是有前一段的经验，总是可以搞得更好一些，虽然在过去一个月里情况也有很大的变化，但有了前一段的经验，就更好办些了。要总结经验。比如象一些没有业务的单位，就可以让它乱一下子，象中央组织部安子文那一窝，一个大叛徒领导了二十多年，让他好好乱一下，把一些牛鬼蛇神都揪出来。象中央宣传部，中央统战部。中监委和他们虽然不同一点，但领导人多数也是不好的呢！还有工、青、妇群众团体，除了少数一点对外的国际业务活动之外，也是彻底闹革命，青年团比起红卫兵来，是大大的落后了，党校不是宣传马列主义毛泽东思想，而是宣传修正主义，就要彻底破，破了以后再立新的。象有些部门就不同了，如中央办公厅、中央联络部等，就要边抓革命、边抓工作。在政府部门中，如文化部烂了，除了文化出版工作之外，可以停一个时候，象教育部，是放假闹革命的，其余的部都既要抓革命，又要抓业务。抓革命、促生产、促工作，促战备。夺权，要将试点中已出现的偏向，热忱的帮助造反派去纠正，不能超过监督业务的要求，这方面就要讲清夺什么权，在中央各部门，只应夺文化大革命的领导权，这已经做了，对业务只能是监督，不能超过这个界限，否则就要使业务受损失，因为业务大权都是中央直接管的，中央的大权，怎么能夺呢？中央的党的领导权，是毛主席的，怎么能夺呢？政府大权如外交、财政、公安、国防、经济大权怎么能夺？我们说夺一小撮走资本主义道路当权派的党、政、财、文大权，那是讲的地方，中央各部都是在中央直接领导下，即使有一小撮走资本主义道路的当权派，也不是各个部都如此，如果确实有，就可以提出来，经过中央批准撤换，就是执行资产阶级反动路线，也不是每个人都沾边的，执行了，责任也有轻有重。各部造反派自己夺权，也不向中央打个招呼，这怎么算合法？我最近向造反派说："天下者，我们的天下，国家者，我们的国家；社会者，我们的社会，我们不说谁说，我们不干谁干。"这句话主席问是从那里来的，据湖南的造反派说是一九一九年发表在《湘江评论》上的一句话。主席说，那时还是资产阶级的爱国主义思想。那时尽管已在十月革命之后，但共产主义思想是在一九二〇年之后才传播到我国，当然主席是首先接受的，怎么可以把主席那时的讲话拆到今天来用呢？这句话是没有阶级性的，是什么人都可以用的。主席是最严格的历史唯物主义的，比如诗词，主席在湘江师范时就作了，但从不发出来，据说肖三还能背出几首，他也不承认，选诗都那么严，选用主席语录就更应该严肃，我们用时要非常严格。主席说这话不能再传了。现在发现有的根本不是主席的东西，也说是主席的，连反革命分子邓拓的诗，也有人给加上主席的名字，真是岂有此理。

夺权如果得不到中央的承认，不登报，不广播的都不称数，这话没有向造反派讲，你们要传达给他们。刚才来晚了二小时，就是因为江苏省夺权的问题，他们一月二十六日夺了权，要我们表态，我们研究了他们的情况，表示我们不能登报，不能广播，他们说中央不发表，我们新华日报发表，我说你们一定不听我们的劝告，要发表我们也不管，但要遵守两条：一是不准点名，因为点名的权力属于中央，那是定性质的问题；二是不能成立什么组织，因为你们没有左派大联合基础上的三结合，你公布了，别的组织也不会同意。最后他们只接受第一点，不接受第二点，这样我们就不能同意。这同样适合中央各部，只要中央不吭声，就不能称夺权成立，如果那样，就会夺来夺去，中央各部如果把业务监督权变为领导权，我们就要致电另外一种形式的夺权，北京公安局就是个例子，政法公社要夺权，我们让他们去试试，可能会因此使公安局内部发生分化，使内部的造反派壮大起来，但夺权二十天的实践证明，因为外部为主，同时他们将内部造反派引导到错误的方向，夺权后让长字号的全部靠边站，群众把一切都担起来，遇到外部有压力时，又一致对外，使内部分化不能发生，在执行任务当中也出了不少乱子，只好进行军事接管，这么做是得到广大人民拥护的。天津公安局的问题就更严重了，局内有一小撮反动分子实行假造反，结果破坏了整个社会秩序，连交通井也撤了，但天津的广大人民群众很好，并未出什么大乱子，但这总不能长久，后来只好实行军事管制，得到广大人民热烈拥护，这件事又证明了伟大领袖毛主席的决心下的对，充分说明人民对党、对政府多么信任！

我们财贸部门大概不需要这样，因为昨天造反派都同意中央这个精神。财政部有一位付部长叫杜向光，他参加了造反派，这本来是件好事，但他明明知道国家财政大权不能夺，就是监督也是有限的，但他却要站在造反派方面来夺中央的财政大权，借口说吴波是黑帮，理由就是吴波同志参加了桃园大队的四清，这怎么行呢！

参加桃园四清的人多了，那全都是黑帮了？（李副总理：他是要把吴波打成黑帮，当下去，吴子之也是要把姚依林、王磊打成彭真分子，当下去）我和刘少奇在政治局共事就二十多年，那也全是黑帮？要是年青人提出这个问题来，可以允许他们犯错误，但下里的造反派就不能允许。这是有意的大件事，比如这个杜向光不简单，财政部夺权后，党组吴波同志身体不好，应该休息一下，杜向光一表相，我们还相信他，不过几天后我们委托他去向造反派报告中央的指示，党组让他来暂时负责和造反派联系，他公然拒绝！对总理指示要保留，没有负责任的态度，后来让他回去好好想想，但仍不执行，并鼓动财政部造反派向我写了一封公开信。我召集造反派开会，名单上没有他，他也来了，三次请他出去，他都不干，一再违抗我的命令，刘振玉居然说"我们造反派叫他来的，如叫他出去，我们都退出会场！"我是仁至义尽，先礼后兵，在群情激愤的情况下，只好叫解放军当场将他逮捕起来。

我们已告诉商业部，姚依林不是黑帮，也不是彭真的人，彭真是找他谈过两次话，他都告诉我们了，最近姚依林身体不好，不能支持了，你们那样斗法，是不符合毛泽东思想的，我们要他休息几天好工作，他们明明知道这件事，可是还要下逮捕令，说什么窝藏不搬者以破坏无产阶级文化大革命论处！这是造什么反？这不是造无产阶级司令部的反！逮捕姚依林，就是逮捕我是了！（李先念同志插：我要求造反派把今天总理讲的话，原原本本地传达，不然要放录音。李斋平为什么不来？王国钧平反不彻底！总理召集会议不到，这是藐视中央，藐视总理！）昨天财政部造反派当场说要把那封信收回，但实际上并未收回，十七号已过了，今天是十八号，再给他们一天时间，如果不收回，信在我手里，我就印发给所有的造反派，要大家来批判。（先念同志说：一定要公开检讨！）造反派既然当众声明了，大家听到，也看到了，回去以后怎么又贪污了自己说过的话呢？这种作风是违反毛泽东思想的。中央规定业务权只能监督越过了限度，就要走到邪路上去了，如果我们随便承认了，就是犯罪。造反派应该比我们更好嘛！要成长、培养自己的好作风嘛！从我们的党创建那天起，毛主席就为我们建立了实事求是、调查研究的优良传统作风。我们要把这种好作风传给后世。也在建党的同时，党内也同时存在着另一种不好的作风，他是和毛主席的思想作风相对立的，反毛泽东思想的，这种坏的作风一定要把他排除掉，肃清掉，我们怎么能够看着他们学这种坏作风呢？ 蒙混先定罪名再找事实，中央未批准就给戴上帽子，中央批准的军委八条里所说的那些，都是不能允许的，个别造反派更加不能允许！现在有些地方，无休止的斗争，就是在若干历史问题的决议中已经说了的，那种无情地斗争，残酷打击的坏作风。这种现象如果不揭示，放任这种歪风邪气，就会让青年养成这种风气。如北京的东城纠察队 在运动初期很好，有功劳，但是由于我们没有进行教育，以后就打人、杀人，又转入地下活动，只好取缔。开始他们讲红五类、黑五类，我们劝他们不要这么说，但不听。时间不到一年，共发展速度都超过十七年。对于这种不好的作风，不好的方式方法，要告诉青年，要告诉二三十岁的干部，不要把他当成是对的，我们不说，就是犯罪啊！这是反毛泽东思想的，今天有些人要斗薄一波、安子文 我就再三的告诉他们，要讲文明，按毛主席的方法去做，不能有那些恶劣野蛮的作风，揪去揪来，丢去丢来，烧在火子上，敌人马上就会给翻去了，这样对党对国家是不利的，有骨气的共产党员，对于这种事情要拒绝！这不是个人的问题，这是对党对国家如何评价的问题，林彪同志去年八月三十一日在天安门的讲话已经说得很清楚，要文斗不要武斗，武斗只能触及皮肉，丑化形象。青年人可以犯些错误，但我们要告诉他们，个别的造反派就不行了。否定这个人是可以的，但只有真触及灵魂的批判，对党对人民才是有益的。

中央每个部不是都必然有一小撮走资本主义道路的当权派，也不能把执行资产阶级反动路线和创造提出这条路线的人等同起来，况且个人所犯错误有轻有重的不同，也有根本不沾边的，只要作一两次认真检查就行了，有些人，一定要把每个人都称做走资本主义道路的当权派，这样才能夺权，这怎么可以这么逻辑呢？开始造反派里没有领导干部，现在可以逐步吸收一些长字号的，对于犯错误的干部要区别对待，至于他在历史上是否有问题，可以调查研究，首先报告中央，当然大家的共知的一些事，也可以批判吗！一般地说路线问题检查一下就行了 半年了，六个月之久的无休止的斗争，这不是党要采用的方法，我们要出来说话，对于干部要区别对待。允许造反派夺文化革命大革命运动的革命权，对业务的监督权。但这还不能更好的抓革命促生产，促备战，还要进一步引导三结合，由部门的领导干部、中层干部、群众代表组成革命委员会，监督这个部的工作，使我们一个部的党的业务领导工作有人监督，过去的监察组织起不到这个作用，因为高高在上、脱离群众。这次通过文化大革命运动 创造了三结合的办法，革命的领导干部，不是所有的领导干部都参加，中层革命干部，革命群众三者紧密结合在一起组成革命委员会，共同来监督这个部的工作 这样这个部的工作就既有自上而下的领导，又有自下而上的监督 双方可以互相制约 就可以更好地实现毛主席提出的民主集中制的要求了，我希望就在你们中实现这一要求。这话我在外交部已讲过了，也准备叫他们试一试。现在又在你们这里说了，要求你们实现这个要求，工交部门我也准备去说，还有政法、国防部门。科研部门已有了一个雏形。还有文教部门这还没有排上我的工作日程，文教部门目前最乱，其中比较急的是卫生部门。现在希望财贸各部在试点上作出成绩。

各部部长，司局长、还要包括所有的处长科长，都要振作起精神来，要敢于创立工作条件，勇于负责任。现在已经和造反派都说了，当然还需要先念同志一个部一个部的再做

工作 各个自己也要做工作，要抓各二、三、四月里能够作出个眉目来，不能再晚了，否则生产任务在二季度赶不上来。当然各个发展不平衡的，要先进推后进。我们支持你们工作，也支持革命造反派把革命抓起来，运动发展到现在要转到更健康的水平上来了。毛主席现在每天思考典型，我们一定要紧跟主席，紧学主席，你们有困难可以提到财贸部。政治部工作也要恢复起来 业务监督我通过党委同志和各部取得联系，各部党委也要和监督小组联系，大事要干预过问。但是两方面的任务不同，有些国家机密性的监督小组就不能都知道，否则就和马路上的大字报一样，很多消息都是不胫而走，到香港、东京、莫斯科，从那里马上传到全世界。所以有些问题还必须区别对待，各部部长付部长都要负起责任来，下礼拜我们还要找一个机会在一个更大的范围对各部、各院校造反组织，以及各部门的处、科长们一起宣布一下。今天在这里只说个大体，作为试讲不够完全，或者再作些修改，但总的讲没有错。今天讲的这些都可以向处科长和造反派讲讲，昨天基本上也都讲了。

今年二三四月夺权要搞出个眉目来，明年二三四月要搞出个结果来，这样才能使我们立于不败之地，这是主席的设想。干部有的要提，有的要罢，要罢的也是百分之一、二、三，当然好的还是多数，就是犯了错误也可以留用再观察一下，定期考察，以观后效。当然大多数还要继续留用了，当然也要提一批，总不能总是老人嘛！不然怎么能吸收新鲜血液呢？各部机构怎么缩小那是明年二三月的事，也许要更长一点时期，我们在游泳中学会游泳，在斗争中学斗争，战争是大的风浪，文化大革命是和平时期最大的风浪，你们都是四十几岁以上五十多的人也不少了，保持晚节的问题也提出来了。要保持晚节就要到斗争的大风浪里锻炼。少奇的《论共产党员修养》是唯心主义的，过去有人向他提出过他也没有改，毒害了不少人，这次批判。我们要用毛泽东思想来加强我们的修养，毛泽东思想的修养就是要在斗争中去修养，这一次就是最大的培养，能在主席健在时得到这样的学习锻炼，这是我们最大的幸福。如果你们大家有委屈，我向你们道歉，不要造反派向你们道歉。是我们领导的工作作的不够，

希望大家振作起来，在斗争中锻炼提高。〔以下是李先念同志讲话〕

你们当中吃了一顿批评的人不少，吃点批评，有好处，是个锻炼嘛，刚才总理讲了，文化大革命在主席的亲自领导下，胜利一天一天大，你们受点批评，感到有点委屈，总理向你们道歉，我也向你们道歉。群众起来了，很好嘛！革命不是请客吃饭，不是绣花，不能那样温良恭俭让。青年同志们对主席语录学得也比较多，也很熟悉，但就是有的时候用的不大恰当，这要原谅他们，有时把内部问题作为敌我矛盾的错误，不恰当，但我们要保护他们的热情，我劝大家一定要好好学习主席思想，我们要坚决依靠群众，信任群众，站在革命左派方面。但必须是真正的革命左派方面，这是主席的原话。

真正的革命左派，必须坚决按照毛主席的思想办事，按照党的方针政策，不致于犯大的错误，就是犯了也能马上改正。也应当允许他们犯些错误，要保护他们的革命积极性，但他们究竟年轻，经验少些，组织能力弱些，我们还有个帮助教育的问题嘛！真正的革命左派，我们一定要站到那一方面去，要善于和他们合作，保护他们的热情，不要泼冷水，他们犯了错误，要热情帮助他们改正，帮助他们进步，提高他们。我们无论如何要做到这一条，过去，我们在这方面是作的不够的，有时做了一点，开了不少左派的会，他们也不太听，有点不大相信人，说那么多黑帮，你李先念就不是吗，有人到现在还不死心，还要把我打成黑帮，说彭、罗、陆、杨是黑线，你李先念不是才怪呢？他们有些人这么想，冤枉人，也不怪他们。我还不象你们，我没有本钱，什么剥削、弯腰，但大字报也不少，有贴我的、有火烧的，也有来揪我的，揪我的也是财政部的人，大概是我这个部长太坏了，让我好好一点的。我给财政部开过左派的一个会，中心意思就是要他们支持左派，可是他们说我们开一个黑会，开的是红会！怎么是黑会呢？要他们去支持左派！这个方针是不变的，要支持真正的左派，对他们的错误，也要采取谅解的态度，有的人已经不行了，我们已经指出了。革命派，既要有革命性，也要有科学性和纪律性吗！有人就不大实事求是，当然也要看对什么人，对青年人的要求也不能太高，但是干部讲话总要科学性一点吧？但有时讲起来也就不大科学了，煽动性的话就不好，此风不可长，这对青年有什么好处呢？为青年带出一个什么作风呢？没有好处嘛！当然，也不可能每句话都那么精确，要求也不能那么高，我们说话走火就多得很，把话讲错了。王田讲他是一贯坚持正确路线的姚依林，王磊是错误路线，是什么走资本主义道路的当权派等等，应该实事求是嘛！雷光，你在这个问题上也有错误。我们要支持真正的革命左派，对左派要求不能那么高，青年干部嘛！有点错误，只要承认改了就好。你们受了点批评，不要有情绪，还是要鼓足干劲。对造反派说的话，昨天晚上回去后，有些单位没有全传达，要求他们全文传达，和今天跟你们讲的话基本精神是一致的。

总理讲得很全面，是主席的思想。总理对我们花了很大的力量，开了很多会，可是造反派却不能原原本本的传达，这不好，把财政部误被问题的性质就来传达。上次李权总理接见回去传达说姚依林问题的性质未定，问题严重，还要大批大揭，是不是这样讲的？今天不是都讲清楚了吗？贴出了通缉姚依林，说窝藏不报的，以破坏文化大革命论处？这明明是通缉我们嘛！一定要收回，要做公开检查！

以后的党组都要担负工作。今天讲过了，党组开会可以请他们参加。陈浩同志，你的电话装起来没有？（陈答：没有）要他们装起来，已经交待了嘛，为什么还不装呢？大家工作要有朝气，要有干劲。要从大的方面去想，不搞修正主义，真正把毛泽东思想千秋万代扎根，这是大事。对干部要求，严格是应该的，批评起来有些过分的地方，也没有什么了不起，我们在党内斗争也有时脑袋一热就说过火话，一九五三年我批评薄一波就很尖锐，说过了头，毛主席批评我是大炮，批评的对吗？那话算到一九六六年就对了。（有人提現在不許开会，不叫两个人在一起谈话，不許看文件，（四大还要送大字报等）要你们大鸣大放十天也放不完，我知道你们的情绪，要看大方向，要看大局，不要看几个人的小问，斗争方法方式不对，总理扣得很严格，不是光是交待政策，恐怕群众也起不来了。要他们纠正錯误也要有一个过程嘛！一条一条提高就改了，没有什么了不起。

杜向光的表現是对抗中央，过去未察觉，对他是信任的，二月七日那一天见面，他开始就向我读一段语录，来势很猛啊！这时我才开始引起警惕，既然是个野心家，抓住中央的指示，拒絕执行总理的命令，把造反派的方向搞错了，不听劝，这种行为当然不能允許了。此外，为他办逮捕，要他隔离反省，检讨再看看有没有希望。楊树根问起来了没有？（楊说来了）明天派一个人去一下子，要他检讨！王学明贴了我十多张大字报，我都交给总理了。这什么都是刘、邓黑司令部的人，有那么几条確有其事，但经夸大了，有几条就全是捕风捉影。我对何思光是关怀，这次他要不是对批张林等写出四十八条，我还不死心哩！过去看錯了。他为了保自己，反动得很。

大家要同真正的造反派好好合作。

（此系记录稿，未经本人审查，仅供参考，不准贴大字报。）

红卫兵造反总团
红旗战斗队人　翻印

一九六七年二月二十一日

全党学习毛泽东思想印发文件联络站翻印

一九六七年二月二十七日

天津市革命工会红卫兵造反团翻印

一九六七年三月九日

周总理四月十八日
在广州各革命群众組織代表
座談会上的讲話

（記录稿，未經总理審閱）

周总理四月十八日在广州各革命群众組織代表座谈会上的講話

（記录稿，未經总理审閲）

广州一司的同志有个提议，在我离开广州以前，再召开一个人数更多的会议。这一点，很遗憾，做不到了。十四日晚上已经开了一个相当多的人的会议了，那个会上主要谈了交易会的问题，也联系到别的问题。

我们这几天的座谈是很好的，使我受益很多。据广州军区的同志们说，这个方式在广州用得还少，当然以后可以参考采用嘛，但也不一定要各个方面都来。我为了节约时间，请来了工人代表同志们，贫下中农代表同志们，学生革命组织的代表们，还有中南局和省、市机关群众组织的代表们，还有解放军的各级负责同志，最后还邀了中南局、省委的几个负责同志来听，是范围相当广的座谈会。所以要这样做，就是为了能听到各方面的意见；也确实听到了一些有代表性的意见。第一天谈学生革命运动；第二天谈工人革命运动；第三天谈农民革命运动，还谈了广州铁路分局的问题，珠影的问题，和中南局的以及省级机关革命运动的问题。除开面对面的谈以外，北京来的四位记者同志也找了一些同志个别谈了。他们还向我反映了一些材料，也看了你们一小部分信件和材料。也只能是一小部分，绝大部分的材料还来不及也不可能都看，这应该说老实话。你们当然希望我每一份材料都过过目，如果这样的话，我别的工作就得停下来。回去以后，还得把材料给主管部门，主要是中央文革，找几个工作人员分口去看，看完了搞摘要，我们再过目。主要的我们要向毛主席和他的亲密战友林彪同志报告。这三次座谈和所有的反映，我都要如实地集中地向他们两位和中央政治局常委、中央文革小组、国务院的有关同志以及军委有关的同志反映。这是我在讲话前要说明的。

我十四号到广州来，本来是处理交易会的问题，准备处理完了就走的。以后主席觉得我既然来了，还是帮助军区，帮助黄永胜同志把一些问题推动解决一下。解决问题主要依靠你们，你们是群众中奋斗出来的代表；同时也依靠军区的领导同志。我只是作些建议，供你们参考。当然，我所要说的话有许多是引了主席、林彪同志和中央文件上的话，那是要提醒你们坚决贯彻执行的。下面我讲六个问题。

第一个问题：国际国内的形势。我在中山纪念堂那天的会上，已经大体上讲了。今天我要提醒大家，为什么要把越南战争看成是国际阶级斗争的焦点。我们几年来都是这么看的，特别是苏联现代修正主义的头子赫鲁晓夫垮台以后，即从一九六五年没有赫鲁晓夫的赫鲁晓夫主义的一群人上台以后，越南战争不是缩小了，而是扩大了，加剧了。首先是敌人把轰炸使用到北方，把大批的军队调入南方。也就是说，美帝国主义看准了，现在苏联修正主义插手越南事件，十分有利于美帝在越南的侵略和“和谈”的阴谋。在这种情况下，极大地考验了英雄的兄弟的越南人民。越南人民是经得起考验的。战争越打越胜，越战越强。今天报纸就证明了，在广治地区一下子消灭了美军一千五百人，在另外一个地方二百人，共消灭了一千七百多人。以游击战争为主的南越人民战争，能够这样集中地歼灭敌人，这是伟大的胜利，是在这个旱季所取得的又一次重大胜利。我上次估计，如果说前个旱季消灭美军四万多人的话，那么，这个旱季肯定会超过五万人。集中消灭，一口一口吃掉它。用毛主席的话说：伤其十指，不如断其一指。就是成建制地一个排、一个连、一个营地消灭它，比打溃它、打散它好。每次消灭它一个指头或者半个指头，十次二十次，两个手就都没有了。我们期待着下一个旱季，今年十一月到明年五月，就是美国选举年的前夜，能取得更大的胜利。美帝国主义即使增兵到八十万、九十万、一百万也不能解决越南的问题，而且要输得更惨，败得更大，是个死胡同，越走越窄。要么扩大战争，进攻中国；要么认输，退出南越；再不就是拖延时间。当然，他还有另一手嚜，就是压迫越南人民进行"和谈"，中途妥协，半途而废。这个可能不排除。但是对英雄的越南人民来说，是不可能接受的。撤出或者是扩大，都是打乱和破坏了美帝国主义的全球战略。所以我们需要用极大的注意力，要给予最大的援助。中国的援助，中国的支持，对越南的民族抗战，是起很大的作用的。越南的同志很谦虚，说没有中国就没有越南这样的抗战。毛主席回答说：不能这样说。小小的古巴还不是在没有任何外援的情况下取得胜利的吗？虽然，那是带偶然性的，那是美帝国主义没有预料到的。在日内瓦会议之后，美帝国主义侵入南越以后，出现这样大的武装抗战，也是美帝所未料到的。当然，没有中国的援助，这个抗战的规模会小，时间会长，取得胜利的道路上会有更多的曲折。恐怕这样子来说，比较客观。越南人民依靠我们作大后方，我们则是支援这个抗美战争的前方。今天的越南抗美战争，很象我们的抗日战争。抗日战争中，我们党内，军内，人民中，都有民族主义的伙伴，他只是具有民主革命阶段的思想，在那时候他还是出生入死的，确实有那么一些人。军队内我们也吸收了一些起义的军队，他们不愿受蒋介石消极抗战的压迫，而愿意接受我们八路军、新四军的领导，就过来了。人民中更不要说了，我们联合了爱国的师生，还联合着民族资产阶级。这种统一战线，应该说从人民中一直到我们党内都存在。我在插话中说过，中国只有国民党和共产党两个党，一个是买办资产阶级法西斯党，一个是共产党，其他的中间党派是在需要他们的时候才出来的。所谓需要是两党团结了，团结抗战，他们就会出来。当着两党代表两个阶级斗争的时候，武斗的时候，就没有他们的余地了，他们只好或者在旁边站，或者就不出头了。这是中国历史的特点。中国没有社会民主工党，也没有资产阶级左派政党，也没有小资产阶级上层分子的政党。所以，当我们民族抗战的阶段，也就是新民主主义革命的阶段，从一九一九年"五四"运动以后，一直到一九四九年，我们党内就有这样的民主主义分子。陈独秀是资产阶级革命家，一开始就参加了党嘛。刘、邓也是在民主革命阶段就参加了党。刘还有很多别的问题嚜，譬如他主张让一批在监狱的人用集体自首的办法出狱，窃取党的重要职位。这是另外一个性质了，我不谈他这一部分了。从思想上看，当你们更进一步彻底批判的时候，你们就会发现，在民主革命阶段中，不少这样的领导人，没有具有无产阶级世界观，或争取从民主主义革命的胜利进入社会主义革命阶段的思想。这样的人还是有一些，还不少。同样的，来看今天的越南，特别是南越的民族抗战，这样的思想也一定会有的，这样是不是我们就不支持呢？历史的发展需要经过这个阶段。如果出现这个阶段，首先应该是支持，然后要注意它的发展。不要等同起来，以为它进行民族抗美战争了，就跟我们社会主义阶段动员全国人民来准备战争一样。有共同性，就是抗美，这是统一的。但是从无产阶级共产主义世界观来说有不同。历史的发展不能超阶段，我们既是主张不断革命论，又是反对超阶段论。从这个意义上来说，我们应该把越南的抗战看成是我们自己的事情。为什么这么多红卫兵、年轻的小将们，坚决要求赴越抗美，这种革命性，我认为第一应该是称赞，第二我们是不支持的，如果支持，都纷纷过去了，那我们的国界线都没有了。你们回去宣传，说我称赞了，纷纷跑过去，说是周某人讲的，那我不负这个责任。所以，我第一是称赞他们是英勇的，第二要教育他们，我们不能支持。这件事说明了一个问题，说明这些年轻的闯将，如果把他们的思想引导到正确的方面来，像“主义兵”的问题，你们的弟弟妹妹，绝大多数是很可以教育过来的。如果我们不进行国际主义教育和阶级教育，只是责备他们是不能解决问题的。批评是需要的，但更重要的是开导他们，使他们知道我们提倡什么，反对什么，才能使人的思想一分为二，以积极的因素反对消极的因素。

越南战争是在我们全力支持下进行的。我们应该做他们的巩固的后方。主席最近说的，中国是他们可靠的后方。我们伟大领袖说的可靠这两个字，可是一语千斤啊！越南同志听了，他们说不是千斤，是万斤。主席这句话，我们要负起责任来。为什么我放着北京那么多复杂问题没解决，却跑到广州来解决交易会的问题，而这又是个别的问题。就是因为交易会是与越南战争密切联系着的。我来是得到毛主席、林副主席、中央文革小组的支持的。他们叫我多留几天，顺便把广东的问题谈一谈。支持越南问题，这是世界性的问题。美帝国主义的经济基础，全球战略中心是在欧洲，不是亚洲，因为欧洲是它投资最多的地方，也是市场最大的地方，它要跟英法和其他帝国主义国家争夺那个地方的投资利润和市场。它不能把那些市场让给英法甚至苏联。它退出，美帝国主义政策的制订者垄断资本家是不许可的。但是，由于我们支持了越南战争取得这样大的胜利，它把世界能够动用的兵力都集中到印度支那来，这是它被迫的。这个战争取得了胜利，我们不是打断它的脊梁骨，也打断它一个臂膀，或者两只手。如果他不认输退出，要扩大，那我们就要准备作战。因此说无产阶级文化大革命运动，既是思想革命，是最彻底的、从下而上发动群众革命的运动，也是最彻底地夺党内一小撮走资本主义道路当权派的权的斗争，这是对国内。对国际来说，这是最广泛的战争动员、备战行动。这样，思想一致了，在我们伟大领袖的领导和号召下，对任何敌人我们都能无坚不摧，都可以消灭。我们对国际问题就要这么看，要有这样的决心。有人说现在只有阿尔巴尼亚宣传我们的文化大革命。我们不能这么看。我们这个文化大革命，越南战争，这世界两大事件，暴露了一切现代修正主义。他们无法藏身了，他们怕战争，不支持世界革命运动，进行修正主义夺权，复辟资本主义，这就暴露在世界人民当中。美帝国主义纸老虎的原形也暴露在越南战场上。这就使得我们有可能争取世界上更多的革命朋友。革命的马克思主义的左派党成立了，或者从原来的党分裂出来了，世界革命人民对毛主席更响往了，对毛主席著作和毛主席语录无限热爱，这都是伟大的胜利。对越南人民的战争的支持，也和前两年不同。责备美帝的人数多起来了，应该把这个看成是最好的形势。过去是蕴藏在人们的心中的，现在逐步地迸发出来了。全世界百分之九十以上的人民是我们可以团结的，现在这种人一天天增加，而那百分之十不到的帝国主义、资本主义、修正主义、反动派那些人，他们的反革命的面目一天天暴露，这又推动那百分之九十以上的人，革命的决心一天天高起来。这也包含民族的觉醒，民族革命运动也包含着社会主义和共产主义的觉醒，要进行无产阶级革命的斗争。这是国际形势的有利的方面。

我们国内呢？无产阶级文化大革命第一阶段是宣传、动员、组织亿万革命群众投入这场文化大革命运动。是毛主席在天安门上说的，是真正的群众性的革命运动，真正可以依靠的，可以把人们的旧思想、旧习惯、旧作风、旧风俗去掉，可以建立起我们无产阶级的新的思想作风，风俗习惯。从头脑里开始，也就是林彪同志所说的，我们要成为革命的力量，革命的一个螺丝钉，同时要把我们头脑里的旧的东西作为革命的对象。这样就最有力量在今天来进行大批判、大联合、三结合的夺权斗争；明天敌人一旦来进攻，我们就能够全部地、彻底地、干净地消灭它。宣传、动员、组织这个力量，是用什么来进行的呢？就是两条路线的斗争，坚决地支持和贯彻执行以毛主席为代表的无产阶级革命路线，彻底批判打击以刘邓为代表的资产阶级反动路线。这个斗争第一阶段深入以后，就进入了今年一月革命风暴，掀起全面的阶级斗争和革命的夺权斗争。这个斗争已经进行三个半月了。照毛主席的看法，今年二、三、四、五月，也许能看出一个眉目来；明年同期可能看出个结果来，也许更长一点时间。什么叫眉目？什么叫结果？就是我们现在进入的这个阶段，由于敌人不甘心退出历史舞台，一小撮走资本主义道路的当权派，负隅顽抗，坚持反动路线，进行经济主义的反扑，有机会它就要进行资本主义的复辟，这就使我们不能不进行全面的阶级斗争，这就是毛主席说的全面的内战，不流血的内战，也是我们红卫兵小将们说的，是不流血的人民战争。这个阶段的任务，既是思想革命，关系到每一个人；又是夺权斗争，打倒党内一小撮走资本主义道路的当权派。今年二、三、四、五月，我们还只能在各地把省一级的无产阶级的革命政权建立起来。就是说通过无产阶级革命派的大联合，建立起革命的“三结合”的临时权力机构——革命委员会。而这种工作所需要的时间，我们开始看得比较容易了些。现在真正成立了革命委员会的只有五个省市：上海、黑龙江、山东、山西、贵州。我们期待已久的北京、天津两个直属市的革命委员会，还迟迟没有成立。当然这两个市的工作我们又有新的赏试。上海进行的是直接地依靠群众，发动群众，从两千多有组织的革命工人，去年十一月安亭事件起，到今年一月，不过是两个月的功夫，就发展到能够动员百万的工人开起会来，支持夺权的斗争，反击资产阶级反动路线的经济主义新反扑，这是上海工人阶级重大的贡献。但是它的临时权力机构的成立比较仓促，是直接选出的，没有经过各方面代表会议。等到北京筹备成立临时权力机构的时候，毛主席就考虑到有可能通过召开各方面都参加的无产阶级革命派的代表会议来实现，首先赏试在北京，然后赏试在天津，开工人代表会议，贫下中农的代表会议，大学的革命造反组织代表会议，中学的革命造反组织代表会议，天津还加了个机关革命组织代表会议。由于毛主席的提示和启发，这些会议三月前后都已经开了。不过，尽管代表会议开了，革命委员会还没有宣告成立。为什么呢？这里还有需要改进的地方。因为初次的试点不一定会完全的，就是刚才说的那五个省市的夺权斗争，也没有一个是相同的。全国二十九个省市，大体可以分为五种类型：一种是已经建立了临时权力机构——革命委员会的有五个；第二是即将成立的，象北京、天津，或者还有个别省；第三是曾经夺权的，但没有夺好，发生了严重错误，造成领导机构瘫痪，只好实行军管，通过军管来促进无产阶级革命派大联合和“三结合”，还有一些边疆省、区，也实行了军管；第四种是准备实行军管的；第五种是还有待于进一步研究解决的。大概分这五类。过去我们也曾做过部署，我记得二月初的时候，在第一次军区领导干部会议上我就说过。那时分类是：七个已经成立或将要成立“三结合”权力机构的（把北京、天津算在一起），加上有十个准备要成立的，这就十七个了；还有两类，一是实行军管的，一是准备实行军管的。那是二月的方案。实践的结果把我们原来的方案推翻了，要修正，这很自然的。毛主席的思想一贯教导我们要实事求是，绝不拘泥于方案，拘泥于计划。计划是主观与客观结合订出来的，但常常是主观的想象多，行不通。行不通，改就是了。这是毛主席的精神。根据目前的形势，二十九个省、市、自治区到五月底是不是能全部解决？现在看来是慢得很。广东已实行军管了，要通过大批判促进大联合实现“三结合”。可我这次到广东来了五天，看出这个形势还会有反复，不是那么容易。这只是一个省呀，才二十九分之一。我们在北京，一个内蒙古问题谈了两个多月才解决。所以，五月底是不是能在各省、市、区看出眉目来，有可能还要推一推。至于地、县，那就要在这个基础上再往下推嚟。所以要到明年，一直到公社那就要到明年才能全部实现。还有中央各部，我们本来企图最好能做到以革命组织的代表为基础，结合中级革命领导干部，上层革命领导干部，通过批判，自我批评亮相，得到群众同意的站出来，实行这样上中下三结合。不行的话，就派军事代表进去，实行横的三结合，以革命组织代表和军事代表加上各级领导干部，站出来亮相，群众同意。这种三结合或者叫文化革命委员会。既然叫做部门的，那它就不能全面夺权嚟，就是领导文化革命，监督业务，某些单位也许可能领导业务，组织个业务班子。这要看具体情况。到现在为止，已经过了三个多月了，还没有摸出一个典型来，有的还要经过反复。所以到现在机关文化革命的决定还不成熟。同样的，今天上午听机关代表说的，广东机关文化革命先进行了一步，可能在时间上革命组织成立得早一些，但是做起来还是很复杂，在会上反映的他们争执的意见不下于学生的革命组织。但是这种反复，我们应该认为这是摸索一次新的经验，创造一次新的经验，是不能完全避免的。上海的工人和其他的革命组织首创进行了夺权斗争，以后也有反复嘛！各届代表会议，革命组织的代表会议，张春桥同志两次到北京说，不是那么容易，也是争执不休的。毛主席把问题看到了，说是明年二三四五月，或明年上半年才能看出结果，或许还要更长一点。主席在这方面是留有余地的；这是有道理的，有根据的。但是又必须说明，必须定出计划，你总不能老拖下去。大概我们同学们觉得，这个倒好，最好再长一点，再放一年假。你们可以放一年假，工人同志、农民同志就不赞成呀，军队同志也不赞成，我们机关的同志也不赞成。我们抓革命还要促生产，促业务，促战备，促工作，我们不能放下来，而且你们也不能长期这样子，不搞本单位的斗批改呀！世界上最长的罢工就是省港罢工了，就是英勇的光荣的香港、广州工人的罢工。省港罢工从一九二五年五、六月一直继续到一九二七年才基本结束。我们学生闹革命，放假一个时候，中学原来说放到暑假，后来关于中学无产阶级文化大革命的决定就改成复课闹革命了。这是根据经验的总结，需要修改嘛，不能说在无产阶级文化大革命中，中央或者同国务院，或者同中央军委，或者是中央文革小组，或者是中央几个单位联合签署的东西，就是一成不变的。有变的，有的原则不改，要加以补充，加以丰富。这是根据实践的斗争前进。我们必须要有个程序来推动。但是，这一点无论如何，一句话，要把无产阶级文化大革命进行到底。进行到底这句话我们一定要认识，一个是现阶段的，我们把全面的阶级斗争和对党内一小撮走资本主义道路的当权派夺权的斗争进行到底。进行到底要有个期限。到时要建立起革命的新秩序，按照革命的新秩序来进行生产、工作（当然没有完成以前也要进行生产业务，抓革命，促生产）。比如学校实现斗批改，实行新的学制，新的教育方针，新的教学方法，这都要告一段落。可是人们思想上的革命，决不能说两年或者更多一点时间就能搞干净，那是长期的，长期就不能天天这样子闹。现在是狂风暴雨，急风骤雨的时候。到了一定的时候，告一个段落以后，那就转入和风细雨的办法。但是建立了一种新的大民主的生活，四大的权利，四大的民主可以经常地进行。有时就会象波浪式的起伏，由比较不是那么猛烈的进行，到了一定的时候又会起来。这是不断革命的思想。决不要相信这一次的彻底的革命就那么彻底了。永远不会的。我们把社会主义革命进行到一直推广到全世界，都实现了无产阶级革命，共同地进入了共产主义社会，那个时候还有新的革命，新的思想革命，肃清剥削阶级的思想残余，肃清旧的习惯势力。那个时候所谓旧的，大概包括我们现在所谓新的在内。还有先进与落后的斗争，新的与旧的斗争，还有其他的斗争，人民内部的，还对自然作斗争，还有科学实验。我们这样一想，眼界就开阔了，心胸就开阔了，敌情观念就明确了。我们反对什么，主张什么，支持什么，打倒什么，什么是敌我的矛盾，什么是人民内部的矛盾，谁是我们的朋友，谁是我们的敌人，就会清楚了。

不同时期敌情的内容也有变化的。在民主革命阶段许多是我们的同志，他可以在进行民族、民主斗争的时候和我们站在一起，到时候也可以付出生命。可是留下来的，象我们这些人，在进入社会主义革命的阶段，思想跟不上，立场站错了，如果说在民主革命阶段即使犯路线错误坚持不改，他还可以在集中统一领导之下打共同的敌人帝国主义、封建主义，没有触及他的私有制；可是到了社会主义革命阶段，就不可能了。主席在七届二中全会上说得很清楚了，一旦我们取得全国胜利，民主革命阶段胜利了，就开始进入社会主义革命阶段，这个时候国内的主要矛盾就是无产阶级和资产阶级，社会主义和资本主义的斗争。你如果还是站在资产阶级立场上，还是想发展资本主义，那就是敌对的思想了，从我们无产阶级观点来看，这种思想就是反动的了。所以路线的斗争也就成为革命路线与反动路线的斗争。这就跟民主革命阶段不同了，这就需要以彻底的思想革命才能把他转过来。

毛主席历来主张思想批判从严，组织处理从宽这个原则，惩前毖后，治病救人的原则，所以在对待干部问题上，说了只要不是反党反社会主义分子，这个界限本来就清楚了，如果是，就不能够争取他了，不然，主席还加了一条，只要不是反党反社会主义分子而又坚持不改和累教不改的，还给他们改过自新的机会，允许他们将功赎罪，这个界限就很宽了嘛。就是批判从严，处理还是从宽。合乎主席的组织路线和干部政策。我们看，主席说我们要团结一切可能团结的人，要允许人家改过自新，将功赎罪，如果他愿意改的话。顽抗不改，累教不改，那当然最后是在打倒之例，但总是把敌人缩小到最少数。我们集中力量打垮最主要的敌人，然后再有新的敌人起来又继续打。争取多数，孤立少数，打击主要敌人，各个击破。我们要这样的认识。现在这个问题是发展不平衡的。

我刚才把这个全面阶级斗争和夺权斗争的情况说了一下。正是因为这样，所以主席提出我们依靠什么的问题，朋友敌人都弄清楚。到底我们依靠什么？主席讲三个信任和依靠，就是相信和依靠广大的革命群众，最后团结在百分之九十五以上，这是基础；相信和依靠中国人民解放军，这是我们文化大革命的支柱；相信和依靠大多数革命干部，我们相信大多数干部是好的，最后争取团结到百分之九十五。绝大多数是好的和比较好的，当然要经过教育斗争的过程。这是我们所相信和依靠的。毫无问题，要在最高的领导毛主席为代表的执行无产阶级革命路线的党中央领导下，来达到这样的团结。

这就是我们说国内外的大好形势的重点。抓住这个主要的环节，我们就能解决一切，不但解决今天的夺权斗争，也准备明天如果敌人发动大战，我们能够把敌人全部地消灭在我们的领土上，而且要推动世界的革命，加快世界革命。而今天就是用我们最大的注意力，最大的力量支持越南抗美战争。

第二个问题：广东的地位和情况。根据上面讲的形势，我们就不得不看到广东的地位和情况。

1.广东面临前线，作战和备战的任务都很重，因此我们要警惕敌人。很清楚，广东是一个前线的省，不仅仅有港澳，而且东边有台湾的敌人，南面和西南面有美帝和他的仆从军队，东北还有个潜在的侵略力量日本军国主义。敌人随时可以侵犯我们海南岛和沿海，把战争扩大到中国，如果扩大战争，广东省首当其冲。美蒋特务不断骚扰我们沿海和边境，美国的飞机、军舰经常侵入我们的领空和领海；港澳两个点特别是香港，可以说是敌人的情报中心。不但美日蒋以此为中心，恐怕是世界上一切反对我们的敌人都以那里做中心。这样的情况我们不能够忽视。我们革命的群众、革命组织的代表要随时提高警惕。我第一天就提醒大家注意这个问题，可是这三天汇报里，我几乎没有听到几个人讲这个问题，好象我们一切斗争现在重点都在内部，这点使我感到有点不安，不是对你们不放心，我相信一旦提醒了，大家会认清楚这个公开的和潜在的敌人的。你们只在谈到几个问题时，如珠影的问题上谈到了这个问题，抓人的问题也提到这个问题，在谈其它问题时提得很少。这是很不应该的。我一来就提到这个问题，今天还提这个问题。我们要注意公开的和潜在的敌人，我们有备战和作战的任务，沿海民兵每天都要站岗放哨，我们解放军随时处在作战、备战的情况下，不可能拿全力来做支持无产阶级文化大革命的工作。一旦如果电话中断了，交通失灵了，对我们非常不利嘛！这个是我们革命的工人、革命的农民、革命的学生、革命的机关干部都应关切的问题。解放军更不用说囉。而潜在的敌人在内地有，在广州市也有，特别是不断从港澳钻进来，如果我们在这方面失掉警惕，那我们就不是高举毛泽东思想伟大红旗来进行无产阶级文化大革命。这点我特别号召你们，特别是广大的青年群众，你们放假闹革命，更应该在这方面多一点发现嘛，从这方面发现的多不多呀？反映敌特的多不多呀？（答：很少）我讲革命组织（答：没有反映），是呀，我今天首先号召你们要提高警惕，我相信我们革命的工人、革命的农民、革命的学生、革命的机关干部能够响应，也能够做出成绩来。

2.广东的地位。广东的无产阶级文化大革命，你们都说发展慢了一些，我看慢一些也许可能好一些。因为快的经验还不够，就不免多犯错误。你们有了别人所走过的路，看到了，就不会重复他们的错误。这点有好处。为什么能迎头赶上，就是这个道理。我举一个简单例子，我国的革命就吸取了俄国十月革命的经验，结合中国的实际，这是毛主席最伟大的创造，加速了世界革命的进程。另一方面我们又吸取苏联的反面经验，出现修正主义的经验，因此发动了社会主义教育运动，那时是个准备阶段，现在我们进行无产阶级文化大革命，这是防修的运动，挖修正主义根子的运动。苏联虽然走了很长的时间，五十年了，但是经验还有许多没有总结，我们仅仅十七、八年，就总结了经验，我们就可以赶过去了嘛！所以广东慢了也有好处，快了摔跤多一点，慢点可以摔跤少点，可以迎头赶上，这是好的一面。但是也不要忘记，慢了总是要自己在慢的当中，总结别地区的经验，吸取人家长处、避免人家短处，不要照抄。尽管我们无产阶级文化大革命有它的普遍性，这是肯定的，就是一些原理原则、方针政策普遍适用于各地，但是各地的具体情况，总是不完全相同的，必须跟自己的实际情况结合起来，这点很重要，不结合起来，就不能有创造。北京的一个口号，电话打来，你们比我们知道还早。有些口号并不是我们提的，不知那个学校提出来的，一提出来就上了街了，到了广州，广州也上了街了，我们还不晓得，这种事情很多。我到了广东才知道，广东还比较少一点，象新疆、黑龙江、西藏、昆明、福州、上海……，反映才快呢！是最敏感的地区。但是，上海已经成立了一个领导的中心，它不完全抄，它自己创造自己的经验，有些地方就是抄，北京有一个，别的地方同样要找出一个来。我在十四日的大会上已经说了，这是模仿性，要有创造性。我们不反对模仿，初期的时候少不了模仿，完全排斥模仿也不可能的，小孩子开始走路总是学走路嘛，写字总是学人家写嘛，把着手模仿，但是总是走着走着会独立思考了，有所创造。总之，要不断地总结经验。这样就能够象主席说的有所发现，有所发明，有所创造，有所前进。我相信广东的创造性不会落后于其它地方。所以我在纪念堂就说，你们会迎头赶上，不应该妄自菲薄，我不同意说广东好象落后了，冷冷清清了，恐怕事实并不如此。有些看来好象是冷冷清清，其实是在埋头苦干。最近几天北京还在打架，这个难道一定要学呀？那么说北京打了几场架，我们也一样子比赛，看谁比谁打得多，我看这大可不必。我们多打几架，敌人在旁边笑。在北京笑的是使领馆的敌人，一些外国记者，暗藏的反革命分子，在广东不光是这些，还要多了，香港的报纸会首先登出去。比如说，我在这个地方时间很短就走了，他就说我大概是在解决交易会的问题。如果你们现在在外边发海报，敌人就会猜想，周某人还在广州，怎么这么久，大概广州问题一定相当难解决了。（笑声）我可以算出他们宣传的什么。（笑声）今天发了海报了吗？（答：发了！）你看，我今天上午的恳求，休战半天你们不去贴，结果你们还是不听，总是没有敌情观念。这个敌情是两个敌情，一个是无产阶级文化大革命的对象，是一小撮走资本主义道路当权派，这个敌情不能忘。我等会在下面再说。还有更主要的敌人呢！血战的敌人。一个是不流血的敌人，一个是流血的敌人，我们在广东首先要注意流血的敌人，这就是美帝国主义，还有仆从国家、蒋介石和他的特务。这个怎么大家就不想想，我们一刻也不能忘记这些敌人。我们革命的同志们，你们要从年青就锻炼起。过去十七年，就是毛主席说的，和平环境太长了，所以我们就松懈起来了，官僚主义、修正主义就不知不觉地滋生了。所以这回要搞掉它。我们一定要有一个内外敌情的观念。所以我不认为少打几架就是冷冷清清。比如说，昨天晚上那一场，就是中山纪念堂那个事（指要封中山纪念堂“天下为公”一事），那种冒险是没有必要的。大概今天拿掉了吧？今天大概没事了吧？说服了。这些小将们认为，这是一个很值得采取的勇敢的行动吧！(笑声)我们看是没有必要的冒险行动，如果那个成功了，那的确到香港会成头条新闻了。当时不知道有没有外国记者看到，不仅外国记者，这个地方就连华侨、港澳同胞看了也会拍你一个快镜头，一下照进去了，就不好嘛！这说明我们看什么，不能光看表面，有的是轰轰烈烈，有的表面看来好象是冷冷清清，不那么热闹，倒是埋头苦干。波浪有那么个起伏嘛！我刚才说的一个阶段有波浪起伏，每一个阶段里头还有小的战役、小的战斗，还有波浪起伏。这点主席在建立罗霄山脉根据地时就说了。

3.广东一·二二夺权的大方向是对的，但是我们应该说“省革联”和一·二二夺权是有极严重错误的。我们要指出，我们很坦率，现在要说清楚，二月底三月初，我们当时看到广东省的工作已瘫痪了一个月，急得很，觉得非要找赵紫阳，陈郁同志，还有林李明同志，寇庆延同志，还有区梦觉这些人不可（当然陈郁是已经到中南局了），军区同志也找了几位，主要是陈德同志，把他们找到了北京，黄永胜同志当时在北京。主席看到这种情形就叫我们办了。那种夺权不能继续下去。虽然大方向对，实际上这个大方向对是抽象的，实践的结果证明是犯了严重的错误。你不能够这样面向前方（前边所说的两种情形，特别第一点所说的情况），不仅面临港澳，还有美帝、蒋帮、日本军国主义等敌人，不能够在这种情况下使革命领导权中断，所以一定要也只有建立军管。赵紫阳、区梦觉他们是犯了严重错误，他们是一种问题。小将们犯了严重的错误，那是另外一个问题。要把它弄清楚。到了北京，果然弄清楚了。在我们看，一·二二夺权前后，旧的省委以赵紫阳、区梦觉他们两人为代表，当然还有其他人，那次尹林平（到中山大学谈判交权）去了没有？去了嘛！签字有他嘛！中大同学可以证明。赵紫阳靠边站以后，还要尹林平召集书记处会议，是不是这样子？（中大同学答：是。）所以至少这三个人应该提出来吧，赵紫阳、区梦觉、尹林平（他本来叫林平，是老红军，他是江西人，兴国佬，后来不知怎么转到南方留下转到地方工作，然后七转八转，到抗日战争就转到东江纵队），前省委以他们为首，在我们看来那是起了作用的，至少是利用了这次夺权。群众要夺权，这个大方向是对的，革命组织迫不及待，因为当时我们在北京是提倡了，上海一月风暴起来以后，中央在十四日讨论以后，觉得各地方会起来夺一小撮走资本主义道路当权派的权，但同时也会有连锁反应，不需要夺权的他也夺。与其如此，我们不如早一点把这个方针说明，就曾经在十七、十八日两天，由中央文革小组和我出席了主要是学生革命组织，大中学生、机关干部、工人这几方面的代表会，我们谈了有关方针。大概这一谈，大家就纷纷打电话，各地方就急起来了。这是群众响应这个号召，急于夺权，这是可以理解的。一月风暴嘛！谁也不甘落后嘛！所以这是我们应该肯定的。群众夺权的要求和这个行动的大方向还应该肯定。这不仅是对于广东的这个行动，还有江苏，时间都差不多，你们是一·二二，南京是一·二六，安徽也是一·二六，都是那个时候。你们说落后呀，你们比江苏、安徽赶在前头了。（笑声）但是过于急躁了，结果就出乱子啦，旧省委看穿了这个，他想利用这个。这样你们就上当了。

广东的盖子揭得很晚，是陶铸阻挡的。本来有人想在中央十月工作会议以后承认犯了反动路线的错误，陶铸说中南系统好象总是有点不同，顶多说一个方向性错误吧。总是拖住。在十一中全会后的八、九两个月，陶铸、王任重打招呼的事那就多了。那个时候一个是中央政治局常委，一个是中南局书记嘛，当然有些话是不会不受影响的。他们的电话也特别多，当然有些公的，有些私的，他的电话也很难分它是公还是私了。（笑声）因为当时我们有分工嘛，我管北京、中央，还有很多工作，才开始嘛！各省都让他打了，出的乱子也就多了。因此，把一些干部统统归之于陶铸的人，恐怕也不能这样说，也要讲个一分为二。那就看你们的揭发了，首先靠省委机关的人，还有省委跟他一道做工作的同志，真正能够跟他的反动路线决裂，站出来揭发批判。一·二二夺权当时就犯了错误了，成了一个秘密夺权，不公开的，参加夺权的只有两个学校的革命左派组织，一个工人联合的组织，一个机关的造反组织，加一个珠影，就是五个单位，加外地四个单位来支援，九个单位。夺权的形式成为一个不公开的谈判的方式，就是一个要印，一个让印，就是让权。这种形式是不足为训的，不可效法的，是错误的。夺权的方向是对的，但办法是不可取的。我们不愿意公开来指责，因为在南京也是用这样的方式谈判，安徽也是这种方式。所以对夺权的方向我们都没回答。你们这里我肯定地回答了，今天不回答你们不行了，不然说夺权都不对，那就不好了，那是对左派的打击了。大方向是对的，但是犯了严重的错误。这些错误革命造反派不完全都懂得的，被赵紫阳为首的旧省委利用了，上了当了。后来你们慢慢地看出来了，把夺权的单位扩大了，六十多个单位签名了。夺权就是监督他，他们还开会了。夺了权掌不了权，因此就慢慢地瘫痪了。瘫痪不能久，所以中央就非出来不行，是这么个情况。赵紫阳和旧省委利用了这个错误，是他的责任。他很善于说话，到北京以后，我们批评这个让权不对，没有去强调夺权的问题。强调让权不对，你是省委书记，中央还没有免你的职，你怎么可以在一个小范围会议上，在中山大学住了一个晚上，第二天早上一谈判你就签字，就让印了呢？革命的小将要夺印还有根据，咱们有出《夺印》的戏，掌权掌印嘛！那是戏里形象化的名词。真正的彻底的夺权，那个印有什么要头。所以后来夺了印的那些革命派，印拿到身上也没有办法，后来把印交给军区，代为保管了（笑声）。他们还算负责，只留了一个办公厅小图章，也是苦得很，人家到处找他，很多事务上要盖图章，他只好揣在身上，人家追来追去盖图章（笑声）。我说青年人不经过这个经验也不行。你们有了这个经验，就知道这个印没有啥夺头，就跟那个黑材料一样，夺久了也就不夺了。北京现在就不去抢黑材料了，你不信去问问清华同学，蒯大富同志封的那批黑材料，到现在还没有去查看，还放在那里，那材料，他也晓得没有什么油水，对黑材料没有兴趣了。你们这地方头一天汇报，谈到黑材料还津津有味，我就不大感兴趣了，我只注意了抢水泥厂的氰化钾和秘密档案这两件事。其它的黑材料谁拿着？最后我可以肯定，一烧了之。你们还一辈子用那个来作档案呀！我告诉你们吧，北京同学已经觉悟了，你们现在还采取这个方式，埋头档案，一定要犯我们犯过的文牍主义的错误。你们小将们一天到晚埋头在这里头（指着桌上堆放的材料），这也有损于健康，会变成近视眼嘛。你们送来的这些材料，这样小的字，读起来也是很苦恼的。其实真正要紧的话就那么几句。要抓大的嘛！不要钻到文牍主义里头去，那是很吃亏的。档案搞那么一大堆，没有几个用得上。实际上斗争的纲目，你们都可以说得出来，不需要搞文件你们也可以说得出。前党委犯的什么错误，工作组犯的什么错误，革委会跟工作组、党委那几个人是犯了什么错误，这个本单位本学校都可以讲得清楚。所以，应该说赵紫阳他们懂得，这不能够怪学生。因此我们说他让位不对。人家要印是有权利要的，你为什么让呢？你不签字，我们相信革命的学生也不会把你怎么样。比如开群众大会，群众大会就是斗嘛！你不交他也没有办法，而且你可以说要请示中央嘛，就解决了。你也不请示中央，连书记处、常委都没开会，就交了，这不失职呀！是极其严重的。旧省委的领导犯了很多的反动路线的错误，当时还说到反动路线。赵紫阳在回答的时候，他就集中到让位让印这个问题上，他说这是一个反革命犯罪行为。这句话他说了以后，我当时没有注意，回来一想，这个不妥。因为省一级的让权的很多，至于地委、各个企业、部门里头被人家把印抢去的更多得很。如果凡是把印交给人家就叫犯了反革命的罪，这个就不胜其数了。所以，在他走以前我就打了个电话，我说这件事可不能叫反革命罪，是犯了极其严重的错误。因为让位让印这一件事，就叫反革命现行犯，这个案办起来也没有多大办头嘛！其它执行资产阶级反动路线那一套通通可以不管了？当时我没有觉察，后来一想，他这句话有点很调皮哩！所以我同时打一个电话告诉黄永胜同志。那晓得他回来以后，就把我说的让权不是反革命罪这句话扩而大之，说他没有犯反革命罪。这样他就躲开了，反革命修正主义，都可以躲开了。现在看起来，他很调皮咧，所以，你们问我到底说了没有，我是说了。我是指的那一件事情不能说叫反革命罪，因为这类事情多得很哪，如果这一件事就说是反革命，实际上是避重就轻了，是不是？这件事，我应该把它说清楚。因此，我说参加“省革联”的，或者是一·二二夺权的同志们，你们在这个问题上不是什么请罪问题，根本不要谈这个问题。如果做过了，也不必要，要进行自我批评。自我批评是为什么呢？就是深刻检讨以后，可以前进，为的你们革命派、左派、造反派在斗争中前进。

在这个地方，要严防前省委的复辟的逆流。譬如说，刚才说的这些人，特别是赵紫阳、区梦觉、尹林平，安知他们不利用另外一个机会搞复辟，当然那也不一定同一个对象，他可以找另外一些左派，另外一个对象，你们要警惕，严防赵紫阳、区梦觉、尹林平的复辟的逆流。这是复辟逆流的主要对象。他们想在这个里头伸手，要防止这个。不能说他们是死老虎了，我听说他们还很嚣张，还拿我说的不是反革命这句话作掩护，好象就批评不得。还要严防地方主义的翻案。过去广东陶铸以前的领导犯过地方主义错误。这个是中央讨论了的，定了案的。他们说大军不南下，广东也可以解放，海南岛也可以解放。当然啦，广东的游击队，海南岛的游击队长期斗争，如果坚持不屈，也可能打成南越的样子，那你总得还有其他的援助。既然有大军，大军既然南下，当然就尽快地解放广东、海南岛了，不然海南岛就落到敌人手里去。金门就落到敌人手上去了嘛。为什么大军南下这个功不归于大军呢？而首先归功于游击队呢？这不符合实际嘛！第二是在进行土改的时候，反对以南下的北方干部为主。因为那个时候当地干部还没有培养成长起来，还没有象现在这样多数。当时很多是南下干部，就是北方的，搞过解放区的土改，有了经验，所以，以这个南下的北方干部为主，结合本地的干部来进行土改。这两件事不仅是迅速地解放了广东、海南，不使海南落到蒋介石手上，而且使清匪反霸顺利进行，加快土改，使广东的革命秩序建立起来。当然那是初期的革命秩序，我们不能拿今天的水平看当时的水平。这个我说过了。同样也不能拿当时的军管制度来适用今天的军管制度，这也有所不同。如果说地方主义要翻案，这就是一种资本主义复辟的阴谋。所以我觉得如果说广东也存在着，或者生长着资本主义复辟的反动逆流的话，不能拿个别的事件来说，而应该看这个主要的方面，存在这个危险，要警惕起来。

4、军事管制在广东来说，是在极其需要的情况下，由主席和党中央决定，要求广东付诸实施的。这么一个结论，就是这样得出来的。在二月底三月初，要求迅速来解决广东问题，专谈这个问题，只用了三天时间，就解决了。这是广东的地位和情况，我应该说清楚。这个主要责任归之于广东的执行资产阶级反动路线的前省委以赵紫阳、区梦觉、尹林平他们为首的这一伙人。开始揭发资产阶级反动路线，承认执行资产阶级反动路线这个严重问题，揭发得很少嘛！所以阶级斗争的盖子没有揭开。等到快要揭盖子了，进行夺权斗争，他们又滑过去了；他们让权以后，就变成睡眠状态了。什么叫睡眠状态？就是躲在一个不负责任的地位，可以休息了，也不是当权派了嘛！以后军管了，他更可以说闲话了。你看，前七个月，从六月到十二月，他可以把广东的阶级斗争盖子迟迟不揭开，不挺身而出，来承认极端严重的错误。等到一个月以后，他又利用这个夺权斗争，用让权的办法来逃避了这个责任，然后军管，你看他不是滑掉了吗？不行！这样子真正的这一小撮执行资产阶级反动路线的当权派，我们要注意，要揭露，我们要把这个问题弄清楚。这是第二个问题。

第三个问题：广东军事管制的客观情况和它的任务。刚才说了，二月底三月初，经过研究讨论，决定广东实行军事管制。

军事管制是在什么环境下、情况下产生的，在军管前、军管后发生了什么问题，这是必须回答的。军管前，是发生了冲击军区的事情，从冲后勤起，一直发展到军区。这件事情本身分两个部分，一部分是军区内部的，军事院校、文工队伍、医院、后勤，有本地的、外地的，就象北京那一时的风气。北京在一月中，特别是一月下旬，已经要他们统统离开了，八条命令就是要他们离开嘛！回到本单位去进行斗批改。在这以前，经林副主席提议，由中央、主席同意颁发了十月五日紧急指示，军事院校、文工队伍、医院、后勤、工厂跟地方一样搞。这是一个跃进。但是一搞，大家都集中到北京来，或者到外地串连。所以广东那个时候，没有什么事情。等到一月，八条命令颁发前后都回来了。回来还有个余波嘛！这是运动的规律，回来就要试一试军区嘿，结果就先从后勤那边搞起。确实初期阶段是打了人的，打了军区的领导人，罚跪，戴帽子，各种情况都有，当然也有严重不严重两种。是严重地犯了一些纪律。那时正是八条刚公布，有的还没到。等到二月七、八号，就联系到外边了。这件事情（指冲军区），无论如何说来，本身还是错误的。所以最近机关造反派的组织，特别是中南局那个组织说的，我认为是很坦率的。他说前一段是犯了严重的错误，他们并不因为十条就把那个错误取消，他犯的是严重错误，我想这样自我批评的态度，是赢得人家尊重的，赢得人家对他们同情的。因为自我批评就取得人家信任了嘛！至于中央的看法，也是分阶段的嘛。当时冲击各地的，开始冲击中央的军事机关，从国防部、三座门，一直联系到各军种兵种，联系到三个总部。总参大楼冲了，总政、然后是后勤大院，空军、海军大院，然后各兵种的机关都冲了。开始我们就用说服的办法，有的解决了，有的就拖延了。虽然我们批件上写了，也要区别一下，冲中南海到底不同一些，冲中南海只要我们出面一说，他们都讲理，要退。中南海冲过六次到七次，小的不算。几百人、几千人在门口静坐，在去年是经常的。冲进去，冲进北门，冲进西北门，冲进西南门，最后一次把中南海的五个门，都挡住了，我们还是劝走了。冲军区不是一劝就走的，他就是要留在你这里斗争，要开会，要揪出负责人来，这点情况不完全相同，这点对我们军事机关要说那么几句。从中央到地方，打人就搞得更凶一点，大概一般总是从一月到二月这么个时间。在这样一个情况之下，中央那个时候比较重视，所以采取军委的八条。那是当时的情况，那样的方针是有纠偏、纠正错误的作用，所以直接提到主席那里批准，公开把主席的批语都印在上面。当时是有针对性的。至于说那个原则，现在是不是改了呢，没有改，八条仍然有效。但有个别的又补充了一些。当时说如果是反革命分子，有坏人冲的，首要分子要追究，一般的就不要追究了，以后不许冲了。这几句话，在当时是生了效的。在广东说来，二月七、八号那件事情以后，就逮捕了一部分人，坏人，极坏的。最近我们宣布珠影的问题，有一两个头子还是有问题嘛，还要继续审查嘛，连“珠影东方红”这个组织的代表，他们也承认，比如那个姓段的，就比较不好嘛。另外，还有其他组织的一些人，包含军区本身的组织，象“千钧棒”，逮捕的那几个是坏的。有一对夫妻本来是下放劳改去了，到了新疆。后来是肖副政委把他们要回来，是好意，说他改造了一个时期总可以教育嘛，要回来还回到文工团。一、二月分闹得最凶的就是这两个带头的，揍也是他们揍得最凶。这位老同志说他们怎么这样一点感情没有。我说这位老同志也太天真了，阶级斗争还有感情呀？敌对感情。你看，好意把他接回来，一下子造起反来，闹得最凶的是他们。他那个反不是真造反，那是反革命。他们弄了九个人的组织，有五个人是坏的，把他们逮捕了，再加上和他们有联系的外边的两个人，一共七个人。这七个人还要继续审查。九个人逮捕了五个，这个组织当然就不存在了。但是，这并不妨碍其他文工团，就连原来那四个人，是不是现在受歧视了？没有嘛，十五号那天晚上我作报告的时候，他们还来了嘛，整个文工团都到了，就是参加“千钧棒”的其他四位也去了嘛，没有歧视他们。当时因为有些人犯了法，所以逮捕了一些人。

这种情形（指冲军事机关），当时全国都是很多的，从西北算起，新疆搞了，兰州搞了，青海搞了，西安搞了，宁夏也搞了，内蒙古搞了，山西搞得比较好，夺权夺得比较早，他们那个地方也闹了一下，天津、河北搞了（河北就是保定府），北京搞了，沈阳搞了，长春搞了，哈尔滨因为夺了权嘛，好一些，这你们晓得的。造反派今天来了吗？来了几位“哈军工”？噢，两位。那里不是“哈军工”搞的，是另一派捣乱，是“八八”。“八八”保守性很大，结果走到反面，头子走到反动方面，结果解散了。还有山东搞了，安徽搞了，南京搞了，杭州搞了，南昌搞了，福州搞了，恐怕无一例外，还有开封、武汉、长沙、南宁、广州、昆明。贵阳因为得到了左派的支持，所以这个情形转变过来，军队跟左派结合在一起了，但是军区开始一部分人也有一点抵触，那是内部另外一种斗争。成都、重庆，四川搞得更多，最后拉萨也搞了。所以无例外，成为一个运动浪潮，席卷全国。发生了错误，这是事实。运动发生一些偏向错误是难免的，如果我们解决得好，错误可以缩小，解决不好，错误就会扩大，甚至军区也跟着犯一点错误，这都是可以理解的，都没有经验嘛。昨天不是省委机关有个同志答复我，他说都没有经验嘛。这个问题带普遍性。中央的针对性，就是针对这种错误的。军区办这个事情，除去个别的，也犯了一些错误。还有另外一种性质的问题，首先是青海发生的，那是反革命分子篡夺了领导，那就把性质变了。内蒙古也是被自治区党委内的一个反动分子王××篡夺了，影响了军区，把支左看法完全说到相反方面，就开了一枪。成都也是完全受到地方党内坏分子影响。这三个地方，特殊一些，其他地方都是普遍性的。普遍冲军区、军事机关，犯了错误，同样军区有时也做过了一点。我们认为这个时期，大致这样的性质居多。广东说起来还比较好，在冲的时候军队院校和文艺团体犯了一些错误，但是群众这方面犯的错误还不那么严重，因为的确没有冲进来，地方只是支持。昨天中南局那位同志检讨得很好，他是用一个巧妙的办法，拖住陈郁进到军区来了（笑声）。他很好地检讨了，我觉得他很坦率，这种同志很好，承认这个事实。军区把中央军委两个电报宣读以后，大家走开了。

二月份以来，军区拘捕了一些人，拘捕的人数虽然多了一点，但是不像别的地方那么多。我们后来重新核实，连取缔的反动组织在内，总共也不过四百五十人。“八一战斗兵团”捕的最多了，还有“老红军”、“千钧棒”，还有中大红旗工人组织几个头子，也是相当不好的，也捕起来了。最多的“八一战斗兵团”数量比较大一点点，加在一起是四百五十人。已经放了一百六十九人，现在在押还有二百八十一人，打算今天或明天还要放一百多，审查清楚了还要放。最后顶多是最坏的，瞑顽不改的。不承认错误的，要看一些；还有特务关系的，要看一些；还有个别现行犯，看一些；其他的逐步教育把他放了。这是一个主要的方面。在全国来说，广东捕人并不多，而且放得很快。第二个数字是外地的，是广州以外的，二百三十八人。第三个数字，里头包括“联动”的，还有因交易会快开始了，从三月二十二日到二十八日一个星期，拘捕了一部分炒买炒卖分子，还有一些流氓分子，这个数目比较大，有五百零八人，这里头已放了二百八十多人。总的数目是拘捕了一千一百九十六人，其中关于文化大革命的四百五十人，其他的七百四十六人，与文化大革命无关。现在还有七百四十五人没有放，这里头还要放一些。交易会完了有一批要放，因为教育过了嘛，劳动教养过，或者劳动改造过一个时期就要放。捕人的事情，不能作为一个范畴来看，几种范畴都应该把它作分析。以后你们跟军区接洽还可以问这个事情，公安局他们也知道这件事情。有些是属于公安局的，有些属于警备区的（黄永胜同志：那五百多人是公安局的），公安系统的，有些是群众扭送的。本地的四百五十人，外地的二百三十多人，有些是属于扭送的。在二百三十多人中，大部分都放了。（黄永胜同志：各地都放了）那就是放的多了，留的少了。因此，中大“八三一”材料可能把几种数字都汇合在一起了，汇合在一起也只有一千多，没有三千九百七十二人的数字。当然我们还可以查，要实事求是。既然有了蔡海鸣这个人说的，就要把这个人找到，不管他在那里，我们总要把他找到，弄清这个情况，采取负责的态度。军区也好，中央也好，要把这件事弄清楚。同时，这次捕人，学生一个也没有捕嘛，你们也承认嘛，我也问过了，也没有打死人的事情。这个情形，跟许多地方都不同，在我们全面看起来，广东很谨慎的。当然总是不免搞过了一些。比如说，因为头子不好，就把那个组织也取缔了。像对珠影这个问题。解决就是嘛，错了就改嘛。最近已经平反了，被取缔的组织恢复了，被拘捕的那部分人审查以后就处理。珠影的同志你们昨天回去没有打架吧？（“珠影东方红”代表：没有打架。“新珠影”代表：今天外面去围攻“新珠影”，“东方红”也参加了。）紧张免不了，紧张是要紧张一下子，紧张不要紧。外面不要去人。将来记者还帮助你们去说服，外面就不要去人，他们自己能够解决的，革命靠自己，这是条原则，需要支援才支援，现在不需要支援。我委托四位记者常常来跟你们联系，双方都要联系。你们要求恢复广播电台“红色广播兵”和“东方红”的组织。据说这两个组织是他内部自己垮了的，而且的确那些人有些不好的成分，这点你们将来访问军管支左办公室可以回答你们。当然对群众应该一视同仁，但在这两个组织里头，的确还要作必要的清理，当然我们要慎重处理的嘛。

军管前的形势，应该说，广东是个南方的门户，面临前线，但本身还没闹出大乱子，我们感觉广州军区在这个问题上，从黄永胜同志起，领导还是负责的。这一点主席、林副主席是寄予期望的，信任他的，我应该肯定的告诉你们（热烈鼓掌，呼口号：向解放军学习；向解放军致敬！）。（向黄永胜同志）你大概就是在最紧张的时候把你接走的吧？（黄永胜同志：我是一月六号到北京开会的，最紧张的时候在北京。）有几个地方的确是中央把他们接走的。那与把省委书记接走是两回事，这个不能等同嘛。我们也把个别的省委第一书记接了去，因为他们检讨错误就是不争气，不象样子，自己犯的、自己搞的什么保护赤卫队或者红卫兵啦，结果他又不承认，很多这样的省委书记我们接走的。至于军区就不同了，军区内部有些人闹的是过了。那个时期军区并没有管文化大革命，院校发动晚了是中央决定推迟的，决定先不搞的，后来到十月初林彪同志看到恐怕不搞不行了，这样才提出建议，中央、主席同意了，马上就执行了。军队有个好处，令出必行。这点还是听命令的。当然是自觉地执行命令，不是盲目服从，因为有道理嘛。军队有些同志就是把一些领导人扭住不放，在北京对肖华同志、邱会作同志就很不对啦！那他们还受得起啊！肖华同志不是被抄了家吗，邱会作同志硬是被打了。那样对待我们总政治部主任、总后勤部部长！这两个同志，我都保了的呀！说了话的呀！的确，群众就是这样子。我们没有过分责备群众，但错误确实严重，你不能不承认错误，那有那样的斗法，打的几乎休克嘛，邱会作有心脏病嘛，（黄永胜同志：我们肖副政委也休克了，连氧气都不给输）这也是一个大的经验教训囉。（大笑）

三月初，我们实行军管，执行日子是三月十五日，到我来时候不过一个月，这个时间也出了几件事。这几件事是不是都把它扭在一起就是资产阶级反动路线的新反扑，或者说是资本主义复辟的反动逆流呢？在我看不能下这个断语。（热烈鼓掌）当然这个事情要有解释。我有什么根据呢？我有个比较嘛，你办事总有个标准嘛，你不能那个地方说是，这个地方说不是，那就变成不公了；或者说一切都说不是，那不是变成和稀泥呀？那我不能做这个事。

第一，你们说的四大事件，在军区还找不到这样的文件，把四大事件罗织在一起说谁要参加这四大事件的就是反革命。如果这样说当然不妥囉。至于军区底下的干部和执行军管的个别人说过这样的话，那他自己负责，应该批评他，他应该检讨错误。所谓四大事件，就是一·二二夺权，一·二五在公安局反夺权，还有个冲广播电台，最后一个，就是二月七号八号冲军区。就是这四件大事。所谓四大事件我开始弄不清什么叫四大事件，后来搞清楚了，从你们学到东西了。(笑声)四大事件每个事件都有它的特点，不能把这四大事件等量齐观。有的事件是有联系的囉，有的没有联系，当然当时整个空气是有联系的囉。如果军区的正式文件中拿出四大事件作为革命、反革命的标准当然不妥囉。因为一·二二夺权大方向还是对的，这夺权的方法当时的作法是极严重的错误，逐步地脱离群众，又上了旧省委的当，我看还是上了当，没有经验，急于夺权。这是全国的影响，恐怕我们在北京的讲话也算一条吧。当时我们在人大会堂，中央文革宣布，我站在舞台上说嘛，对你们也起了催促作用，我们要负点责任。二月七、八号是另外一个问题，冲军区，地方同志也没进去嘛，除了个别的刚才说的以外。所以这个情况也不同。公安局夺权是另外一个情况，先夺权的是外来的进去的，而且还有北京政法公社参加的，军管后证明他们在那里的工作，做得是不大好的。这个不责备他，我们还是把他送走了，安全送走了嘛。因为对地方来说，他们的个别措施是会引起公安局群众不满意的，但是对他来说他不知道轻重嘛，不能怪他嘛。因为北京政法公社夺了北京公安局的权嘛，你们北京来的九几位同学晓得嘛，他们是证明。这里有没有政法学院的同学呀？（答：没有）哎，来了就好了，可以证明这一点。他们夺了权，我们的谢富治副总理当时让他们看一看，我们报了中央也是等一等看，结果他掌不下来这个权。因为他夺了权要掌权，结果他掌权了，周围就包围他囉。过去我们想把内部的造反派搞起来，到了他掌权以后，全部的内部一致对外，来一个消息说，那个地方欺负派出所了，他们就去支援，结果跟群众造成对立，上了当了。后来搞了一个月吧，我们看也是不能继续了，还是军管，结果政法公社也支持，这问题很好地解决了，因为我们做了工作。现在没有那个去责备政法公社，他自己取得了经验，政法公社在外地也是取得这个经验。因此，广州的结果也必然要军管的。我们的确有这个意思，如果当时公安局内部的造反派和外部的造反派去试一试，把那个坏人揭发出来也好嘛。不过不容易。譬如天津被坏人夺取了权，反而好人受压迫，最后也是走到军管，把坏人抓出来。另外公安局过去长期受彭真、罗瑞卿的控制，虽然我们有很好的部长谢富治同志，但是他因为去得晚，同时他这个人的工作守纪律，对原有的人没有根据不好换他的，所以彭、罗的影响还是很大，所以有一部分坏人就暗藏下去。这次逐步地揭发出来，这是一大收获。但这还要靠本机关内部的揭发，也不能急，要逐步地揭。夺权以后反夺权，这是另外一个性质，必须要长期才能够揭发出来。所以这次我没有要公安系统几部分来讲话，将来你们做报告好了，这部分是复杂的事情，我知道一些，但是不完全清楚，我是拿北京、天津做例子来说的。广播电台刚才说了一点了。广播电台的问题，是中央文革小组派来的广播学院的几个同学揭露出来的，本来是支持造反派的，摸了以后证明这两个少数人的造反派不仅成份不纯，主要是作风，他的做法、方向都错了。北京来的广播学院同学就是中央文革派来的，站在它对立的方面，发动了群众，群众把他们揭开来了，是这么一个情形。至于二月七、八日的事情，刚才说过了。所以这四种情形不能够等量齐观，虽然是一时期互相影响。这么一个情形，军区并没有因为这个情形把它作为标准。尤其是二·八以后，虽然有请罪的事情，这个倒也不完全是军区要求，我在中南海就晓得，我叫他不要请罪，他们来的时候，还要送个请罪书，说我冲了中南海了。冲中南海的事情原来是一直没有提的，这回中央发的关于安徽问题的五点决定，上面才说了叫大家不必看成太严重的问题。实际上冲中南海，每一次我们劝他们走了以后，我再见他们都是送上请罪书的，你叫他不送他还要送，你退还给他，他还是要留下来的。实际上也不完全是提倡，因为我们从来没有提倡请罪书嘛。你们不信，我那里收的请罪书，有一大箩子，你总不能说我要他请罪的，我从来没有宣布这个事情。冲中南海六次，这一次才把它计算下来，天津两次，郑州一次，北京几次，也包括荣复转退军人。最凶的是荣复转退军人，拿汽车一冲，就冲进去了。他们冲中南海的目的，就是要求你见他。第一晓得你不会怎么样他，所以他就试一下子。我们中南海的警卫部队，的确是照我们规定的几条，就是：第一不动气，他怎么骂也不动气；第二不动手。骂不回口，打不回手，打伤不开枪，最后说，同志们哪，你们打错人了，我们是毛主席的解放军，你最后会承认错误，会懂得是错误的。凡是用这个方法说服，多数是被感动的，再打不出去了，手也放下了，他也不搞了。但是也有那些人他不管，他还是要试一试，最后总是把我们迫出来见一见。但是这个不能说中南海如此，别的地方就一定出来就不受整，不挨揍，不敢说。你看嘛，冲军区时肖副政委出来，他就不行呀！他出来受了整了。的确情况也不完全相同，我觉得应该客观一点。因为我在的中南海，中南海有毛主席，我一句话就把他说服了：难道你还要冲毛主席所在的无产阶级司令部吗？这句话一说，他就闹不下去了。你这个广州军区排老几啊？他才不管你。（笑声）你说是无产阶级司令部，他说你是自封的，（笑声）他还闹起来。所以这个情况不能完全等同，不然我们就不公了，是不是？这一点要说明。我觉得广州的情形比别处还是好一些的。四大事件没有把它作为革命反革命的标准，但是底下确实有人这样讲，是不好的。这一点我希望偏于保守的，好心肠的，好象维护党的利益和军队利益的同志，拿这四条作分界线还是不对的。如果军队干部里头有说这个话的，应该承认这是错误，我们应该承认嘛。应该向群众交代，这事我们坦率得很，承认错误就算了嘛，你不承认错误就揪在那个地方嘛。我现在正式宣告，这个不能作为分界线，是错误的。这是第一。

第二，来了个《颠倒》的文章，《把颠倒了的历史再颠倒过来》。这个东西也是到广州学到的。那是"新北大"搞的。在座有"新北大"的同学吗？啊，来了。这是你们的贵同学惹起的这场祸，把他的观点出在《新北大》广州版。这文章其实发表很早，它是在二月二十八日就发表了，那个时候大家也不闹，因为它是个小报，大家并不闹。错误就在于先是《南方日报》，后是《广州日报》，一个三月十二日登了，一个十四日加了编者按。我看了半天，以为文章本身也是《广州日报》写的，看到最后才知道是转载的。那个标题不清楚，好象就是你《广州日报》的意见。我看那个意见是不大对啊！那里头观点比较杂。它是要得出一个它所要定的结论，意思就是整个都错了，没有加分析。我们说“省革联”也好，一·二二也好，“省革联”本身总还是个群众联合的组织嘛，不过他范围小了，夺权他这个方向是对的，不过他做的错了。你不能不分析，不能不一分为二。他那个就笼统了，都说不对了，错了，这当然是广东的造反派不能接受的了。再加上《广州日报》的按语一摆，虽然晚了半个月，但是按语一出就跳起来了。但当时也没有闹，又争论了很久，晚了差不多一个月才闹起来了，闹起来就围攻了。先是《广州日报》吧？对这个问题，中央文革小组来了四点建议，虽然中央文革很谦虚，说是建议，我看这四点是完全正确的，我们应该认真地执行。他这个四点建议的好处就是军管小组对报纸的军管应该继续，否则就不利于无产阶级文化大革命的进行，不利于对敌斗争。因为广东是华南的门户，所以肯定了这个军管应该继续，否则不利于批判党内最大的走资本主义道路当权派，因为他是要在报纸上批判的。第二条是维护和支持了军管。但是军管的成员里可以作必要的调整，并且建议要组织版面小组，协助军管办好报纸。希望各学校的革命造反派积极支持。我底下建议的时候还要说这一点。第三是你们有意见可以提，向军管会提出，商量解决，不要反过来又要报社的军管小组向你们请罪。请罪来请罪去，不是半斤八两吗？！我们不赞成这个请罪的办法。第四条说文章是错误的。文革小组他下断语也是很谨慎，就说是错误，不象你们，一出口就说是大毒草。这样就没有余地了。但是他底下说了，可以在报上进行讨论和批判。讨论也好，批判也好，各讲各的见解，这样才能形成一个大辩论的风气。我们提倡四大，四大里有个大辩论，而且在报纸上开辟一个园地。不过现在忙，这几天还没有写出文章来批判，希望你们写。有好的可以先登嘛。

还有一件事，就是一声“春雷”。这也是我到这个地方看报纸才看到的，你们宣扬大多囉！我们今天早上用了很长的时间听，我也看了几个材料。不过是一声春雷而已。春雷嘛，大概就是一声，我刚才听到一声，（笑声）不是夏雷那样轰轰隆隆不断的，只是一声而已，可是这一声不那么响亮。这没有什么嘛！不响就是了。每一声雷都得响，不见得。在军区方面，有部分同志急于想搞一个“三结合”。因为我们给军管的任务，就是一个过渡时期的任务，要通过批判——当时还没有强调批判，当时强调两条路线斗争，实际上也就是批判了。因为林彪同志在工交会议上就说了嘛，我们要进行一个大批判运动，通过批判进行无产阶级革命派大联合，然后实行革命的“三结合”，成立临时权力机构革命委员会。这是给军事管制的一个任务，在华南能够早一点很好。当然，我们也设想，如果不能早，也不能急。有些管这事情的军管的同志也急一点囉。他们也是试一个点，觉得广州铁路局别的地方已经实行军管了，好象长沙分局已经军管了，他想这个地方（广州铁路分局）是不是可以不必经过军管，提早一点，所以比较急了一点，条件就不够成熟，革命的、有代表性的、有无产阶级权威的都不太那么够。从材料看出来，他想“三结合”，这个大方向是对的。你们不是讲大方向吗？为什么这个就不讲大方向了呢？！所以一切的问题都得有个前提。军管的同志是一个好意，他想试验一下，搞一个“三结合”，方向还是向着“三结合”，他并没有要复辟嘛！但是急了一点，不够成熟。第一就是一部分革命派没有吸收进来，你不能说另外全部是老保嘛。我在底下还要讲这个问题，一动就给大老保三个字，偶然吵架吵急了给这个名字，固然我也不好反对，变成口头语了嘛。但是把这个加给人家，打击一大堆，这个不是办法。你首先打击群众了嘛。比如广州分局，南站的造反派，是叫火车头吧，是多数。那么整个广州分局连外地的算起来他还占不少嘛，也是过半数了嘛。就是这个情形，也是一个广大的群众组织，你给他一个名叫大老保，就把群众统统对立起来了。你说他思想某一点有些保守，那改正嘛。从革命力量不够，一部分革命造反派没有吸收进来，因而代表性不全面；无产阶级权威嘛，军事代表确实是够的，亮相的干部也可能多了一点，或者是杂了一点，这些都可以议论。有议论，改进就是了。就是说这个事情，方向还是想搞好，但是做起来有些错误，所以不好拿来提倡。那么你们问现在已经登了报怎么办呢？登了报的这些事情地方报纸可多囉，这些事情办起来都要给他一个罪名，那就不胜其办了。我告诉你一月风暴的首创者上海，它就搞了一个人民公社。因为人民公社这个名称，我们一直把上海的消息推迟到二月底才登。你看上海夺权斗争群众大会开得那么好，可是没登报。不但是外地不懂什么道理，国际上也怀疑这个事情。但是国际上西方记者，他很快就说恐怕是人民公社这个词有问题。那时候我们还没有讨论，等到二月中，主席约张春桥和姚文元两位同志去讨论的时候，连他们两位同志都觉得上海工人恐怕不容易接受，已经拿出来了嘛，登了报了嘛，怎么能取消呢？毕竟是我们伟大领袖的威信高，道理足，张春桥、姚文元同志回去一说这是毛主席的意见，把道理一讲，当场没有一个不赞成的声音，一下子就通过改成革命委员会。这样子我们把上海宣布了，上海夺权几乎晚了两个月才宣布。上海的报纸，后来不是就改了吗，也没有什么嘛。将来总有一天我们全国都要叫公社的，如果现在就叫人民公社，上海报纸一登管保各省都叫人民公社。你们广州更是人民公社，因为广州暴动就叫广州公社嘛，那你们还抢先了，把广州暴动的光荣传统还拿出来了，一定要首先拿出去了。那还不是都要跟着改。各省都是，各部委也学了，什么铁道部他叫人民铁道公社，那将来中华人民共和国就要改成中华人民公社。（笑声）这样出现以后外交关系统统要改变。我们现在国家的性质还是一个社会主义国家，还没有进入到更进一步，这样改变也不那么需要，反而增加一些不必要的麻烦。所以象这样的事情，已经夺权的省分，有许多事情，我们都改变了，劝他们不登。只是一个铁路分局的夺权，登报登错了一些，这声春雷不那么响，就让他不那么响过去吧，不要这样认真，把这个问题搞的这样子。当然你们说了，这是一个象征，是一个征候，这个征候就是要怎么样怎么样。你们这一闹，就没有再搞了嘛，而且他本身还在提问题嘛！我一来就听说，南站就不同意嘛。南站不同意那个地方只好继续军管囉。还是劝大家无产阶级革命派在毛泽东思想原则基础上，在批判一小撮走资本主义道路当权派的斗争中，能够团结起来。所以在这个问题上也只是一个错误，搞了就搞了嘛！再逐步加强嘛。这样的事情有没有呢？有的。有的地方已经都夺了权了，并且已经成立了夺权委员会了，有的地方已经成立了革命的组织了，是联合的，江苏就成立了联合组织，安徽成立了夺权委员会，我们都没有劝他取消。我们说你们这个革命委员会，将来把它扩大，现在还不能起真正的作用，将来到了成熟的时候，我们再开各界代表会议，再来把它充实起来，才算正式的权力机构，现在还不成立权力机关，因为只是一派，另一派不赞成，都是左派。安徽它叫夺权委员会，当然现在不能承认它那个夺权，它那个夺权不像你们这个夺权，你们这个夺权夺了以后还没有掌权，你们自己就放弃了，所以你们等于改正了一部分错误。他那个地方还行使，行不通，我们现在军管以后，对那个夺权委员会让它慢慢地自生自灭的改变，不要去下命令取消。因此说铁路局的三结合革命委员会，也不要急于马上登报取消，这个也不好，在群众面前失掉信用。因为初生的事物一定要犯些错误的，犯了错误就马上登报把它取消，将来谁都不敢进行创造性的尝试了，每一件什么事情都得极其成熟以后才敢做，那么我们的敢闯的革命精神就要打折扣了，这个不利。所以凡是方向是对头的，虽然做错了，组织形式也弄错了，慢慢的改变，不要在报纸上把它一棍子打死，这对新生事物不利。做错了就把它改变嘛。比如铁路分局的三结合如果扩大不下去，一部分革命造反派无论如何不同意，那我们只好把它军管起来。革命委员会能扩大最好，如果不能扩大，它只管一部分文化大革命，另一部分可以不管，业务还是军管来管，也可以这样来做。因为目的是利于文化大革命的胜利进行，利于抓革命，促生产。铁道的运输在华南，比任何地方任务都重，因为还要支援越南，还要海上出口，铁路公路和航运，还要准备作战，这个地方一切的弹药粮秣都要准备充足。所以不能因为这样子影响铁路的工作。据我们现在所知道的，华南的铁路，军管以后二月到三月到四月的情况是上升的。

还有一个问题，也是军管以后的事情，就是工人大联合。这个工人大联合，我们看起来也是还没有成熟的。我十七日天亮以前认真的听了工人中的辩论，现在看起来，工人的组织是分成六个组织，“工联”、（现在你们也用这个名称了，我也是很高兴呀，是我建议的，经过群众嘛，不然又是我由上而下了）、(笑声)“地总”、“红总”、“红旗”、“广东红旗工人”、“广州工人”，这六个工人组织。当然里头还包含其他的，先说这六个组织。铁路是不属于那一派的，铁路是独立的。这六种组织，现在只有“地总”、“红总”赞成大联合，“红旗工人”大概只有一派，比较少数的，其他都不赞成。所以现在大联合过早地作为筹备会就不成熟。不成熟他就要停顿。当然下命令取消也不必，现在还需要做准备工作。照现在看起来，在工人中，我觉得我所发现的，首先要承认“工联”。它经过一个发展然后又缩小，由四、五万人，曾经在三月中旬缩小到三千人，现在又发展到一万人，现在看来它是坚持革命造反精神的，它受了压迫以后，有这么一个发展是不容易的。所以我认为应该承认它是一个革命造反派。红旗工人现在分成两派，他们争论比较多。本来军管会对他们倒是一向支持的，但是现在它分裂了，一派压一派，发生了争论，现在也是得到一个锻炼，照他们现在说，一派比较发展，一派缩小了。总之，我们希望他们能够通过自己内部的争论，能够解决自己的团结和统一问题，如果不可能只好分成两个。分成两个你们总是要在革命上见高低囉，一个多数派，一个少数派。当然这还是不稳定的，也许改名字或者怎么样囉。这一派在军区指导思想还认为它是造反派的，希望你们再努力。据我所接触的，那天是我个人的谈话的印象，一个广东红旗工人，一个广州工人，这两部分，他们很能谈出一些问题，并且承认现在发展还不必急，甚至缩小一点也不要紧，要坚持。广州工人原来是一万多的，现在是六千人，广东红旗工人现在是一万人左右，他们还是坚持，并且看得出来他们还是受另一方面的压制的。比如广州工人那天林××讲了，还有一个女同志叫林丽彩，很有说服力，这两个组织我们看起来现在它这个情形也应该看成造反派。

“地总”、“红总”问题。“地总”、“红总”拥有大量工人群众，他们都是广州工人的革命组织，只是有些偏于保守。这两个组织不能称为大老保，也不能笼统地称为保守派。这两个组织和其他工人造反派组织之间的争论，只能通过各自的整风，通过企业、事业单位中对党内、省内最大的走资本主义道路当权派和对资产阶级反动路线的批判运动，在毛泽东思想的原则基础上求得解决，以促进革命的大联合，而不能以一派压倒另一派。

压是压不垮的。如果他坚持革命，一定要革命，现在还是坚持要彻底批判党内头号走资本主义道路当权派，揭发陶呀赵呀等等，结合本单位斗批改，那就站得住；反对打砸抢，那就站得住。所以今天还不能下定义说那一个是彻头彻尾的大老保，这样子就是把广大革命群众一棍子打死的办法，这个是不合适的。现在厂内两派斗争比较严重，两派斗争严重，这不仅工人同志要注意，要在毛泽东思想的原则基础上团结起来。同学们在帮助串连的时候，在交流经验时也要在这方面给以推动，不要支持一派打一派，打“老保”。这样会使人家灰溜溜的。另一方面，原来那一个造反派被另一方面反对。我看那个标语不能说是什么错。标语说：“打倒灰溜溜，紧跟毛主席，昂首挺胸闹革命。”这个气概有什么不好的？不过因为在造船厂，就联系到海军的衣裳灰溜溜的。这就有点过了。我看你们许多联系太敏感了。你们对这个非常敏感，为什么对于我们国内外面临着帝国主义、蒋介石这些敌人，就没有几个人提呢？你们不是不敏感，就是不想提，眼睛太注意内争了。斗争是必要的，但是今天要帮助美帝、台蒋的，在国内能起作用的，还是党内最大的走资本主义道路的当权派和他的一伙子，这是主要的敌人。不能够针对群众嘛！群众提什么口号，就算是有一点点毛病，也不算什么，你把人家都牵连起来，那还得了！这样就是红彤彤的也会成问题了。比如说，你把红彤彤的放在不恰当的地方，你也可以说他是侮辱了什么。比如你们这个地方，电梯上放主席像，我就不赞成，但我只能说这个地方放得不恰当。因为这是一个电梯，来往上下，主席的像怎么能放在这个地方呢？这是不尊重。但我绝不能推论到其他的问题上。那个展览馆很好，我一提议他们就拿掉了。就是不恰当，不能给他戴什么帽子嘛！说他故意污辱主席，那不就变成反革命了？是不能这么说的，他的意思还是好意，他没有想到。象这类的事不是主流。最近林彪同志在军事会议上有一个演说。讲了三个问题：阶级和阶级斗争、主流和支流、军队支左。报告将来都要发给红卫兵看的，要好好地学一学。这是支流的一些问题。即使有一点错误，也是支流而不是主流。所以我觉得象工人代表会这样的问题，工人大联合筹委会，即使现在条件还不够成熟，也不必取消。当然四月下旬开会也只是一种设想，现在不可能开。但是这并不等于说，如果要开代表会就一定是学生在先，我看这个也不对。为什么一定要学生在先？你可以在先，因为运动是他们首先搞起来的，应该成熟一些。如果他们闹别扭开不成了，工人总等着他还成！我看农民就比较成熟一点，因为在支部以下并不夺权，他如果确实是贫下中农的代表，来开一次会为什么不可以？你说一定要按次序，北京怎么干你就怎么干，北京首先是大学生，然后是农民、工人、中学生这样一个次序。次序可以不同。因为北京、天津都是大学生先开，因此你们都要先开。我想这个不能援例。但是如果学生成熟了，当然可以先开。工人现在看起来还不大成熟，那你们学生就要努力了。现在学生争吵又多起来了，还要看大家工作做得成熟不成熟。

军管会就那么几件事：第一个是“四大事件”。军区并不负责的。但过去没有注意解释这个问题，现在可以起来解释了嘛。第二是《颠倒》一文问题。是主持报纸的同志犯了一个错误，这是个别问题，中央文革小组已经提出办法来了。第三是“一声春雷”。本是一番好意，心急，搞得不成熟。那么这可以等待一下了嘛，搞一个更好的革命“三结合”嘛！工人大联合比较还不成熟，但也不能取消这个组织，先放在那里，先搞好六个工人革命组织，使他革命化，各个组织自已开门整风，等等。所以，军管前的几件事，军管后的几件事，都是个别事件。就是工人这个问题稍为大一点，但他也没有被别的组织完全拒绝。所以是很容易改的。这都是个别问题的错误，有些个别问题错误严重一点。总之，在这方面支左的工作，过去还没有完全做好。但是，你们一定要了解，军管这个问题，仅仅是军队所担负的五大任务之一，而且就广州军区来说，还有两方面的任务，加在一起是七大任务之一。那么他不可能象我们专搞无产阶级文化大革命的学生同志们那样，你们放假闹革命，你可以从早到晚精神旺壮。比如我这个人三天不睡觉我就不行了，你们大概三天不睡觉还可以。这就说明了精力不够嘛！军区做工作的同志都是四、五、六十岁以上的人。还要照顾到这里是前线的军区。前线的军区中央的看法也不同嘛！他们现在不仅有支左、支农、支工、军管、军训五大任务，还有备战的任务、作战的任务。有些地方只有备战任务没有作战任务。这个地方既有备战又有作战的任务。比如刚才我们听到了，越南的海岸上美国打了常规导弹，不是核武器导弹，是常规导弹，那我们就要注意啦！海军就要去侦察，空军也要帮助侦察，这个地方的作战动员是一刻也不能松懈的。你看在座的，他们的司令员，除了刘政委身体不太好没有到以外，其他都到了，一边听报告，一边还要想他们的问题！你们的脑筋里敌情观念暂时不存在不要紧，我们可不能不存在呀！所以要从全局想一想。你们读毛主席著作，上面不是经常讲到整体利益和全局利益这个问题吗？这是很实际的问题。海陆空军，广州军区摆的多。同时任务也重。就学生工作说，广州也是一个大学相当多的地方，一共十七所，四万多人。中、小学生有三十多万。所以，在支左当中，应该说是有成绩的，但也有严重的缺点和错误。这样看才公道。为什么会有缺点错误？因为没有经验。

到今天止，军管仅仅一个月，首先把广东的支农、支工先做了。军管一个月，秩序就比较很清楚了。铁道和航运就是军管以后搞得蒸蒸日上嘛。昨日林昌文同志讲的出事故问题，一查还是军管以前的事。事情就是要弄清楚，实事求是。成绩还是肯定的、主要的。但是不是犯了一些个别的错误，有些甚至是相当严重的呢？有。改就是了。比如对有的左派摸得不是那么准，支错了一点，错了可以改嘛。主席就说过几次。军队十几年没有做群众工作了，情况不熟悉，任务又这么重，全部的责任都堆在军队身上了。我们过去就是个工、农业生产，现在还加一个支左，这是党的工作。还有军训，过去是部分军训，现在是全面军训，不仅是对大学、中学，将来还要对小学的高年级、工厂企业事业单位和机关，都要进行军训，一年无论如何完成不了。军管是政府的任务。这样就是把党、政、军的任务，军队都负起来了，由中央直接领导。除此以外，在广东来说，还有备战、作战的任务。这样巨大的任务，能够在一个月内见诸成绩，这就是很了不起的。所以成绩是主要的。而缺点是难免的，因为没有经验，要摸索。个别问题严重一点，也是难免的。但是错误不是不可以改的。

既然一·二二夺权方向是对的，但是"省革联"犯了极严重的错误，可以改，就不要去责备"省革联"。认为支持"省革联"就是错的、就是反革命，反对"省革联"就是革命，这都不行。这还不在"四大"事件里的，还在以外。这种标准都是错的，不应该成立，应该取消。

有的同志急得很，问"红总"、"地总"保守表现在那里。我只是说有些事情偏于保守，我并没有说你是"大老保"。我对人家加给你们"大老保"的帽子，我不赞成，我替你们辩护的。你们过去有些事情偏于保守，以后可以改。偏于保守为什么不可以改！

至于说"复课闹革命就要压制了革命"，我看这个话逻辑不通。因为在第一个阶段是全国串连闹革命，特别是中学生，从八、九月以后就满天飞，就没有在本校斗、批、改了。过去执行了反动路线，打了一大伙人，打了一大批，保了一小撮，以后就走了。有的破“四旧”立“四新”建立了功勋。然后到全国串连了，就是大学也是全国串连。为此，现在中学要复课闹革命，要安下心来。在学校里，一边上课一边闹革命，有时参加本地方的活动，有什么不好！只有这样才可以整理思想、整理组织、整理作风。中学生不集中到一个学校里来复课，你没有办法教育他。比如说“主义兵”吧！你们不去教育他们，他们就会滑到犯严重的反动思想，行动就会发展，这就不利了。你们也承认“主义兵”至少有五六千人，多则上万，是个群众组织。对群众组织就不能以那个笼统的名称待遇，就象刚才说的工人组织，叫他“大老保”就不对了。我听说“主义兵”有六千人以上，甚至一万两万，还办了报。这样的群众组织我们就应该谨慎。我们可以批判“联动”的反动思想、反动行动，如果他接受了这个思想行为，就是错的，就是反动的，就要批判。但是，不能因为一个人或一小撮人，把一大堆人都算在一起。所以，复课闹革命，才是认真的对中学的同学，好好进行革命教育的一个很好的机会。这一点，我希望大学的同学要帮助他们。如果你们对工厂运动很感兴趣，对农村运动很感兴趣，为什么你们对比自己小几岁的同时代的人，就不注意呢？我看如果“主义兵”多数(现在还是少数)发展到一个坏的方向去的话，不仅我们要负责任，你们也要负责任。我们要共同负责，特别是革命的同学要负责。为什么？这件事我是得到蒯大富同志的响应的。他很坦率，他说对清华附中的“联动”，他们也要负责。就在家门口的一些弟弟、妹妹都不管嘛！而这些将来都是反对自己的，为什么让他们这样嚣张呢？北京市的几个附中都是这样，北大附中的彭小蒙到现在还没有改过来，清华附中红卫兵的三个头子，师大附中，还有其他附中。我觉得大学的同学很可以对这个问题想一想。我们是时常把这个责任放在自己身上的。对这一辈青年，看到他们这样，自己心里就觉得不安，没有教育好他们。所以陈伯达同志和我说过多次，要把他们找来教育一次，我支持他这个意见。如果能把“联动”的头子找到一百人上下，除了应该关的关起来以外，我们把他们的爸爸妈妈也找来一道开个会，和他们辩论一番，最后教育他们，我就不相信多数不可以教育过来。当然，少数顽固不化的总会有。就是我们要把这个责任放在自己身上，不是去把他们推到反动方面去，而是应该援之以手，应该帮助他们。“帮助”两个字，有个“手”有个“力”字，要用力帮助，用力推动他们，教育他们。所以，不能说复课闹革命就是压了革命，这是小将们不懂得这个话。

还说军训是阴谋。军训的文件都是主席批准了的，主席、林彪同志特别强调军训。因为他在天安门检阅时，看到军训以后，非常有秩序，他就觉得军训是灵的，搞了一个星期，出来游行的速度就加快。有一次十个钟头只走了二、三十万人，军训了以后，有很大的不同，不到十个钟头就走了七十多万人，缩短了时间。正如林彪同志在批示中所说的，第一是革命性，没有革命性不能闹无产阶级文化大革命；第二是科学性，讲政策；第三是组织纪律性。有了革命干劲，又有了政策水平，这样就是依靠了群众，依靠了政策，正确的路线，依靠自觉。所以组织纪律性就会搞得好。同样，抓革命、促生产，也不会压了革命，今天报纸上还讲了这个问题。

为了进一步搞好军管、军训工作，广州军区已经决定调回一批军管、军训的干部，有几百人，重新进行训练。他们就在这个楼上，今天同样听我这个讲话。他们过去没有来得及进行训练。主席和林彪同志常说，我们进行任何一件新的事情，如果政策不讲透，就盲目地去执行，终究是会犯错误的。又加上没有经验，对这方面没有知识。我们不能够过分的责备他们。不仅允许年轻人犯错误，也允许没有经验，没有正确理解的人犯错误。有些工作组犯错误，除了那些头头以外，一般工作组员，我们也不主张过分地责备他们。他也是跟着做的嘛。所以，现在广州军区决定分期训练，把政策跟这些干部讲清楚。军训的干部，他有时候注重一点形式，慢慢的引导到政策教育方面，政治教育方面。有个时候，把归口的办法机械化了一些。主席三月七日所说的归口的办法，是讲的“延安中学”的那个经验，这个经验应该因地制宜，实事求是。学生归班，工人归车间，作为学习单位、生产单位是应该的。不然无法训练，无法生产。可是对革命的组织不宜急，要有个过程。比如战斗小组，在一个班或一个车间里，他的人数多，他可以成立一个战斗组。不要跨车间、跨班。他的总的战斗组织、革命组织的名义还不能把它取消，它还要领导。班上可以讲联合，车间也可以讲联合，但总的联合也需要。有些地方执行机械了一点。一军训，就学生归班，战斗小组在班上去联合，上边不要了。因此，上边的领导组织没有了，涣散了，等于那个组织取消了，这两天不是有同志说到这个问题吗？这种情形大学少一点，在中学很多。他的组织等于没有了。而“主义兵”是跨学校的，不是一个学校的。因此，在广州就形成了比较大的影响，就突出了。在组织上我们没有注意够，从这里得出一个教训，革命组织还得允许它存在。第一，允许它在学校里存在，也允许它有联合，中学联合中学的，不跟工人、大学混在一起。或者由大学组织个中学部来管这件事。革命运动时期允许它这个组织来领导，不然它就等于瓦解了。特别中学，到了班上它的作用就不大了，没有领导。这些支左的工作上发生错误，组织上，军训问题发生错误，军管发生错误，按照毛主席的话，一个字，错了就“改”。允许改。因为都没有经验，任务这么重嘛。

最后，军管问题我还要解释一下两个命令，一个是一月二十八号的八条命令，一个是四月六号的十条命令。这两项命令不是矛盾的，不是一个代替一个的，是发展的，各有针对性的，互相连贯的。只有个别的地方，后者把前者即后十条把前八条有些话冲淡了。比如说，前八条重点是不要再冲军区了，以前冲的，反革命的要追究，左派冲的不要管了，以后不要再冲了，重点放在那个上面。到了十条，就另外一个说法了。就是说对过去冲击过军事机关的群众，无论左中右概不追究，这就宽了，连右的也不追究了。当然右不一定是地富反坏右了，“右”和“反”也还有一点区别。重点是放在比较宽大的处理，但是特别坏的右派头头还要追究，不过要尽量缩小打击面。不能认为后十条上没有今后一律不准冲击这句话，好象是可以冲击了，不能得出这个结论。昨天中南局的造反派说得很好，今后也不能冲击。但有些年轻人就不是这样子，他又冲击了。是否是这个例子又要开了呢？大概是正反合吧！使用这样一个规律吧。那不能这样。辩证法的正反合，合就是前进了，不是正反合在一起，合二而一。所以，前进了就不要看得过分，看得太严重了。已有两次经验，一次冲，我们禁止了；一次宽大，又得了经验。就是说两种经验都有了。今后我们就是说理了，有什么问题你们到军区去讲理，去当面谈。这个问题一定要说清楚。就是请军区也下决心，军管会也下决心，你们有什么事情要找黄永胜同志，刘兴元同志，温玉成同志，还有军管会陈德同志。找他们，他们会商量办理。你们可以多接头嘛！这是第三个问题。

第四个问题：全国的斗争矛头大方向清楚了，广州怎么结合实际？就是斗争大方向、矛头对准谁？

1.矛头要直接指向刘、邓、陶。刘、邓是党内最大的走资本主义道路当权派，联系到中南、广东，当然就联系到陶铸，陶铸底下还有赵紫阳他们几个人。结合到本地，陶铸也算本地、半本地了。所以要指向刘、邓，因为刘是最大的，要系统地批判。过去没有系统地批判，过去逐步地认识，现在把它联合起来认识就清楚了。把他批透，就把中国走资本主义道路的修正主义头头暴露出来了，就可以作为全国的典型，大家以此为戒，以他作为靶子，也就挖到每个人头脑里或多或少的那怕是很少的这种修正主义苗子了。那么在广东来说，当然必须结合到陶、赵这些人，也要结合本单位、本机关、本学校的斗、批、改。学校的斗批改时间也不长了，现在已经四月中旬快完了，还有五、六、七、八四个月了。到八月底是十五个月，我们总要告一段落。

2.回答谁要实行资本主义复辟？我看不能够那么样说法：好象解放军那样做，或者解放军某几个负责人这么做。我现在不这么看。虽然没有点名，但大家已呼之欲出啦。那天座谈会上不是有的同志问到底是谁？也没有那位说出来。说明这个问题似乎象似乎不象的样子，没有人能说出来。因此，说明这是大家并没有把握的事情。全国二、三月分是有那么一股逆流，就是因为干部亮相，有些干部想借这个机会混水摸鱼，不经过跟资产阶级反动路线决裂，彻底揭露，然后揭发自己的错误，亮相，取得群众信任，得到群众同意。在这里有些人就想混水摸鱼，或者想混过关，这种情形是有的。至于拿广州军区来说，特别是广州来说，根本没有这个意思嘛。每一个人能不能过关，都要通过群众。现在广州地区站出来工作的没有几个人，省委常委中也就是他们四个人，也还没有完全过关，还要检讨嘛，就要跟机关说，跟群众说。因此，广东这个地方，首先应该指向省委中以赵紫阳、区梦觉为代表的这些人。他们现在处在旁观地位了，有时候还要嚣张几下子。现在工作这么繁忙的军区、军管会反倒受到责备，而他们却从旁说冷话。还有一种就是刚才说的，要翻老帐，要复辟过去地方主义的错误，这倒象是资本主义复辟，这是一股逆流。逆流是存在的，但是也不要把它说得过分严重，好象到处都是资本主义复辟逆流。我记得去年两条路线斗争的时候，我同一些大学的同学比较熟，他们从上海，从别的地方打电话回来问我说："现在毛主席革命路线到底还有几个人支持呀？怎么样呀？你告诉我呀！"简直惶惶不可终日了。那有这样的事情嘛！毛主席的革命路线是深入群众的，它是从群众中来的无产阶级革命路线，是屡试不爽的嘛。只要主席一个号召出来了，其他的错误的东西就如同太阳一出，冰消瓦解了。多少次历史的关键时刻，从主席进入中央的领导，从遵义会议以来三十二年都是如此，加上以前十四年，在每次关键时刻的斗争中，主席都站在正确的方面。毛泽东思想是这样发展起来发扬光大的，毛主席成为世界所仰望的领袖。怎么能这样耽心呢？最后他们问我，要不要他们回来。当然他们青年人热情可嘉，我也不能给他们泼冷水。我告诉他们：你们放心，你还在那个地方好好工作吧！所以，说得过分了没有好处的。特别在广州，你们把北京、全国的口号拿来翻版。昨天天亮前后，广东工学院的易作才同志，他讲的那几句话是对的。把广东的解放军，特别是把解放军的负责人，象黄永胜同志、陈德同志（问军区同志：温玉成同志上榜没有？刘政委呢？答：没有。）这样子没有好处，这里是面临着敌人的呀。你说军队没有信用，说解放军怎么样。的确，如果说北京可以这么贴，而广州这样贴就没有道理。比如福建前线，我们就不允许这么做。中央军委有个公告你们都看了，那是支持韩先楚同志的。因为面临台湾前线。所以要实事求是，要区别对待。同志！面对强大的敌人呀！今天不提这个，我是感到最大的、最遗憾的一件事。我是最反对说这个话的。所以我觉得，说什么“式”的，揪出广州的什么的，那些口号也不见得准确。北京的口号换来换去，经常要变换的，你们跟着他团团转吗？十天前是一个人，十天后又是另外几个人，反正你们跟着转，我看把你的独立思考也就削弱了。经过十个多月的运动，广州革命的同志都锻炼出来了嘛，都有自己的见解了，要独立思考，实事求是嘛，具体问题作具体分析。看广东的阶级斗争盖子，像陶、赵这样的，在广东是头号的，问题确实还没有认真的揭发出来，还停留在口号上，认真地揭发还有更多的可以揭发的，还要警惕他们的阴谋。警惕阴谋不是拿这个东西去攻击另一方面，而是要拿这个东西去揭发他们在广东做了些什么隐蔽的活动。要防止地方主义复辟。当然，十几年前我们在批判广东的地方主义时，工作中确实也有些缺点，我不隐蔽这些缺点，不掩盖这些缺点，但是，总的方面是对的。那是主席亲自过问的，在中央讨论过的，不能翻案，要防止这两种复辟的逆流。

3.个别的事件，个别人的错误，个别问题的错误，不能就下结论。要用主席思想，进行深入地调查研究，要学习和实践。调查研究是深入实际，学习主席著作，把这两者结合起来，就是林彪同志说的吃透“两头”，然后在实践中再考验，这样结论就会正确了，就不会总是打空了，甚至引起一番虚惊。

4.要求你们要维护和支持解放军的地位，光荣和重要的地位。今天，华南的解放军担负很重大的责任。如果过去我们的战略的方向认为东北重要，现在看来最重的是西南、华南，特别是华南。因为海上、空中、陆上都是跟越南接壤的。西边跟越南接壤，东边是福建同台湾隔海相望，这两方面都是敌人，而本身又是支援越南的门户，陆上运输要经过广州军区，海上也完全要从广东几个海口出口，责任非常重大。所以不仅它在五大任务中是重要地位，对敌斗争也是重要的方面。一向来中央、军委、国务院、中央文革小组，都给以极大的注意力，不然我不会在这里停留五天。因为不能忽视。我相信你们是会认识这个重要性的，你们每一个步骤都要想一想。我们对你们的革命行动出了偏差，出了严重的错误，都不责备你们，只是要你们总结经验，自我批评，并不多责备，并不改变你们过去在斗争中有贡献的革命左派的地位。但是你们自己要想一想这个问题，因为你们还不全面。特别你们晓得解放军是主席亲自缔造和领导的，林彪同志直接指挥的，高举毛泽东思想伟大红旗最高的，军队的行动是这样光荣、模范的，我们应该把这个放在主流方面，放在大前提方面。发现了个别的错误，应该放到次要的地位，这才能分别主流、支流。逆流是有的，在广东是有一股暗流的，但不是这个，不是解放军，不是广州铁路分局的“三结合”，或者工人大联合。这是个别的错误。错误你们也同样犯了嘛！至于暗流倒是值得注意的，就是我刚才指出的，资本主义复辟的两个暗流。一个是并没有被彻底批判的领导广东十五、六年的陶、赵这个暗流，另外一个就是地方主义复辟的暗流。这两股暗流倒值得重视。在这方面你们提得并不太多，这点我希望你们特别要注意。尤其值得注意的是，这个地方每个行动，香港反应最快、最敏感。而每个反应都影响我们国际的信誉，特别是敌人拿这个来估计我们情况。如果我来这个地方五天，除了头一天你们公布以外，以后不再公布了，敌人就会猜想，大概我在这个地方跟军区商量作战的事情了。好，天天都报导我跟你们座谈，这就很清楚不是讨论作战问题了。其实也不见得，你们不会知道，他更不会知道，我们总还有别的时间可以谈嘛！怎么知道我不谈作战的事情呢？我们刚才休息的时间还谈了嘛。但是把你们那个时间一算，十几个钟头一次、七、八个钟头一次，人家说周某人在这里这么用功夫，大概这个地方问题紧张了。他就作另外一个估计了。所以我们年轻的小将们，在这个方面你们经验不够了，不能责备你们，但我们有责任向你们提出来，告诉你们，我们如果见到不说，那我们就错了。

第五个问题：如何实现现在中央提出来的大批判、大联合、“三结合”这样一个公式。就是说我们要实现夺权的斗争，一定要通过革命的大批判，经过无产阶级革命派的大联合，然后实现革命的“三结合”。这个我们已经摸出经验来了。那么，广东怎么做呢？我想，第一、也是和全国一样，但是你们这个地方更要着重：就是要以毛泽东思想和毛主席为代表的革命路线为纲。要上这个纲。照这个来定我们的基调，就是我们这个革命大批判到底是不是合乎毛泽东思想，用毛泽东思想来进行对于党内头号走资本主义道路的当权派的批判，联结到广东的陶、赵这些人，联结到本单位的“三结合”。是不是合乎这一个标准，就看你是不是合乎毛泽东思想，是不是站在无产阶级革命路线这一边。

第二、左派的标准。无产阶级革命派应该是左派。因为无产阶级革命派不是一般的革命造反派，要有更进一步的要求。革命造反派他可以是在这个时间造反，或者造得不那么准。要变成无产阶级革命派，就要经过长期的考验。这一点，我想大家的标准都不那么准。有的说，支持“省革联”一·二二夺权就是革命的，反对一·二二夺权是反革命的。或者反过来说，支持“省革联”的是不革命的，反对“省革联”的是革命的。都不对。同样的，还有“四大事件”和其他一些标准。比如去年的“北京来信”那个斗争是受压迫的，那是在六月，是广东革命群众第一次受当时执行资产阶级反动路线的省委的压迫，也是受陶铸的压迫。至于封《红卫报》，封的当然是站在革命的立场，但是那个时候因为工人觉悟慢了一点，宣传工作慢了一点，行动也慢了一点，同时，他们的运动搞得晚一点，组织也建立得晚一点，因此有些工人不完全懂得这个道理，而且他们看惯了《红卫报》，因而反对封《红卫报》。所以笼统地把主张封《红卫报》的群众组织说是革命派，反对封的都是保守派，这样的划分，是不恰当的。同样，今年一月的夺权、“省革联”问题、《颠倒》这篇文章和“一声春雷”，现在叫“颠倒派”、“春雷派”、“省革联派”，都是拿一件事情来划分左、中、右。还有关于大联合问题。因此，我觉得到底是不是真正的无产阶级革命派，坚定的革命左派，要经过长期的考验。文化大革命已经十多个月了，要看十多个月的经历。我也不赞成只看是否受过压迫，因为情况是变化的，一开始受压迫的，以后也有态度变了的。如果开始受压迫的都是左派，那以后变了怎么算呢？我曾跟许多省的左派谈过话，其中有些后来就起了变化。因此，就不能说得那么固定。要在十多个月一系列的斗争中来观察，是不是坚定的，是不是真正的无产阶级革命左派，需要有个整体的看法，系统的看法。这样子革命造反派里头，也会有一些保守分子；反过来你们所谓偏于保守的，或者那些确实是保守派的，里面也会有一些革命左派的分子跳出来。那就得允许人家跳，允许人家站出来。甚至在一个组织里，它的领导的多数承认过去保守的错误，坚定地站在以毛主席为代表的无产阶级革命路线这一边，同资产阶级反动路线决裂，起来批判它，检讨自己的错误。那为什么不允许人家站过来呢？整个组织站过来，多几个左派有什么不好？为什么一定只有瓦解一途，就没有允许人家改进的一途？两种都可以，一种是瓦解的，一种是转化的。就是根据毛泽东思想，根据无产阶级革命路线为标准来看。因此，左派的标准，要整个地系统地来看，对一个组织、一个人来说，不是一成不变的，他会起变化。左派如果犯的错误太多了，又不改，坚持、辩护，那就会走到反面去了。中央文革小组，我也参加过，就曾对北京某些左派组织的同志，提出过警告：你们如果再不改，那就会走到相反的方面去。主席常说这个，凡是一件事情做过了头，就会走到反面了。这是我们有经验了的嘛！

第三、革命造反派和保守派，现在对立情绪很深，我们希望引导保守派转向革命，达到团结。这就要通过批判、斗争，而这个批判、斗争，要首先批判党内最大的走资本主义道路当权派，联系到广东的陶、赵，然后结合本省的"三结合"。矛头向上，向全国的头号的走资本主义道路当权派。矛头向本省的，及与全国有关的陶，联系到赵和其他一伙。还有本单位、本学校的斗、批、改，也是对准一小撮走资本主义道路的当权派。也许有的地方本身没有，上面有，就向上。拿这个来作观察的标准。如果保守派或者偏于保守的，他就这样做了，那么我们应该欢迎他，革命派应该欢迎他。甚至他本身就产生了改正错误的革命分子，虽然他革命晚了一点，但他变成革命了，我们应当欢迎他。或者合在一起，或者仍然保持两个组织，都是许可的。定一条：总之不能用群众斗群众。只能用说服教育的办法，用批判错误路线的方式，批判反动路线的方式。自觉地通过整风的办法，自我批判的办法来实现。我们对于许多地方都这样强调：各派组织通过整风的办法来解决。当然，这里头有的都是左派，通过整风了，有的保守派、有的革命派，两个路线不同了。只有这样，才能把分成截然不同的两派，共同地反对资产阶级反动路线，那么，这样把错误就转移过来了，转移到革命路线方面来，就可以进行共同的斗争了。也就是改造他自己嘛！

第四、革命造反派之间的问题，在这地方也是同样存在的。总是互相不服。我们这几天提出来了。三个"红旗"是革命左派，这就是"中大红旗"和"八·三一"；"华工红旗"；"广医红旗"。但不仅仅是这三个"红旗"是革命左派，其他都不是，如果这样传出去，那我就提倡宗派主义了，要犯极大的错误。我是提出三个例子。三个"红旗"的确是广东一向来承认的。军区一向支持的，尽管犯了严重错误，象中大的"八·三一"，在夺权斗争中就是犯了极严重错误，但是并没有因此而责备它。初期也许是支持慢了一点，但是一旦军区认识了，马上就出来支持嘛！虽然引起了中大另一方面，就是革命造反委员会的不满，但是还是支持嘛！并不因为你们的数目比他们的数目少，他们共有三千多人，你们才两千多人，并不因为这个就不支持你们嘛！这说明军区的立场是对的。他们也支持了华工红旗嘛！同样对广医红旗一向也是支持的。但是不能因为你们这三个"红旗"是广东有斗争历史的革命造反派、左派，另外别的就不是了，或者自己就可以骄傲了，我说这两个都不对。第一，自己不能骄傲，更要谦虚谨慎，所以我对你们左派特别说了两句反话。就是在今天天亮以前，你们当时给了我很好的回答。工人同志，也有学生同志给我的信，都承认我的意思是诚恳的，是希望你们好的，说明你们多数还是赞成和同意这样意见的。不要骄傲，要谦虚，要有自我批评。不骄傲，自我批评，是左派很重要的一个标志。这是讲无产阶级左派、无产阶级革命派。就是说，看你是不是有自我批评，如果没有自我批评那就是骄傲，没有不犯错误的。在青年时代，要没有自我批评，阻塞了你的进步，那还有什么值得骄傲的？必然是与左派的本质不相称。左派不能永远是左派，要不断地进步，不进则退。另外一条，也不能排斥其他的左派，本校也可能产生另一个左派组织，产生了也不要紧嘛！要互相竞赛，不要互相攻击，要互相取长补短，这样来推动前进！至于别的学校，都有造反派嘛！应该互相尊重，互相学习，进行说理的斗争，但是不能排斥。比如一司的问题，最近就出现一派排斥一派，甚至不让人家到会，这个就不好。今天没有发生了。我不是一来的时候就跟你们讲了，北京也出现了；不能认为北京出现了，你们就照抄一下，这些事情何必照抄呢？我看北京来的同学也不会赞成你们内战的。如果他们把这个坏习气带来，我请他们就不要在这里串连了。我想他们不会。我们中央文革小组支持他们到你们这里来串连，但不支持他们这样的态度。他们不会这样的。因此，在左派之间提出反对“右倾”，反对“托派”，这两种观点都是错误的。对左派可以允许他在某些见解上慎重一些。这是许可的。到了社会斗争以后，他们看问题就比较慎重了嘛！实事求是了嘛！这怎么叫右倾呢？凡是左派有长期斗争的历史，忽然被说成是右倾，常常是估计错了的。我们在西安的问题上，发现“交大”的李世英被“西工大”、“西电”多数说成是右倾的。后来经我们全面审查的结果证明，这个攻击是错的。因为“西工大”、“西电”的多数是支持打、砸、抢的。说打、砸、抢是革命的打砸抢。我们批判了。打砸抢还有革命的？是敌人就消灭他嘛！也无所谓砸，无所谓抢了，就是要消灭他嘛！如果是人民内部的，为什么要打砸抢呢？拿这个造声势就不对。另一个是南京的“南大”革命造反派甄邦元，就是南大“八·二七”，那一派夺权占多数，这一派南大本身和南京的“八·二七”他们不赞成夺权。那一派就说南大的“八·二七”甄邦元是右倾了，后来我们约他到北京，谈的结果，证明了甄邦元并不是右倾，而是他们批评得不对了，批评也带着打砸抢来了。当然，也不一定这里照抄了。总之，现在革命派中，稍微慎重的，也许他的观点不都是正确的，甄邦元的观点也不都是正确的。李世英那一派的也有些意见，但总的趋势是对的，总的看法是对的，但也有个别错误，有些措词有些错误。所以我们一般地不宜批评谁右倾，我们不赞成。说左的是“托派”，也不对，这两种说法我们都批判了。我想在这个地方也应该注意这个问题。

第五、长期保反动路线，这是保守派。这要在实际行动中看是不是有这种组织，如果确实有这样的组织，应该说是保守派了；如果他已经改过来了，已经支持革命路线，站在革命路线这一边，批判了当权派中坚持反动路线的错误，应该说他已经向革命路线靠拢了嘛！他已经改变了保守立场了嘛！你不能说他开始是保守，就是命定的，永远不能改变了嘛！要一分为二，有的是坚持到底、坚持下去的；有的是改了的，要分别对待。保守倾向，即使是革命造反组织、革命左派里边也会有的。保守倾向是对于造反倾向这个对立面说的。有的时候造反倾向是对的，有的时候造反倾向过火了，那么，另外一方保守一点，就会有针对性地来纠偏，即使是革命左派组织也不能免的。我们的革命左派就不允许有任何保守倾向，这个说法是主观主义的。我们这个大联合里边一个保守组织也没有，这是不可能的。比如工人组织，拿这个地方说，现在大概有一千多个企业单位，北京是一千八百个，天津是一千七百个，估计这个地方会少一点。现在“地总”据说包括九百多个单位，“红总”是包括二百多个单位。我看可能广州就是一千多个单位了。一千多个单位都参加工代会的话（不是现在筹备，现在不可能做，也不应该做了,要推迟了）,将来各方面都参加了，肯定每个厂子都有代表，如果那个厂子就有保守组织，没有别的组织，为什么不能吸收他参加，慢慢影响他呢？这个事情天津也好，北京也好，我们可以肯定那里头有保守组织，有保守倾向的组织，北京是一千八百多个厂，百分之八十参加了市工代会，天津一千七百多个厂，百分之六十多参加了工代会。有几个左派组织它挑剔这个，说有保守派。我们报告主席，主席说一个都没有才怪咧，有了倒是合理的。不过我们也说明了，总要使革命造反派在政治上占优势，取得领导地位，这个是要保证的。这才是在革命造反派的基础上进行大联合。另外，你这个大联合只能是初步的嘛，你在这个大联合中还要进行斗争、批判嘛、批判反动路线嘛，联合工人阶级本身的斗批改嘛！它就可以推进很多人走向革命路线方面，批判自己过去的错误了嘛。

第六、群众斗群众，要坚决反对。我看我们这个地方有些行动是象群众斗群众的形势，一吵起来就非常激昂慷慨。对立得厉害，这就没法避免群众斗群众。群众组织头子都是这样，那一到了群众场合，还不是打呀！因为没有听到你们对打砸抢进行批评，我就很担心。这个打砸抢，在中央文件里已被否定了的。我们多少地方是反对打砸抢的。军委八条命令上批评了，十条里面又是批评了体罚的。中央二月二十一日的通知，还支持了中央军委的八条命令嘛！另外在其他的文件里也提了。在转发安徽的文件里又说到这个问题，要反对。安徽问题的第六点决定就说，有原则上不同的意见，要正常地进行讨论、辩论，不准打、砸、抢、抄、抓，不准武斗。我们不仅对打砸抢不赞成，抄家也不赞成，抓人也不赞成，不准武斗。中央在许多文件里都肯定了这一点。有些地方还叫"革命的打砸抢万岁！"打砸抢有什么革命的，这是不许可的嘛！这是错误的口号。我希望你们这个地方不再发生这个问题。打砸抢，抄哇！抓哇！这肯定是错误的。

第七、"联动"的反动思想、"联动"的反动行动和"联动"的反动组织，是不能容许的。这个不能列入青年人犯错误所允许的范畴里，因为这是有一种反动的血统论作理论基础，通过大人影响着青年，使青年受了骗，受了蒙蔽。拿感性代替理性，凭一些传说的话，凭一些他们听不惯的话，看不惯的事，就激动起来。就对于"联动"的反动思想、言论、行动寄予同情。这很危险，这是不能容许的。我们在文件里都说明了这个问题，批判了这个问题。中央关于中学无产阶级文化大革命的意见里就谈了这个问题。特别是管军训的同志要特别注意，我们特别强调把它写上。这个文件的第三条就讲，在学校中不准成立反动组织，象联动、红色恐怖队这类反动组织一律解散。对于受蒙蔽而参加过反动组织的学生，要加强政治思想教育，允许和帮助他们改正错误。军委八条命令的第八条也讲了这个问题，这一条是主席特别加上去的。它要求"各级干部、特别是高级干部，要用毛泽东思想严格管教子女，教育他们努力学习毛主席著作，认真与工农相结合，拜工农为师，参加劳动锻炼，改造世界观，争取做无产阶级革命派。干部子女如有违法乱纪行为，应该交给群众教育。严重的，交给公安司法机关处理。"你看群众性教育，如果他犯法了应该交给公安司法机关，而干部子女，家属应该负责教育他。整个是教育，对组织应该取缔。这是讲"联动"这类的组织。在这个问题上，希望我们几方面的人，在座的，军队负责军训的，特别是中学军训的，干部对子女，包括工农干部，还有大学的同学，对于自己所接触的中学生，都应该注意。

至于更进一步的大批判、大联合、三结合问题，四月十五号《人民日报》的社论已经讲清楚了。要通过大批判运动实现革命的大联合。

第六个问题：几个具体问题。

第一，我希望革命学生中的左派，即革命造反派，无产阶级革命派，你们要尊重自己已经取得的地位。要保持革命造反派的地位，要靠自己的奋斗，自强不息。要照毛主席说的，不断地总结经验，经常有所发现，有所发明，有所创造，有所前进，不要停滞不前，吃老本。我们老干部不能吃老本，年青人老本不多，更不能吃老本，更要不断前进。这样才能够真正培养成为无产阶级革命事业接班人。在这点上，我们对你们寄以希望的。就是要戒骄戒躁。戒骄是对自己说的，也是对别人说的。因为对人家骄就看人不起，戒躁，是对事情说的，也是对人喽！容易发脾气，容易急躁，骄傲急躁。毛主席在我们党七次代表大会特别讲了这样两个警戒，要我们谦虚，谨慎，他感觉到党要快胜利了，就容易发生骄傲急躁的毛病。果然，我们这个党在七大以后三年半的时间就取得了全国的胜利。胜利以后，许多人就骄傲起来了。象高、饶反党集团，很快就伸手，很快就跌跤，就跌垮。刘、邓这些人，又骄傲得不听毛主席的话，不认真学毛主席著作，结果就成了现在的党内走资本主义道路当权派的代表，这不是偶然的。一切事情起于微末，慢慢地积少成多发展的。因此，希望我们的学生运动中，工人运动中，各方面运动中的左派，要有这样的认识。所以被人家批评偏于保守的，或者是被人家随便说成是"大老保"等等，也不要气馁。革命不分先后，只要肯革命，会赶上去。因为今天各方面的同志都在，我不能不从几方面来说。有些人对于过去旧的领导确实有些留恋，对于旧的秩序有些留恋，这不单是对中央的刘、邓，也不单是对广东的陶、赵或者其他，就是你本单位的领导中有保守的，你跟他站在一起，也就是偏于保守了嘛！有点留恋了嘛！对旧的工作秩序、生产秩序有点留恋，不敢打破成规，不敢大破大立，闯出一条革命的规律来，这就是保守嘛！但不要紧，这比维护资产阶级反动路线的错误就要小一些嘛！就是维护过资产阶级反动路线，现在改嘛！你肯改了，就回头了嘛！回到以毛主席为代表的无产阶级革命路线上来，你就站在正确路线上说话了嘛！对你自己过去就批判了嘛！跟过去的反动路线决裂了嘛！对新鲜事物就接受了嘛！就这么个精神嘛！甚至你带动一个组织都转变过来就更好。要有这个勇气，不要气馁。所以，如果说革命左派不要骄傲急躁，偏于保守的就不要气馁，不要只是对立。气馁、对立就不能改了嘛！气馁就没志气了嘛！对立就不能转化了，不能改变了。还有其他，那天头一次座谈不是还有第三势力吗？也的确还有些派别还站在中间，或者偏左，或者偏右，他看不惯两种做法，一种骄傲、自满，排斥别人；一方面气馁，或者一方面对立的很厉害。他看不惯人家的一些弱点，没看到人家的长处。敢于造反的总还是革命性强了，就是科学性，组织纪律性差一点。那么这样子，你就该帮助造反派，这是前提嘛！革命性是第一位嘛！你帮助他研究政策，帮助他讲组织纪律，这就可以弄在一起，不会站在中间了嘛！保守派和偏于保守的，也可能组织纪律性很强，但是，我们不提倡这样的党员，我们不提倡这样的群众，主席最不赞成黑"修养"那样的思想。确实如戚本禹同志的文章所说的越养越修。唯心主义的修养，还不是脱离实际，脱离斗争，没有前途。所以列宁讲：纪律的三条，《共产主义运动中的"左派"幼稚病》讲的嘛！毛主席也用过，毛主席提倡自觉地执行纪律，毛主席不赞成把军队说是"驯服的工具"。最近有篇文章驳了的，不是什么无条件服从，而是有条件服从的，自觉地遵守纪律。所以，保守派有它的短处，它以遵守组织纪律当先，这就主次颠倒了。你得先有革命精神，你才能有创造性；你有科学性，才能掌握政策；然后才是组织纪律性。所以，常常保守的，所以犯错误，站错了立场，就是因为它偏重于组织纪律。我生产搞得很好，听话，纪律很服从，为什么还说我不好？我们的军队同志下去支左，有时支错了，就是犯这个毛病，就觉得这不是很好吗？他就忘掉了，如果革命精神旺盛还会搞得更好，我们拿这个还可以考验革命派嘛！如果说靠保守派生产搞得好，革命派参加进来反而搞不好，那么，这个革命派也不能算是革命派了。革命派它参加进来一定会搞得更好，而且，这样子就使造反派带头，保守派就服了嘛，他就可以

风也传来，变成北京的翻版。现在斗争水平提高了，应该提出更高的要求。

对这些问题，都是不完全成熟的意见。听了你们三天汇报，我不能不讲一点。我讲的都是重复的，虽然整理了一下，还是有些重复。本来最好用一种决定的形式，提到中央去，再发给你们，那是很简单的几条啦，那不适宜。因为中央只我一个人听到，黄永胜同志听到。这个不能作为根据。而且现在只是改进工作，因为军管这个过渡的办法，还要实行嘛，不变嘛，希望你们给予信任嘛，这点是很重要的。我全部的精神，一个是敌情，其他你们都有经验了。我要增加的就是两条。说到最后，总结起来说六个问题，一个是增强敌情观念，你们不是没有的，你们是没有作为重点，现在你们要把它唤醒，每件事情要跟敌情摆在一起想一想，国外的敌人虎视眈眈面对着我们，想趁机蠢动。另外就是面对着敌人斗争的时候，广州军区它不仅要执行军管的任务，而要执行七项艰巨的任务，军管仅仅是一种，因此，在初期不免要发生一些缺点、错误，甚至个别严重的错误。我们应该在这样的前提下来衡量他的错误性质。何况我们左派也犯过这样严重错误嘛，夺了权又掌不起来嘛，并且形成了组织，而这个组织又不能起作用，在群众中也失掉一点信用，但是我们还是支持你们嘛，就说明要照顾大局，以大局为重嘛。这个大局不是强加于你们的，是全体劳动人民、全民族和全世界革命人民的利益。我们是按照毛主席的思想办事的。这一点我觉得还值得说一说的，我上面没说，你们也没说，我觉得还应该提出来。应该强调学习毛主席著作的空气，提高这个空气，这是一个关键性的问题。学习毛主席的著作和中央无产阶级文化大革命以来的文件，《人民日报》和《红旗》杂志的社论，特别是《红旗》杂志社论。这样几个要求，这是一头。这样才能毛主席思想挂帅，政治挂帅。政治挂帅依靠什么？就是学习主席著作，带着问题来学。解放军是按照这个要求办的，活学活用毛主席著作，在用字上狠下功夫。广东面临这么多的问题，都是主席著作上解决了的，你们如果能活学活用，就会得到解答的。现实的一些问题，从去年十六条起，有一大堆的文件，有这么多的《红旗》杂志、《人民日报》社论，很值得我们学习。还有陈伯达同志的报告，林彪同志已经发表两篇报告，还有第三篇。大家要好好读，今天我只是帮助大家整理一下子问题，这些都是文件上有了的。我们都是跟别方面谈过了的。就是吃透两头，上头请教于毛主席和以毛主席为代表的党中央；下头就是深入实际，深入群众，求教于群众，这一点我刚才已经说了，就是要有一种深入群众的精神，向群众请教。我向你们请教，学到了一点东西；还通过你们向群众请教。凡是你们的语言从群众来的，一听就可以感觉到；仅仅是凭一时感想说出来的你们的语言，也可以辨别出来。这就说明还要深入群众。两头吃透了，你们就解决问题了。第三也是林彪同志所说的，自己立场态度如何，上请教于主席，下求教于群众，把自己放在什么地位。要站在革命路线这一边，对待革命群众就是朋友，就是你的老师，敌人就是我们的敌人。人民内部矛盾就以人民内部矛盾来处理，不能当敌我矛盾来处理。这些问题分析清楚了，就很好解决了。几天来，我和同志们的四次谈话和一次讲话，总是希望在你们，信心也在你们。我觉得广东问题是能够解决得好的，能够迎头赶上的。所以我跟军区同志谈话，都是鼓他们的气，他们能够领导好的，他们是毛主席的无产阶级司令部这一边的。当然，个别的人犯错误，或犯严重的错误，那是个别的问题。从整体上说，从领导上说，他们是努力想搞好的。要搞好也不能光靠一方，领导必须和群众相结合，他们首先要向群众靠近。常开这样分片的会，个别谈话，指定专人经常接触，经常交往，就能把群众的脉搏，经常计算在领导的讨论当中，革命的学生，革命的工人，革命的农民，革命的中学生，机关革命干部等等，就可以经常计算了。我想这样做，一定可以把毛主席、林彪同志、中央、中央文革、军委、国务院的指导、指示贯彻下去，相信我们是会搞得好的。我现在号召在座的同志，通过你们号召我们革命的工人、农民同志、革命的学生同志、红卫兵战友、革命的机关干部同志，解放军的领导同志和广大指战员高举毛泽东思想伟大红旗，在毛泽东思想的原则基础上，站在以毛主席为代表的无产阶级革命路线一边，彻底批判、坚决打倒刘、邓资产阶级反动路线，在这样的斗争中团结起来，在这样的革命大批判的运动中，实现无产阶级革命派的大联合，通过这些斗争，实现革命的“三结合”，建立广东的临时权力机构——革命委员会，这样伟大的光荣任务，我相信通过你们在军事管制委员会的领导和协助下，一定能够在今年不久的将来就会实现。

现在我们大家来高呼：

以毛主席为代表的无产阶级革命路线胜利万岁！

彻底粉碎和打倒刘邓为代表的资产阶级反动路线！

无产阶级文化大革命万岁！

无产阶级专政万岁！

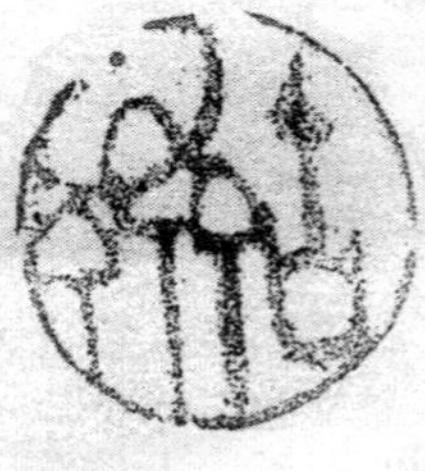

伟大的战无不胜的毛泽东思想万岁！

伟大的中国共产党万岁！

我们伟大的领袖毛主席万岁！万岁！万万岁！

（长时间的热烈鼓掌）

周总理、陈伯达、谢付总理八月十六日凌晨在人大会堂的讲话

伯达同志讲我来谈一谈形势，上次我已经讲过，这次还要强调一下，我刚开完湖南的会议，又开广州的会议。

谢：总理是来批评的。

总理：不是批评，你们对形势的估计与中央又矛盾完全不对头。怎么说武装夺取政权，要夺军内一小撮走资派的权，怎么说要三次大串联呢？对形势的估计要冷静想一想，军内个别人果路了，对大家教育很大。戚本禹同志湖南会议上的讲话很对，不能把毛主席亲手缔造的，林付主席领导的中国人民解放军与党内一小撮走资派所操纵的黑司令部称成一类的，在党内、政府内，刘邓黑手伸向各级党委和政府部门，而解放军则是另一种情况，中国人民解放军到现在四十周年，即使左倾机会主义在党内占领导地位时代，军队也有过表达，遵义会议前后，毛泽东思想在军内从占优势，也并没有走过远，这段时间红军到对手，由遵义会议到现在三十年了，解放军近卅年的历史，毛泽东思想占绝对权威，就是四方面军皆根据的，也是毛泽东思想的。因为毛泽东思想是由群众中来的，张国焘变叛了，但是四方面军都跟党走了。不一定因为出了一个叛徒这就一切都坏了，丁国钰也是四方面军的，张国焘叛变了，但四方面军都出了很多优秀的人，广大指战员是革命的，长征一接触到陕北，张国焘就不能单独立了，二方面军参加变坏，但方面军有了大指战员，不能因为一二个头子不好就把军内的家。我在一九三六年在延安汇合组成一个抗日队伍。不能把解放军跟党内，政府内，军内一小撮走资派等同起来，你们讲抓党内、军内一小撮，把党内、政府内全军内划等号，这是形势上的逻辑，这是形而上学不是历史唯物论。江青同志提到仁期祖地是好的，但是要抓军内一小撮这种提法不妥，使你们大抓军内一小撮，而你们就抓住这一着当武器，结果从广州到沈阳形势很紧张，这样搞对于对敌斗争和对党内一小撮走资派的斗争是很不利的，军内有一个赵永夫，混入军内，把他夺到司令员的权利起来，先动手后向中央打报告，但只有一个赵永夫，不能到处都有赵永夫。内蒙古区要反面教，结果一声枪响，我们派人去调查，把王良太揪出来了嘛！现在清楚，内蒙搞得好嘛！只要我的统帅，林付统帅的指示一已布，解放军马上转过来，来北京的内蒙解放军也张出来，目前是个内蒙是巩固的，边疆也有个封么呢，陈再道本人就不行，虽然是老红军，但是是部队将军，毛主席本来就是把他是个老同志，对他寄予一些希望，想挽救他，让谢付总理和王力同志去帮助他，结果他搞叛乱。问题还不是一下子解决了，他们几位，谢付总理、王力同志，张根成和北航几个同学，还是解放军保护出来的。在陈再道的井卫营中，就有人用胸口堵住枪膛保护王力同志，还不是解放军，只有要把最高统帅和林付统帅的命令一下达，问题就会解决了，而且很好吗！岂不是惶惶不可终日，好象比二月逆流更严重，所以估计形势和中央相反。把军内问题看得一团漆黑，军队到你们学校去不见得件件事情都看楚。财金的来了没有？（回答：我们学校

解放军档案材料）那不叫黑材料　我知道（听不清）的老是一派的，是被推若你们当代会核心组，军队不象地方，他们三支两军任务很重，介入文化大革命较晚，不象地方坚持资产阶级反动路线。而军委发布统一的命令指挥，我们的军队是讲成分的，其中党团员、五好战士是好的，而他们到地方，就认为出身好党团员就是好的，因为军队是看成份的嘛，主席提出大学解放军，从来没有说过学某个地方。有是吗！农业学大寨，大家仍然是红旗，陈永贵同志这次在山西斗争很努力，

解放军从军内五好战士，四好连队和党团员角度出发在地方上对党团员看法有（不清），我读了二十几个省市支左完全好的是极少数的，

谢付总理：~~你们是小将，错了就错了~~，他们（大专院校）在外面也有支持错误。

总理：你们是小将，错了就错了，希望你们有冷静的头脑，对待解放军，解放军又要一些时间，改正错误是非常快的，那个国家有这样的解放军？打不还手，骂不还口，~~出了个事~~打死了也不开枪，北京战士被伤上百人，就要村镇去慰问，在有个省，因调解打架，保护小将，解放军被万人围攻，战士那么好性，打伤了还不说一句话，这种解放军，因为毛主席亲自缔造的，为林付主席亲自统一指挥的，活学活用毛主席著作的解放军，所以主席才对它只决定，自上而下的搞一场无产阶级文化大革命，而且，这场文化大革命也把解放军群众发动起来了，去年八月十八日毛主席接见，主席穿军装出来就起来了，现在了一身军装穿上，所以红卫兵要了个解放军，要成为解放军的后备军，湖南有个赵永夫、武汉有个陈再道，你们到处揪赵永夫，陈再道，在去年二月逆流时，北京有个谭振林，就到处揪谭振林，武汉有个武老谭，广州有个广老谭，后来武汉陈再道出来了又揪王再道，李再道揪什么陈大麻子，陈再道这当孙子吗了？单纯形而上学推，都是不对的，大学生要求学要提高　自觉从广州到长春到处在抢军队枪支、弹药、物资，甚至把机场了飞机也抢走了，这是无政府主义的。

谢付总理：无政府主义，西单商场我是被批评了的，北京绝不许武斗，西单商场要采取严厉的措施，

总理：对国家财产太不重视了，从广州、温州、福州、南京、山东烟台、王効禹同志、杨得志二位同志团结的很好，到沈阳、长春，这都破坏地势，就满吗！这样搞不好，过些时候，一场斗争，实际上应该提高了，中学生也应该也应该提高了嘛。

谢付总理：军委宣布要带头，学长，改变学不能搞（线交）[redacted]油炸，因为他们还要指挥嘛！西到士兵是接受不了的，抗美的，例如西宁，他又该带头，这是可以的。

总理：这是我们的军队好，又要带头，你不要油炸，这样能行吗？那天江青同志讲了九句，即要勇敢，又要谨慎，谨慎不够是，不科学

—接下页—

你们要加强三性，革命性、科学性、组织纪律性，和军队合作，说服军队的领导人，使他们认识错误，犯了错误可以改正吗？沈阳陈××，广州的黄永胜都是很好的，承认错误，湖南的龙书金打仗很勇敢，他一直在四野，在林总的部下。对人总要全面地估计吗。我们和湖南两派协商，他承认错误还在湖南工作，但是不参加革委会筹备小组。"二四"批示是中央批准的，中央要负责任，要彻底平反，你们都是小头目，不要把责任向下推。当然党和军队要有纪律了。把湘江风雷抓那么多人他们要负责任，但是二、四"批示"是中央下的。龙书金下面两个付司令员也不是敌我矛盾，中央走资派刘邓，在中南的代理人是陶铸、王任重、湖南张平化、王延春、你们的一个口号(揭武装夺取政权)是要动摇军队的，但是军队我们信任，我们是有信心的。

还有民兵训练得搞好，就发武器给你们，北京武装工人，目前不太可能，较好的学校，如师大，可以选出最好，政治条件好的组成基干民兵，武装起来协助解放军，在外地解放军放哨不敢背枪，广州、沈阳街上没有车子走，如果你们不相信，我给每校几个人，你们去调查一下。

~~去年串联是~~对的，取得了伟大成绩，建立了不朽功勋，但是今年有人说要搞大串联，我们否认，根本没那回事，最后我们伟大领袖毛主席教导说：去年点火是对的，今年去就不是时候了，去了会帮倒忙。目前广州、沈阳把介放军吉普车都抢光了，介放军支左还得骑自行车出去。所以我们要协作，希望你们不要干扰我们，无论如何把外出联络站撤回来，师大是不是去西藏建立了联络站？（谭厚兰：没有）

总理：不要设联络站，有事希望你们直接告诉我们，要希加强客观地看问题；好心好意地去了，结果把两种观点带下去，反而帮了倒忙，我今天讲话不意味着把形势看得太严重。没开枪教育了我们，广大群众有什么不能和解放军在一块呢？沈阳，广州支持的对，南京支持的不错，总之，这些问题不难解决　不能把形势估计的太悲观，我们一定要为解放军和群众打成一片　而革命派一定要看他们的长处，军队有人离开了工作岗位，一旦国家有事，他们一定能为战场上立功的。

最后谈毕业生问题，66年毕业生《九月起按毕业生待遇，该给多少就给多少，如果分配地方需要　　　　、就立刻到工作岗位上去，如果分配的地方不需要，其他地方需要，也可以调换　其他单位也不需要就留校，毕业闹革命。67年毕业生有两种方案，一种《九月份起按毕业生待遇》另外一种　从年底按毕业生待遇，但目前没有肯定下来。

红代会　林大　东方红　8.17

红代会　地院　东方红　对外资料组
8.20

葉劍英元帥講話
——要大力宣传毛和林身体健康！

最最幸福，最最激动人心的喜讯

——十月五日叶剑英同志在首都工人体育场总政举办的报告会上的讲话记录。

叶剑英付主席在会读完党中央毛主席关于军队院校文化大革命的紧急指示后继续讲话，他在追述了中国革命在党中央和毛主席的亲自领导下，经过几十年英勇卓越的艰苦斗争取得了伟大胜利后指出：

……我们的革命胜利了，如果说中国革命的根据地是井岗山，那么今天世界革命的根据地就是中国。在毛主席的领导下，经过二十二年的战斗，一个新中国屹立在世界的东方了。那么今天世界革命有了毛主席的领导，也一定可以打出一个新世界（热烈鼓掌）。为什么说一定可以？我有一个根据，这就是毛主席的身体很好，非常健康，（长时间热烈鼓掌）。据我的估计，毛主席的寿命要超过一百岁！（长时间的热烈鼓掌，欢呼！）齐白石七十三岁的时候，他做工作，绘画，写字等，他脑筋已不怎么好使，行动不灵便。可是我们的伟大领袖毛主席七十三岁时还畅游长江，照片发表后震动了整个世界。齐白石活到九十八岁，如果就按照这个年令算，就现在算起到九十八岁，还有二十五年，中国革命进行二十二年的战斗，打出了一个新中国，那么毛主席领导二十五年后也一定会有一个新世界出现在我们面前。

还有一件事，要告诉大家，毛主席从一九二八年起直至今天，经过三十八年长期考察（验）、观察，党中央决定林彪同志为我们的付统帅（长达九分钟的热烈鼓掌，欢呼！）

林彪同志跟着毛主席，在南昌起义至井岗山，直到今天，他向毛主席学习，在思想上、理论上，军事上，政治上等各方面，他是学得最好的一个。在党内，政府中，军队中，特别是军队中，最全面地掌握毛泽东思想的就是林彪同志。而且他的年纪最轻，身体也最健康。他今年五十九岁。经医生的多年身体检查，从头脑到内脏，没有什么毛病。虽然在战争年间，负过伤，但没有影响他的身体健康，他很坚强，是最坚强的人。因此，林彪同志是最年轻、最健康、最有能力、最优秀的领导（热烈鼓掌）。……

叶剑英同志号召我们，要大力宣传：毛主席和林彪同志身体健康。他说，宣传毛主席和林彪同志的健康具有重大意义，不仅对中国革命有重大意义，而且对世界革命有深远意义。

（未经叶剑英同志校对过）

华东工学院041梁翱栋整理 1966 10.5

中山大学历史系《红旗》战斗队

翻印 一九六六年十一月八日

抄自唐平铸在人民日报的传达，新华社和世界革命战斗队

毛主席最对毛新远的同志们谈话

以前我当过小学校长，中学校长，也是中央委员，也做过国民党的部长，但我到农村和农民在一起，深感农民知道的东西很多，知识很丰富，我不如他们，应向他们学习。你恐怕不是中央委员吧？你怎么能比农民的知识多呢？回去告诉你们的政委，说是我说的，今后应每年到农村去一次，这样大有好处。

你们是不懂得辩証法不懂的一分为二，以前把自己看的了不起，现在又把自己看的一文不值，了不起和一文不值都是不对的。犯錯误的人要鼓动，当犯錯误的人知到自己犯了錯误时，你就要提出他的优点，事实上他的优点还是很多的。对犯錯误的人要洗温水澡，热了受不了，冷了受不了，温水最合适。对犯錯误的人年轻不要轻易开除，开除是害了他，对立面也弄没了。傅仪，象伊这样的人也改造过来了。青年有些是党员，有些是团员，怎改不过来？开除太简单化了。

你在学校是不是一个左派，看到一个文件表扬了你，有人捧你并不是好事，像你这样的人青年人多多骂骂，骂少了不好。什么事都是逼出来的，我写的×××就是逼出来的，如果现在叫我写，就写不出来。

什么叫先进？先进就是做落后人的工作，对周围的人要分析，我到那里都想打听，都想交朋友，我们的年轻人要学会辩証法，会用辩証去分析问题，不明白的问题，一分析就明白了，要好好学会用辩証法，这個用处很大。（於一九六六年文化大革命中）

毛主席谈陶鑄　六七年元月八日中央文革会上

陶鑄这个人是邓小平介绍到党中央来的，我起初就说陶鑄这个人不老实。邓小平說陶鑄还是可以的”。毛主席又說“陶鑄的问题我没有解决了，你们也没有解决了，红卫兵起来了，就解决了”。

抄自新北大《新北大》

註：主席的这些讲話由於我们转抄而来，可能有误，仅供参考。

北京农大7132　　翻印毛泽东思想红色捍卫队　　67.1.14

中央文革領导小組第一屆成员戚本禹，也是批海瑞罢官的执笔者

戚本禹同志六月六日凌晨１：４５～４：１５，在二七机車車辆工厂接見了广大革命职工，听取了許多工人同志的意見和反映，並作了重要指示：

（在听取医院一同志談医院有人曠工时）

无故曠工要扣工資，长期曠工要开除。曠工要在小組里批判。不要怕犯錯誤。如果告状，我頂着（鼓掌）。

医院視观点看病是錯誤的。这是歪风邪气。

（工具車間有一同志談工具造反队情况）

你們那时整了好多羣众，我是不贊成的，你們不要去辯护。所以我請了軍代表来了。整羣众是不对的，叫羣众蹶屁股，以后誰也不能再这样了！是李万鵬的錯誤，我不支持。你們的錯誤，要承認（鼓掌）。

戚本禹同志講話

你們的軍代表同志最近到中央文革汇报了一次工作。軍代表同志到二七厂后做的工作成績很大（羣众高呼：中国人民解放軍万岁！），他們的工作受到江青同志的表揚（羣众高呼：向江青同志致敬！）。軍代表来了以后，革命、生产都有新起色，原来这个厂两派斗爭激烈，紅色造反团在运动初期直到现在，成績是主要的（鼓掌）。但是有一段錯誤淚多，到处斗爭工人。不能不让人家提意見，有意見应让大家提。文化大革命是搞黑帮分子，不是搞工人，搞工人就錯了，反动路綫搞工人，你学他不也是反动路綫了嗎？我现在不給你們扣这个帽子。我那个时期收到很多信，听許多人到接待站反映問題，我派了一批学生来劳动，串連了解情况，对你們大的情况滿意，对有些事很不滿意，老工人普遍不滿意，这些我都是知道的，你們搞的太厉害，不是采取說服教育，用大鳴、大放、大批判、大辯論的方法，而是強迫压制的方法，你們这是方向性錯誤，对自己的錯誤

要严历对待。人家說，要让人家說，說上一两年、三四年，不愿說了，就算了。我們的国家要有这个风气，大民主，允許人家講話。毛主席思想就是允許羣众监督当权的，有人监督是好事，没有监督就要干坏事，不要怕。

你們厂上次发生这个事，我睡不着就跑来了。你們不承認，我很不高兴，后来你們还是承認了。以后好一些，还是有这种事，下決心，請部队派軍代表来，从空軍部队派来的几个同志，他們来了以后，好了，情况好轉，没有斗羣众，再没发生类似事情，生产也好轉。在全国厂矿中二七厂是搞得較好的，革命、生产逐步走上正軌，在北京市来說，生产、革命也是搞得較好的，这是你們大家的光荣（热烈鼓掌）。

现在要想办法把成績巩固下来，不是再要乱，再要搞分裂，要稳定，要走向正軌。所以，今后有四个問題要同志們考虑：

(一)要掌握大方向。大方向是什么？大批判，大联合，三結合，斗批改，四句話，这是现在的大方向。什么叫大批判？就是要批判党內最大的一小撮走資本主义道路的当权派，批判刘少奇、彭真，你們做了一些，还要继续搞。这次文化大革命，就是毛主席的路线和刘少奇的路线的决战，每个工人同志都要有自覺性站到毛主席革命路綫上来参加这場批判。刘少奇十多年来公开搞資本主义，說什么剝削有理，剝削好得很，工人要求資本家剝削等等，工人同志要起来批判他們。要批判他的謬論，要提到綱上来。听說你們有些車間毛主席著作学得好，要結合大批判来学。刘少奇反对工人参加工厂管理，以为工人沒知识，不能参加管理。工人同志能夠管理好工厂。中国从鴉片战爭以来，开始有了工业。二七工厂在清朝、北洋軍伐、蔣介石手里都未搞好，还是我們工人管好了嘛！尽管有个吳文彬，他管什么呀？他这儿跑跑，那溜溜，主要是依靠工人，工厂是工人管的嘛！解放后十几年来成績是主要的，是工人在搞嘛！现在有些工人提到領导崗位上来，領导生产，管得很好嘛！这是第一个問題。

第二、要搞大联合。羣众組織之間要搞大联合。什么战鬪兵团、星火兵团，不管他保守不保守，只要他們愿意革命，什么新造反（团）、老造反(团)、要联合，大势所趋是联合，长辛店地区、北京市都是这样。你們这里搞革命的大联合，不要再搞山头。現在不是刘备、关公、張飞的时代，要搞联合統一，方向錯了，你这个組織就要犯錯誤！

吳文彬是彭眞很得力的人，將来怎么划，你們要根据材料，他搞了很多錯誤东西，文化革命开始时，要和他斗爭，要搞乱他。你們現在成立新組織，所以你們有权力，可以成立的但我不贊成，因为根据你們厂情况是要联合，現在要搞很多組織打"內战"，你們有这个权利，但我不贊成，我反对这件事！我贊成各羣众組織联合起来，羣众組織自己整风、新、老造反（团）有錯誤要整风，在大家認识自己缺点錯誤的基础上联合起来，現在不适宜象运动初期成立那么多新組織。毛主席提出的大联合的方針，大海航行靠舵手，現在舵已搬过来，你还是往那儿跑，你的路子就不对了。

紅色造反团有錯誤，犯錯誤有理？我还没听說过，只听說造反有理，犯錯誤没有理，有錯誤就要承認嘛！但被斗的同志也不要再斤斤計較，否則显得气量太小了。要允許他們造反团改正錯誤嘛，看他一下改不改，看一下、看两下，一看二帮，帮助他改正錯誤，这样来促进大联合。所以，根据这个方針，陈惠、李万彭的做法我不贊成，我希望你們通过各种关系，告訴他，要他回厂，就委托你（指郭二发同志）告訴他回来，参加生产，参加劳动，你們也要保証他劳动生产条件，不要再揪他了（有人插話：他們有劳动条件，我們没揪他），你們确实把李万彭放在車上轉了一圈，去了北厂又回来了，游了街，有没有？（有人答：有，但这是为了让羣众解散，不要围他了。）所以你們要給他劳动条件，最晚１０号要回来，１０号以前的事，既往不咎，就算了，１０号以后不回来按曠工处理，要扣工資，（鼓掌）我相信他們二人会回来的，这两个人不是坏人，不是反革命，不是修正主义分子，不是黑帮。不过，他們这样搞法是不对的，他們再在外面搞下去，要上坏人的当，希望你（指郭二发同志）轉告他們，一定轉告到！

大联合，有矛盾。矛盾是絶对的，矛盾的主要方面，抓住了，矛盾就能解决，你們厂各个派别在大联合上矛盾主要方面是誰？（有人答：造反团）是老造反团，联合不起来，两方面有責任，但首先要找你們造反团，象你們那个样子，那么兇，是不行的。搞联合，要和气一点嘛：不能那么兇，象一口要把人吃下去的样子，要有正确的方法，方式。毛主席指示要过河，就要解决桥的問題，没有桥怎么过得了河，桥就是工作方法，要創造好的工作方法，都有团結的愿望，是能創造好的方法的。有人去告訴我說："戚书記（我不要他們叫我戚书記，他們还要叫），你过去認识的那些人都不怎么好啦！"說許多同志都是保皇派。你給我作宣傳工作了反宣传我是了解他們的，有錯誤我不包庇，如王水，他曾經是我的师傅，有錯誤我批評了他，我包没包庇他？（众：没有。）你說他坏我不相信，我是不同意的。你說保他，我是可以想象的，我和不少同志在一起生活了一年，在国家暫时困难时期，他們克服困难，跟党走，很坚定没掉隊，没骂共产党就是好同志。相反正說明你們造反团有宗派主义，問題比我想的还要大些，整了羣众，說人家"鉄杆保皇"，"保皇小丑，……那就没办法联合。現在还有人保誰？保刘少奇，保彭真、吳文彬的人不多了吧？不要什么事情一下子都給人戴上帽子。有些同志是积极分子，只要好好領导，他能干很多事，怎么一下就变坏了呢？你說你很好，我还不認得你呢，这种态度是不对的，当然他們自己不能那么說，对你們要这么說。現在事实証明，王水不是帮你們的大忙嗎？他現在帮你們說話，（有人說，轉变过来了。）你們采取正确的政策，不是早就轉变过来了嘛！还有我認识的好多同志，都說是保守（众：已参加造反团了。）那好嘛！可見他們是好人嘛！我告訴你，你們要团結这些人，否則办不好这个工厂，这些人是生产骨干，都是有力量的，你不团結他，他造起反来，你們也 麻煩。我贊成他們跟你們联合，包括这个同志（指郭二发）×××也是积极的（休病假）×××怎么样，搞了黑材料，現在不錯吧？他承認了錯誤，你們要团結他！人那能不犯錯誤，允許人家犯錯誤，允許人家改正嘛！我是对等的原則，你們的对立面，新紅色造反团，……你們也不要老抓造反团錯誤不放，缺点、成績要三七开，老說，老揪也不适宜。双方講話，不要吹胡子登眼，要和风細雨嘛！和风細雨庄家才能长得特别好，来点雹子暴雨就不行，不能針尖对麦芒，两个人針鋒相对不行，要坐下来好好談，这样才有利于大联合。

同志們大目标是一致的，都希望把工厂搞好，把革命搞好，这就可以联合嘛！这是大联合問題。

第三、搞革命三結合。到現在为止你們厂还在搞軍事管制，对你們厂来說，不是很光采的事，你們厂还要管制（笑声），我原来想不搞，但不搞不行。希望尽快地解除管制，赶快搞革命"三結合"，在全厂、車間都要建立革命的領导班子。应該包括軍代表，参加一两个人，不是七个人都参加，革命羣众代表，以老造反团为主，其它羣众組織适当照顾一下，如果他們愿意合作，那最好了，只要他們不搞分裂，也应該吸收过来，即使搞分裂，也要好好談，不要压你們要認清这个形势。老工人們很希望联合起来，革命、生产才能搞好，你們是不是也是这个心情，要懂得羣众的心理。你們青年同志，青年人，火力狀，好斗，容易吵架。老工人懂得比你們多，考慮問題多一些，希望大联合，这是人心所趋，誰違背这个人心所趋，自己就会搞得灰溜溜的，你自己搞个山头，就要灰溜溜的。

革命干部，你們这里要大批解放干部，不要再让人家靠边站了，这不对的，干部大多数是好的，你們干部靠边站有多少？（答：留用66%，靠边站33%）。干部大多数是好的，反正这个問題紅色造反团与軍代表要好好研究一下，解放干部，即使在解放当中个别解放錯了，也不要緊。有人怕历史上出問題，出叛徒要按党的政策处理。发現了不包庇就行了。（武嘉澍）就是叛徒也不要弄到外面去，你們厂七、八千人，还解决不了一个叛徒問題？这是不对的！这种做法是錯的。（有人說：他們自称是革命行动。）哪有那么多革命行动？！革命应該相信本单位的革命羣众，不能包办代替，（有人反映，去要了几次人，軍代表也去了，京院《紅旗》不給）你們要再三地談判，要他放回來，我們厂有軍代表，可以正确处理，但不要武斗。再不行，我們要采取必要的措施！

有人搞揪徐联絡站，你沒錯誤，你让他揪嘛！你們不要去吵嘛！

好的干部可參加領导班子，其他干部可分配別的工作，有的干部去下面劳动，可以，但保持干部待迂，不要戴什么帽子，集中力量打击一小撮坏干部。多数干部是好的。你們有好的干部，有那么多羣众代表，加上几个軍代表，会有个好領导班子。

造反团的头头們要注意一个問題，要破"私"立"公"，不要爭座位（羣众：不要想当官）。要做人民的勤务員，不让做勤务員我可以当工人我知道紅色造反团內部不穩当，两派搞山头。不应該搞小山头，我們要搞大山头，搞无产阶級革命派大联合的大山头，毛主席在井崗山，联合各个苏区的紅色政权，联成一大片，联合了全国，不要象水滸傳里的人物，搞小山头，那是民农的意识。要搞大联合，你們造反团自己不巩固，要搞分裂，那样下去不行！造反团內部要很好团結，要加強批評与自我批評。經常过組織生活，有意見当面談，不要在底下搞小广播，組織一批人反对一批人，今天搞了，赶快收起来，明天不要搞，要用批評与自我批評的武器解决內部的矛盾。解放了干部，內部团結了，你們就有一个好班子。

好的領导班子，要吸收一定数量的技术人員、知识分子参加，不要排斥。特別应該吸收老工人，不要以为老工人"保"，老工人是不保的，他們有許多事不知道，不如你們消息灵通，他們思想轉得慢一点，但只要跟上去了，他們要坚定得多，困难时期，眞正坚定的是老工人，造反团現在有些同志，那时还不如老工人，我不愿揭你們的老底了，在困难时期老工人都很坚強，你們不是搞什么"精神会次"嗎？晚上說吃什么，吃什么，很多是青年工人搞的嘛！要吸收老工人参加領导班子。

第四、斗批改。你們厂里你們認为的一些黑帮，定不下来的，开小会

兰衣社的特务钻到共产党内部里边来，跟陆定一黑帮跟反革命份子尹慰冰有密切关系，长期给反对毛主席路线的人服务的。压制你们革命的，这么一个人你们現在跟他们进行过什么斗争？这个斗争水平高不高？(答不高)他竟敢对你们战斗队这样的猖狂说，他有权力不回答你们的问题，你们没有资格向他-----你们有没有资格向他的问题？(有)为什么他敢于说这样的话，这么猖狂，所以说你们没有打倒。孙泱没有打倒，郭影秋也没有打倒，郭影秋没有承认自己的罪行，当然郭影秋的问题以后定什么性质，那是以后的问题。但是不管定什么性质，你们反他是对的，而保他是错误的(口号：打倒资产阶级保皇派）胡锡奎的问题那更是进行的不深入，我希望你们回去，各派都要用毛主席这个思想武器分清敌我友，用这个武器来重新考虑一下人大的阶级斗争，在这个阶级斗争的大风浪中锻炼自己，提高自己胜利前进。由于这么一个对人大阶级斗争的这样一个分析，我建议同志们考虑这几个意见，第一个意见，你们各党各派开门整风(呼口号：坚决拥护)如果一时开不了门，先关几天也可以，关几天开门也让你们自己决定，你们要学习上海鲁迅兵团那篇文章(向上海学习)以这篇文章为纲。这篇文章是活学活用毛主席著作的一个典型，用这个典型来提高自己，他们还有个评论，人民日报发表了一个短评，用这些文件做为武器来提高自己。正确来进行整风，要很好地学习毛主席著作。在整风期间，学习毛主席着作及中央文件，学这些有关的文件，用一个星期时间甚至十天时间来开始整风，人大三红、新人大公社开始整风。在整风期间，你们互相对立的几个组织，对待自己首先要看到自己的错误缺点(口号)。对待别人要看到人家的成绩，要看到人家的长处。对于你们这两派的矛盾是人民内部矛盾，不是红卫兵跟联动的矛盾，而是红卫兵内部的矛盾(鼓掌)象对联动那样的组织不是整风问题，象联动拥护刘邓的、喊刘邓万岁的、反对中央文革小组的、反对毛主席的，象这样的组织，是反动的组织，你们这里的组织，毛泽东思想红卫兵，人大红旗，三红都不是反动组织，都是革命组织。当然象人大红旗，象毛泽东思想红卫兵，有相当 些人，过去在反郭时保了郭，八一八还有赤卫队这样的组织不能笼统说是革命组织，那是保守组织，后来他们造了反表示他们愿意革命了，这样的组织 你们最好不要叫他们什么保皇派呀，或者什么东西(鼓掌)过去他们犯了错误，现在要求革命，过去保了保错了，那么允许他们革命。造反不分先后，允许他们造反，那么人家造反一下就说人家是什么变种，八一八的变种，保皇派，这不利于团结，不利于组织我们自己浩浩荡荡的革命队伍，不利于大联合，那么这样的组织，当然会有些人大江东去，泥沙俱下，的确会有些人他是原来的保皇的，现在还是保皇，不过改换了一个组织，但是这样的人是少数，极少数。这样的人当中如果确实有的，我说是极少数的，可以在整风中展开批评，纯洁自己的队伍。纯洁队伍也不一定说是混进来的马上开除，可以留在里面查看(鼓掌)。但革命同志要跟他划清界限，不要划不清界限。这里总的来说允许人家革命，不要不允许人家革命，不要不允许人家造反，更不要当赵太爷。"阿Q正传"里有一个赵太爷，毛主席经常拿这个故事教育我们说我们不要当赵太爷，那个赵太爷就不允许阿Q革命，阿Q是有缺点的，头上还有伤疤。因为有疮疤要革命你还要允许他革命，不要说有疮疤就不允许革命就要杀头。那是资产阶级反动路线，这个资产阶级反动路线，郭影秋可以犯，你们新上台的领导还可能犯，这样错误即使不是郭影秋也会犯这个错误路线。而我们这个红卫兵战士不注意，甚至於要犯这路线错误的。这个鲁迅兵团讲了这个问题，鲁迅兵团的文章讲了这个问题，你们可以看一看，当然我不认为，现在三红是什么反动　　路线，我不认为我没有这个看法，我是说允许人家革命，那么反过来说三红是不是就变成反革命组织了呢？不是，三红还是革命组织(鼓掌)，他是有革命造反的传统的，他反郭影秋是最积极么，反对孙泱它也是参加了战斗的　它也贴了大字报，后来他们搞了个阴谋，把孙泱甩下了，就把你们这个斗争视线迷惑了你们，结果你们就把孙泱问题放下，相当长的时期你们是放下了，你们还得搞材料，但是得有重点的搞。郭影秋的问题搞完了后马上转向这个问题，没有么？相反的是三红有很大错误，要搞康老吗？对．你们做得对，刚才有个同志要鼓掌，有同志制止了，是对的。我们应该帮助他们，跌倒了爬起来，有错误还鼓掌干什么？这错误是很大的。

康生同志很早就跟彭真这些黑帮做斗争的，是坚决拥护毛主席的路线的，三红不分敌我，混淆黑白来反对康老是错误的，很大的错误，政治错误迷失了方向，但他们犯了错误以后就把这个组织取消呢，我看是不妥当的，这个我亲自问过康老，他说他不赞成，康生同志不赞成把反对他的革命组织说成是反革命，康生同志不赞成！(强有力的)我希望你们这的同志不要违康生同志不赞成的事你们去做，那么它应该怎么估价呢？对待革命组织，有缺点错误，我刚才说或者三七开或者四六开，三红同志说是三七开我看就三七开吧：他的主要错误是这个错误，另还有宗派主义，还有他的某些组织不纯，这个组织不纯不值得大惊小怪的，因为你们新人大好些组织我看也是不纯的，我不愿在这里一个一个讲这些问题，因为那么多人哪能那么纯，主要看它的大方向，这点是三红要注意的问题，它反对康老的大字报就跟它的组织不纯有关系(鼓掌)不要因为三红组织不纯，因为他有些错误就把它一棍子打死(鼓掌)它是新生事物，领导也不是很坚强，这一点他们在整风中会解决的，它们领导会坚强起来的，即使这样它还是个革命组织，是有功绩的，对人大的运动有功绩有贡献的，同志们应该肯定这一点，如果看不到这一点，就是割断历史的看问题，那就会得出不正确的结论，如果光孤立看攻击康老这一点，贴了几张大字报还有很多标语，新人大也贴了三张，还是四张，大概是三四张吧，新人大这个问题也是有错误的，但新人大的错误比三红小的多，什么原因呢？三红总部发了一个文件，而新人大他们几个组织的总部没有发文件，好多错误人人有份，新人大有错误，三红有错误，但是这些错误要允许人家改正这个错误(向康老请罪)当然他们也请了罪，恐怕应该说三红在认识上还是很不够的，但是他们会认识到的，他们会改正这些错误的，人家犯了错误要允许人家改，如果人家犯了错误就一棍子打死，那么你新人大公社也可以一棍子打死，为什么呢？因为你也写了大字报，你要打死他，你自己也不一棍子打死了吗？允许他们改，你们认识不清不够，允许他们改，帮助他们改，我刚才说攻击康老跟组织不纯有关系，应该从这点吸取教训，清理自己队伍，但我不同意用简单方法单纯开除，很坏的是要开除的，有些一般错误的留在红卫队红卫兵中察看，留队察看我看可以，你们订几条纪律，什么错误要开除，什么错误察看，什么错误警告，不要什么错误都一下子都不行了，整风中想点办法，所以三红的问题我想大家历史地来看，一方面严肃地批评他的政治错误，一方面要给他改正的机会，同时应该看到这个组织整个来说它在攻击康老以前大方向是对的，有人说它执行了陶铸的路线，我看这种说法是不对的(鼓掌)，陶铸的问题不能要求他们很早就看问题，我们自己的认识有个过程，你的认识也有个过程，看那么清楚我才不说呢，吴廷嘉同志说她是铁杆保皇，她给我讲了一个真实思想，她说我当时揪陶铸，就是为了反对三红的，她说她有这个不纯的动机，三红说她是歪打正着，那么打对了吗你还承认她，她自己说这个打的里面有她的不纯动机，她并没认识到象后来那样的认识，她改了，那么这是一些人，但是大多数人也不是认识那么清楚的，所以不能要求他们对陶铸问题认识那么清楚，影响犯了错误，但不是执行陶铸路线我这些意见是对三红的看法对新人大的看法，这些意见都是我个人的意见，供你们讨论时参考，总的一条就是希望你们内部开展整风，如果你们觉得可以开门的话就开门整风(鼓掌)学习主席的文件，学习主席的著作，学习中央文件，学习鲁迅兵团整风的榜样，先搞它一个礼拜，甚至十天的整风，经过这个整风你们两个主要的革命组织因为新人大的组织我没有一个一个的看，因为成立的时间有限，材料很多，毛泽东思想红卫兵还有人大红旗这样一些组织我都研究过，是不是保皇组织我觉得从它造反以来，他们当然有错误，也有宗派情绪，相当一些人想把三红一棍子打死，但是这个组织的活动不是保皇的活动，这些组织还是革命组织，但是这些组织以前参加过的组织象八一八什么赤卫队，我不认为是他们革命组织他们造反出来成立组织，不能认为和原来组织一样都是造反组织，人大三红可以和他们并肩做战。我希望经过你们整风，你们这些主要的革命组织能够互相联合起来，如果上面联合不起来，底下自己联合，你们要学习贵阳国棉纺厂的经验，上也联合不起来，车间的几个革命组织自己联合起来，如果你们总部不联合的话我们不听你们命令，我们自己听自己的命令，听毛主席的命令。我提倡你们在系里班里面先搞联合，如果总部能联合就联合，不能联合就自己联合，只有联合起来，你们才有力量。联合起来你们还会有矛盾的，联合起来就没有矛盾吗？还会有争吵的，但这个争吵这个矛盾要严格地按照毛主席的"正确处理人民内部矛盾"处理矛盾的方针，按照十六条的方针来解决，不能把内部的矛盾当成敌我矛盾来解决，要有团结的愿望，从团结的愿望出发经过批评或者斗争达到团结，联合以后还有斗争，因为我们联合是在原则基础上的联合在毛泽东思想基础上的联合，因为有不符合毛泽东思想的东西还会有斗争，但这种矛盾不是敌我斗争，应该用人民内部的矛盾来处理，应本着治病救人的方针同志式的态度来解决的，这样的话是可以把自己的力量捏成一个拳头来对付敌人的，要捏成一个拳头才能对付敌人。这怎么对付敌人呢，我看原来的郭影秋、孙泱倒是有拳头的，可是你们没有拳头是个拳头散着的，怎么能打倒敌人呢，所以孙泱的人未敢於和你们器

在人民代表大会党　戚本禹　不可一世的讲演：结果？

张，敢於说你们没有资格清问题，我有权利不回答你们的问题。甚至说中央文革小组对他有了解。是的，我们对他是有了解的，我们了解他是我们的阶级敌人，他说的了解不是这个意思，他是想用中央文革来压你们，你们懂得他的意思吧(懂)你们看々那个记录，公开出来你们看々，同志们，敌人没有睡觉，而我们却把它放在一边打内战，内战总是要打的，但是这样打法我不赞成，不符合毛主席的方针，不符合十六条的规定，不符合党中央的方针　这是第二条建议。就是第一条整风，第二条你们搞联合，联合搞不起来你们底下搞联合，那么实在联合不起来，就是刚才同志们讲要协力，力量要在一起，不能同心就要协力，互相配合起来进行战斗，尽管你有你的想法他有他的想法，但力量最好你们联合，联合不起来，你们协同作战，你们开联席会议，我叫去的你们有八个人代表的联席会议商量作战方案，协同作战，你们的作战人物多得很，全校有三个代表人物，你们系还有，斗争任务是很难的，这个重大斗争实在联合不起来　协作起来，这是第二个联合起来。第三个建议就是团结对敌。你们的主要斗争锋芒，应当对准三个代表人物，三个走资本主义道路当权派的代表，各个系还有各个系的任务斗争，还有全校的斗争任务。凡是什么系主任系以上的都要打倒，都去劳动，这不是毛主席的方针，这是走资本主义道路当权派，反动学术权威只是那么一小撮，象历史系的胡华和跟胡华一起搞的一小撮，而不是所有的历史系的那些讲师，那些什么人不是的，他们有的是革命同志，多数是革命同志，有的是朋友可以搞统一战线的，那一小撮人才是要打倒的，不要把斗争面搞得很大，因没有那么多敌人，不能那么多敌人，打击的就是那么一小撮，这点我希望你们在对敌斗争中注意这个问题，是搞一小撮还是搞一大片　这是毛主席的路线和刘邓路线的根本区别(口号)。你如果把不应该作为敌人的搞到敌人那里去了，就是壮大敌人的力量，我们要搞一小撮，不要搞得很多人，我们什么时候都相信多数是好的和比较好的，就是你们学校一个时期也是刘邓路线的影响，党团员都是不好的，这个观点都是错误的，绝大多数党团员是好的，不好的只是一小撮少数人，这个问题我记得在7月28日也就是在这个时候，我见了一个学生，他提出这个问题。我说我相信大多数党团员都是好的，他说这不行现在没有站起来，他们总会站起来的，你们这里的情况我不清楚，相信你们这里的大多数党团员总会站起来的。(鼓掌)打倒一切党团员，多数党团员都是不好的，这不是毛主席的观点，是刘邓路线的观点，所以有的积极分子有些党团员过去犯了错误，犯了保的错误，保了一下谁这是错误的，而且我们应该看到作为党团员过去受了一些错误的影响，有些人开始一段保了一下我们可以理解，可以首先处境地想一想他们的错误，是有他的原因的，他们改正错误你们欢迎，赵桂林是不是党员，是党员吧，我看他给党委写了一封信，信有错误，但是他造反了，为什么不允许'他在武汉造了这个反吗，造了反说他把他描绘得一踏糊涂，象逃兵一样，在武汉造反他是有点缺点错误的，但是他是造反派，象赵桂林这样的党员只要他不坚持错误，他现在还有错误，有宗派情绪，因为他改了就好，可以成为好党员，你们其它党团员的错误大也只不过赵桂林，也可能比赵桂林大，赵桂林还写了信呢，怎么变得更那么坏，你们党团员挺起腰杆来参加战斗，不要搞得灰溜溜，是刘邓路线错误不是你们，你们有自己的错误，但你们的错误和他们的错误有原则区别，大家不要忘记铁锅农民说锅是铁做的，这是农民的朴素的唯物主义，要发展过程来看问题，人都有认识过程，可能少数人是明白的，多数同志是不是对刘邓路线认识那么清楚，

不见得吧！论共产党员修养是不是很多人当正确的东西来读呢？长期以来恐怕是这样的，对郭影秋、孙泱就认识那么清楚，你们三红的积极分子可以自己问一下自己，你有个认识过程，他也有一个认识过程，任何人都存在认识过程，文汇报的社论提出造反不分先后，这个口号提得非常好，不要把斗争锋芒指向党团员，指向一般的党团员，不要把斗争锋芒指向那些一般的教员而要指向一小撮走资本主义道路的当权派，对敌人指向那一小撮反动的权威，象胡华那样的人，而不要指向一般的学生，一般的干部，一般的教员，我举个例子你们有个向肖前，来了没有？没有来吧，来了，我不认识他，他认识关锋，可能那次见过一次面记不清楚了，印象比较淡薄了，我听说他也是什么黑帮，因为我过去看过他的一些文章，一个同志给我讲过，什么时候念叨过，我奇怪这个人也变成黑帮，那么这样的黑帮也有吧，也不少吧，我想这样的黑帮应该解放了，同志们！我不是给你们翻案，我不是给你们解放黑帮，我解放的不是黑帮，不是黑帮的黑帮，黑帮是右派的名词，那肖前怎么是右派呢？是不是？我看他不象右派，如果你们有材料来说服我，为什么呢？我看到我们的记者带回来很多材料里有 个揭发孙泱的大字报汇编，那里有他的名字，我说这个人不是黑帮嘛？怎么揭发孙泱并且比较早的人是黑帮，我看要么孙泱不是黑帮，要么就是他不是黑帮，但不是所有一开始贴大字报的没有一个坏的但是少数，开始揭的人都是比较好的，肖前应归多数里面，象这样的黑帮还有没有？不是黑帮的，我看你们要有勇气把他们解放出来，黑帮那么多的话，右派那么多的话，那么右派就很高兴了，你看他说我这个不孤单有这么多人，一小撮人怎么不孤单包围在你们的汪洋大海中，何必把不是它的人搞到那里去呢？这个问题倒是你们人大三红，毛泽东思想红卫兵应该考虑到的问题，是黑帮，要打倒，象孙泱这样的，我今天考虑你们不是要三结合吗？你们那一派向他结合呢？（孙泱）我是常有点不那么诚恳我想问一下结果两派都不愿跟他结合，这点我还是比较满意的，所以我说都是革命同志，大家都不想跟他结合怎么能说不是革命组织呢？都是很可爱，都不愿意跟黑帮结合嘛，你们黑帮没有打倒，孙泱还挺嚣张，不是黑帮的很多人搞成黑帮还没有解放，这事你们不管，专门打内战，打了好几个月，所以我说你们应该整风，整风也是打内战，但是这个内战是按　　毛主席的方针来打的，不是按有相当一部分同志按小资产阶级性质来打的。

打内战有打法，是按小资产阶级的打法，有无产阶级的打法，这是不同的，你们小资产阶级思想是有点泛滥，宗派主义，小集团主义，无政府主义，你们给别人戴了那么多帽子，你们自己也应捡几顶帽子戴上，那个鲁迅兵团人家就戴了几顶帽子，不是戴帽子问题是认识问题，光戴了帽子你不认识也不行。不要打倒一切，否定一切，不要把矛头对准一般的学生，一般的教员，一般的党团员，要对准两小撮，

这些机密都是敌人用几千块几万块钱所买不到的东西，　毛钱就买去，我问你还有没有民　族的观点、国家的观点，这种事件不要说作为一个革命的红卫兵，作一个比较正直的中国人民不管是什么党派他也不会干这种事情，但可能是幼稚，一毛钱卖给他上万块钱买不到的东西，一毛钱就买到了，还有随便印东西，印刷发展泛滥，什么东西都印出去，你们这个地方的印刷要控制起来，不能随便印东西。要经过革命派审查，那些东西可印，那些东西不能印，还有些很不严肃现象，比如说把我们党的领袖一些诗词内部讲话印出去，还有的是假的，毛主席第二张大字报都是假造的印出去。还出很厚很厚的集子毛主席的集子，没有发表的文章讲话都出版了，毛主席是全世界的领袖，他的东西，没有经过他审查，怎么随便印呢？没有经过本人看过的怎么能印呢？这种作风很不好，很不严肃，很多诗词都不是毛主席写的，别人写的都搞到毛主席的诗词里大量印，也有你们人大印的，还是制造谣言谣言满天飞，什么越南发生政变、朝鲜发生政变，这都是阶级敌人散布的东西，我们也到处散布。弄得很多麻烦这些都是小资产阶级的东西，小资产阶级自由主义思潮，没有纪律，毛主席多次说过我们要保护国家机密，要审一审，不要被修正主义利用，但是我们同志们丢之脑后，根本不去理它，自己管自己不顾党的利益，党的利益不允许这样。一切革命同志一切红卫兵同志都要注意保护国家机密，保护党的机密。今天时间已经很晚了就讲这些，我的意见有很多不对的，希望同志们可以写信批评我。意见对的希望你们参考在今后你们今后斗争中注意。完了。

戚本禹被江青
玩了。不能怨天
怨地，还是从自
身找原因。

昨天座上客
今天阶下囚
悲哉，戚本禹！

新人大侯搞《小砖头》刻印

方 二一》
队 翻印
6.

戚本禹同志六月六日　　《内部文件，研究参考，不准外传》

接见××机车车辆厂革命职工时的讲话

你们的军代表最近到中央文革汇报了一次工作。军代表同志到××厂后你们的工作成绩很大（众呼：中国人民解放军万岁！）他们的工作受到首长同志的表扬，军代表来了以后革命生产都有新的起色。原来这厂两派斗争很激烈，红色造反团从运动初期到现在，成绩是主要的，但有一段错误比较多，到处斗争工人；不能不让人家提意见，有意见让大家提。文化革命是搞黑帮分子，不是搞工人，搞工人就错了，反动路线搞工人，你们学他不又成了反动路线了吗？我现在不给你们扣这个帽子。我那个时期收到很多信，听到许多人到接待站反映问题，我派了一批学生来劳动串连了解情况，对你们大的情况满意，对有些方很不满意，工人普遍不满意，这些我都知道的，你们搞得太厉害，不是采取说服教育，用大鸣大放、大批判，大辩论的办法，而是用强迫压制的办法，这是方向性的错误；对自己的错误要严肃对待，我们国家要有这个气，大民主，允许人家讲话，毛泽东思想就是允许群众监督当权派的，有人监督是好的，没有人监督就要干坏事，不要怕。

你们厂上次发生这个事我睡不着就跑来了，你们不承认我很不……后来你们还是承认了，以后好些可是还有这种的，于是下决心请中央军代表来，他们来了以后好了，没有斗群众，再也没有发生类似事件，在全国工矿中××厂是搞的较好的，这是你们大家的光荣，现在要想法把成绩巩固下来，不是要再乱，再搞分裂；要稳定、要走向正轨，今后有四个问题要同志们注意：

第一，要掌握大方向。大方向是什么？大批判，大联合，三结合，斗批改，回团结。这是现在的大方向。什么叫大批判，就是要批判党内最大的一小撮走资派，批判~~刘少奇彭真~~，你们做了一些，还要继续搞。这次文化革命，就是毛主席的路线和~~刘少奇~~的路线的决战，每个工人同志都要自觉地站到毛主席革命路线上来参加这场批判，刘少狗十多年来公开搞资本主义，说什么剥削有理，剥削好得很，工人要求资本家剥削苦々，工人同志要起来批判他们，要批判他们的谬论，要提到纲上来。听说你们有些车间毛主席著作学的好，要结合大批判来学，刘少狗反对工人参加工厂管理，认为工人没知识，不能参加管理。工人同志能够管理好生产。中国鸦片战争以来，开始有了工业。二七工厂在清朝，北洋军阀，蒋介石手里都没搞好。还是我们工人搞好了吗！总管有个吴文彬，他管什么呀？他这跑跑，那蹓々，主要是依靠工人，工厂是工人管的嘛！解放后十九年来成绩是主要的，是工人在搞嘛！现在有些工人提到领导岗位上来，领导生产，管得很好嘛！这是第一个问题。

第二、要搞大联合。群众组织之间要搞大联合。什么敢闯兵团，星火兵团，不管他保守不保守，只要他们愿意革命，什么新造反、老造反，要联合，大势所趋是联合，长辛店地区，北京市都是这样。你们这里搞革命的大联合，不要再搞山头。现在不是刘备、关公、张飞的时代，要搞的是联合，统一。方向搞错了，你这个组织就要犯错误！

吴文彬是彭真很得力的人，将来怎么划，你们要根据材料，他搞了很多错误的东西。文化革命开始时，要和他斗争，要搞乱他，因为他根你们厂的情况是要联合，现在搞很多组织打"内战"你们有這份权力，我可不赞成，我反对這件事！我赞成各个组织联合起来，群众组织自己举办，大家在认识自己错误，缺点的基础上联合起来！现在你這嗰象这动物期成立那么多组织。毛主席提出的大联合的方针，大海航行靠舵手，现在船已经搬过来，你还是往那边跑，你的路子就不对了。

红色造反团有錯誤，犯錯誤有理？我还没听說过，只听說造反有理，犯錯誤没有理，有錯誤就要认识嘛（但對十個同志也不要片面打擊，否则显得气量太小了。要允許他们造反团改正錯誤嘛！看他们一下改不改，看一看，帮助他们改正錯誤，這樣来促进大联合。所以根据這个方針陈慧，李万鹏的作法我不赞成，我希望你们通过各种关係，告訴他，他（　），参加生产，参加劳动，你们也要保証他劳动生产条件，不要打揪他们了（有人插話：他们有劳动条件，我们没有揪他们）你们确实把万鹏放在车上转了一圈，去北厂又回来了，游了街，有没有？（有人插话有）所以你们要给他劳动条件，最晚10号回来，10号以前的事既往不究就算了，10号以后不回来要扣工资！我相信他们二人会回来的，這两个人不是坏人，不是反革命，不是修正主义分子，不是黑帮，不过他们這种搞法是不对的，他们再在外面搞下去，要上坏人的当，希望你转告他们這一定转告。

大联合有矛盾，矛盾是绝对的，矛盾的主要方面抓住了，矛盾就解決了的。你们厂各派别联合上的矛盾主要方面是谁？（有人答是造反团）是！不起来两方面都有责任，但先要找你们造反团，象你们那个样子，简直就是不行的，搞联合要和气一点嘛，不能那么凶，象一口要把人吃了的根的样子，要有正确的方法，方式。毛主席指示要过河，就要解决船题，没有桥怎么过得了河，桥就是一个方法，要创造好的工作方法，都都有团结的愿望，是能创造好的方法。有人来告訴我：“戚本禹，你过去認識的那些人都不怎么好了，”說許多同志都是保守派。你给我作宣传，正作了反宣传，我是了解他们的，如王求，他曾是我的师傅，有錯誤我批評了他，我包没包庇他，（众：沒有）你說他坏我不相信。你說保他，我是可以想象的，我和不少同志生活了一年，在国家暂时困难时期，他们克服困难跟党走，很坚定没掉队，沒写共产党就是好同志。相反正說明你们造反团有宗派主义，问题比我想的还要大些，吞了群众，說人家搞保皇”“保皇小丑”……那就沒法联合，現在还有人保誰？保刘少奇，保彭真，吴文彬的人不多了吧？不要一下子都给人戴上帽子。有些同志是积极分子，只要好好领导，他能干很多事怎么一下子就变坏了呢？你說你很好我还不認識你呢？這种态度是不对的，当然，你们自己要能這样說，对你们要这么說，現在事实証明王求不是帮了你们大忙了吗？他現在帮你们說話，你们採取正确政策不是早就轉变过来了吗？还有我認识的好多同志都說是保守的（众：参加造反团了）好，可见他们是好人嘛！我告訴你，要团结這些人，否则办不好這个工厂，這些人是生产骨干，都是有力量的，你不团结他，他造起反来，你们也挺麻烦。我赞成他们跟你们联合×××也是积极的（体病倒了）×××怎么样？搞三反的，他承認了錯誤，你们要团结他！人哪能不犯錯誤的，允許人家改正嘛！我是对事原则，你们的对立面新红色造反团……你们也不要老抓造反团的錯誤不放，缺点成绩要三七开，老說老揪也不适當，双方講話不要吹胡子瞪眼，要和风细雨，和风细雨庄稼才能长得特别好，来点雹子暴雨就不行，不能針尖对麦芒，两個人針鋒相对不行，要坐下来好好談這样才有利于大联合。

同志们大目标是一致的都要把工厂搞好，

把革命搞好！就可以联合嘛，這是大联合问题。

第三，搞革命三结合。到现在为止，你们厂还在搞筹备，对你们厂来说，不是很光彩的事，你们厂还要筹备（笑声），我原来想不搞，但不搞不行。希望尽快结束筹备，赶快搞革命"三结合"，在全厂车间都要建立革命的领导班子。应该包括军代表，参加一两个人，不是七个人都参加，革命群众代表由造反团为主，其他群众组织适当照顾一下，如果他们愿意合并，那就好了，只要他们不搞分裂，也应该吸收进来，即使搞分裂，也要好好谈，不要压，你们要认清这个形势。老工人们很希望联合起来，革命生产才能搞好，你们是不是也是这个心情，要懂得群众的心理。你们青年同志，青年人，火力壮，好斗，容易吵架，老工人们懂得比你们多，考虑问题多一些，希望大联合，这是人心所趋！谁违背这个人心所趋，自己就会搞的灰溜溜的，你自己搞个山头就要灰溜溜的。

革命干部，你们这里要大胆解放干部，不要再让人家靠边站了，这不对的，干部大多数是好的，你们干部靠边站有多少？（答：使用66%靠边站33%）。干部大多数是好的，反正这个问题红色造反团与军代表要好好研究一下，解放干部，即使在解放当中个别解放错了，也不要紧。有人他历史上有问题，有叛徒，叛徒要按党的政策处理。发现了不包庇就行了。（武装部）就是叛徒也不要弄到外面去，你们厂七八千人还解决不了一个叛徒问题？这是不对的！这种做法是错的。（有人说：他们自称是革命行动。）那有这么多革命行动？革命应当相信本单位的革命群众，不能包办代替。（有人反映，去要了几次人，军代表也去了，京院《红旗》不给）你们要用文的谈判，要他放回来，我们厂有军代表，可以正确处理，但不要武斗，再不行我们要采取必要措施。有人搞秘密联络站，你说错误，你让他撤嘛！你们不要去吵嘛！

好的干部可以参加领导班子，其他干部可分配其它工作，有的干部去下面劳动，可以，但保持干部待遇，不要戴什么帽子。集中力量打击一小撮坏干部。多数干部是好的。你们有好的干部，有那么多群众代表，加上几个军代表，会有个好领导班子。

造反团的头头们要注意一个问题，要破私立"公"，不要争座位（群众：不要想当官），要做人民的勤务员，不让做勤务员我可以当工人。现在红色造反团内部不够稳当，有人搞山头，不应该搞小山头，我们要搞大山头，搞无产阶级革命派大联合的大山头。毛主席在井岗山，联合了各苏区的红色政权，联成一大片，联合了全国不要家族感情里的人物，搞小山头那是农民的意识。要搞大联合，你们造反团自己不能再要搞分裂，那样下去不行！造反团内部要很好团结，要加强批评与自我批评。经常过组织生活，有意见当面谈，不要在下面搞小动作，组织一批人反对一批人，今天搞了新的发起来，明天不要搞。要用批评与自我批评的办法解决内部矛盾。解放了干部，内部团结了，我们就有一个好班子。

好的领导班子，要吸收一定数量的技术人员，知识分子参加，不要排斥。特别应该吸收老工人，不要以为老工人"保"，老工人是不保的，他们有许多事不知道，不如你们消息灵通，他们思想转的慢一点，但只要跟上去了他们坚定的多，困难时期，真正坚定的是老工人，造反团现在有些同志，那时还不如老工人，我不应揭你们的老底了，在困难时期老工人都很坚强，你们不是搞什么"精神会餐"吗？晚上就吃什么，吃什么，很多是青年工人搞的嘛！要吸收老工人参加领导班子。

第四，斗批改。你们厂里你们认为的一些里面，定不下来的，开小会，把问题搞清楚，不要先开大会，要大会小会结合起来把问题弄清楚，包括武斗的问题也搞清楚。还有改的问题，怎么办企业，管理企业。

同志们，要掌握大方向，谁不能掌握大方向，就会迷失方向，钻牛犄角，钻不出来，就完了。现在陈慧、李石鹏就是钻牛犄角，迷失了方向，越钻越死。现在我们要把他拉回来，你们对他们不满意，可以不理她，李石鹏就是那么个人，你冷他几天他就好点。这是第二个大问题。

《二》，反对打砸抢。

你们厂有军代表坐镇控制，打砸抢略不大开。有一点，不太多。在长辛店别的单位发生的事情是有的，这是不能允许的。

打死人没有？（众：没有）差一点。以后打伤人的，打死了人的，军代表要严肃处理，必要时派军队把他抓起来（鼓掌）。第一机床厂一个工人用刀把一个学生捅死了。他们处理很不严肃，但是同志坚持一定要严肃处理，把杀人的人抓了，抓了三个人，其中一个是主犯的，杀人要偿命的，要判刑，严重的要枪毙，你们可以向大家做宣传，讲了要执行的。

打重伤的，军代表要抓，我们支持你们。如果有一个人抗拒，我们派两个中队，如果有二个人抗拒，我们派三个中队，我们可以集中优势兵力，能把他抓起来的。如果抗拒，你们向中央文革反映，没有王法还行，有法律嘛！你们赞成不赞成？（众：赞成，鼓掌）

抢人手表，抢人家东西、抄家，都是不允许的！除了公安机关，都没有这个权利，抢人家的东西，将来都要处理，现在我们没时间，过几个月一定要处理，要开他的斗争会，要搞，跑不出来，要扣工资（鼓掌）抢人东西，贪污盗窃，轻则赔偿，重则抓起来，就是黑帮的东西也不能抢，黑帮的东西要交公。

无政府主义，想抢就抢是不行的，我们是无产阶级专政，不准许无政府主义，将来工人开小组斗争会。因为要抓不少人，现在我们没时间，将来查清，有些人猖狂一时，猖狂也好，将来一网打尽。

《三》，狠抓生产

你们生产好转了，质量怎么样？（众：好得很）特别的好的很，还要继续抓。过去我看车间很乱（众：现在不乱了）。车间要有生产秩序。

《四》，学习毛主席著作。

学习毛主席著作，这是个根本，这是把工厂建成毛泽东思想大学校的根本，这是战略性措施。要用毛泽东思想武装自己，特别是造反团的那些领导成员，你们个个要很好学习，不学习就要落后，在资产阶级侵蚀面前，就没武器，没战斗力，要打败仗，要成为俘虏，要走向反面。特别造反团要注意，你们互相争，搞排挤，就是不学习，不要做昙花一现的人物。昙花一开就完了，开一会，过一会就完了。会有这样的人的。但希望不要太多。造了三天反，以后人家要造他的反了，这是有可能的，不是不可能的。要不做昙花一现的人物，要不断学习，学一点、用一点，很好改造自己，"要破私"，有私欲，就不能很好的革命。尽想个人的，只手表争名誉争地位，保险要失败。忠老々实实为人民服务就是"俯首甘为孺子牛"要甘心做老黄牛，不为名，不为利，为工人服务，不要搞自己的東西，那就不会有问题的々。忠々为人民服务，保持艰苦朴素作风，别人打你也打不倒，就能站得住。要大雄心壮志，你们二十几岁就搞自己的东西，将来八十几岁还不搞成了刘少奇了？！我们要以天下为己任！

世界上还有三分之二国家没有解放，还有那么多人民没有解放，我们要胸怀大志，這样是有出息的。争地位，名誉，待遇享受是不会有出息的！

我講的完了！講了四个问题。

毛主席万岁！

六七年7月

不准外传、翻印！

中央首长，12·16在北京市中学批判資产阶級反动路綫誓师大会上的講話

㈠江青同志講話

紅卫兵小将们，战友们：你们好！（鼓掌）毛主席向你们好！（熱烈鼓掌，高呼：毛主席万岁！万万岁！）他的心情像你们今天这样的沸腾，关心着你们。（鼓掌、高呼：敬祝伟大的领袖毛主席万寿无　！）

你们刚才的講話水平都是很高的（笑），我講不好，我要向你們学习。（熱烈鼓掌、高呼：向江青同志学习！坚决擁护中央文革小組的正确領导！做毛主席的小学生！）我們沒有做多少事。一个共产党員为人民做了一点好事，是本分！如果做錯了，就要批評。（鼓掌）一个真正的共产党員他不怕批評，批評的对了接受，批評的錯了，可以不予理它。（笑、鼓掌）如果他是反革命，就跟他斗到底！（鼓掌）我只想講这么一点事，就是斗爭的鋒　对准什么这是大是大非的问題。（鼓掌）有些同学刚才講西城糾察队、东城糾察队、海淀糾察队，所謂的糾察队，他们的斗争鋒芒，他们有一小撮执行資产阶級路綫的小家伙（笑），他們的斗爭鋒芒是对着了你们，这就是錯了！（鼓掌）今天我们要自我批評，我们对他们教育不好，四五十岁，六七十岁的人对他们教育得不好，他们以貴于自居，血統高貴，什么东西！（鼓掌）在这儿我覺得，周榮鑫同志是負有責任的，　文　也負有責任，王任重也負有責任的！让他们向你们檢討，他们是怎么支持他们这一坏蛋向你們做宪兵工作的！我希望，你们对这些青年的、犯了錯誤的同学采取懲前　后，治病救人的态度。对于中年的、老年的，堅決死不回头的执行資产阶級反动路綫的人，斗倒、斗　、斗垮！（鼓掌）要不要周榮鑫跟　文　站出来看看？（群众：要！）出来！（群众：低头！）好，安静！小将们，战友们，你们都认识他了，让他回去

吧！（群众：回去！）他们纵容他们，所以我觉得，要特别着重他们的责任。

另外，我想讲讲专政与民主的关系。（鼓掌）我们的无产阶级专政是不是很稳固呢？我认为基本上是稳固的（鼓掌）但是有某一些地方，某一些人，在一小 拿着武器到处去杀人、打人，在这样一小 前面要缩、退却，这就不巩固了无产阶级专政。没有巩固的无产阶级专政，哪儿来的大民主 ！（鼓掌）因此，我们要坚决反对这种要命的，所谓不介入的那样一种态度的专政机构。同时，对[illegible]的坚决真正拥护它。因此，对于一小 杀人犯，破坏革命这样一小 ，我们要坚决的实行专政。（鼓掌！呼：无产阶级大民主万岁！无产阶级专政万岁！无产阶级文化大革命万岁！毛主席的革命路线万岁！）但是我希望你们不要冤枉有一小 做了这样的坏事的小家伙，其他的人就都不好了。这一点我希望你们头脑要清楚，这样才能团结大多数。否则对于这一小 如果不实行专政，你们也就很难达到革命的目的。我的话完了。

二陈伯达同志的讲话

同学们！刚才江青同志讲得很好，（鼓掌）她的意见就是代表我们中央文革小组的方针。（鼓掌）同学们，正象刚才江青同志所讲的，同学们在这里的发言水平很高，在文化大革命中有了进步，（鼓掌）在文化大革命中进步很快（鼓掌）大家已经逐步地逐步地把毛泽东思想在自己头脑中武装起来了。（鼓掌）这是我们无产阶级专政制度巩固的保证；（鼓掌）是我们社会主义革命、社会主义建设的保证；（鼓掌）是防止我国出现修正主义的保证；是我国能够由社会主义过渡到共产主义的保证；是我国能够变成世界上最强大的无产阶级专政的国家，是把所有世界上那些修正主义领导集团控制的国家统统拉在后面，我們能夠站在世界上最前列的保証。（熱烈鼓掌）我現在向同学们講的还有几句話。

在偉大的、战无不胜的、光芒万丈的、没有边际的毛泽东思想旗帜下（鼓掌、高呼：毛主席万岁！战无不胜的毛泽东思想万岁！）无产阶級联合起来！工人和貧下中农联合起来！全体劳动群众同革命师生和革命的知识分子联合起来！这样我们将无往而不胜，那些走資本主义道路的当权派，那些反革命修正主义者，那些反革命的幕后代表人物，（笑声）他們自以为能夠用那种武斗的办法来鎮压无产阶級文化大革命；他們以为能夠用阴謀詭計来破坏无产阶級文化大革命，他們以为只要这个手段就能够达到資本主义实行复辟的目的；他們以为只要这样子就能够推翻无产阶級专政，告訴他們！他們錯了！（鼓掌）他們是在搬起石头打自己的脚。我們在偉大的領袖毛主席的領导下，在广大群众的覺悟下，他們的失敗是注定了的！（鼓掌）胜利者是誰？是你們，（鼓掌）是无产阶級！（鼓掌）是劳动人民（鼓掌）是社会主义和共产主义（鼓掌）！那些不愿向无产阶級投降的人他们走的是灭亡的道路。（鼓掌）有一些年青人被蒙蔽、欺騙、走了迷路，我們希望他們会很快的覺悟过来，（笑声）同我们一块站在毛泽东思想的旗帜下，只有这样才是他們的出路。（鼓掌）

偉大的毛主席万岁！

偉大的无产阶級文化大革命万岁！

北京中学批判資产阶級反动路綫联絡站印

（景山学校）

1966·12·17

周恩来同志在北京市中学

批判資产阶級反动路綫誓师大会上的讲話

时间：1966·12·16

地点：北京工人体育舘

同学们、紅卫兵战士们：

我現在代表毛主席、林　付主席、党中央、国务院问你们好！（熱烈鼓掌、高呼！毛主席万岁！）

我現在想庆賀你們北京的毛澤东思想紅卫兵首都兵团成立大会开幕的成功！（鼓掌）並且向你們致以无产阶級文化大革命的敬礼！（鼓掌、毛主席万岁！）我完全同意剛才江青同志、陈伯达同志的講話，（鼓掌）他们两人已經代表我们大家把应該說的話，重要的話都說了，我就不需要多說了。（鼓掌）

我只說一点。自从紅卫兵在北京誕生，以及发展到全国，首先是我们偉大的領袖毛主席抓住了这个地平線上新出現的事物馬上加以鼓午。另外，因为有了毛主席的鼓午。所以全国大专院校的紅卫兵馬上蓬蓬勃勃的发展起来了。然后我們偉大領袖的最亲密的战友林　同志又加以鼓励、指出，紅卫兵是我们中国人民解放軍坚强的后备力量。这就給你们以更大的鼓午。由于这一支紅卫兵革命青少年的組織的誕生，我们革命青少年就发揚了他的首創精神。这支新生力量做了許多蓬蓬勃勃、惊天动地的、破旧立新、兴无灭資的偉大的事业！（熱烈鼓掌！）你们看，有了紅卫兵就有了大串联，从学校走向社会走向全国，就使我们偉大領袖提倡的大民主得到更大的发揚。（鼓掌）

总結这四个月的經驗，成績是主要的，新生的事物誕生以来不可能沒有毛病沒有缺点、甚至于出現了錯誤，以致于个别的严重的錯誤。这是事物发展的規律，你們不必为此惊慌。要曉得，任何一个新事物，一个新生的孩子剛从胎里出来，毛手毛脚的，长一个　啊，长一个包袱，把它割去就是了。新生的力量总是成长起来的。所以这四个月的发展也值得我们总結經驗，这次首都毛泽东思想紅卫兵首都兵团的成立，也就是要来总結这四个月来北京中学的紅卫兵的发展的經驗，也就是要把这支紅卫兵中間經过斗爭鍛炼証明出来是革命的左派的小将們团結起来，再带着我們中学的同学，革命的同学，要帮助他们、团結他们，把最大多數的同学团結起来。当然，就是那少數几个，或者十几个，或者几十个，或者更多一些，总之是一小堆犯严重錯誤，甚至犯了罪的流氓孩子們，小家伙們，現在把他采取专政的办法逮捕起来了，加以法办了。但是因为他是青年只要他們誠心悔过，低头認罪，坦白出来他們所以犯罪，犯罪的原因，可以更好的教育我們大家。剛才两位同志都說了，講話的人也說了，給他們改过自新，將功贖罪的机会，所以这点大家可以放心，而且应該更下定决心訓戒这件的事不应該做的，以此为戒。这事物的发展我们除了这一点点，比如我們把它糾正了。而且糾正是靠你們大家検举出来的，你們眼睛是亮的所以我們是依靠着你們，信任着你們。把这样一小堆的，犯錯誤犯罪的孩子逮捕起来教育他們。使你們大家革命的左派的正气、阶級的力量更加成长起来，更加发展起来，这就是这个阶段的最好的一个經驗总結了。

剛才两个同志說，你们这一次就比你们四个月以前的水平提高的多了，这是一个飞跃，但是不要以为这个为满足就应該爭取前进，还要爭取更上一步的飞跃，紅卫兵在中国的誕生不过五六个月的时光，仅仅是我們革命的青少年的組織的第一步，也就是我们万里长征的第一步，希望你们从这一个很好的一步迈步走向前猛进，毛主席教导我們：我们要在斗爭中学斗爭，游泳中学游泳，在这次大风浪中学会大民主，要学会总結經驗，只有学会了总結經驗，我们才能不断地有所发发现，有所发明，有所創造，有所前进，这是毛主席的教导，我都要你们牢記住这句話，永远不要驕傲，驕傲要使人落后的，謙虚才能使人进步，我在此，祝你们进步、进步、永远进步！我们結合这个話，我们来喊几句口号。

偉大的无产阶級大革命万岁！

坚决执行以毛主席为代表的无产阶級路綫万岁！

彻底批判資产阶級反动路綫！

无产阶級革命路綫、战无不胜的毛泽东思想万岁！

北京市中学批判資产阶級反动路綫联絡站

康生同志的講話

时間：1966·12·16

地点：北京市工人体育館

同学們，紅卫兵战友們，向各位同志各位战友们致无产阶級文化大革命的战斗敬礼！一个月以前，我到阿尔巴尼亚去，上飞机的时候，紅卫兵战友們告訴我，要我在国际上去串联，宣傳你们紅卫兵运动，同志们，我在阿尔巴尼亚，在地拉那，向二十七个馬克思列宁主义的兄弟党和組織，宣傳你们的紅卫兵运动，我的任务基本上完成了，（群众：是，謝謝老坐下）毛主席发动和領导的中国的无产阶級文化大革命，在国际方面取得了不可估計的影响。毛泽东思想是全世界的无产阶級馬克思列宁主义战士們的一盞明灯，中国的文化大革命震动了整个世界，你們紅卫兵运动，推动了全世界革命青年，他们羡慕你们，贊揚你們，崇拜你们，他们希望在他们的国家里，能夠享受到象你们現在一样的幸福，可是同志們，这样大的运动給我带来一个很大的麻煩，好多的馬克思列宁主义政党、組織派代表来一个一个的到中国来看你們，一个一个的来訪問中国的文化大革命，結果搞得我，今天接見明天接見，忙的不得了，一句話，你們的这个运动，在全世界的影响有时候是你们想象不到的那样的伟大的。可是正如江青同志所講的，正如陈伯达同志所講的，正如周总理所講的他們这些話，对于我們今后的运动有很宝貴的指示，我完全同意这三位同志对于同志們的講話，除了三位同志講的以外，楊　　同志要我提点要求，的确我覺得同志們有很大进步，但还要更加进步，怎么更加进步呢？我补充一点，就是要好好学习主席的接班人的五条，要不要学习这五条，同志們？（要）学了没学这五条？（学了）学好没有这五条（没有）这五条应当是没有学好是很自然的，因为什么呢？这五条是我們終身的奋斗的目标，就是我的我还没有学好，也是我的終身奋斗目标。

头一条就是要我们郑重的学习了馬克思列宁主义，也就是毛泽东思想，反对什么呢？反对　赫魯晓夫修正主义，也就是現在的資产阶級反动路綫的資产阶級修正主义路綫的，这一点我們首先要把馬克思列宁主义毛泽东思想同修正主义同反动的資产阶級思想完全划清界限，以毛泽东的偉大的战无不胜的思想去前进，打倒資产阶級反动路綫。另一条毛主席告訴我們，我们要做为一个革命家什么样的革命家呢，代表全中国的９５％以上的絕大多数的劳动人民的利益，代表世界上劳动人民的大多数的利益坚定的革命家去反对那种代表一小　資产阶級的路綫那种反革命，这条就是講我們要做一个彻底的革命者，彻底的打垮一切反革命分子！

第三条毛主席告訴我們，我們要善于团結左派，同时团結絕大多数的人能够一道合做，甚至他们的观点是錯誤的，这样的人我們也要爭取他同我們一道的，我們就是这样团結９５％以上的人同我們一道寸革命！但是我们要反对那种一小　　赫魯曉夫修正主义資产阶級反动分寸，反革命分子，坚决同他做斗爭。毛主席文化大革命路綫的胜利，資产阶級反动路綫的破产，使得一小　反动分子正狗急跳墙垂死扎最近我们在街上看到有这样的标語大字报，这么一小　人有的貼着反毛主席的标語，特別林学院的李洪山貼反对毛主席的标語，特別是清华大学易梭亚、万会基反对我们的林　同志的，这样的，同志们！反对毛主席反对林付統帅的这样的人是什么样的人，你们說說：（羣众：是反革命）对，是反革命，反革命利用的小走狗，我们要团結絕大多数，但是对于这一种反革命分子要坚决的斗爭到底，彻底的打垮他们，

毛主席讲的第四条就是要我们从羣众中来到羣众中去，要实行民主要实行大民主，什么样的大民主呢？无产阶級专政的大民主，什么叫无产阶級专政呢？是对广大的人民革命的羣众实行最大的民主，对于一小　反革命实行无产的鎮压。

最后毛主席告訴我们，我们要有批評，要謙虛謹慎，傾心听取羣众意見来不断改正我们的錯誤，不要驕傲，不要独断专横，今天我们有的同志的发言，对于你们的工作也实行自我批評，我是很　賞这一点，因为什么？因为这是毛主席五条中間最重要的一条，所以这一条也是非常重要的，因此，我就想向同志们建議，好好的学习毛主席並且拿这五条每天檢查檢查自己。同时，也看看別人到底是真革命，还是假革命；真拥护毛主席，还是假拥护毛主席；真正是无产阶級文化大革命的战士，还是假的。我的建議就是这些。

（景山中学）北京市中学批判資产阶級反动路綫联絡站

部文革办公室联絡組

1966・12・21

陈伯达讲话

陈伯达 張春桥 关锋 戚本禹

《红旗》《人民日报》《解放军报》文艺口等机关代表的谈话

六七．七．十六．1 55～4 20 地点 东中宣部会议室

关锋：今天把大家找来，商量前天大批判的问题，对党内最大的走资本主义道路的当权派刘、邓、陶、彭德怀、彭罗陆杨等从政治上、理论上把他们批臭，批倒，清除他们在各个领域里散布的流毒。大立毛泽东思想，这样做就要发动群众。下面请陈伯达同志作指示。

陈伯达同志讲话

戚本禹同志说让我讲两句话。（戚：这是形容词）今天来的哪些机关的？（戚：红旗，人民日报 解放军报 北京日报 光明日报 红代会 还有一些写文章的人）（陈对蒯大富 你们四大领袖都来了）这是开玩笑，勤务员 人民的佣人嘛！无产阶级文化大革命大破资产阶级思想，大立无产阶级思想，大立毛泽东思想，在批判中大破大立，在大批判中高举毛泽东思想红旗，使毛泽东思想红旗举得更高。占领各个阵地。不进行大批判，现在有有不少走资派的垃圾堆，走资派，懂吗？我是从一次会上听来的，我一开始也弄不懂什么走资派，问了一下，原来是走资本主义道路的当权派。当然啰，不要写到文章上去要扫除这些垃圾堆就是要搞大批判，在思想阵地上，把那些走资派刘邓陶扫除。红旗杂志开始写了几篇文章了《修养的要害是背叛无产阶级专政》最近还有一篇，不要无产阶级专政，不要社会主义，资本主义就要复辟。还有一系列的东西没有批判。有这么些垃圾堆供我们扫除、批判，对我们大立毛泽东思想大有好处。现在只是小小的开头，要搞一个非常广泛的思想革命，从批判一小撮走资派开始。（你们不要记 没有一个笔记记的是 样的，你们记是不是要以后和我算帐呢！）中国思想革命是一个大问题，要逐渐过渡到这点来 要把剥削阶级思想斗垮斗臭，要写的生动活泼 引人入胜 批判这件事，无产阶级作家还有不会搞的。列宁就批评过说 十八世纪唯心主义的作品 比我们现在这些枯燥无味的作品更通俗 更有力，所以主張大再翻译。毛主席的文章都是有针对性的 都是有批判目标的 我们大家要学。向毛主席学。毛主席讲了整顿三风。专门讲了整党八股，这说明文章不好写，这么多人写文章写的都是一样不行，思想语言是一致的，表现形式是多样的。现在要学会批判，从批判一小撮走资派开始 批判形形色色的资产阶级思想 剥削阶级思想，这是一个很長时期的，现在要搞走资派，一小撮走资派要否定无产阶级专政，否定社会主义 要改变我们的党。刘少奇不就是以"论党"出名的吗？现在批判论党的问题还没有人写，你们要积累一些材料 这是必须的过程 清华大学，还有其他大学搞刘少奇 邓小平一面倒 这很好 还可以搞 这是良好的开端 这是个小小的开端。生动有力还要下一定的功夫。现在有一个情况，我们思想阵地、理论阵地落后于现在的革命形势，这是不可避免，但不要落后得太远了 每 个理论问题的提出，总是有 个实

际问题提出来　实际问题提出来　在脑子里思考形成理论。批判刘少奇这是实际运动提出来的。这些都是和你们商量，不一定对。你们在座的有很多大作家，我不行了，过去我不是作家，现在更不是作家。虽然你们比我们先进，我们可以要求你们更先进　可以这样要求吧？在毛泽东思想领导下，中国的无产阶级文化大革命应在理论上思想上开出灿烂的花，开出世界上没有的思想的花，理论的花。可以这样做的。毛主席这样做的。列宁说：写文章不如革命来得快，但是一边革命一边写文章还是可以的。《国家与革命》就是在德国革命以后写的。八个月的时间　你们不是脱离现在浩浩荡荡的大革命，你们要在大革命中提高自己的智慧。进行大批判　用毛泽东思想这个望远镜、显微镜照出各种牛鬼蛇神，首先照党内　小撮走资派……怎么照出呢？从他们的言论照出来。用毛泽东思想望远镜　显微镜就可以看出这一小撮走资派的各种丑态。可以挖苦，鲁迅的批判文章就是挖苦的。要搞臭就需要挖苦，要很有风趣，嘲笑辱骂是可以的，脑子很开阔　思想很开阔，所以我们在斗争中要学会思想的批判，学会理论的批判，首先学会对一小撮走资派的批判，要批判得有力　要有象红旗《修养的要害在於背叛无产阶级专政》那样好的批判的文章（插话：大家不要记　我本来说两句　现在有两百句了，你一记我就紧张，我的语言象毛主席所说的象个瘪三，你们知道什么叫瘪三吗？叫张春桥给你们讲讲上海的瘪三，你们看，你们还在记，记这些有什么意思呢？你们贴到大街上去，一看小组长的语言这样蹩脚，这不是贬低我们自己吗？）文化革命以来，我们看过许多好文章，看出了我们伟大的希望，他们懂得毛泽东思想，能看出问题，分析问题。你们象早晨的太阳精神饱满，你们有些人写文章可以不睡觉，睡几个小时？晚上不睡觉是不好的　我还是赞成八小时，因为这是必要的　你们都怪我说陈伯达专门和广播车作对，我在文化大革命中的最大贡献就是这一条。广播车吵得人睡不着觉。没有广播车革命就搞好了，这也不可能　要保证八小时睡觉　保证生产写作。取消喇叭车可以保证思想环境的安静，所以我的贡献就不小　广播车问题就是要大家很好考虑问题细心做事。我希望大家用脑多思索。一次叫主席题词，主席写了两个字"多思"，多思就是多思索。多思索就要有一定的条件　广播车停下来，可能给你们提供多思索的条件　这样大批判可以广泛地、更好地进行。要知道，同志们，现在北京在思想工作、理论工作上落后於上海　大大地落后　北京是首都，不出几篇好文章不行啊，说不过去啊！（这时蒯大富递条子说现在许多造反派被压的灰溜溜的）这是个数嘛！（又念：至今许多造反派有这种情况　外地有这种情况，北京个别工厂也有。）

大批判是多方面，我们对刘少奇的哲学　世界观　都没有批判嘛！是无产阶级世界观还是资产阶级世界观，世界观问题就可以写许多文章。阶级斗争还是阶级调和，投降主义还是革命路线，社会主义还是资本主义。刘少奇在天津讲剥削有功，可以和平过渡到社会主义，这和布哈林这些人都是一样的。党，他这个党是资产阶级党，还是无产阶级党？他叫党员做驯服工具。列宁讲要有个自觉的条件，林彪同志讲要有革命性、科学性　组织纪律性。我们无产阶级主张群众自救，你们不是搞了一百例吗？一例就可以写一篇文章　当然不是空谈，要有理论。邓小平的东西可以批判嘛！陶铸也是著作家，是不值得一提的著作家就是了。斗争和理论批判可以同时进行。毛主席所有的文章都是在斗争中写的。斗争中出好文章，出马克思主义，出毛泽东思想。毛主席著作现在出了选集，还有许多党内文件都是在斗争中写的。毛主席没有一天不在斗争中。这样斗争可以斗的很好，批判也可以批判的很好。这样才能不断提高我们的斗争水平。不搞思想批判，我们会有片面的。批判促进我们的斗争，促进我们的革命，促进我们的文化大革命，使它更好地前进。

張春桥同志讲话

没有准备讲什么，刚才吃饭时，要我讲几句。现在，全国的文化大革命正在蓬蓬勃勃地开展，形势很好。我不大同意形势不好。没有理由悲观，应该乐观。包括东南方一些部分农民大批进城，开枪、镇压革命群众，这不能说是形势坏了，恰恰相反，只能说明无产阶级革命派力量更大了，一小撮走资派既不能得到工人支持，也不能得到学生支持，只好蒙蔽一些农民。但农民是要革命的，不会蒙蔽很久的。中央、毛主席规定部队不能开枪。这说明阶级斗争尖锐，说明走资派到了没有力量的时候，这不说明他们力量的强大，只能说明他们力量的虚弱。这样看比较符合实际。当然在斗争中，我们有些学生受了伤，有的死了。这样大的运动，不付出一些代价[illegible]战争、解放战争，我们的代价是更大的。这样看问题就会觉得[illegible]而不会觉得悲观了，这说明我们的大革命在一步步取得胜利。这就使我们更懂得毛主席讲的政权的重要。同样在取得政权的地方上海就要巩固政权，有的地方还没有夺到权。不管在那种情况下，革命的大批判都是必须紧紧抓住的重要环节。已经夺权的就更明显。如果不把刘邓在政治上、思想上彻底批判，不把他们搞臭，已经夺得的政权还是不能巩固，更不用说没有夺到权的了。现在有些造反派认为这些人是死老虎。实际上他们还是活老虎，实际上走资派还在走嘛，是活的嘛！尤其在政治上思想上是活老虎。要找出他们的代表人物，把他们批倒、批透，其他问题就好解决了。千万不要认为是死老虎。不但刘邓陶没有死，就是彭德怀这样的老虎也没有死。现在许多小将不太了解彭德怀，写不清的情况，有大字报的称彭小怪。若果有彭德怀的名字，我们有几篇文章批判他呢？彭德怀的名字只是在纪念延安文艺座谈会上的讲话上才点了他。以前连名也没点。彭德怀天天想的是兵权。彭德怀在人民群众中没有广泛的彻底批判。高饶、饶漱石反党集团都没有批。解放以来反党的大头目都没有很好地进行批判。在首都，反党头目彭真最近搞的还多了一些了。零碎的批判文章有，系统的叫人看了有深刻印象的不多。如《修养的要害是背叛无产阶级专政》这样的文章不多。现在需要批判的有十个以上，特别是刘邓。现在我们有些造反派有些油滑，和这有关，看不大清楚。造反派其实一点也不清醒，他们很苦恼。他们动手、动脚、动口，搞三线，不动脑。我们大批判不搞好，全国无产阶级革命派目标就不太集中，就看不大清楚。所以不要把大批判看得可有可无。如果这大批判不搞好，我们的政权就不巩固。而且他们随时都要复辟，那一个也没有低头。

最近刘少奇的认罪书什么。集中在大批判上，就能使我们的战士看清我们的敌人，把他们彻底搞臭！大批判解决了，大联合才能搞好，三结合才能搞好。

关锋：讲点意见供你们参考

向你们学习。首都红卫兵报49号，就这一期看了一下，学了些东西，就从这个报谈起。念这期："痛打落水狗，粉碎刘贼新反扑"这里有一段话很好："　　"这段话很好，我很受启发。刚才伯达同志、春桥同志都讲过了，的确是这样，我们决不能放松对党内走资本主义道路当权派的警惕性，而必须发动群众，调动群众的积极性和智慧，用毛泽东思想为武器，把他们彻底批臭、批垮。我们千万不能认为他们是死老虎，不要以为点了名，罢了官他们就死了，他们还是活老虎，人还在，心不死，还有爪牙（陈伯达：还有资产阶级思想），孔子死了但是孔子的思想现在还没有死，只有在全国从政治思想上彻底把他们批臭，那他才死。你们从刘少奇的所谓的"认罪书"上想到这一点很好，当然是反扑了。中国有句古话："百足之虫，死而不僵。"何以他还没死，不能麻痹大意。我们革命派要团结起来，联合起来，集中力量，集中智慧，批判党内走资本主义道路的当权派。我们想一想，如果今天不把无产阶级文化大革命搞彻底，不在全国全世界把他们批臭，那么他们就要翻案，他们就要重新上台，管你什么"团派"、"414"只要你造了它的反，就要杀你的头。我们的革命同志在有这个觉悟，没有这个觉悟很危险，我看这段话很好，还有一段话也很好"……"我们革命派打内战刘少奇他们很高兴。如果我们把它看成死老虎，就没有斗争方向，没有目标。干什么呢？只是打内战。我们不是讲："求大同，存小异"吗？忘了一小撮走资本主义道路当权派，就找不到"大同"了，把次要的原则分歧和非原则分歧看得比天还大，把次要的矛盾放到头等位置争论不休。革命派之间有些是原则分歧，有些是非原则分歧，比起和走资本主义道路当权派的分歧还是次要的。革命派之间的分歧有是非问题，但离开了同走资本主义道路当权派的大是大非，革命派之间的小是小非就搞不清楚。只有在共同对敌的原则下才能更好地领会，更好地运用毛主席提出的"团结—批评—团结"的公式，解决革命派内部分歧，"在大批判中促进革命的大联合"这个口号是对的，提得很好，我们的革命小将是有智慧的，要把智慧集中调动起来，针对党内最大的走资本主义道路当权派。主席说："要小道理服从大道理，大道理管小道理"对党内走资本主义道路当权派的批判就是最大的道理。两派之间各有一些道理就是对的道理也要服从这个道理。要服从对党内走资本主义道路当权派的批判这个重大的历史任务。现在不好好地批判，在座的有不少20多岁的青年，将来过了十年、廿年以后要翻案，你就讲不过人家，有些情况不清楚，有可能搞不过人家，这是一个严重的战斗任务和重大的历史任务。

第三段"……"这也非常正确，是关系到无产阶级文化大革命成败，关系到国家命运，也关系到世界命运的大事。对党内最大的一小撮走资本主义道路当权派批透了，对推动我国社会主义革命事业有极大的作用，对推动世界上殖民地、半殖民地的民族解放斗争有极大作用。

比如刘少奇在国际上推行三降一灭的政策，三降：投降帝国主义，投降修正主义，投降各国反动派。一灭：扑灭各国人民革命斗争。就是这一套。他们背着毛主席背着党中央搞一套，对缅甸共产党就是这样给人家制定了纲领，强迫人家放下武器，走议会道路。缅甸共产党顶住了，一直搞武装斗争。前面不久发表一篇文章，很好，很好的一篇文章，对刘少奇这一套彻底批判，对世界革命，对亚非拉民族民主革命会起很大作用的。对刘少奇这一套，对党内最大的一小撮走资本主义道路当权派的这一套，我们要用毛泽东思想为武器，进行分析抓住要害，短兵相接，文章不一定很长。

刘少奇在我们夺取全国胜利之前，主张什么走议会道路，走机会主义，走修正主义的道路，而对武装夺取政权，让我们党把武器、军队交给国民党，到国民党政府里去做官。正是这一条反动路线。党呢，他就要把党改成议会主义的党，投降主义的党。

全国解放后，毛主席及时地提出把革命进行到底，刘少奇不是搞社会主义，而是搞资本主义。所谓巩固新民主主义秩序"四大自由"，让资本家发财，让党员带头剥削，在城市不是发展社会主义经济，而是发展资本主义经济，在农村，让富农经济泛滥，反对合作化，搞"三马一犁一车"式的中农。三马一犁一车，根据东北的调查，没有200亩地不行。党员可以剥削，我们问，什么时候党员可以剥削。他要把我党变成资产阶级党，他比布哈林还布哈林。布哈林说让富农、商人发财吧，刘少奇比他还系统，他在城市让工商资本家发财。

在我国基本实现了社会主义所有制改造以后，他就要搞资本主义复辟。是赫鲁晓夫搞全民国家全民党，他有一个理由，叫做没有拖拉机就不能合作化，这就是第二国际的唯生产力论。

在三年困难时期，他又大搞物质刺激，钞票挂帅。戚本禹同志文章不是讲到的，他根本不是老革命，而是反革命，老假革命。是老机会主义，老修正主义。在这一方面我们要做的工作很多，在批判中，也是活学活用毛主席著作的过程，批判抓住要害就说明活学活用毛主席著作好。我想我们在伟大领袖毛主席领导下，在林付统帅领导下一定能完成对党内走资本主义道路当权派的批判，完成重大的历史任务，战斗任务。同志们在大批判中大大提高一步，锻炼成为真正的无产阶级革命事业的接班人。

戚本禹同志讲话

现在文化大革命形势很好，从去年五月到现在一年多了，现在是文化革命以来从来没有的大好形势。不要看到那儿受压制，受压制也是好形势。现在动荡厉害的地方是大好希望的地方。江苏、江西、湖南这些地方我们已经看到了毛泽东思想的曙光。不要看乱，乱可以治乱，是群众发动起来了。形势是大好的，是光明的。不要光看到武斗，武斗是现象，反映了斗争的尖锐。现在是文化大革命对于决战的阶段，因为决战阶段必然是尖锐的，你们可以从历史上看一看是不是这样，现在无产阶级和资产阶级决战是很尖锐的。敌人要灭亡，正象列宁讲他们要以十倍的努力、疯狂的热情，百倍增长的仇恨企图夺取他们失去的天堂。因为他们要灭亡，要失去一切。他们要在中国搞资本主义表，每一派出五个代表，还是三个代表呢！我看可以試試，三个代表如果嫌少就五个，搞一个联席会議，好不好？（鼓掌）如果是四派，一派三个代表，那么就十二个人开会了，十二个人交換意見比較好交換，听懂嗎？（众：懂！）交換意見看怎么样子，再回来報告你們那一派，让你們这一派討論討論，看你們跟对方协商的結果如何，是不是？开政治协商会議，（众：笑）这是共产党領导的，无产阶級专政下的政治协商会議，（众：笑）各个造反派的政治协商会議，那可以不可以有一、二个保守派呢？因为爭論不完，你一定說他是保守派，那一个說一定不是，那怎么办呢？这也可以派作代表，所以我这就是保守派了，（笑）跟你們不同的可能就这么一点，你們的二十个代表有一、二个保守派算什么呢！沒关系！听听他們的意見嘛！就是十二个代表里也可以有一、二个保守派嘛！两、三个保守派嘛！致于你吵，你左派占多数嘛！（众：对！热烈鼓掌）不要在現在鼓掌，等一下忘的干干淨淨，我走了又打架起来了，（笑）你們都是要准备教育人的，你們在这一点一定要作出模范出来。武斗过嗎？武斗过嗎？（有人答：武斗过）好像武斗过吧！（北京公社、五七公社同志答：他們搞武斗）哪一派贏啊？哪一派斗贏？（北京公社、五七公社同志答：延安公社綁架解放軍，延安公社搞武斗）过去打人的賬一筆勾銷。（众：好！并鼓掌）不再算旧賬了。（五七公社同志提出：延安公社搶走了几万件国家机要文件）那应当請他們送回来！（五七公社、北京公社同志热烈鼓掌）你們应該协商，各派派出一个或两个人协商管理文件。（五七公社、北京公社同志热烈鼓掌；革联、延安公社同志不鼓掌）你們（指革联、延安公社）这一边为什么不鼓掌？不贊成嗎？（延安公社此时有人叫：他們造謠）我告訴你，造謠沒造謠总会水落石出的，（北京公社，五七公社同志說：对！热烈鼓掌，高呼口号）总之祇是包不住火的。听懂嗎？（北京公社，五七公社同志鼓掌）总之关于你們內部的事情，你們协商解决（鼓掌）。要顾及到我們整个国家的利益，整个无产阶級的利益！（热烈鼓掌）整个党的利益！（热烈鼓掌）这样子，如果你們能开一个联席会議，吵一下也可能的，但是慢慢会冷靜下来，現在到了安靜的时候了，到了脑子冷靜的时候了，（众：对！鼓掌）你們又要管全国的大学，又要管全国的中学，又要管全国的小学，可是你們連北京航空学校这样一个大学，你們都沒有学，你們都不去跟他学，听懂嗎？你們可以向北京航空学院学习嘛！（北京公社、五七公社高呼：向北航紅旗学习！）今天报上登了他們的消息是嗎？（众：对！）这是記者写的，我还沒参与，大体上是不錯的，他們也有不同的意見，但是沒有鬧內部派別的武斗，也不要分成几个大派。你們又是管教育的，又自己搞了好几派，連派代表也派不成。你們还有資格去管人家嗎？（众笑）你要去管人家的大学，人家就問你們，說你們有什么資格呀？你們連革命大联合都搞不起来，还来管我們嗎？首先就沒話說了。所以要向北航紅旗学习（热烈鼓掌，高呼口号：向北航紅旗学习！）

就这样子，可以考虑，組織五十来个人的班子，开会以后，組織五十个人的样子，組織一个管理教育　行政的班子。看同意不同意？（众答：同意！鼓掌）

我們这个国家因为建国以来学了苏联，有个缺点，国家的机构龐大，听懂嗎？国家机构太龐大。象这个教育部，过去还是两个教育部，是不是？高等教育部还有一个什么教育部？（有同志答：是高教部、教育部）現在合作起来併成一个教育部。可是人数这么多，我觉得五十个人就可以管全国的事了。（众答：对！热烈鼓掌，喊口号）連做

江青同志的讲話

十二月十六日下午在（北京）工人体育館北京市中学生批判资产阶級反动路线誓师大会上

红卫兵小将们、戰友们、你们好！（鼓掌）毛主席向你们好！（长时间热烈鼓掌）（群众高呼、毛主席万岁！）他的心情象你们今天一样，他非常关心你们。（热烈鼓掌）

你们刚才講话的水平都是很高的。（鼓掌）我講不出什么，我要向你们學。（鼓掌）

我没有做多少事。一个共产党员为人民做了点好事，是本分，如果做错了，就要批評。（鼓掌）一个真正的共产党员，他不怕批評，批評对了，就接收，错了，可以不要理它（大笑，鼓掌），如果他是反革命，那就跟他斗到底。

我只想講这么一点事，就是斗争的鋒芒对准什么，这是大是大非的问题。刚才有些同学講，西城纠察队、東城纠察队、海淀纠察队，他们的斗争鋒芒，他们有一小撮执行资产阶級反动路线的小家伙们，他们的斗争鋒芒对准你们，这就错了。（长时间热烈鼓掌）今天我们要自我批評，我们对他们教育不好，我们四、五十岁，六、七十岁的人对他们教育不好。他们以貴族自居，以为血統高贵，什么東西！在这儿，我觉得周荣鑫、雍文濤是负有责任的。他们有责任，王任重也有责任，让他们向你们作检討或者交待，他们是操纵一小撮坏蛋，向你们做宪兵工作的和对你们实行专政的。（鼓掌）我希望你们对这些年轻的、犯错误的同学採取惩前毖后，治病救人的态度。（鼓掌）对于中年的 老年的坚决死不回头的，执行资产阶级反动路线的人要斗倒、斗臭、斗垮。（长时间热烈鼓掌）要不要周荣鑫、雍文涛站出来看一看？（周、雍站起来，群众要他们低头）小将们战友们，你们都认识他们，让他们回去吧。（周、雍回去了）他们（指周、雍）纵容他们，所以我觉得要特着重追究他们的责任。（鼓掌）

另外，我想讲讲专政和民主的关系。我们的无产阶级专政是不是很稳固的呢？我认为基本上是稳固的（鼓掌）。但有某一些地方，某些人（这时有人请江青同志坐着讲话，大家欢鼓掌江青同志坐下来了）这一小撮拿着武器到处要杀人，打人，在这样一小撮人面前显得软弱，这就不对了，没有对他们的无产阶级专政，那就显得太民主啊！（鼓掌）因此，我们坚决反对那种畏缩的态度和专政机构。特别是顽固堡垒要真正摧垮它（热烈鼓掌）。因此对一撮杀人犯、打人破坏革命，这样一小撮，我们要坚决实行专政（长时间热烈鼓掌，并且高呼：无产阶级专政万岁！万万岁！无产阶级大民主万岁！毛主席的革命路线万岁！）但我希望你们不要觉得有了一小撮做了这样的坏事的小家伙，其他的人都不好了，我希望你们头脑要清楚，才能团结大多数（鼓掌）但是，对这一小撮如果不实行专政，你们也就很难达到革命的团结。我的话完了。（长时间热烈鼓掌）

北京师大二附中毛泽东思想宣传组、遵义战斗兵团联合记录整理翻印

南大"八·一八"红卫兵红色造反野战军赴京战斗团《赤遍全球》战斗队翻印

1966.12.16

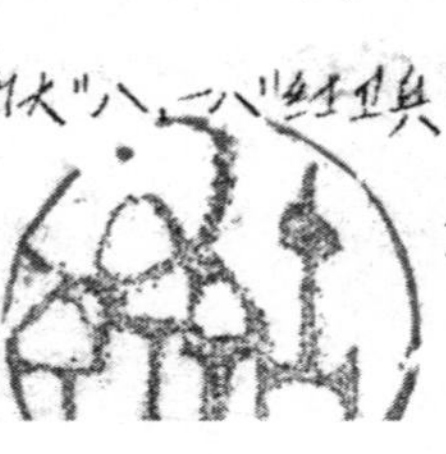

三军革命独立团再印

江青同志談阶級路线

（编者按：本月十四日江青同志在北京市会見了中学生代表、红卫兵代表两千余人并作了重要讲話，其中着重讲了阶級路线问題，经本人同意，現将部份摘录如下）

……阶级路线是党的生命，同志们都应该关心、重視，务必充分注意。要说阶级路线吗，很简单，就是团结一切可以团結的人闹革命。许多同志常给我们中央文革小组问出身问题，我们說：也是主席常说的，出身不由己，道路可选择。阶级出身是给人打烙印的，但是他不起决定作用，起决定作用的是人的主观努力，是人的思想革命化，尤其你们都很年轻，最大才廿岁，大多生長在新社会，受了党十几年的教育，所以出身对你们影响不太大，不起决定作用。

最近有人爱《红五类》《黑X类》的把他们分成等级，这样作不好。正如周总理前几次给你们讲过的，中央文件、人民日报那次用过《红五类》《黑X类》这样名词？这样作不对，是资产阶级反动路线才这样作，这么干，影响团结，危害革命，你们说对不对（齐声：对！）

同学们、红卫兵战士们，咱们出身好坏都不必背包袱，工农革命家庭出身的人要严格要求自己，宽于对人，要充分发扬父兄传统，继承老一辈革命精神，好好听毛主席的话，干一辈子革命。

剥削阶级、反动家庭出身的人，只要认清家庭的反动性，力争彻底背叛，根本不用害怕、担心，只要不和老子一样，就不是狗崽子，甚至可以是坚定的革命左派。

还有《老子英雄儿好汉，老子反动儿混蛋》这一口号现在不适用的，是错误的反动的。

有人问有成份论和不唯成份论是否矛盾？这其实一点也不矛盾，也就是要看見人的成份，但不以为主，时时处处看人的观点。

好吧，同学们、红卫兵战士们，这个问题就讲这些，仅供你们参考吧！

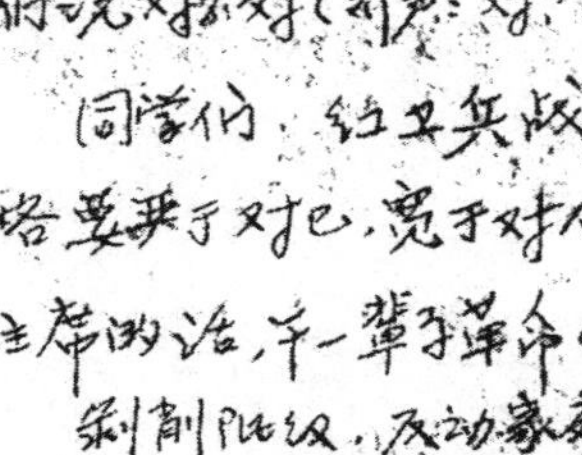

郑州市卅三中、北京邮电学院、沈阳一中
　　革津串连同学翻印　　66.11.25
天津大学外文《红旗》战斗组再翻印
东北大学地理系《小昆山》战斗四又翻印
河北大学红小战斗队（印）
国营天津印染厂毛泽东思想革命战斗队翻印

·供批判用·

為女皇登極
建立理論基楚

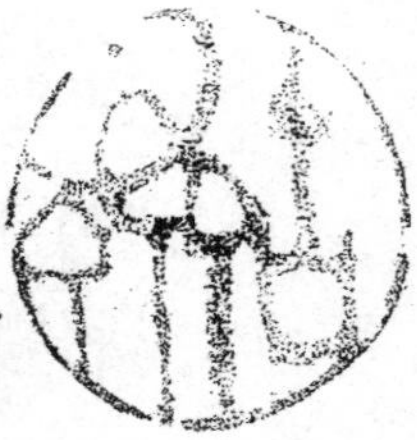

古月斋題

江青在"天津市儒法斗争史报告会"上的讲话

（一九七四年六月十九日）

李正中

一九七六年十一月

江青在“天津市儒法斗争史报告会”上的讲话

（一九七四年六月十九日）

同志们：

没有准备讲话，因为我们是来向你们学习来啦。我们来的有一些专家，专门写批孔文章的专家，老先生，老、中、青相结合的写作班子。我们还有文化组的成员，领头的就是你们的市委书记。

我没有什么准备，想到那里就讲到那儿。我对历史不很知道，就是为了打这一仗而努力学习。我们是一个战壕里的战友，我如果有讲得不对的地方，还请同志们批评指正。

我很抱歉，刚才我迟到了一刻钟的样子，因为有几个文件要急着处理，没有准时来到，希望同志们谅解我。

首先，报告同志们一个好消息，在十七号的下午二时，我们又爆炸了一颗氢弹，但是，今天我们开这个会，听了工人同志们批林批孔，比那个氢弹的威力还要大。

有几个问题我想提出来和同志们商量讨论，跟专家商量商量。在我国历史上，自春秋战国以来，凡是尊儒反法的都是卖国主义的，所有的尊法反儒的都是爱国的，这是一个相当大的标志。刚才这个女同志年龄虽小，她提到了这个问题。因为我的历史知识是很菲薄的。历史上凡是法家都是受压的，他们是基层起来的，要斗争；凡是有作为的封建人物也好，封建帝王也好，不管是打天下的还是治天下的，一般都是法家或接近法家。但程度不同，都要作具体分析。总的来看，历史上法家是爱国主义的，对群众是爱护的，使群众受到鼓励；儒家对群众，奴隶也好，农民也好，对我们工人阶级也好，他们是残酷无情的，残酷极了。孔老二那一套全是赤裸裸的，他是后来被他的徒子徒孙粉饰起来的，完全是赤裸裸的。他是吹鼓手，是过街的耗子人人喊打，他到过很多国家，想作官，到处都不要他，好容易在鲁国当了官。他本来不是鲁国的人，他的祖先是宋国的贵族，叫孔父佳，是宋国的后代，是第几代记不清了。孔老二的父亲叫叔梁纥，是个没落的贵族子弟。孔老二到处想作官，到处劝人家要恢复奴隶制。那时候，春秋战国时期，经济上不平衡，有的是新兴地主阶级的封建主义的经济，有的是落后的反动的奴隶制，所以在历史分期上我们的郭沫若同志，在这个问题上是有功的。在尊孔问题上，他有点问题，特别是对秦始皇的看法上有些问题。他有一本书，叫做《奴隶制时代》，是值得看一看的。主席肯定这一本书，就是说中国奴隶制跟封建制的分界是春秋战国，这是对的。我看历史材料跟专家比起来看得少得多了，主席说郭老这一功是肯定的。

实际上，四书五经起到了束缚人们思想的作用，最大的束缚人们的思想的还是宋朝，就是程朱理学，就是程颐、程颢、朱熹，他们是理学家。从宋朝以后，做官要用四书五经作考试，人就不要自己去想了，所谓十年寒窗就是自己去背四书五经，学了以后思想很受束缚。最近，《参考消息》上（同志们有参考消息吗？大家答有）有篇英国学者研究中国历史的文章，很长，他说，欧洲人的科学是从中国的古典的科学得到了很大的启发。我们祖国的天文学最早了，指南针，造纸，火药，排字，这都是很早的，还有炼丹，从炼丹发展到火药。火药，欧洲原来是没有的，怎么到的欧洲呢？成吉思汗不是一直打到莫斯科、打到欧洲匈牙利嘛，同志们知道吗？这样就把我们汉族发明的火药带过去了。比如足球，宋朝就踢，这是我看《聊斋》知道的。就是说，不要对自己的历史采取虚无主义的态度，但也不要肯定得过分，过分了就象主席批评我们的成了大国沙文主义了。对自己的祖先有那些好的东西，要批判地继承，全部否定是不对的，当然全部肯定更是错误的。《参考消息》上讲中国古代科学技术对世界的影响，有一些说的是不错的，有一些说得有遗漏，有待于我们自己的学者、工农兵集中起来，整理起来。

我建议全国各省市都要建天文馆，这不仅对儿童需要，象我们这样的人也很需要。北京的天文馆什么东西都是外国人的，只有一幅是中国的，其实这一幅也是错误的。你们天津建立天文馆，应该着重从历史上整理我们自己的。二十四史同志们看一看，对天文学记载特别多。

我想讲一个问题，就是刚才听到薛清泉同志讲到的孔子修《春秋》的问题。这本书可能是假的，我没有考证，据说是后来人搞的，当时他可能有这个意思。这一点请专家来考证。《论语》也不是孔老二写的，也是后来他的徒弟写的，他有那些话，他的徒弟给他记载下来的。《春秋》也不是孔老二亲自搞的，可能他有这个思想，传下来的。时代的问题不要说死，我们还要做一些工作。

刚才讲到“星火燎原”的问题，《星星之火，可以燎原》这是主席的一篇文章，这篇文章是主席写给林彪的信，是主席批评林彪的悲观主义、失败主义的，过去我们都不知道。林彪要主席改掉许多话，现在《毛选》上的不是那时候的东西了，我找到原来的东西看了，批评得很厉害。刚才那位同志批到：林彪的“志壮坚信马列，岂疑星火燎原”，但是没有讲到这个情况，我补充一下。

奴隶、农奴、农民是有区别的，奴隶跟农奴有区别，农奴跟农民有区别，刚才那个同志提出西藏电影《农奴》就是奴隶，要注意奴隶、农奴、农民的区别。奴隶是完全没有人身自由的，而且带着枷锁，就是在井田上劳动，而他们本身是那样的不值钱。在春秋战国的时候，要四个奴隶一束干肉，才能换一匹马，殉葬的就很多了。刚才说的郭老的那本书，就有大量的证明。现在出土的大量材料更说明这个问题。农奴，就稍微好一点，就是不带枷锁了，个别的也有殉葬的。后来搞殉葬，大量的是做假人，就是墓里挖出来的俑。在我们家乡，我小的时候看到做童男童女，也是一种殉葬的意思。解放以前，我家乡的土地还残存着“圈地”的痕迹，不象江南，当然这是极少数的。我的家乡主要是实物地租，江南是交货币地租。在我们那里地契都刻在地主的房基石上。在土改时候，我们把土地分给农民，农民不敢要，问我们，你们分土地、房屋是真是假？我们说是真的。他们说你们跟我走，就到了地主房前，把房子扒开一看，房基石上都刻着×××欠我多少租子。农民、农奴、奴隶这三种东西不能混淆。西藏的农奴，就是比较偏向于奴隶制的，但是他们不等于完全的奴隶，不是奴隶制时代的奴隶。少数民族地区，因为经济发展不平衡，有一些兄弟民族如海南岛，解放的时候，还是刀耕火种，就是用一把刀耕地，放一把火烧了草当肥料，就种田，单位面积产量很少，现在有很大的发展。现在海南岛收获三季，如果有水的话，恐怕四季都可以。水不够，东部、北部好一些。

解放以后，在汉民族帮助下，少数民族很快摆脱了类似奴隶制或者农奴制，一下子就过渡了，当然经过一个民主改革了。最近一、二年前还进行了人民公社化，现在合作化基本上搞完了。有些地方还残存着个体生产，象黑龙江、江西的山上，也有一家一户开荒种地的，这是少数，例外。整个来说，我们是社会主义经济，全民所有制和集体所有制为主。

我建议同志们看两篇文章，就是法家代表人物介绍，原来登在十五日北京日报上，我当天就批给《人民日报》转载，十六日人民日报就转载了，我看你们今天也转载了。现在人民日报又出第二篇了，我刚收到还没来得及细看。第一篇先秦的，也有遗漏，第二篇从秦始皇一直到西汉，有一部分没有写全，主要的代表人物写上了。有不少的遗漏，有一些缺点。

刚才薛清泉同志讲秦始皇是有功勋的。我想，他的功勋还不单是郡县制，他统一全中国，实行郡县制，统一中国的文字，统一度量衡，车同轨，等等，都是很先进的。我最近在《文物》上看到，商鞅变法用的斗是长方形的，现在出土了，秦始皇就是在那个基础上改的。

还有一点同志们也要知道，所谓西周，就是指文王、武王。武王伐纣，他名义上统一了，实际上有八百诸侯。到了春秋战国时候，就是七雄，这在中国发展史上就是很大的进步。而秦始皇能够消灭六国，统一全中国，是了不得的。筑长城的不单是秦始皇，而是到了秦始皇时是大量的修。同志们看到八达岭吧，见了长城吧，我到过雁门关，沿着长城走过，很了不起，是很大的工程，是抵抗外来侵略的，因为我们当时是先进的农业国家，要抵抗游牧民族的侵犯。当时顶住了匈奴的侵犯，这是很重要的。所以凡是法家都是爱国主义的，从头到尾都有这一点。秦始皇的时候，就存在着匈奴，还有其他游牧民族，还有那些反动的、没落的奴隶主，一直到汉代初期还有很大的奴隶主。刘邦分封了同姓王，异姓王都干掉了。当时最大的是吴王濞。当时也存在着不平衡，四川的大奴隶主卓王孙(有个卓文君大家知道吧，她是司马相如的老婆，是卓王孙的女儿)，他家有家奴一万，我们讲的一万是个数目字，可能还不止。吕不韦也有家奴一万。

自从我们进入批林批孔，世界上都很震动。苏修是尊孔的，拼命骂我们，美帝还不这样。整个亚洲，特别是东南亚，震动得很厉害。日本的军国主义就是孔老二的徒子徒孙。日本的友好人士，来了说：不得了了，你们批孔老二，我们受不了。一个友好人士说：你们这么搞，我们受不住了，批到我们这儿来了。还有回教，批孔对他们也有影响，有人说“汉族兄弟批了他们的圣人，也批了我们的圣人，我们的穆罕默德也是这样”。对基督教也有影响。欧洲的朋友说，他们那儿也有圣人，都受影响。整个亚洲，特别是东南亚都受影响，有的跟着批孔，有的反对批孔，日本的反动组织青岚会反对我们批孔，苏修最卖力了。所以不要以为批林批孔这只是中国的斗争，现在是涉及到全世界的意识形态的大斗争。过去外国人到中国来跟中国人学，都是学的四书五经，孔老二是“大圣人”，你们怎么批起圣人来了？

刚才那位同志讲到荆轲刺秦王。当时燕太子丹要报仇，他是没落的奴隶主的头子。太子丹有一个征求人才的黄金台，荆轲是很反动的侠客，是个小丑，他一定要找一个人作助手，这个人叫秦舞阳。当时为什么要搞“图穷匕首见”？因为秦王在殿上，卫士在殿下，荆轲刺秦王，秦王跑到柱子后边，荆轲没有刺着，卫士就跑上去了。实际上荆轲是一个遗臭万年的小丑。我们一个电影叫“狼牙山五壮士”，本来五壮士是非常英雄的，牺牲了三个，剩了两个，但是，电影还弄得凄凄惨惨的，什么“风萧萧兮易水寒，壮士一去兮不复返”。把五壮士比做荆轲，这是不对的。

刚才那位同志讲到秦始皇的时候。当时，儒、法对立一面是秦始皇、李斯，那一面是吕不韦、嫪毒以及没落的、搞复辟的奴隶主皇亲贵戚，就是皇帝的亲戚朋友，内戚、外戚。吕不韦不是秦国人，是赵国人。那时候，秦国有一个公子叫异人，被质于赵。吕不韦是大商人，他看到异人便和自己父亲说，这人奇货可居。吕不韦就要在异人身上投资，把他弄到他家去，把他的赵姬给异人做老婆。后来，他又到秦国去，买通了华阳夫人，因为华阳夫人没有儿子，要她把这个异人做为她的儿子，将来年老气衰就可以巩固她的位置。当时华阳夫人接收了异人为儿子。秦王死去后，就把异人接回去了，做了秦王。异人是秦始皇的父亲。秦始皇很年轻的时候就当政了。吕不韦为仲父，他制造反革命复辟舆论，搞了一部书叫做《吕氏春秋》。我建议同志们很好地看一下那篇文章，就是《秦王朝建立过程中复辟与反复辟的斗争》，吕不韦勾结没落的奴隶主，皇亲贵戚、内戚一块搞政变，被秦始皇扑灭了。然后秦始皇任用李斯。

为什么秦始皇死了以后，秦就亡了呢？因为秦始皇的大儿子扶苏，信奉儒，秦始皇不喜欢，就派他到大将军蒙恬那里守卫边疆。秦始皇死在路上，政权落到宦官赵高手里，这是秦复灭的一个原因。最重要的一个原因，他毕竟是个剥削阶级代表，封建帝王，有对人民剥削压迫的一面。要看到他的功勋，同时要看到他的剥削。同时他杀人太少。他迁了几十万户豪强到咸阳，把很多儒都养起来了。他坑的知识分子是儒家的一派，就是胡说八道搞政变的，而且是宣传天老爷的，宣传迷信的，杀的对。焚的书更少了，他下令保护好书，对农业、医药有帮助的书不许烧，只烧儒家的书，全国那么多儒家的书那能都烧掉。杀人四百六十个，杀的太少了。

秦始皇死后，秦二世年龄小，不懂事。代表没落奴隶主的赵高执了政，赵高是代表儒家的。汉朝打的时间并不长就灭了秦，统一了中国。刘邦有一定的妥协的，采取了分封制，封了同姓王，搞掉了异姓王。吴王濞最大，他可以自己铸钱，可以晒盐，他比中央集权要富的多。

刘邦、吕后是法家，以后的文、景、武、昭、宣帝都是法家。他们用的大臣不是儒家，是法家。汉武帝用的大臣不是儒家，主要是法家。有一个大臣叫汲黯，在朝上当面对汉武帝说："你内多欲外施仁义"。汉武帝一听，很生气，脸都变了颜色，罢朝后回宫去了。别人都替汲黯担心，都以为要杀他，结果没有杀，汉武帝说：汲黯戆也。

刚才说的刘少奇、林彪那一段，同志们提供了很新鲜的材料，我知道也是最近才知道的。刘少奇进城初期亲自祭过孔。一九六二年他亲自组织好多人到曲阜去，有上千把人吧。全国很多单位都去了，我不知道你们这里有没有人去。你们不要以为社会主义没有儒了，我们党内就出了不少的儒，同志们都有材料，都可以看。

刚才讲了刘邦，就是汉高祖。吕后、张良、肖何、曹参、晁错、桑弘羊都是法家。

刚才有的同志说到了男女不平等的事，孔老二的东西到董仲舒才增加上夫为妻纲。其实孔老二老早就说，唯女子与小人为难养也，不过到董仲舒成了一纲。汉朝的女人，还是比较自由的，可以有"面首"，什么叫"面首"，同志们知道不知道？"面首"就是除了丈夫以外，可以有男妾，男的小老婆。

唐朝的女人也没有那么严重的不自由，因为唐朝的女人不自由就可以出家，做女道士、尼姑；在劳动人民中就有更多的自由了。只有到了宋朝就倒霉了，这可能是与封建制的经济下降不是上升有关。他们奴役、束缚的厉害，反抗就更强一些。中国的农民暴动是上百万到几百万人，两汉有黄巾、赤眉、铜马，唐朝有王仙芝、黄巢，元末有张士诚、陈友谅，明末有李自成，清朝有太平天国、义和拳，这是最大的两次。朱元璋也是反儒的。

再就是我们党领导的工人阶级为基础的、贫下中农为巩固的同盟军的革命，特别是在毛泽东主席的领导下，使我们的国家得到解放。十年内战，抗战八年，解放战争只用了三年半，把蒋介石打得滚到那个岛上去了，蒋介石是个大儒。

我昨天晚上才把《盐铁论》的本子读完了。我建议你们读一下。斗争很激烈，主要是昭帝坚持执行汉武帝的路线，另一批王八蛋要反对。刘邦开始不信儒，他不愿见郦食其，说老子不见儒生，郦食其就骂："我不是什么儒生，老子是高阳酒徒。"刘邦当时正在洗脚，光着脚丫子就去见郦食其，他不是真的儒。刘邦为什么尊儒呢？因为他统一天下后，不好支配他的几个大臣。后来叔孙通给他制礼作乐，刘邦说我才知道当皇上的滋味。

《红旗》杂志的一篇文章叫《读〈盐铁论〉》，我建议同志们看一看。林彪不是骂我们笔杆子压枪杆子吗，他的笔杆子可多了，反革命舆论多的很，造谣诬蔑我们中央的同志跟主席革命就是笔杆子压枪杆子。我也算笔杆子，我也不会动笔，我压了你们没有？你们今天来了一百多个战士嘛。造谣，他用这个骗人，什么“民富国强”！他是大叛徒、大卖国贼，是大盗窃犯！“一平二调”！我举一个例子，云南有他的一个相当大的死党，给他送茅台，一次一千，一次一千五百瓶，还有云烟几百箱，他有那么高的薪水吗？是不是贪污来的？（大家答是）“一平二调”！在杭州修行宫用了两千七百多万元，还没有修完，还不算施工的部队。他吃的东西全国进贡，家里有很多灵芝草，他还抽鸦片烟，他想长生不老，过去我们不知道。毛家湾有工作人员去过，看到前面两间小房，后面可了不得，从来不让我们去。我去过几次，很隐蔽。他在北戴河也修了行宫，楼梯很宽，只有人民大会堂有那么宽的楼梯。有两个放映室，在中间还修了个大游泳池，说林彪怕水，混帐！造谣骗人。说他小腿出汗，其实他一走道走多少公里。这个人是胆小鬼就是了。主席在“九·一二”晚上回来前他就跑了，他不是“天马行空独往独来”吗？他就是独往而没有独来嘛。他说吃茶叶还膀胱出汗，谁看得见？

诸葛亮虽然维护正统，过去以为他有正统思想，实际是法家。

曹操是很了不起的法家。他用的郭孝直很年青就死了，是个大法家。曹操很能用人。袁绍有个谋士叫陈琳，他写了一篇檄文骂曹操，骂得很厉害。曹操正在生病，头疼，看了他这篇文章后，出了一身汗，连头也不疼了。后来曹操把陈琳俘虏了，他问陈琳，你为什么骂我骂得那么厉害？陈琳说：箭在弦上，不得不发。曹操没有杀他，留用了。还有个大将庞德被俘虏了，放回来也没有杀。在历史上法家杀人少，儒家杀人多。孔子上台三个月就杀了少正卯。少正卯影响很大，孔老二的门下三盈三虚，只有颜回一个没有走。孔老二上台以后杀了少正卯，七天不准，三个月可靠。少正是官名，是个大夫，杀要有手续，三个月比较可靠。

唐朝李世民，要做具体分析，恐怕法家的成分多一点，希望专家研究一下。他的父亲李渊，给隋皇帝守行官，在晋阳，不敢起来造反。李世民手下有一个人叫刘文静(晋阳令)，说要起来造反。李世民用了他的建议，取得了农民起义的胜利果实，做了皇帝。他还用一批农民暴动的领袖，就是瓦岗寨的人，同志们知道不知道？比如李勣，原来叫徐勣，就是徐茂公。魏征是法家还是儒家，还值得研究。武后用武元衡、狄仁杰、姚崇、宋景、裴度等，这些人都值得研究。

后来有韩愈。韩愈是儒家有点法家味道，要分析。柳宗元是法家。王叔文是法家。所谓八司马，其中也有韩愈。韩愈被贬到了潮州，哭哭啼啼的，有一首律诗，说“一封朝奏九重天，夕贬潮洲路八千”(即《左迁至蓝关示侄孙湘》)。而柳宗元被贬到柳州，就不那样。也有一首诗，题为《登柳州城楼寄漳汀封连四州刺史》：“城上高楼接大荒，海天愁思正茫茫；惊风乱贴芙蓉水，密雨斜侵薜荔墙。岭树重遮千里目，江流曲似九回肠；共来百粤文身地，犹自音书滞一乡。”韩愈作为文学家不能完全抹煞。他是儒家，还有点法。对他不能绝对化，要具体分析。他就批评过孔丘，说：“孔子西行不到秦，掎摭星宿遗羲娥。”(《石鼓歌》)当时对孔丘是不能批评的。

武元衡、裴度、李愬等是儒家还是法家值得研究。他们都是反对藩镇割据的。李师道派人去刺武元衡和裴度，武元衡被刺死了，裴度滚到沟里去了，没有死，这时就有人把刺客抱住喊“有贼”！刺客把抱的人的臂砍断逃跑了。

李愬在雪夜攻蔡州时，抓了一个俘虏，大家要杀掉，李愬不让杀。后来他写了一封信连俘虏带到皇帝面前，皇帝把这个俘虏赦免了。

八司马是八世纪末、九世纪初的人。

宋朝的赵匡胤、赵匡义也要研究。

寇准是爱国主义者。岳飞也要研究，是法是儒，也许又是法又是儒。

王安石是伟大的爱国主义者，他的变法除了维护较先进的封建制度外，还是为了防御异族的侵略。李世民也有这个问题。就是当时的游牧民族侵略我们，每到草肥马壮的时候，他们就来了，靠轻骑兵、重骑兵。轻骑兵两匹马，重骑兵四匹马，不带干粮，吃马奶就可以，马奶没有了，就用锥子扎马腿喝马血。他们不要辎重，不象我们的部队要有很大的后勤。

汉朝的霍光有个兄弟，叫霍去病，此人很了不起。大将卫青，是霍去病的舅舅，奴隶出身。还有武帝的皇后卫子夫，是卫青的姐姐，最初是平阳公主的歌奴。汉武帝用人很了不起。当时两派斗争，挑拨武帝父子关系，戾太子受一些人鼓动，反对汉武帝。武帝劝他不听，后来才把他干掉了，并且追查余党。戾太子的孙子关在狱里，在搜查时，邴吉拒门说：里面有皇帝的骨血，谁也不能进去。后来武帝觉得杀人太多，就宣布赦免。邴吉就这么顶一下，汉宣帝就这样保存下来了。

刚才那个同志的报告说孔融和弥衡都是曹操杀的，这不对。弥衡不是曹操杀的，是黄祖杀的。弥衡是个大文学家。要看《三国志》，不要看《三国演义》。小说不可信。李白有一首诗讲这个事：

魏帝营八极，蚁观一弥衡，
黄祖斗筲人，杀之受恶名。

唐朝有三个姓李的大诗人，二李是法家：李白、李贺。李白的诗说："我本楚狂人，风歌笑孔丘。"(见《庐山遥寄卢侍御虚舟》)主席在八大二次会议上讲："中国儒家对孔子就是迷信，不敢称孔丘，唐朝李贺就不是这样，对汉武帝直称其名，曰刘彻、刘郎，……一有迷信就把我们的脑子压住了，不敢跳出圈子想问题，学习马列主义没有势如破竹的风格，那很危险。”我这是念的主席的原话。李白也是这样。主席讲学马列要有势如破竹的精神，没有这种精神是很危险的。我们今天批林批孔，也要有这种精神，同志们说对不对？没有这种势如破竹、风扫残云的精神是不行的。主席讲批林比较好办，批孔就难了，我们就是要知难而进。

王安石变法，许多是针对外族入侵的，都是有针对性的，是为了国家强盛起来。司马光的后台是皇太后、太皇太后，是宋神宗的祖母；王安石的后台是宋神宗。后来宋神宗怕了，王安石也就下台了。

明朝的李贽，他的书我没有全看，《焚书》翻过一点，不多。上海新发现了一种李贽的《〈四书〉评》，已拿到北京去印，不久可以发行。厦门大学还发现了一部《史纲评要》，现正出版。他是不能忍受凌辱，死在监狱里的。

对清，也要很好做点研究。比如康熙，康熙是顺治的儿子。有人说顺治死了，有人说他出家做了和尚。顺治的母亲下嫁给多尔衮，多尔衮统一了全中国。康熙八岁登基，他的辅政大臣是鳌拜，他没有自由。他想了个办法，搞了一些小孩和他一起玩。到十六岁时，等鳌拜来的时候，这群小孩一下子围上去，将鳌拜捕捉下狱质罪，他就自己搞。十六岁他就过问政治。这样的人值得研究。要注意这些人，但不要过了，过了就要回潮，就又出来让步政策了。那来什么让步政策是绝对没有的，是反革命造出来反对历史唯物论的。他们反对历史唯物论就来一个让步政策；反对毛主席的一分为二，就来一个合二而一。让步政策实际是合二而一在史学中的反映。

同志们，我自己的历史知识也不多，你们讲得不够的地方，或者错了的地方，我加以补充，少数地方加以纠正。我们是来学习的，我也向在座的两个写作班子的同志学习，向天津市的同志学习，我们共同学习吧！我可能说的有错误，有缺点，同志们允许我改正，不然，我以后就不敢来了，也不敢给同志们讲话了。我的话完了。

× × ×

当薛清泉同志讲到孟姜女哭长城的事时，江青同志插话说：“那么远，她怎么去呀？那时候交通又不方便，即便是有的话。”

× × ×

东晋的刘昆也是爱国主义的。

林付主席 8月9日 重要講話 摘要

毛主席在七届二中全会讲的问题，对社会主义革命有伟大意义，这是馬克思主义伟大发展。但是我们很不理解，作的新的事，脑子里还是老的一套。我们党是无产阶级政党，但过去的领导班子，只有领导核心才是真正馬列主义的，除骨干外，不少人都是资产阶级思想，资产阶级份子，所以犯错誤，非改造不行，不改就会使我们走上资本主义道路，國家就会变颜色，个人就会变为走资本主义道路当权派。这场文化大革命实际上是通过文化大革命达到政治大革命，没有政治大革命，就变成资本主义。文化大革命就是社会主义政治思想上的大革命，没有政治上，思想上的革命就不可能是社会主义社会。我们理論上，思想上还不知道是资本主义还是社会主义，有对了，错了还搞不清楚，只有好好学习主席理論才能搞清楚，只有把毛泽东思想搞通了，才能走到社会主义。今天在毛主席領导下要好好学习，好好改造世界观，不然就要犯错誤，把主席思想领会通了，就是懂得了馬列主义，才能不犯错誤。

林付主席指示

一九六七年八月三日下午，林付主席接見了楊得志同志，作了重要指示：

現在，一种是内蒙，清海的形势，一种是象你们那样，認錯早改。

要相信毛主席，坚决执行毛主席的革命路线。

要相信中央文革小組。中央文革小组是毛主席亲自領导的。毛主席对下面来的报告，电报，看得很仔细，对下面的情况了解的很清楚。红卫兵的报纸，主席都亲自看。

对主席的指示，最好是思想上能理解，如不能够理解，就照办，如果什么都理解了再办就迟了。我们最好是不错，有的错到底，你们未错到底。用你们的办法坚决改过来是对的。

我们的文化大革命是史无前例的。世界上只有毛主席才能发动这样的文化大革命。在这个大革命过程中有些乱。临时乱一下不要紧，打仗还不是要伤亡人嗎？只有在乱的当中，敌人坏人才能暴露出来。

主席的政策是成功的。每一个步驟，都是主席亲自下的决心。对武汉，江西都是主席下的决心，再三証明，主席的政策是完全正确的。最聪明的是主席。我们这些人都是有错誤的，在文化大革命中也是如此。

我们要坚决跟上靠下。跟上有点赶不上，只好照办，横直照主席的执行。你们随时要有报告，主席是有回答的。要坚决的跟两头尤其跟上头更重要。

局部要服从全局。你们早检討早转过来是对的。迟转不如早转好。

0068—2 第三版

林付主席在大軍區干部会議上的講話

——李震同志8月16日传达——

武汉事件对全国文化大革命有很大推动，坏事变好事，反动派暴露了，革命派表现出来了，各大军区过去看到武汉，北京军区不好办了，武汉有陈再道，北京有杨勇，广汉生。陈再道思想很反动但已揭露了，并没有什么了不起，我们进行文化大革命有两条最根本的保证，第一有毛主席领导，第二是军队基本可靠。一切坏事暴露出来都会变为好了，毛主席健在，一切隐患都暴露出来，一切坏了都会变为好了。

不要怕乱，乱有四种：一种是好人斗坏人，第二种是坏人斗坏人，第三种坏人斗好人，第四种好人斗好人。这四种乱，前三种是好了，在毛主席领导下，要沉得住气，好人挨砍，整不要紧，经过一场大乱，才会将坏人乱出来。

军队很多人犯错误，大军区除陈再道以外都不要垮台，不垮台的条件有三条：第一条掌握下面情况，多请示，可以坐飞机来，可以给中央发电报，可以打电话，不要自作主张，这是不犯错误的最重要一条。第二判断是否造反派不能根据冲不冲军区，服从不服从军区领导，成份好坏。主要根据两条路线斗争中站在哪一边，站错了队没有。（是站在毛主席一边，还是那一边）对保守派群众要教育，要争取。坏头头他们自己去处理，左派分裂不好，左派分裂有利于右派，我们要强调左派联合。第三办事要谨慎，要学习毛主席。

党政都垮台了，现在要靠军队，军队支左犯错误太多了不好，犯错误要检讨，早检讨比晚检讨好，公开检讨比掩盖好，低姿态好，拒绝检讨是不对的。文化大革命是史无前例的革命，比过去没有经过，犯错误也难免的，过去是打仗，是新民主主义革命，社会主义没有真正过关，在文化大革命中旧思想，旧政策都不适用，是个新问题，这难免犯错误，错了就改对党有利，不改不利，犯了错误必须改，否则影响无产阶级文化大革命，就影响中国前途。这次叫文化革命，实际是个政治思想上一场大革命，有很多事情不懂，不懂就要学习。

要抓紧部队教育，政治工作要搞好，军政垮了以后，总政办了很多好事，政治工作很有成绩，但是文化大革命中跟不上了，政治工作主要靠大军区自己抓，目前要把大批判抓起来，才能作好"三支""两军"工作。

党政垮了有军队，有些军队干部要调到地方搞三结合，各地要搞好三结合领导班子，班子很重要。

军队有些垮了台的干部怎么办？要调来受训，训他一年半年，改变了还是欢迎的，还是给他们工作的。

一些坏头头也要受训，对多数人不打倒为好，有些人先打倒以后还要用，以后作了要慢。（李付长解释：这是有所指的，要思考，不要仓促办事），慢点可能受损失，但比急急忙忙去作损失要小。

迷？

606?——2 第四分台

中央不同意大串連

八月九日凌晨陈伯达、谢富治接見蒯大富、韩爱晶、谭厚兰、聂守红

谢：（进门、你们几个也都来了！）5.16兵团明天要出总理的大字报，我找你们谈一谈，这件事要大动的。文革小组开会谈到要求我找几个学校办一办这个事情。"5.16"红卫兵团带回方面负责人的谈话（钢院的），透露"5.16"要在天安门、王府井、西单贴大字报，内容是什么周总理背叛"5.16"通知，农林口资产阶级反动路线。共有几方面的人，第一支农大、清华、农机、北大、地质、师大、中学四、三派，农林口等，此外还有湖南等省的人，多半是火烧原，要采取行动，还说他是地质派。

聂：是朱派。

谭：是钢院的什么派？

谢：那三、四个人是什么派？（对丁国钰）要个电话，问公安局送公安局的几个小鬼（指516的）相同的情况如何汇报一下。你们去了解一下。如果他们贴如何办？交给你们去办。大字报不要上了，究竟什么人搞的要了解一下。如果我们自己找他们讲不行。说有农大、清华、农机、北大、地质、师大、中学四三派、农林口，除外还有湖南的人。究竟是什么人搞的，你们大专学校红代会中是否有人知道什么人参加？

蒯：中央文革陈伯达可能指点，这不是一个简单的现象。

谢："516"与"616"还不一样。

丁：去电话说人已被关，请派人来当面谈。

谢：公安局抓的有一个是钢院的，不知是那派的，此事不要声张。他们说要在王府井、天安门、西单贴一批总理的大字报，如果他们要贴的话就盖一下，这样搞好不好？

（公安局同志请示谢副总理）

蒯：分一下吧。（对谭、聂）地质去王府井、东单，师大去西单，清华负责天安门一带。（对谢）是否可以发些电报让人回来。

谢：现在是高潮，他们并不做团结工作。

蒯：我们在北京的团派和414斗争，硬的团派出去后就支持硬的造反派。

谢：为什么不支持联一类的造反派呢？昨天谈的事情，你们再谈一下；还有这件事坚决执行，这件事如果贴了大字报就盖掉，再调查一下。不要再去打大新闻，不要在亍上大肆擂鼓，转移视线。他们对总理不了很会斗争时放人（指"516"的），这下真是狂妄到极点。

蒯：谁不服就抓谁。

谢：又没有写是谁的名字，"516"红卫兵团不好抓。还有个话讲一下，要反对武斗，工代会说要进行示威反对武斗，上了我同意，我说要参加这个游行，到他们搞武斗的学校去搞一下，哈哈，我参加工代会的游行。

（1:15陈伯达同志来到）

陈：（对谢）谢富治同志在，你们都在，谢富治是强有力的人呀！

谢：什么强有力的人，我就一个人啦！

陈：我们打一下（指谈话）把抓到的放掉吧，现在大批判不用脚子用腿，用脑子难啊，北大走了三千多。

谢：我们想打一下，总结大批

68—（第五版）

到十天，再结合庆祝"红旗"战斗队成立一周年。
陈：好，党之，要清除资产阶级世界观的影响，一下子就能彻底革命了？你们自己呢？当权是容易的事，不注意掌握会犯错误，毛主席告诉我们要戒骄戒躁，你们要谦虚，谢富治比你们谦虚。我是一个小小的公民，谢富治的一个小小的公民。富治：我们今天说一大堆的事。撤销揪刘站要坚决执行，不折不扣，开了大会还不过瘾？中央还来了，谢富治订了协议还不撤。第一条坚决执行，不要神样了了。你们同谢富治达成协议了（谢：不是达成一个人哟），开了人大会，中央同志文出席，你们要斗争的对象，儿子拿去看了，听了，你们要执行你们提出的一个方案。本来不是说开群众大会，原来开十万人大会，现在开了百万人大会了。文化革命发生了，思想上要有进步，中央也在你们，你们要听中央的。中央又同意不要那么，什么第三次大串连，徒步串连是第一次，是我搞的，你搞成闹剧的了呢！
谢：陶铸去年八月命令你们是坐火车不要钱。
陈：毛主席8.18接见红卫兵是大串连的开始嘛，现在搞大串连不合时宜，影响铁路运输，第一影响你们斗批改，影响国民经济的活动，这种事要的。现在把火车都占上了。大串连不合适，中央没同意嘛，你们要有革命性、科学性、纪律性嘛，你们每一个人进步了，克服了资产阶级思想了没有？这样说，就要更加大革命了，还有这个问题。有的同志你们的革命性、科学性、纪律性要在行动中来检验，不是口头上这样说，行动上不这样做。你们过去作了很多工作，但每一阶段都有它的工作的……。…… 现在你们把文化大革命搞好了就是了不起的大功了。要是你们、你们是大革命家、大文学家、大艺术家嘛，
（谢达同志有点发言了）谢：为什么地方不支持你们大学生呢？因为你们有两派，清华北航、师大、地质人都去，讲一讲，什么蒯大富当一个月、谭厚兰当一个月还大要多一个月，还有什么这根本是无政府主义嘛，武汉的钢司等要不要叫几个学生参加呢？你们要不要去，要去就一个拳头打到一块儿，不要你一个声明我一个声明。

蒯大富同志16日上午电告清华井岗山 京北记者站

蒯大富同志十六日上午电告清华井岗山京北记者站，全文如下：
沈阳、清华井岗山驻沈阳联络站转辽大八三一并沈阳军区党委：
（1）八三一是革命造反派，应全力支持他们的革命行动。
（2）建议八三一立即全部撤出军区大楼。
（3）陈锡联同志是好同志，坚决保卫，有错误也有错，他将会承认错误，陈对八三一的态度是好的。
（4）韩钢王鹤寿是反革命（大联合）是老保。请八三一同志注意。
（5）建议沈阳军区迅速平反改正错误，和八三一等造反派站在一起。八三一要相信陈锡联和军区合作。
（6）宋任穷历史没有问题，他是好同志，犯错误，要检查改正。
（7）清华井冈山和红代会战士要坚决执行中央命令迅速撤回北京，立即回电。

蒯大富

一九六七年八月十六日。

红人大 通讯

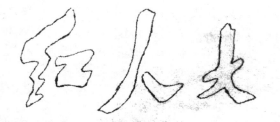

第一八一期
一九六七、八、十七
内部参考、请勿外传
首都红代会
人大三红通讯组

周总理接見財貿口各群众组织代表时的讲话

时间：1967年8月15日5时35分至6时45分

地点：国务院小会议室

现在有另一个组织了，批刘邓联络站，包括财办临委会、工商局联合委员会、外贸部造反总部、粮食部遵义公社、财政部革战总部、前进报七一兵团（未加入），财经学院八八战斗队，外贸学院东方红、粮科院长征，还有商学院八五兵团，（代表说：我们未加入）。商业部联合指挥部是怎么回事（商业部代表介绍情况）。外面还有几个人我给你们念念，商业部的联合指挥部、八五纵队、516战斗队，还有批刘、邓联络站的傅庆福等三人，粮科院长征兵团二人，一共八人，是否让他们进来。（李先念插话：可以不可以）（商业部两个代表吵了起来）今天，我只给你们商量一件事，今天也不是开大会，原定七月十四日财贸口开大会李先念同志检查，中央文革小组参加，我们说几句，李先念同志检查，没有检查成，原因我不说你们也知道一些，很多事情把我占住了，武汉问题很清楚，武汉一事拖了下来，七月廿日浪潮后，一直到八月，每来一个浪潮，形势估计我们在红代会四个同志的讲话你们看到了吧？有些同志对形势估计是右倾的，是错误的，我们完全不能同意，有人认为，全国形势处于刘邓反革命复辟前夕，对毛主席的无产阶级革命路线、对革命前途信心不足，把右派说得那么凶，这是我不同意的，把形势看得那么严重，甚至有人提出武装夺取政权，战争解决问题，这是什么理论，那怎么行，什么武装夺取政权，毛主席的政权夺什么权，简直是错误的，现在这样是反革命，武汉陈再道不是一下子就解决了吗！（李先念插话：总理去了二次）不要说了，（李先念又说：他们都知道了）我是遵守纪律的，有人说，我是陈再道的后台，简直是笑话，真离奇，天晓得，我只有一笑，简直离奇得没有边，变成没有常识了，不管你们有什么分歧，我还是一样支持你们，希望你们能前进，提高水平。先念检查晚误了一个多月，现在已到十五日了，我没有办法，浪潮一来，各省就紧张起来了，各部就要开会，先要解决各省的问题，部门的就要排后，本来想先搞财贸口，但外交部冲上来了，上礼拜外交部开了三次会，一次就是六、七个小时。和你们商量一下，十六日开会，由中央主持行不行？（众答：同意）稿子主席早就批了，主席讲五一以前检查，但耽误了，个别同志现在还持怀疑态度，那也没有办法，让他怀疑去吧！连我也有人说是陈再道的后台。现在定下来，十六日下午在大会堂开会。

门口的几位我还要和他们打招呼，他们在门口等了两天，他们也是财贸口的成员，把决定告诉他们，财贸口多少人？（大家说：一万六千人）没有那么多吧（大家说：有）（总理联络员董枫插话：上次是一万六千人，在人大会堂座位都摆满了）这说明上次我是诚心诚意想开会，一万六千人，还要拉线，还要走一下子。这次会你们财贸口都参加，北京市单位别参加。确定明天下午开会。（李先念讲：我向同志们作检讨）。你们两派最好大联合，联络委员会本来只有一派，现在发展为两派，大联合总是搞不成，搞了个新的，会我是促进联合的，但客观发展有时要先分一下才能合，你们联委会是去年十二月成立的，时间最长了，但你们有几件事他们不同意就分了。外事口也是这样，从十二月底就分了，不赞成就分，希望先念检查后促进你们联合，当然也不能强加。外交部本来只有一个联络站，从一月份开始，我是支持的，后来分了，搞了二、三个，当然，还是以联络站为中心。你们这两个我还要看一看。地方为什么不参加，市革委会对北京市财贸口的组织问题还没有解决，西单商场打得那么厉害，你们参加了没有？（商学院红反军代表说：我们参加了，支持造反派，没有参加武斗）完全是打砸抢，那有这样对待国家财产的，把国家财产挥之如粪土，那有这样的造反派，这怎么是革命派，无法理解。谢付总理气极了，两派都批评了，只因为一个人说了句话说刘少奇有功嘛。这句话当然是反动的，假如说了这么句话，要分两种情况，一种是立场问题，一是认识问题，过去宣传刘少奇的功绩多，刘少奇说："国家主席是选举的，我也不想当"。我就没有见他反对过，例如国庆节登两个主席像，刘少奇就同意登两个，他说他不同意，不同意为什么不提出来，你不说话这样登，群众当然就认为是接班人啰！如果你谦虚，你看了以后就要说话嘛，以后不要登，但你不说话，他不是有个答辩书吗，简直胡说八道。今天发表的社论很好，（走社会主义道路还是走资本主义道路）是驳他的，你们要好好读一读。群众中个别人思想保守和认识不清总是有的，一百个和一千个人中有一个是不奇怪的，对刘少奇抱幻想一个也没有这是不符合客观实际的，你们不要觉得不得了，也不要以为大家都喊毛主席万岁，高举语录就太平麻痹了，如果这样，反而麻痹了自己，另一方面，出来一、二个人有那么一个陈再道就认为不得了，天要塌了。正如刚才说的，对形势的分析那么严重，其实对陈再道不费吹灰之力就把他摧毁了，只有独立師的師长、政委听陈再道的，把这两个人叫到北京来，对战士做了思想工作，问题就解决了。解放軍是最听毛主席和林副主席话的，不要发生一点儿事就大惊小怪，黑云压城城欲摧是假象，不要把假象看得不得了，也不要高枕无忧，大惊小怪，高枕无忧、大惊小怪都不对。商场一个人叫许克勤，斗了几天就够了，让他自觉承认错误更好，你们要学会这样的工作，象林彪同志那样长期高举毛泽东思想伟大红旗，你们要学习主席思想，你们不要大惊小怪也不要高枕无忧，你们去看看西单商场，为一个小事就把国家财产废之一旦，不但打砸还抢，把东西抢劫一空，我说他们是高级打手，什么革命派，手表抢光，自来水笔一支不动，我是第一次去西单商场，我问为什么不抢自来水笔，他们说因为自来水笔只值一、二元钱，有的只值几毛钱。如果是农民来可能会连钢笔也拿走，因为他们不识货，我就不懂这个事。他不决定于使用价值，而决定于价格。手表和自来水笔使用价值不是一样吗，但他们抢手表，这不是高级打手是什么。这那里是什么无产阶级革命派，当然也不是个个都那样。（李先念插话：很多职工打了以后就流泪了，都颇打，我就不相信）一个柜台把解放軍打了，先是派去两个连，后来派了五个连，政委被打，吴法被打，之后动员去了八个连，从头一天的二点四十分开始直打到十三日下午三点多钟。（李先念插话：先是小打，后来双方调兵，也不知调了那些人来，主要是地铁的）（商学院代表说：商学院去了，是支持造反派的，有几个战士受了伤，表现很勇敢）难道就是一派打吗？你们那一派就不打吗？你是商学院的那一派，去了多少人？（商学院代表说：是商学院的红反军，去了十几个人，是支持造反派的），（李先念讲：两派都有缺点，要公道）。谢富治把两派都批评了，说得他们哑口无言，我看一派不还手就打不起来，你要打，我们撤出去打，才算顾全大局，到马路上去打，就打不起来了，就完了。房上的瓦都揿了，洋灰地也翻起来当武器，汽水瓶也当武器。軍队5.13事件发生后，谁是革命派，谁是打砸抢派界限就分明了。西单两派都打砸抢，（李先念插话：都要批评，组织大家参观，看看打的情况，两边都整风）軍队打砸抢武斗制止了，因为主席、林彪和我都支持5.13反对打砸抢的那一派，现在三軍树立了威信，可以去解决问题。你们财贸联委是多数，批刘邓联络站刚成立，看你们二个组织能不能制止武斗。（李先念插话：他们用冰棍々作子弹，互相射击）你们去参观，联络站和你们都去看一看，促进他们整风，分清是非。这个作风不能提倡，为一个人的问题完全用不着大动干戈，（李先念插话：那个人说刘少奇功大于过，应当保，有人说他没有这么讲）我们不去为他们评论，即使说了也不能那么作，我这是个提议。（财贸联委代表说：我们准备开一个抓革命促生产大会）（批刘邓联络站代表说：我们也准备开一个大会，并通宵报告送总理。抓革命，促生产，制止武斗的呼吁书已经写好了，准备明天印发）先念检查之后要抓革命，促生产，无论如何不能再拖了。煤炭部的消息你们知道一些吧？（李先念说：东方红是夺权的，六百多人，井岗山五百多人，东方红还是顾全大局的）戚本禹让他们搞一个业务小组，一个付部长站了出来，然后由京西煤矿调了工程師，矿业学院一派出一个，东方红人数多占5人，井岗山人少占4人，东方红自己推选十二人，也推选井岗山十二人，井岗山也是这样，范文采是两派共同推出的，站出来了，矿院东方红支持井岗山，原来是支持东方红的，因为一件事，变了，戚本禹同志批评了他们。全国×××个煤矿，一天生产×××万吨，现在下降了，已经到第三季度中了，先到又1个大矿去，然后再抓几个。（李先念插话、已经安排好了，先抓四十多个）部里响应很好，学院不就去，他们领等毕业分配，当工程师，这是什么观点。商学院如果你们通过西单商场了解情况，我就分配你们到商场去，商学院不站柜台怎么行呢？财金学院不收税怎么行呢？先念检查后，我要给你们分配任务，要抓革命，促生产，财金学院是学财政金融的，商学院是学商业的，外贸学院是学对外贸易的，粮食科学研究院也要下去，从粮食收购开始，不到下边去，怎么研究啊！当然也不要离开大批判，认真的搞，各部下半年搞出名堂，不能再迟了。

十六日下午开会，定了吧，七月份没有开成是我的责任，五六两月不是我干扰的，是大叛徒问题干扰的，我说你们都不信一定要调查那就调查吧，后来调查清了，就没有事了，主席也说了话，这问题解决了，当然个别人还怀疑那就不管他了。（李先念插话：与谢付总理联系一下去参观一下）会是可以开了，商场你们去参观，看看打砸抢的坏处，从下周起开始抓革命促生产，（外贸部井岗山和造反总部为塑造主席像问题争吵起来，略）你们为主席像的问题就这么吵，你们还能搞好吗？（李先念：主席像已经树起来了，已经付了三千元，还有九千元未付）最高指示已经发了，你们碰上了个机会，主席不让搞了，你们外贸部是搞一个还是两个？（答：一个）他们（指造反总部）还好没有再搞一个。有些单位搞两个完全是宗派（外贸部井岗山：我们打了报告）打了报告没有批嘛！（外贸部造反总部：他们骂了我们一顿，根本不同我们商量）你们不要为这件事吵了，你们是财贸机关，再干这样的事要经过中央批准的。（商业部代表反映，最近外来上访人员很多，又再搞经济主义，一要就是几千块钱，不给就闹，大家都不愿干接待工作）那不能给，要学解放军，要说服他们回去。（商业部代表：不给他们就打）（李先念：骂不开口，打不还手）外贸部造主席像的钱由财办解决，（代表们又反映上访人员情况）现在受伤的上几十万人。解放军没有打一枪，都说服回去了，你看这风格多么高，制止武斗，你们要宣传。安徽问题他们想压中央，中央是不怕压的。现在挑动农民进城，根据经验，县委和县人委是不灵了，而是人武部有人指使。打开仓库夺枪，那守卫仓库的一定有问题。制止武斗，不允许夺解放军的枪。（财院八八王兴涛：教本立他们把军训团部都抢了。另一派起来反映军训团整黑材料。）解放军到财院去，过去是教本立要求的，我要先念办的。后来教本立不要了，这事已归北京军区管，有两派的还要的人。（财办临委会代表反映：何畏至今不回机关，说是总理、中央文革批准的）过去你知道他在那里吗？我把他要回来就费了很大劲。没有什么了不起的，闹就让他闹去吧！我答应接见他，没有答应他不回机关。外贸部的问题我还没有讲完，（外贸部代表谈广州交易会两派吵架问题）你们把形势总是估计得比我们悲观，问题总可以解决。（外贸学院东方红代表：现在同学们都要求下去）先念检查后，我们再弄几个典型部，如外贸部、粮食部、财政部（财贸联委代表：我们准备和北京市一起开个抓革命促生产大会）（李先念：我不赞成和北京市一起开）北京的问题还没有解决，财政部、财金学院要联合下去；商学院、商业部、供销社要联合下去！
；部井岗山代表问：我们到那里去）这，你们比我清楚，先念
已了，抓革命促生产，搞大批判。你们不能联合就会搞各的，
总要联合的，观点不同，看法不同，将来总要联合起来的。（此
院两派为军训团问题争论起来）财院军训是北京军区管的。（人
行造反司令部代表反映 外出调查没有经费）现在调查重复的
了，经费花了很多，把被访问的人要搞得不得了，你们两派统
来就不会花这么多钱了。（银行造反司令部代表要求批调查经费）
有这个权利，从文化大革命以来我没有批过 笔钱。南开卫
八一八他们调查是谁出的经费？（银行造反司令部代表要求看
数档案）这些个事我不能回答，不管两派三派都应当协商。（财
联委代表：向李先念反映开抓革命促生产大会问题）（李先念：
支持这个大会，下星期开，要两派联合起来开。）

（根据财政部革战总部代表整理的记录翻印）

粟裕作的形势报告（摘要）8.18

我们就首先对越南战争来说，同志们知道，越南战争从1960年打起来到现在已经几年了，三年以前美国才放了几万人在那个地方，可是现在呢？美国正规军队已增加到47万多人，将近48万人，而且还准备增加到50多万人。这个力量就已超过了1950—53年那个时候，我们抗美援朝在朝鲜战争时候那样的他们的总兵力。美国有一亿七千多万人口。越南那个地方只有一千三百万人口。还有很多城市是被敌人统治着。美国用了最大的力量来对付越南。由他过去的特种战争打成了他现在的那种局部性的战争，美国动员了这样大的兵力，动员了他海军的几乎是整个太平洋军第七舰队还包括了从大西洋、印度洋调过来的第六舰队的一部分。空军力量，空军的战斗部队，占他整个空军差不多五分之一还要多，可是是打了这么几年，打得结果怎么样？就正如毛主席所讲的，你要打我打我不着，我要打你我就一定把你吃掉。南越人民解放军　正是根据毛主席这样一个作战指导思想来进行这样一个战争，美帝国主义在南越没有办法，其实美国人以他那个貌似强大的所谓强大的海军优势空军优势。可是海军优势，空军优势来对付人民战争不起作用，美国人经常依靠他的空军优势对南越人民解放军进行轰炸、特别是用他的战略。轰炸机B—52进行轰炸，据南越的民族解放军同志说，敌人采取战略式轰炸，他叫铺地毯式的轰炸、就是整个那一片就给你有空隙，炸弹就象下雨一样的下下来，可是在很多次的轰炸中间，一次投下几百万吨炸弹上千吨炸弹，特别有一次就投了六、七百吨炸弹，卅几架B—52轰炸机，炸的结果怎样？只炸死了一条水牛（哄笑）这就说明了美国的空中优势对人民战争不起作用，美国的海军虽然也调集了第七舰队的全部兵力和第六舰队的一部分，可是海军再大的优势也不起作用，我们大家都知道，海军航空母舰三万吨也好，五万吨也好，甚至十万吨也好，现在美国还没有十万吨的航空母舰，你开不到岸上来，你只能在海里耀武扬威，你有本事开到岸上来吗？没有这个本事，像B—52再厉害，你美国我到地下来和我们拼刺刀吗？不行！飞机还只能在空中作战，可是在这几年来的战争中间、南越的民族解放军越战越强，打下了敌人好几千架飞机。那就是说明了敌人的空中优势，海上优势都是没有用的。所以正因为如此，美国对这样一个小小的越南，一千七百万人口的越南，他就没有办法对付，现在确实是处于这个骑虎难下的这样的一个境地，他过去是希望旱季到来，雨季不好办，旱季的时候就可以大量消灭解放军。可是去年的旱季比前年失败的更凶，失败得更惨，所以旱季也没有用，也不能实现他所谓要消灭解放军的美梦，现在南越解放军所占据的地方，已经占到几乎南越土地面积80%以上。而人口呢？在农村人口几乎全部是南越解放军所控制的地区，就是城市来说，这更值得我们学习，南越解放军打游击战争，我们过去抗日游击战争，我们还没有像南越这样打得更好。他们发现了毛主席的军事思想，他们对现代的××上的现代化技术装备的强大的美帝主义，他们不仅可以打败敌人的陆军，可以打败敌人的步兵，而且可以打败敌人的装甲兵，可以打敌人的兵舰，在水里用水雷，用潜水员去炸敌人的兵舰。用火箭筒打敌人的装甲部队，打敌人的坦克，但敌人的机械化部队弄到越南这样一个人民战争的战场上，那就机械化要命，没有用。甚至非常机械，无所作为。美国人现在能不能 会不会增加更多的兵到越南来呢？很困难。根据他现在战争的消耗程度 一个兵每个月的消耗包括吃饭、用的、弹药的消耗，那是很可观的，要好几吨，要了一4吨，现代化的装备，现代化的兵 后勤非常要紧，要十个人为一个人服务 就是说他到了40万人 那么要为他服务的要400多万。那这样，他再增加兵也没有用了。南越港口容纳不了，码头××容纳不了。美国会不会把他在部分另外国家防守，倾巢而出，把美国本土的力量调来呢？把欧洲的驻军也调来呢？不可能 这是不可想像的。因为毕竟欧洲还是美国的一个主要的市场，毛主席不久前也讲过了，美国人说战略东移，这没有战略东移，只不过从欧洲那边抽调了一些老兵到这个战场上来。到南越战场上来做啥干，为什么他不能战略东移呢？因为欧洲他一方面投资很大，也最主要的市场，就是他欧洲没有英国，法国，西德、特别是法国，正因为这样一个小小的越南，就弄得狼狈不堪，越南农村人民群众可以游行示威，个放出的群众可以游行示威，到城市里去游行示威，这就是美帝国主义的所谓两面。就可以利用它的保圈回，进行合法的斗争，和武装斗争相配合。正因为这样 南越解放军，越打越强，现在装备非常好，连美国人也不得不承认，说南越解放军的装备是世界上第一等的。所以因为这样，南越解放军的武器装备如果从常规武装来说，大大超过了美帝国主义，美国在南越战场上呢？据越南的同志介绍经验、美帝国主义确实是个纸老虎，经不得打的，他们真是少爷兵，在南越战场上那个地方，他们放哨最怕蚊子，在越南南方蚊很多的，他站在草上放哨，（哄堂大笑）南越这个地方天气很热，有蚊子要咬人，他怕蚊子咬，就挂上一个帐子来放哨（哄笑）同志们想，站在草子上挂着个帐子，这是游击队最好进攻的目标，（笑）是最好的进攻目标（笑）这样的少爷兵那有什么办法打仗呢？而且在南越那个地方，他们经常要吃巧克力，要吃冰淇淋，所以他们如不吃巧克力就打不起来了，就没有人打仗了 那样的兵怎么能打仗，我抱也要把他抱死了？所以，正因为这样 美国人在越南是进退二难、没有办法、根据南越民族解放军打仗的经验，也是采取了速战速决，集中优势兵力 各个歼灭敌人的方法。过去他们对付消灭敌人一 营，用三个营，四个营或五个营去打，可是觉得那个并不难打，真是象吃豆腐，那样把它吃掉了，以至于现在提高到一个对一个，也可以消灭他，就是敌人一个营，我们一个营也可以把它消灭。这一种打的办法，特别要采取近战的办法，因为一近战，和敌人拼刺刀，一开始就是手榴弹，拼刺刀，美国兵就是提着双手缴枪。尤其甚至哭鼻子（哄笑）那样的兵怎么能打仗呢？所以南越解放军常常是采取近战的办法来消灭敌人，几十公尺开火。太远了风险不好，越拉了近，和敌人拉在一起，敌人飞机就不好投炸弹，炸就会炸到自己人，敌人的大炮也不好开炮了，要打就打到他自己头上了。这样就把敌人坚牢的威力，大炮的威力大大的削弱了，不起作用。所以正因为这样，南越战争是一个很深的泥坑，迫使美帝国主义愈陷愈深。因为南越战争，这样的继续发展下去 继续不断开展着胜利，就把东南亚的民族解放斗争也发展起来。

毛主席、党中央、中央文革对铁道部的最大关怀

陈伯达同志、谢付总理、李先念付总理接见铁道部各派代表、陈伯达同志亲自起草协议

地点：二七剧场。　时间：1967.8.19凌晨1点至2点30分

谢富治：去年毛主席说，这场文化大革命不要怕，但有两个要关心一下，一下是煤炭，一个是铁路运输，一个是工业粮食，一个是经济，国防的主要交通大动脉。所以伟大领袖毛主席特别关心。整个文化大革命中间，铁路系统的职工在我们伟大领袖毛主席和中央文革小組领导下取得了重大成績，但最近一些时期，有些地方武斗有所发尸，这是党内一小撮走资本主义道路当权派，还有没有改造好的地、富、反、坏所挑动的，他们想干扰我们对中国的赫鲁晓夫的斗争大方向。所有的革命派一定要紧紧掌握斗争大方向，目前的大方向就是对中国赫鲁晓夫的大批斗，打倒刘邓陶，打倒彭罗陆杨　要把他们彻底搞倒搞臭！

两一个两大派，我们要跟真正的保守派决裂，但革命派要联合，铁道系統有两派，唐派、京派，唐派是唐院红旗，京派是京院红旗。两派都是红旗，为什么要打？今天唐派也来、京派也来了，就搞大联合嘛！不要有了一个工铁筹再搞一个铁筹嘛，京派呢，来了以后来实行革命大联合，要实行大联合，要搞联合，都要斗批改！

陈伯达：今天你们高喊，对这一点你们谁也不能判断你们谁对谁不对。现在，我有一个建议，刚才在楼上与同志们商量了一个决议，是否可以作为基础，草案，大家讨论。要执行这个协议，必须对犯错误的人采取既往不咎的态度。对犯错误的人必须采取这样的态度，采取既往不咎，看看他的将来。对犯错误的人如果不采取既往不咎，看他的将来，那还会继续再打，如果不是这样的話，达成协议也只是口头的，我们希望你们是真正达成协议，我们相信你们。（协议见后）

谢富治：（对徐锐）経过调查，徐锐是个造反派。他是现在工代会负责人之一，参加市革命委员会常委工作。我提过意见也批评过他的。（对徐锐）是不是？（徐锐：是）

我们这是关心我们国家的大动脉，铁道卩两大派应不应该关心国家大动脉?!煤炭卩煤炭生产从××万吨降到××万吨，他们仍天天打架，有这样的革命派吗？后来戚本禹同志决心很大，把一千多人　包括学生都下去，只剩两百多人。我们铁路革命派要关心铁路，你们是关心铁路交通大动脉，国家利益、还是关心京派和唐派利益？我两派都不是，我们两派也不关心，我们关心中央文革，关心无产阶級文化大革命。铁路系統的无产阶級革命派，你们要統々关心铁道卩利益，因为有特别重大意义。

親爱的同志们，特别是铁路的革命派，你们不要受两派的干扰，刚才七条中，其中一条特别重要，"铁路系統学校、工厂、铁路科研机关，要統々回本单位闹革命。不到铁道卩来闹革命，这个意见不但是我和伯达同志的意见，而是伟大领袖毛主席、林付主席、中央文革的意见。

李先念付总理：现在伯达同志亲自起草的协议，不管唐派、京派

、大家都要按偉大領袖毛主席的"抓革命、促生产"的指示去做。我们要X万车皮，现在只有X万车皮，（差一半），我们希望伯达同志亲自起草的协议不管谁，回去讨论，认真执行。我的话完了。

铁道部群众組織关于「抓革命、促生产」保証铁路交通运输正常生产的协议

一、在毛泽东思想的指导下遵照毛主席的革命路线在反对刘邓反动路线，打倒党内一小撮走资本主义道路当权派打倒吕正操，打倒武竟天的旗帜下，召开各派联席会议，成立大联合委员会。

二、在无产阶級文化大革命中实行群众自己教育自己，自己解放自己，自己管理自己。

三、铁路系統以外各学校、各单位不得干予铁路群众的文化大革命。

四、铁路系統所属各单位和全国铁路工作的各档工人、职员、学生一律都要回到本工作单位、学校去，抓革命、促生产，保证铁路交通运输畅通。

五、铁路系統内对任何人，任何单位都必须按规定买票乘车，不得倒用和无票乘车。

六、只用文斗、絕对禁止武斗、禁止抓人、打人，凡是妨碍交通运输的事都不能做。

七、坚决贯彻执行中共中央、国务院、中央军委、中央文革小組关于维护交通运输正常生产的各项命令，任何人、任何組织都不得违反。

八、上述协议达成以后，铁道部必须实行精兵简政，大男干部必须下放鍛鍊。

注：协议由伯达同志亲自起草，草案供讨论用，原共七条，第八条是接见后讨论添加的。

戚本禹同志16日对矿院东方紅革命派讲話时对余秋里问题作了四点指示

一、石油学院大庆公社在余秋里问题上犯了严重的右倾错误。

二、"打倒第一波，解放余秋里"的口号是错误的。

三、"余秋里问题专刊"是错误的。（由计委紅委会、大庆公社、石油部东方紅、机院东方紅合办）

四、现在保余秋里为时过早。

林付主席三月二十日在軍以上干部会議上的講話

我今天要講三个問題：第一个講阶級斗爭、阶級观念的問題；第二个問題，講主流和支流的問題；第三个講軍队支援地方的問題。这里面主要是提出阶級斗爭的問題。这个問題是马克思主义最根本的問題。可是在社会主义的条件下面，这个問題好像又变成有一点被忽視，好像沒有阶級斗爭了。我们主席又特别强调了社会主义条件下的阶級斗爭，这一点斯大林是不能比的，更不要說什么赫魯曉夫，什么勃列日涅夫和其它修正主义国家的头头，那就更不能比了。在这个重大問題上，毛主席把马列主义提高了。本来共产党不是干别的事情的，共产党就是搞阶級斗爭的，如果沒有阶級斗爭，可以取消共产党，不要共产党，将来或者有其他組织，或者共产党名义存在，性质变了。这个共产党就是搞阶級斗爭的。如主席說的"阶級斗爭，一些阶級胜利了，一些阶級消灭了，这就是历史，这就是几千年的文明史。拿这个观点解释历史的就叫做历史的唯物主义，站在这个观点的反面的是历史的唯心主义"。马克思也講，自从有了文字，以后的人类的历史，就是阶級的历史。应該講的是从原始公社崩溃瓦解以后，人类的历史，都是阶級的历史。列宁……他强调是夺取政权以后，无产阶級取得政权以后，还有尖锐的阶級斗爭。夺取政权以前当然是有了，夺取政权以后，无产阶級取得政权以后，还有阶級斗爭，只是改变性质了。有些地方变得更加激烈了。古今中外社会领域里面，这个最基本的問題，影响一切的問題，是阶級斗爭的問題。每一个人，思想上都有阶級的烙印，沒有一个人不是属于某一个特定的阶級，总是属于一定的社会关系，一定的阶級。这种社会关系是人同动物的区别。阶級是人类在一定的历史阶段这个几千年来的区别，区别于原始共产主义社会，也区别于将来的高級共产主义社会。可是这种阶級存在的事实，也有几千年的历史，貫徹于各方面。政治、文化、經济、宗教、法律、道德、党政、党內的路綫分岐、政策上的分岐、社会上的风俗、习慣，处处都有阶級的烙印，处处都有許多根源引起的。因此所有的社会現象，一个总的根源。离开这个总根源，去观察社会現象，就观察不出来，就会观察錯了。他是一个客观的存在，客观的存在，不是不影响我们的思想，而是不知不覚的，或者是有意識的，自覚的来影响我们的思想，自覚地来指导我们的路綫，指导我们的政策。我们的路綫，我们的政策，如果离开这一点，就犯錯誤。我们观察人，观察事，离开这一点，就犯錯誤。如果我们不自覚，就会变成客观主义，而客观主义就是资产阶級思想体系。但是这个客观主义的思想，表面上是超阶級的，但实际上是用这种形式掩蓋他们阶級面貌，阶級的願望和阶級的政策，阶級的行为，便于欺騙群众。整个的社会几千年来都是处于阶級的斗爭。阶級斗爭通常采取三种形式来进行：一种就是思想战綫上的；一种是政权，爭夺的权；一种是經济的。可是这三样不是孤立的，而是互相滲透，互相影响。有些时候用这一个作主，有的时候那个作主，可是，它总是沒有孤立的，沒有单独搞过，总是同时进行的。所以这三个东西，又是一个东西。阶級斗爭在各个时代，各个时期，是采取不同的阶級来出現的不同的阶級对抗。正如马克思在共产党宣言上說："奴隶主和奴隶、资产阶級和无产阶級、地主和农民等等。当然了，在每个时期都有一个主要的对抗阶級，它总有其他阶級的殘余，或者新的阶級的苗头。我们現在呢？如主席所說的：世界是，这种民主革命結束，进入社会主义。从四九年以后，这个时候我们阶級具体代表的是资产阶級和无产阶級。这两个阶級的对抗矛盾，对立斗爭，都是成为我们全部政治生活、社会生活的一个总根源。不把各种各样的社会現象来看成是阶級斗爭的現象，那就把事情混淆起来了，是非混淆起来了，这就回到所謂"全民"观念，就会把个人看成是孤立的个人。如果人是一个孤立的个人，那就把人同狗、牛、马、天上的飞鳥、水里面游的魚，沒有区别了。人，任何人都不是一个单独的个人，他总是集体的一部分。当医生替我們驗血的时候，他抽出一滴血来，就看出你的全身的紅血球和白血球、酸性和碱性的变化，一滴血就看出了你的全身，那么，你一个人就代表你一个阶級，这一滴血就代表了你的全身，所以沒有这个阶級观点去看个人，就会看錯了。沒有阶級观点，那么对于每个問題的評价，每个問題的做法，就会不同。例如，对老干部的看法，就可能覺得老干部好得很，其实，老干部有許多保持了原来的革命传統，可是进到社会主义的时期，有些沒跟上，沒有变成社会主的　战士，而是停留在旧的阶段，而有的腿化变质，变成资本主义分子，新的资产阶級分子，他到底怎样？只有用阶級的观点来看他是好、是坏。不会統統都是变成资本主义分子，但也不会是統統都是变成了无产阶級分子。对于青年看法也是这样子。对于現在紅卫兵或者这些青年在那个地方闹得、冲得凶的时候，就說他們統統都是坏的，或者用另一种观点說他們統統都是好的。其实在阶級里面，一定有些人是属于这个资产阶級分子，以及其他的社会成分、地、富、反、坏分子。有的是无产阶級分子。干部子弟也是这样子，有的是无产阶級分子，有的腿化变质，是资产阶級分子，有的甚至当特务，跑掉了，往香港跑，或者往台湾跑，向苏联跑，或者向帝国主义国家跑。沒有阶級观点，对这个“乱”的問題也是看不清，实际上“乱”，这一次的“乱”是大“乱”，大乱是有两种乱，一种是主要的方面，是把敌人，是把资产阶級当权派，社会上的资产阶級头头，党内的资产阶級头头，把他們打得落花流水，把他們打乱，这样子，实际是革命的胜利，革命的，很好的事情。当然喽，是两方面的对立斗争，无产阶級这一方面也有負伤的，干部中間也有負伤，但是这个是少数，而且是可以保护出来的。沒有阶級观点，对文化的看法，就是說一切文化都是坏，或者是好的。其实我们用阶级观点来看，才能鉴别出那些是好的，那些是坏的，而没有这个标准就是鉴别了。而正个文化大革命的意义就在于它是一场阶級斗爭。是一个什么样的阶級斗爭呢？是资产阶級和无产阶級的斗爭。当然任何一个国家，任何一个社会不会是单独只有两个阶級，还有其他的参杂的阶級，但是作为代表的还是这两个阶級。这个斗爭首先是由资产阶級发起的，然后无产阶級响应。首先是通过思想的斗爭，然后逐步达到政权的斗爭，以及经济上的斗爭。正个斗爭出現許許多多复杂現象，但是它的总根源同我们辯别那些可取，那些可舍，那些是是，那些是非，只有从阶級的观点上，阶級斗爭的观点上才能夠弄得清楚。以我们党、毛主席和刘、邓誰是誰非呢？那以毛主席是正确的，是革命的，是代表革命的，是代表无产阶級的。而刘邓呢？是不革命的，代表资产阶級，一个要向社会主义前进，一个要向资本主义前进，所以又产生了激烈的斗爭。

无产阶級夺取政权以后的阶級斗爭，不会是一个短时期的斗爭，是一个比較长时期的斗爭。这一方面是国内还有旧的阶級残余，另一方面是国外有帝国主义、修正主义和各国反动派。另一方面就每一个人在程度上的不同也存在着资产阶級方面和无产阶級方面的傾向。只有毛主席这样高的马列主义水平，才能排斥、克服、肅清资产阶級的这一方面。马列主义水准稍低一点就多多少少脑子里就存在着两个方面。推翻资产阶級剝削阶級的政权，是时間很短就可以完成的，推翻它的所有制，时間也不長，也可以完成。可是推翻剝削阶級，资产阶級在思想领域里的陣地，则是很不簡单，很不容易的，需要很長的时間的。而这个战綫上如果不打胜仗的話，那末政权方面所取得的胜利和经济上所取得的胜利，可以前功尽弃，所以，我们老革命过去所奮斗来的这些成績，革命的果实，广大人民所奮斗来的果实，可以悄悄地被资产阶級把它偸去，劫取。或者是这种“明付白託”把它夺取去，因此，应該在这种思想战綫上展开剧烈的斗爭，展开持久的斗爭，才能保証我们政权的巩固，才能保住社会主义所有制巩固和向前发展。不然的話，政权要被敌人夺去，资本主义所有制就会重新代替社会主义所有制，地主的所有制要重新代替我们現在的人民公社所有制。所以这个斗爭就会形成，并且正在形成。中国恢复哪种所有制，恢复哪种政权，保护哪种政权的問題，是決定中国向何处去？決定中国的命运，也決定，也影响正个人类的命运。因为中国可以說在世界上是起决定因素的国家，对革命来說，对世界革命来說，中国是一个起决定因素的国家，作为中等的国，大国如果在这一点上比較起来說的时候，无論如何沒有中国的作用大，只要中国不倒，中国不变色，世界就有希望，所有地方都修了，都黑了，我们还可以把它重新光明起来，重新由黑的顏色变为紅的。因此文化革命是很重要的大事，关系国家命运，人类命运的大事。是阶級斗爭，是一个阶級战胜一个阶級，还是被一个阶級所战胜的問題。因此我们要特别加强阶級观念，阶級斗爭的观念，我们才有劲头来进行这一場文化大革命，我们才有决心进行这一場文化大革命，我们才能跟得上毛主席在文化大革命中的那种气慨和勇气。不然我们老是跟不上，而且老是犯錯誤。

本来这个問題是老生常談的問題，可是在新的情况下，重新提醒那还是有作用的。比如，我们写的座右名不是天天貼在那个地方的嗎？？背也能背得出来，但是看一下总有点好处，而且是今天尤其必要。今天思想的动态，今天的活思想，从上到下，从下到上，都实际上存在这个問題。因此，我们需要重新把这个問題提出来，这是我今天講的第一点。

第二点是講講主流和支流的問題。主席有这样的話："这些同志看問題的方法不对，他们不去看問題的主流本质方面，主流方面，而是强调那些非本质方面，非主流方面的东西。应一指出，不能忽略非本质方面，非主流方面的問題，必須逐一的将宅们解决。但是不应当将这些看成为本质和主流，以致迷失了自己的方向。”所以，这是一个个特别引起注意的問題。任何时候，事情总是有主流和支流的，总有順的地方和逆的地方，有正的方面，有反的方面，不会只是一个方面。可是这两个方面，宅总在任何时候都不会是平均的，都不会是半斤八两的，宅总是有輕有重的，宅总是处在变动的中間。一下这个輕那个重，一下这个重那个輕。宅不会象机械那样的保持某种平衡的。机械如果細致的观察的时候，宅也是变动的，至于其宅的东西更不需要說了。所以，肯定是有两个方面的，两个方面不会平衡的，肯定有一个方面是主，一个方面是次。現在我们看这次文化大革命，到底主流是主要的，还是支流是主要的呢？我们說主流是主要的。就是可以說，在这場阶級斗爭中，我们打了大胜仗，是大胜利，中国人民的大胜利，人类的大胜利。这个必须有一种总的看法。就十六条起，就是从十一中全会起，强调不要怕乱。这次果然的，經过“乱”出現了許多的好事情，我找了海空軍的几个同志，一个地方找了一个同志談了一下，他们高兴极了，高兴得很。非常的情緒高。他们覚得，这下好得很，这一个“乱”就把那些资产阶級的当权派，社会上这种资产阶級分子头头们，破四旧破得他们狼狽不堪。他们是眞正的乱，是他们遭受殘痛失敗。不經过这样大的政治运动，要想取得这样的結果是不可能的。是不能夠打倒他们的，搞出了很多的这种牛鬼蛇神，很多的资产阶級的代表人物。这些人如果不揭露，不打倒，三年之后，五年之后，他们就要把无产阶級正个的这一套，毛主席的这一套全部被推翻的。所以通过一个表面上的很“乱”的形勢，把他们打倒了，这是偉大的胜利。当然啦。假若他们夺权之后，得势后，那革命会起来的，造他们的反就是了。可是那一个牺牲比現在大得多。从表面上看来好象是“乱”了，生产上暂时有些下降，但是有些地方还上升了。現在已回升了，而且今后抓下去，不但回升，还会出現大高漲，会出現新的这种高潮，新的兴旺的高潮，发展的高潮。所負出的損失稍微覺得很大，但是实际上比起的时候，不但不及一个解放战爭，一个抗日战爭，而且不及于一个战役。內蒙古打死了人吧，新疆的石河子打死了人們，打对打錯也就是那么多。南京什么地方打死人，其它地方打死人，总归起来也赶不上一个战役。当然，我們不是强着打死人，毛主席是从头到尾强调文斗。但是自发的这么武斗所造成的損失也不过如此，赶不上一个战役，甚至赶不上一場流行病，也赶不上一場天災、旱災、水災。所以，損失可以說最小最小最小，而得到的成績是最大最大最大。可是我們同志腦筋里面的熟人很多，看到这些熟人或者挨了一下，就覺得天下整个乱了，就很容易产生这种观念，其实这只是暂时的現象，而且屬于很末位的現象，很次要的現象。我們看到打倒这一批坏傢伙，眞是偉大的胜利啊！如果不打倒他們，將來要大流血，还要实行大白色恐怖未鎮压，不曉得杀掉多少人。那时候或者用战爭反抗他們，推翻他們，还是死好多人。

所以这一个主流支流在这一点上就是很清楚的，另一方面，不經过这一段运动，这場轰轰烈烈的文化大革命，好人也看不出来，接班人也看不出来，新的好苗子也发現不了。在这一次斗爭中間，把坏人固然暴露了，斗倒了，斗臭了，斗垮了，也把好人湧現出来了。这就保証了今后的百年大計。好人革命的左派，无产阶級他們这些人湧現出来了。不然的时候，他們就处在九泉之下压得很低，就是冒不出头了，打倒了坏人，湧現了好人。沒有这次运动，坏人打不倒，好人发現不了，那就会将来我們这个領导掌握在坏人手上。这次办法最好了，所以采取打倒他們的办法。搞紅卫兵，大鳴大放大字報等等。这个紅卫兵就是捉拿牛鬼蛇神，捉拿这些资产阶級当权派头子的天兵天将呀！把他們发現出来打倒，起了好大的作用，当然喽，最主要的起作过二十八年来的民主革命所取得的这种成果，和十七、十八年来社会主义革命所取得的成果可以付之流水、付之东流，可以前功尽弃，可以毁于一旦。毛主席所进行的，所发明的无产无产阶級文化大革命，如同马克思主义創造了科学的社会主义，必然影响全世界。如同列宁建立在一个国家之内取得了无产阶級的政权和建立了社会主义的国家，这种胜利，我们四九年那个时候的胜利是一个什么胜利呢？是一个夺取政权的胜利，这一次是保卫政权、巩固政权的胜利。夺取政权，十二个国家都实现了，可是都保不住，好多国家受资产阶級思想的影响，剥削阶級的影响，和外国帝国主义的影响，和自己本身产生了許多官僚主义分子，资本主义分子，就使政权变了性质，国家变了顏色。阶級斗爭是不能用调和的办法解决的，这是马列主义毛泽东思想的一条定律。如同数学上、物理学上、化学上的定理一样是不以主观意志为轉移的客观規律，是不能掩盖的。只要把它揭露，只有把它暴露，只有把他打倒，只有把它战胜。你不打他，他要打你，就是树欲靜而风不止，树不动，风总是吹着你动。这是我听別人講的，流传的語言。这个話有道理，其实我们还不应該仅仅这样做。我们也刮他们的风。我们要刮他们的风。我们要刮十級，十一級风十二級的台风，来吹垮他们。单純消极防禦不行，要采取主动进攻，我们过去的一段时間，防禦是必要的，但是后来这一时間，采取主动进攻尤其必要的。今后有的时候还可能轉到防禦，但有的时候要采取大規模的进攻，或者是小規模的进攻。这就是对于文化大革命，我们要看到事情的两个方面。那一方面是主要的，如果不看到这一方面，只看到一些朋友们、同志们、老同事们吃点亏，就看成正个天下都黑了，那就糟糕了。就看不到主流，就会迷失方向。而且主席也及时地采取了一些措施，使这种支流方面所发生的一些可以不发生的现象，也采取很多具体政策来除掉它。但是，我们应該看到，不管怎么样，要看到偉大勝利，要欢呼这个胜利，庆祝这个胜利，巩固这个胜利，发展这个胜利。沒有任何理由采取悲观的态度。应該覚得是非常大快人心和心中大快，來看这个文化大革命，对待这个文化革命。第二个問題我就講这么几点。

第三个問題，講講軍队支援地方的問題。

主席历来教导我们，他說：“中国的紅軍，是一个执行革命的政治任务的武裝集团。特别是現在，紅軍决不是单純地打仗的，它除了打仗消灭敌人軍事力量之外，还要負担宣传群众，組織群众，武裝群众，邦助群众建立革命政权以至于建立共产党的組織等項重大的任务。”就是說我们軍队不仅是一个战斗队，而且是一个工作队。不但要会打仗，而且要会做群众工作。这是主席的一貫教导。从紅軍时代起，一直到最近，所以我们軍队同世界上的一切軍队不同。其它的軍队就是打仗，其他都不管。而我们的軍队負担着这样的任务。这样才是毛泽东思想的軍队，是马列主义的軍队。我们的軍队不是单純执行軍事任务的，是应該义不容辞的，責无旁貸的来支持地方的。軍队和地方实际上是一个整体，軍队离开地方不能生存。地方越搞得好，軍队就好打仗嘛。兵源靠地方，吃的靠地方，穿的靠地方，通訊消息，打仗的时候前方发生的变化都靠地方嘛。偵察敌人的消息，伤兵抬到后方去，这都靠地方嘛。所以沒有地方就沒有軍队。不把地方搞好，軍队就好不了。紅軍同志經过草地吧、長征吧，那个时候就是沒有地方工作。因此，我们那个人哪，老实講不是給国民党打死的，主要是什么呢？被地主武装打死的。老百姓受到土豪欺騙，把粮食藏起来，一饿給我们餓死的。一边走一边倒在地下去了。我就看到，我那个警卫排里面，身体比我好的多的人，小伙子，走着走着的时候，唉！就坐到地下去了，坐下去之后，拉他他不动了，餓死了，他沒有力了。多啊！我那个部队，老实說，过草地一段，国民党沒有打死几个人，主要是沒根据地餓死的。在江西时，一个連一百多人，后来一个連二、三十人，十来个人。所以，你们必須要搞好地方。我们过去，毛主席有个老办法要打仗，先創造战場，什么叫創造战場呢？就是把軍队分散，以連为单位，以排为单位，到处去打土豪，分田地，帮助群众建党，建立政权，做群众工作，然后把那个地方变成根据地。敌人进来的时候，就进入了这个迷魂陣，耳目都不清楚，我们在什么地方，多少他搞不清楚，結果草木皆兵，一草一木都变成了紅軍。其实就是沒有軍队的地方，他也覺得有軍队，他也拿軍队去对付。而有軍队的地方，他反而沒有去对付。結果就遭到我们的襲击。他就是整个战爭，就是被我们襲击而打敗的。整个战爭差不多不是这种堂堂正正摆开来打的，就是在群众掩护之下，他看不清楚我们，被我们打掉了，但有的时候，我们沒有群众，就困难了。剛才我講了長征，草地那。日本投降以后，我们的部队，到了那些沒有群众的角落的地方，就重新吃那个苦头。有根据地嘛那就好点，沒有根据地就重新吃那个苦头。兵沒有补充嘛，粮食沒有嘛，消息被封鎖嘛，老百姓在放冷枪嘛，因此，沒有群众是不行的。又問到了長征的苦头，長征，我们中央首長就那样一点部队，各根据地能抗击多少倍，十倍八倍的敌人，可是一脫离了群众的时候，一个一地跟人家搏斗，人家敢向前冲，我们就怕有伤員，一个伤員几个人抬，士气就不旺。所以搞好地方是大事，从軍队的观点說是大事，从全国說来更加是大事。这次中央，毛主席信任軍队，搞軍訓，支援工业、支援农业，支援左派，好多重大的任务。这些任务是光荣，是光荣，偉大是偉大啊！但是是新的任务。党相信軍队，但是另一方面軍队承担这一任务是繁重的，这任务是很新的。过去还沒有这样搞过，有些当然搞过了，不同程度也搞过了，但沒有这样把軍队去这样搞。十七年来至少还沒有这样搞过，我们要勇敢地，积极地、負責地承担这些責任来完成任务。另一方面因为任务是新的，同志们，問題复杂啊！所以搞得不好就要犯錯誤的，或者是犯右的錯誤，或者是犯左的錯誤。特别警惕犯右的錯誤。刘、邓他们犯錯誤，是犯了錯誤了，搞了资产阶級反动路綫。假如現在我们軍队出马，全国各地方都有軍队，現在有些地方已經行軍管或接管，已派去很多干部，十七年还没有这么干过哪。这个事情要看到有一种危險，有犯錯誤的可能。这个錯誤一犯哪，比刘、邓还厉害，是带着枪杆子的刘、邓路綫，比沒有带枪杆子的刘、邓路綫那还要危險。我们一方面要勇敢执行任务，但是要特别謹慎，要非常謹慎、謙虛，要非常虛心，支援地方，总的方面还是一个抓革命促生产。不要只抓革命就不促生产了，把生产停頓下来。也不要只搞生产，把革命停頓下来，也应該同时进行，而且应該以革命来带头来掛帥来促进生产。在革命期間，这就是应該以革命来带头，但是，同时我们不能不搞生产。所以两个东西缺一不可，但是也不能等量齐观。要以政治以革命在革命期間要抓革命，将来运动过去以后，始終还是以革命领导經济建设。但就不等于說我们一到地方上去就搞革命而生产放松了，生产是不能放松的。生产放松了发生非常大的危險，轉过来就破坏革命，假如是发生飢荒减产的幅度太大了，一点减产还不要紧，如果幅度太大了，实际上就会造成对革命的破坏。因此在我的看法，在主要性上是把革命摆在第一位，可是不等于时間上要把革命的时間比生产的时間还多，一般地說可能是生产的时間要更多，是两个相近的問題，很容易变成一个統一的問題，他是統一的，但不能是同一的。要分別地对待他，支持地方，地方有各派，左、中、右，要堅决不移地站在左派这一边，而不能站在右派那一边去。而站在左派一边，自己本身派出去的干部，要交待清楚，自己本身应該是很好的左派。你搞些右派去搞的时候，他一定搞不出好事来。所以要站稳立場，还是回到我刚才講的第一个問題，阶級問題。要站稳阶級立場，站稳革命无产阶級立場。这开枪呢？恐怕一般地都不要开枪。軍委签署的那个几条关于开枪不开枪的問題可以照那个办。但是总的精神是不开枪。有什么了不得的事情呢？用不着开枪，很不得已的时候才开枪，这就是开枪这个事情，好些同志要求要开枪，好些同志性情急，要开枪，可不能那样，要造成大血案。打倒顽固的反动派可以，也很可能打倒了很大量被反动派所欺騙的革命群众，那就糟了，糟了，所以这个重大的問題，以及很多政策問題，要注意报告請示。我们搞軍管，老实講是"三結合"不成熟的地方。我们不能老搞軍管，軍管是暫时的过渡的做法，因此一切事情还是扶植起来办事情。軍队然后能够慢慢地回到軍队里头来。因此，就是正个的工作不能采取包办代替的办法，只能协商，只能輔助，只能临时代管，这样一种形式。但有些同志可能调到地方上去工作作，那是另外一回事了。当地方上的书記，可能是軍队有一些，随时要回来的。可是撤回来之前，一定要搞好一个新的班子，搞一个好的班子，不能马马虎虎的就跑掉了。原有的班子我想是有五种情况：一种是基本上是好的，只有少数坏人；一种是全部烂掉了的，那只好烂掉了，全部烂掉了；一种是烂掉了一半，那就烂掉一半就行了；一种是烂掉一小半，那么就烂掉一小半；一种是烂掉了一大半，那就烂掉一大半就行了。总而言之，不能一概烂掉，不能一概保留。要分成这五种情况，分别处理。要看具体情况，分别处理。但是总的原則是团結多数，要具体实現毛主席所指示的团結９５％这样的道理。当然个别地方也可以說是多了些。可是总的方面，总合起来計算的时候，还是保持团結大多数，可是团結中間不能是已經烂了的，已不可救药的这些分子，还把他們包括进来，这样埋伏着新炸弹也是危險的，也不能搞这种调和。可是还可以爭取的，还沒有烂的，还应該包括进来的。这次搞一个好的班子是百年大計，政权就是班子的問題，班子搞好了，能保証革命的路綫的执行，无产阶級的利益有保証，毛主席的路綫能执行。一个坏班子呢？就不能保証毛主席路綫的执行，不能保証无产阶級革命利益的保持，不能保証社会主义向前发展，不能保証党的指示能夠以毛泽东主席为首的党中央的指示能夠貫徹下去。所以搞一个新班子是当前面临着的一个迫切的事情。怎么能夠搞好一个新的班子，是个大問題。所以我们这个軍管在撤退的时候，以及在搞"三結合"的时候，要把这个問題很慎重地很慎重地来注意。而不要把这样一个政权問題輕率地处理。革命的根本問題嘛！你不通过政权經济問題不能解决嘛！你不通过政权，对文化上面的反动的东西不能打他嘛！沒办法打他嘛。所以一切阶級斗爭是政治斗爭，这是马克思主义講的，是毛主席講的，所以要以严肃的态度来对待，当然一切政治斗爭，倒过来都是阶級斗爭，不会是沒有阶級的政治斗爭，这是恩克思講的很清楚的。关于支援地方，老实講沒有什么成熟的經驗，成套的經驗，說不出什么东西来，特别这个时期，我也沒有什么接觸，初步想到的就是这个样子。这就是我们要看到任务很大，任务又新。我们要勇敢負責，但是要有很谦虚謹慎以及注意一切。当然了应該注意的事項还决不止我說的这些，一定还可以加三条，四条，五条，六条，七条，八条的。比如說，工业怎么搞？农业怎么搞？軍訓怎么搞？……等等多了。但是由于我们沒有成套的經驗，成熟的經驗，所以講不出什么来。我们边做边总結經驗，而不是先有一套經驗，先有一套办法拿出去搞。这是我们毛主席历来的作法，也是马列主义历来的唯物主义精神的做法。我要講的是第三个問題大概就是这么多。

我正个要講的問題，講完了嘛，就这三个問題　。阶級观点問題，主流支流問題嘍，支援地方嘍。这些問題实际上大概同志们从前听过的，我也都講了，这里只不过是旧调重談提一下。有些事要一說再說，一提再提，三令五申吧，注意又注意吧。无非是起这个作用，講的就这些了。

另外我講一个[illegible]的問題。最近我看到好几个地方說学生。紅卫兵发現林彪同志的語录。是学生搞的一个是中学校搞的，一个是什么紅卫兵組織搞的，我们就收到两种。另外我们总政各处搞了我的政治工作的語录，我看我的講話，我告訴你们，就是信口开河，我沒有那个精力去推敲，思想上的推敲，字句上的推敲，結构上的推敲，都沒有，乱糟糟，马列主义水平不是很高而是很低，这个东西拿到到处語录去传，是流毒，害人。我看不要搞，你们看到的时候，請你们代我沒收。首先自己不要搞，总政我同他们講了，雷打不动啊！你们不能搞！过去搞了一次，現在我们的問題，就是要搞毛主席的思想，那个很有用，一句等于一万句的，我们这些水平又不高，又粗，糟得很！

我们要毛泽东思想来統帥全国，来指导我们一切的工作，我们要〔整个〕以至万万世，輔导我们現在的一切，而且是全世界人民永远的思想財富，全中国人民的永远思想財富，还是这个为准，不要搞乱了套。

我講的就講到这里为止。

<註：此文根据林付主席的講話录音正理，由于录音某些地方不清，可能有出入。仅供内部学习参考，請勿外传>

北京师大井岡山公社

一九六七年四月十三日

河南省卫生厅"学游泳"革命造反队翻印

一九六七年四月十八日

<內部参考，不得外传。此文有錯誤，以原文为准>。

河南省第一干部疗养院永紅造反团

跟着毛主席闖革命造反队再翻印

一九六七年五月十二日

这时期林彪讲话，完全代表毛泽东的思想。

林彪同志十二月中旬在一次干部会上的講話

农村上下左右一起搞，两个席卷一个震动。

一　农村

1．积极搞农村文化大革命；

2．农村实行大民主；

3．不愿搞的不勉強，

4．革走资本主义道路的当权派和地富反坏的命；

5．依靠贫下中农和红卫兵；

6．达到抓革命促生产的目的。

二、我们应当有足够的精神准备，要受得了

1．对干部的認識问题，过去我们现状维持派多作好干部，好的现状维持派的話，没有弄清那些是革命的？那些是不革命的。

2．现在又发生了"疤子"问题，最闹革命的终归有缺点，现在看要允许这些人革命，怎样看待这些，是当前最大问题。

3　如何認識这次运动。这次运动是大批判、大审查、大教育运动，也就是一个批判干部的运动。即批判走资本主义道路的当权派，也批判走社会主义道路的当权派，不过性质不同，开始也难分清。

4．如何安排自己。革命革到自己头上来了，如何对待，现在干部距离很大，有四种情绪：

第一种：抱怨情绪；

第二种：对立情绪；

第三种：抵触情绪；

第四种：无可奈何情绪。

只有一条，紧跟主席思想，否则就要抛开。

5．斗爭很尖銳，很复杂，首先要搞通自己的思想，要检查一下，过去我们对落后思想为什么容易接受？为什么精神不振？为什么运动以来怕字当头？不解决这些問题不行，一定要垮台。现在左派反对我们 则好得很，因为我们犯了路线错误。右派反对我们也好，还有黑帮也反对我们，这就看你自己顶得住顶不住？有人說、自己没有执行资产阶級反动路线，这很值得深思。总之 两句話，大民主，人人可以出来講話，看你怎么办？

6，号召同志们学习《红旗》杂誌十五期社論，讲的形势，两个利用，两个反对，五个标准。

7，现在干部有五种情况：

A，能跟上主席思想，在游泳中已游过去了。

B，在游泳中淹的够呛，但也游过去了。

C 游的很吃力，结果还是淹死了。

D，不下水，不革命，口头上也說几句革命的話，但什么都是人家的不对

E，也在那里游泳，但确实身体不好，游到半途了，这些人水性不高，認識跟不上去，但在前进中没有力量了，对这种人大家要帮助一下。

这次运动是全面的考察干部，看々你是怎样对待革命的？怎样对待群众、对待自己的？

清华大学物701翻印
卫东宣传社 再翻印

全国人民代表大会选举的国家主席，文革期间被迫害惨死，现已評反。这個资料就是审问刘的档案。珍贵资料。

刘少奇八月二日于北京建筑工业学院辩论会上的讲话

同志们，同学们，我对这里情况不了解，因此没有发言权，但是我是来了解你们情况的，今天会议准备的不够，有同志讲是搞突然袭击匆忙开这亇会，错误的话是我的（同学说、不是）这是我的错误，昨晚12点多才决定明天晚来，但还不能定，于是今天下午五点决定开这亇会，主要听你们的意见，今天看来，同志们有不同意见，意见至少有两种，至少有两种不同意见，可能有三种不同意见。看来工作组在你们学校是犯了错误的，这亇错误也不能完全由工作组负责，我们党中央和北京新市委也要负责。党中央同意派工作组，市委跟上来了，因此看来，主要精神不派好些，派工作组不对，你们学校做错了没有错，你们清楚。有党中央新市委的错误，谁的谁负责，我建议今天这亇会就开到这里，这亇会太大，听不太清楚，明天晚上有时间我还再来，找你们不同意见的人，有两种不同意见，找两方谈，有三种意见，就三方谈，请你们准备一下，看哪些人参加，人多了讲不清楚，我也要提些问题，看那些同志把你们意见讲完，看什么时候再开这亇会。这亇会不要吋辩论会，吋讨论会好不好，有不同意见讨论吗，有错误改正错的，对的坚持，错的改正，团结起来。如果我能够帮助大家做些团结工作，我就很高兴，同学们希望我们听你们不同的意见，不论明天，后天三，四次我都愿意，感谢同学们对我的信任，请同学们给我自由，今天见了没见够再见见，不能围住我们，你们还有行动不自由吗？有不对的。请你们不同意见的人白天准备，明天晚上我来，不过我还要留个后路，明天晚上不行，我后天晚上来。

无产阶级文化大革命要依靠你们革命的学生，革命的教师，革命的员团结一切可以团结的人才能搞好，学校的文化大革命学生是主人，工作组已经撤，停止职务，工作组不住在学校里面，有的听说还去活动，你们叫他们什么时候回来，他们就什么时候回来。工作组留下好，走好？是不是你们要留多少就留多少，同学呌工作组干什么听你们意见，让他们听你们的批评，决不许他们发表~~批准~~议论意见，对什么人也没有这亇权力，工作组在你们学校没干多少好事，现在让他们为你们服务，给你们扫地，给你们开饭，洗碗，给你们贴大字报，字写的好的，给你们写大字报，写的不好的，不让他们写！

工作组要不要住在你们宿舍？为同学服务是光荣的，别看参加劳动耻笑，这是资产阶级观点，工作组出去给你们做好事不够，现在给你们服服务吧，做々好事。工作组同志在不在？你们要不要这样办，你们要参加体力劳动，看你们能做什么就做什么，不会做就慢々学，今天开会就开到这里，明天找同学们代表谈话，一方面10几个，20几个分几次谈，听々意见，有两方面，找两方面谈，一方面，找一方面谈，有四方面，找四方面谈，找工作组谈々。

（根据记录整理未经本人审阅仅供参考）

八月三日 刘少奇的讲话

（对"革命团"代表的讲话）

我提个问题，党总支党支部是不是联系群众，联系非党员非团员，

你们党员开会，可以让他们参加，党支委员也不开秘密会。团总支团支部、团委员会也让非团员参加，这样他们就放心了，文化大革命是大家的事要一起商量。

你们"革命团"党员多，他们（八一团）团员多，不要搞得党员团员对立起来。

党的支部委员会是否改选一下，改选后你们不同意再罢掉吗！要罢官可以。选举时有赞成的有不赞成的，如果相持不下可找个临时召集人。非党员认为不好的人，你们让他当委员，如果全体党员丧失威信。选不出来，临时指定召集人今天你召集明天他召集，这样群众就不会有意见了。首先是党和非党团结起来，团和非团，团结起来。

群众不满意一两个委员，党会丧失威信。处分党员在最后吧！谁可以入党运动后期看，最后决定。

是不是，好不好！（"革命团"代表：好）

省得他们罢你们的官，说你们保皇，你们保什么皇呢？保个总支书记，总支委员怎么叫保皇呢？

校党委你们不信任他，你们就罢吧，统々罢掉了，好人呢？罢了再选嘛，信的再挑出来，信一个出来一个。你们不罢群众有意见，党就处于被动，你们这么一做就好了。

以后除了市委通知让党员开秘密会的可以开，市委没通知的就不开（插，群众都来了怎么办？）他们都来了，来多了不好，可以加尾，二十党员再加上二十人，他们可以轮着来，反正我们没有秘密，这样就

不被动了，不会有意见了。

我到你们学院你们只知道来个负责同志，你们不知道是谁，我来你们不知道，你们认识我嘛。这个问题不要合了，不要发生误会，这里没有问题，没有阴谋。

你我们要求两个团合并，你们首先提出来好嘛！我们赞同。你们说范兴慧不是左派，又不肯定她是右派，你们就团结嘛，她也是你们团结的对象。

（李雪峰：她贴谁的大字报都可以，对市委也可以，黑的说不成白的，白的说不成黑的！）

他们写大字报你们可以反驳，也可以象你们说的不反驳，让她说够了她就不说了，范兴慧是你们团结的对象，你们不让她写，禁止不了，她贴，我不贴，你们可以让她嘛，你们党员比他们要高点。

工作组的问题你讲讲（指步雪峰）

（插：步雪峰：两个团都同意来了所讲吧，他们都同意的人还在。）

你们不满意江维的话，江维的话不完全符合事实，你们提出要罢官这个要求有点大，他的错误能认识么。

范兴慧她是不是右派，可以看看，市委同意讲范兴慧是左派，可能就不对了，运动中反动的右派是有变化的，有的好的左派中间可能就不是了，中间的左派后期可能就不是了，这个运动是左派，另一个运动可能就不是了，真正的无产阶级左派要到大风大浪里去锻炼。不够左派怎么办呢？努力么，学习毛主席著作，这一点上不是左派，另一点上可能是左派，市委同志讲了这话你们同意，再争论没味道了。你们不喜欢他（江维）他就不来了，干脆不，换一个人吧。

（吴星峰：他已经不来了。）

讲错一句话可以么，改嘛，我今天来了没有做准备，又没拿讲稿，讲错一两句你们批评。

你们说范兴慧不是左派，又不是右派，我们可以团结么，即使范兴慧真是右派，你们也可以团结么。57年有些大右派现在当人民内部矛盾处理么！右派当人民内部矛盾处理不搞专政。57年右派他们都改了就摘掉帽子么！是不是怕摘了，他又来了，那我就再戴嘛，抓起来，容易抓起来容易。

你们听了我讲这要保护少数，（插：听了）主要是保护好人，可能保护了坏人，保护一下吧，短时间，一个月，二个月，三个月一年也可以，材料够了，就做结论，做结果，有的就抓起来，大部分还是不逮捕。反革命分子定了，你们监督改造他，一般右派不抓，让他吃完饭做事，他还要讲话，让他讲嘛，他讲话也没有人听，有人听也不要紧，怕什么呢？

所以，抓起来容易，扣帽子容易，改造他难。党员、党的基本原则，就是要团结一切可能争取团结的人，除开反党反社会主义分子以外有些犯了错误，但不是反党反社会主义，还让他改造嘛，你说不难吗？有的改得不好，有的改得很少，再看看。马克思讲过一句话"无产阶级必须解放全人类才能解放自己。"全人类不解放自己就不能解放，全人类是谁呢？工人、农民、学生、知识分子，地富反坏，算不算人呢？（插：算人，不算人民），是人类呀！不是动物。地富反革命、资本家坏分子、抓起来也得改造呀，你们把他们改造好了，自己才能解放。他们枪毙了的还有子女啊！他们的儿女要报仇呀，有杀父之仇的儿子报不了孙子还能报，过去不是枪毙了一批吗？他们的子女还在呀，生活得还好嘛！我们说资产阶级权威生活的还比我们好，改造就改造这些人，变坏人为好人，也还是个长期的任务，这是国内的任务，国外也是，这是无产阶级的历史任务改造一切坏人，改造一切消极因素，枪毙一个人容易，可是他们还有子女，子女还不长大呀！你们学校有出身不好的，有地主的，资本家的，党的干部不好的，他们的子女，不歧视他们，对他们的反动言论提高警惕，要提高警惕不要歧视他们，他们有反感。今天只能提这么一个问题，以后的任务就由你们了，以后办好，办不好，由你们了，能团结好，团结不好，看你们了，不团结好就请示建材部、市委、中央。

资产阶级权威让你们批，加上比较多的教员，斗批改全靠你们，你们可能犯些错误，青年人不犯错误怎么能行呢！青年人犯些错误怕什么！让你们有错误改就行了，有人问我们有什么经验，错了就是经验，你们会想出办法的，需要党中央市委帮助就帮助一下，助不了你们自己搞。

当然了，斗争当权派也好，批判反动的资产阶级权威也好，教改也好，都要有准备，但也不是什么都准备好了再干，斗争中再准备嘛，一边斗，一边准备，但也不是什么都准备好了再干，斗争中再准备嘛，一边斗，一边准备，准备好，再斗，斗一次不行，再来一次，慢慢就行了。教改，他们看的书那么多，你们把书分下去，大家看大家批，教育革命是边改边学习，不要打无准备之仗，但是什么事也不一定要准备好了，再干，斗争中学会斗争。

这是你们大家都知道的，我讲这么点，我是不是讲错了，讲错可以批评，不要是我讲的，就不能批评，允许人讲错话，特别你们青年同学，不仅你们青年同学，我们也可能，有些话改来改去改了几十年了还有问题，基本上对，大方向对就行，好了吧！

（记录稿，未经本人审阅，仅供参考）

附件3）八月三日刘少奇的谈话

（对"八一"团代表的谈话）

辩论看事实怎样，有人材料知道很多，他也不揭。他也不斗，他们的话是站不住。他们抓人很多，要抓根儿，谁冒尖头，很短，一打就缩回去了！你等他完全露出来后，就好了，这就可打倒了，他不完全出来是打不倒的。有些人刚刚出来一点，就回去了。

工作组有什么错误，是什么性质，二点意见：

1. 学校成分不好的不少，对这些人要采取正确态度政策，争取团结一切可以团结的人，这是一个很重要的政策。
2. 对犯了错误的人应采取什么态度，他们可以改正错误，要给出路，给重新做人的出路。

马克思讲过，"无产阶级必须解放全人类，只有全人类的解放，无产阶级才能获得自己的解放"。全人类指无产阶级劳动者，还包括剥削阶级子女还包括没有枪毙的，给他们饭吃，还种地或劳动，使思想变化，改造他们劳动改造使他变化，对不枪毙的人，还算人。你要枪毙他，他就反；你就改造他们，他要不改造就永远不能解放，这包括帝国主义，地主，坏分子，右派分子。地主阶级枪毙了一部分，现在还有他们的家属，他儿子有杀父之仇，他要报仇就不能解放，解放全人类包括那些不被枪毙的犯人，无产阶级还要镇压犯人，无产阶级不专政就不能解放自己，把所有犯了人都枪毙，杀父之仇就更多了。

有些家庭出身不好，他们有些人反党反社会主义，有些人也可以不反，反的是一小撮。你们要团结，不管人家怎样跟踪你们，你骂我我不骂你，你造谣我有认识，团结多数，团结一切可以团结的人。有人"八一团"不加入"革命团"也不加入，要听听他们的意见。

昨天不开大会不行，不开大会就闹起来了，今天谈不完，明天还可以谈，摆事实、讲道理。

讲几点意见：

有党员有团员、党团支部，总支书记，总支委员，组织改选，原支委，原支书，你们不喜欢，可以改选，如暂时成立不起来，可以成立临时的，如你们可以罢官，选不出来成立临时支委。

院党委要改组，开全院党员大会要改选出来，就选出来，选不出来暂时慢些把旧的院党委，院团委选出临时的院党委，院团委，选不出来也不急，等一时再由你们选，院党委能改选就改选解决。

以后支部开会不要秘密，还要非党员，党员开会不开秘密会。吸收非党员参加，预备党员可以做支部书记，参加党的会议，非党员参加，由院文革委员会决定一半一半比如两个党员吸收两个非党员参加。

你们议论怎么办？要争取多数，不要把党团员搞成黑邦，搞成反党，他们多数是好的，秘密会（指党员秘密会）由市委决定。

最高指示

你们要关心国家大事，要把无产阶级文化大革命进行到底！

《毛主席会见首都革命群众时的讲话》

要特别警惕象赫鲁晓夫那样的个人野心家和阴谋家，防止这样的坏人篡夺党和国家的各级领导。

转摘自《关于赫鲁晓夫的假共产主义及其在世界历史上的教训》

刘少奇一九六六年八月四日同北京建筑工业学院工作组的谈话

到会者：戚本禹、刘少奇、谷牧、耿一凡、吴星峯、及该院工作组同志等十人。公安局吕朝海同志也到会。

吕：从简报上看小集团的性质是明确的。至于魏梓林与陈国是如何讲的，我不知道。

（——有脱落）

刘：轻视体力劳动不是无产阶级观点，是资产阶级观点。至于吕朝海是否有活动？

闫：有活动。

吴：活动是我允许的。

杨：闫经范二日请示市委，市委说停止活动。

吴：停止活动是今日的事。

刘：贴大字报她们好。

吴：有两人宣布过观察员，大家还不知道。

刘：恐怕你们（指吕、郭）是参加过工作组，在说不合适了吧。工作组暂时撤不出来，撤不了，工作组撤退了，换个地方吧！现在还是工作组人员你现在站在一边了。

戚：有人反映你们还有活动（指工作组）

闫：调查嘛！

戚：可以调察。

刘：不必调察了。你们犯了错误是什么性质，主要讲思想，你们理解到什么程度……过去你们对施兴惠、贾健苦不好，撤了职的，你们走不了，我去也没有办法。

谷：谁让你们去的？（汤：郭影秋让作的）

闫：615的事情，讲话泼了冷水，情况很不了解，又受了党员意见冲击，当时判断个别人想耗事（有意的唱对台戏）当时况不住气。我认为省人给工作组难题作，解决不好，马上脱离党员。讲四条（不准鼓掌，不准喊口号、不准……）下午讲话多了，崔了。

刘："只能否定，不能肯定"在大会上讲了吗？

闫：讲了，我下午讲话是泼了冷水。

【吴显峰讲】当时的判断（指工作组在简报上对6.15事件的判断】

刘：事件是你讲了，讲否定说是不好的很吗？今天讲工作组错误的性质及认识。

闫：个人看，各个系统，运动系统有两个方向不对头，六月七——九日三天总党委会。

刘：重点对外了。

闫：欢迎，对学院情况不了解，对阶级斗争形势认识不足，七——九日三天未把方向彻底扭转过来，九日开会研究了，马上报组织，十日全院大会说明来意，同学也欢迎胡、寇为领导小组。

刘：胡寇也欢迎吗？

闫：欢迎。

臧：六月六日一些群众与群众对立。引火烧身市委讲了，还有炮打司令部。

刘：（对闫）你说是对外吗，你们这样检讨过不了关的，现在的问题是如何自觉，错误的讲够，范兴慧等准你们出来你们出来你们就走掉。

闫：第二错误是抓"游鱼"市委布置扫障碍。

（吴：开始叫"障碍"，后来叫"干扰"）。

闫：讲 刘：扫障碍由市委负责，但抓"游鱼"也没让你们抓呀。

闫：讲了市委León文。抓"游鱼"不仅默认而且是布置了的。

刘：要认错，不得推脱了。

闫：李景戎、范兴慧、王克仁、白文初、刘仕义，董桂样廿七、廿八日布置要抓这七个人，共抓了六条（个），加八名反动学生、共十二人。
刘：说反动学生条件也不够嘛！不能做那个结论，不能不准学生贴大字报。你工作组肯定是反动学生吗？学生知道吗？
闫：不知道，除范兴慧外未宣布反动学生，也未批判她。抓是我们领导了的。
刘：你们只抓一个，学生一抓就多了。
臧：学生讲24人，有大"鱿鱼"还有小"鱿鱼"。
刘：搞得人心惶惶了。（指6.25事件——7.7抓"鱿鱼"）
闫：抓几个人。
刘：你说抓了几个人，群众一抓就多了，你们要检讨。把鱿鱼帽子取消嘛，人家讲了几句，你就怕了。
闫：第三个错误，改组三个班（文革）是违反民主集中制，责任我负，布告是机电系出的。
刘：革别人的命行，革自己的命不行呀！6.15事件，抓"鱿鱼"，改组三个班，只能否不定能肯定等，是听了党员党组织的话嘛！这些人的话听不得嘛。问题就在这个地方，你们还是党组织系统来搞，现在改选也是改选不出来嘛，这里有多数群众问题。总起来是个思想问题。
闫：就是怕乱，怕违反政策，按框框搞。
刘：总之，要按你们的计划搞。运动有自己的规律，有它自己的秩序。运动不能按你们的，也不能按我们的。（计划）
谷：你讲的是外因论。
闫：我们是有框框，照上边的。
刘：不是群众观点不强，就是没有群众观点嘛，怕乱是想你也有嘛！
闫：未搞过土改，搞过四清，又有臭架子，甘当群众的学生差。
刘：群众不听你的，他你强迫他听，范兴慧不听你的，非让她听不可。
吴：市委五天中招呼你们三次，停止抓"鱿鱼"你们不听。29日我找胡醒来了，讲了要停止，30日你们还继续抓，后来又打出了几次电话，耿一丸还提过，就是不停止。
闫：你给我只打了一次电话。我们7月2日就批判张君，批判张君也有框框。6月7日各批了半天张君。

刘：准备几天，但不一定成套，准备好了，再批。

问：错误的性质两段方向不清。

刘：将来得开大会，市委得替你们担责任的，中央也得替市委担，你们不得往上推。（吕反映工作组有人盯他们的梢。问：是保护文件）

刘：你没有这样就麻了。八一战斗团拥护你们嘛！（指韩、吕）其他战斗团就贴他们的大字报赞成把你们（指老韩 老吕）在学校；其他学生就反对嘛！所以留在这里就对团结不利。运动不能怪你们，问题是有一批人拥护你，另有一批人不拥护你，还是走开好，工作组的错误性质，运动方向是对还是错，还是具体工作错了，是个别的错还是方向错？（讲毛主席提的对群众运动的三个态度）。（工作组领导运动的方向，是站在前面领导，鼓励群众前进呢？还是指手划脚，校党委站在运动的对立面反对群众运动，抵抗运动，势必被运动冲垮。工作组当权，不是采取支持的态度，还是有点架子）。

现在是这样大的运动，文化大革命运动，是站在前面领导，积极参加鼓励群众前进呢还是指手划脚？就是这个问题。

开始校党委站在运动的对立面，反对群众运动。北大大字报公布了，害怕了，怕的结果，站在群众的对面反对，指手划脚，基本上站在对面抵抗运动，校党委垮了，工作组当了权，你是站在老师，学生中和群众中学习，给一点帮助。不给帮助一点鼓励也行嘛。你们始终也没有嘛。你们站在当权派地位，还是统治者，怕把运动搞坏，就怕运动不按你的想法搞。你做主人还是群众做主人？是赞成是帮助。你不能很好学习，又没有经验，你就不能建立领导，势必被冲垮。工作组当权，不是采取支持的态度，还是有点架子，有点当官作老爷，就是我领导你们，一定要照我的办，不照办就是"鱿鱼"。

谷（插话）：架子太是不小，开会儿不准，开会还有这么多的规定。

刘：工作组没有很快撤销，这中央负责。工作组看来不派好些，工作组不做好了，是阻碍运动，甚至还镇压群众运动。学生是搞反党反社会主义反毛泽东思想的当权派。这一点工作组不会做，我们也不会做。看来派工作组无必要。现在看给群众鼓励帮助的很少，好的是少有，一般是反对群众运动。不让他们（学生）闹事。放假不上课，不让他们闹，他们干什么呢？一般就是按我们的框框办事，而不是鼓励他们闹事。特别是怕反革命闹事。怕反革命上台，现在不要怕了。反革命闹事上台有好处。北京市委彭真，中央罗瑞卿还不是上了台，让反革命上台不好吗？让反革命搞几天不好嘛！如果反革命闹事上了台，而是群众拥护他，不用好久群众就会看出来。暂时群众分裂一下也不怕，不要怕反革命上台。蛇出了洞，就好打了，刚出了个反革命，你就一锤子，就打不倒。革命的造反精神万岁！马克思主义的道理千条万绪，归根结底就是一句话，造反有理。历来统治阶级就怕造反。现在是无产阶级专政了，中国共产党是马列主义的，不能造反。如果变成修正主义党，那也要造反嘛！就是打着红旗反红旗也造反。现在学校及文教机关阵地是在资产阶级手里，在那里党没有领导权，即使党委领导，他执行的是修正主义路线。根本的问题是反对[illegible]，只[illegible]则不行。人家造我的反，我们不让人家出[illegible]，[illegible]大民主中挑选造我的反，我可以检讨，你也可以开除我的党籍，撤我的职。但你赞成他，剥夺好他，可以不造反，因此要引火烧身，[illegible]。如果是好人反错了，还是好人。如果不让人家造反，非把你反掉不可。不许群众造我们的反，都有这个问题。

有两条：1.不许群众造反，是同志们的错误，就得决不让人家造反也得造，势必如此。你们不做了倒好一点，一二个月还可以学点东西。2.还有一个怕反革命上台，因此把不是反革命也当成了反革命，把范兴慧当成了反党反社会主义的嘛！当反动学生批判嘛！要让他们活动，直到夺取领导权，让他们统治一个时期，让他们整党员就暴露了他们自己。怕大民主，怕群众运动，怕破坏我们的秩序。革命群众运动的秩序不是以我们主观的框框为主，群众起来要建立他们的秩序。范兴慧贯健等说工作组的错误是方向，路线，立场的错误。错了是不是？是，是站在资产阶级立场，怕破坏资产阶级的秩序，修正主义的秩序，工作组的秩序也是那一套，不比他们好，和他们差不多，凡是破坏的，你就反对，直接镇压群众运动，就是站在资产阶级立场上，资产阶级思想感情和。对维护你们秩序的很感兴趣，有的党员学生说你们的方向对。你们的立场，思想感情和"革命团"的一样。我了[illegible]学生[illegible]主动团结这一派。[illegible]改选文[illegible]，选不出来，搞始时总支。[illegible]活动。总(支)委员会统统[illegible]，不开秘密会，统统[illegible]好不好？[illegible]秩序。就是[illegible]人的感情影响你们嘛，你站的是资产阶级立场，资产阶级思想感情，根本问题就是这个，这个问题认识清了，就可以造自己的反，也可以造新市委的反。修正主义还统治了中央办公厅，是真的反革命。用反革命的口号统治一切是不能的，他们必然从革命的面目出现，这样的反革命很难识别。我问过革命团范是不是左派，他们说不是，右派也不是，只是个中间派嘛，应团结她嘛！发动党员、团员是对的，发动起来要革命，破坏原来的旧秩序，不这样，恐怕党员将来有当保皇的，党员多数还是好的。搞好可能还是党团员做领袖。也可能是打着红旗反红旗，范兴慧这人到底是好还[illegible]

戚：总的方向还是对的。你那多数（革命团）是不可靠的。

刘：范兴慧站在运动前面，她要闹事，你不让她闹，闹事不怕。

十五日事情件可提交群众讨论。是文斗还是武斗，由群众(讨论)决定。你十五日上午的讲话是鼓励他们的，下午的讲话就不好。这个问题应在群众中讨论，主张武斗的人在大会上让他讲话，他的面孔不就暴露了吗？要把资产阶级思想，(小气)作风，风格打倒。不能靠打，要批透。农民是这样斗了地主的。青年是到这是好现象，他赞成戴高帽子，打一打威风也好嘛。你们情绪不对呀！你们有的领导同志是地主出身，这得警惕。可能自觉不自觉作的，我们许多同志过不了社会主义关。你们也有思想，旧习惯，旧作风，这次文化大革命是触及人们灵魂的。大学生闹事也是历史上(常好的)。学生运动镇压不了的。我们也要这样作，肯定是失败的

戚：对学生迫害，得由你们负责

刘：群众讨论你过不去嘛！事实客观就是镇压学生的群众运动。你们没有这样的感情（对宫振雷和郭芳瑞的态度。）你们思想就是有个立场问题，就是怕这个大民主 主席讲过没有民主，党就会变成法西斯党。在大民主面前你们害怕，实际是你们没有民主[illegible]集中制，只有集中没有民主。你们勒令什么选举，采取指定的办法，实际是法西斯的统治。民主集中制，我看毛主席号召，群众起来就可以实行民主集中制，怕民主必垮台。没有这样的群众运动，这样的民主，民主制与制度就搞不好。你对戚本禹的态度不好，就是他年龄小，集、资格不老，我讲方向不对，你不敢反对，因为我资格

比你老。戚本禹说几句，你不听嘛！你有架子，不是采取小学生的态度，这是不行的，非垮台不可。你也是解放军，你的作风不好。我讲的是根本问题，你不通也检讨不好的，要当勤务员。鲁迅说："横眉冷对千夫指，俯首甘为孺子牛。"实事求是，可以大会、小会，两面俯首甘为孺子牛，说服工作队员。

如果通了，你就准备一个检讨。戚本禹帮助一下，起个草稿，让戚本禹看一看。我也准备讲几句，你的检讨不好，我也不好讲话了，大会只能延未　次。

谷:不辩论任何意见了，闰避对这个会议态度不好，主席去你们那里跑了两趟，下了这么大的功夫，是给你这个问题打两板，那个问题打两板。你是听主席的指示检讨认识问题，任何具体问题错误的，都减轻不了你的错误性质。中央很替我们承担责任，你的态度不好，少奇批评了你，你还说清华　北大斗了多少。这样的问题不好解决，再认识问题。老革命碰到新问题　好象起了障碍镇压群众运动的态度，对自己讲不是坏事，我们当权，就不许人家夺权。

建议同志们讨论一下，中央已考虑。性质定了，方向定了，还在考虑够不够，你还在考虑各种方式镇压群众运动，应该端正态度，错误的性质，不是主观上想够不够，而是客观上形成方向性的错误。不要给少奇同志和市委同志增加困难。这个问题解决上，承认你们还是够格的党员，这是一个严肃的问题，"我"字不要考虑，现在考虑也没有用……。

1967 九 11日整理

审问刘少奇的当年英雄们
今日还健在有何感谢？
真想听听你们发自心
灵中的呼声！赎罪吧，
给後人一个交待！

古月斋
乙未年端午第二日

梁必业：原军衔中将，职务见前表。

刘志坚：" " " " " " " 原中央文革小组付组长。

补前

徐冰　中共中央候补委员，原名邢漳甫，笔名西屏，河北南宫县人一九二〇年赴德国柏林大学々经济学，二一年赴苏留学职务见前表。

杨植霖：原中央文革小组々员，职务见前表。

注：

1. 彭德怀反党集团揪出后黄克诚、谭政、杨维罢官。

2. 黄、谭被罢官后，罗陆被塞入。

3. 本材料系根据大字报及其他一些材料整理，难免有出入，仅供参考。

清华大学井岗山"东风万里"抄
一月十八日

天津大学"八一三"化工系合四乙
翻印

河北大学《瑞金公社》再翻印
四月六日

红卫兵们，今天根据这些资料你可以向你的儿女，讲々你们打砸抢批斗的光荣史，作为家史流传吧！

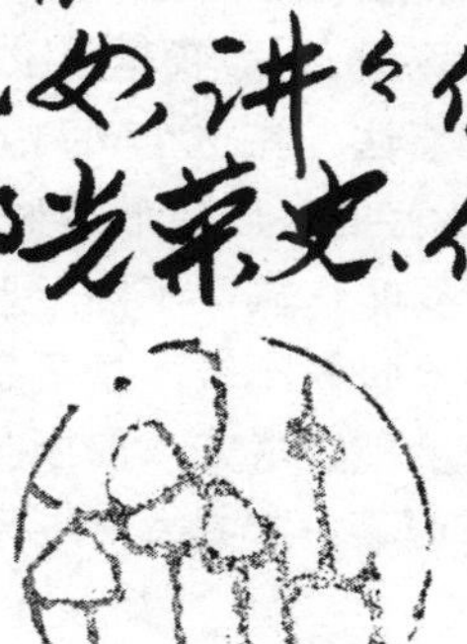

康生同志、江靑同志接見安徽省代表时的讲話

时間：一九六七年九月五日

地点：人民大会堂

康生同志：同志们！现在咱们开会，这个大会是第二次会议，这几天同志们在下面做了许多工作。我看我们这个，大家都是愿意向毛主席这个路线方向前进，改变我们的工作，看起来你们在底下工作时候还是有成绩的。当然现在这个家里边的问题嘛，比过去改善了一些，但是问题也还存在着喽。武斗比过去好象少了一些，但是，抢枪的问题，各派还存在着。我特别感觉到有一点好的地方，就是这个合肥的郝派喽，拟了一个电报稿，指出郝派的梁树夫同志、郝再风（音）同志，对这个解放军十二军的态度是错误的。我们这里的合肥的代表，郝再风(音)的代表，要打一个电话，支持十二军，坚决地贯彻执行中央的关于拥军爱民的指示。表示对于六四〇八部队，就是十二军喽，绝对要相信。啊！表示六四〇八部队是党中央、毛主席派去支左的部队，表示对六四〇八部队的态度，就是对党中央、毛主席的态度。应当大事、小事到六四〇八部队请示汇报，这一条很好喽。还有一条就是，郝再风同志、梁树夫同志（音）对六四〇八部队的态度是极端错误的。应当向六四〇八部队赔礼道歉，应当向党中央、毛主席检讨，向广大群众公开检讨。下边一共七条啦，这么一个电话稿，这个电话稿，我觉得很好，这说明我们这个会议有进步了。不晓得这个电话打了没打（答：打了），已经打了！那很好喽！的确是，关于这个拥军爱民这个大的方向，同志们特别要紧，（众，呼口号：向解放军学习！向解放军致敬！伟大的中国人民解放军万岁！）为了同志们了解，中央关于当前的主要的问题，形势问题，关于坚决执行毛主席无产阶级革命路线问题，坚决地拥护我们的解放军的问题，从大的方向问题。我们请江青同志向我们谈一谈。（众：热烈鼓掌）

江青同志：同志们好！（众：热烈鼓掌，高呼口号）我来的也很仓促，也不知道怎么回事，康老把我拉来了让我讲几句话。也没有准备，讲对了，供同志们参考；讲错了，同志们批评我，炮轰我也可以，火烧我也可以，都可以啊！我想讲一讲形势的问题。我们对形势的看法，在这个问题上嘛，有一些不同的看法，我们对全国的文化大革命的形势，认为是大好的。目前形势如果孤立起来看，那当然啦，在某些地方，个别的地方，觉得那就很严重嘛！其实不然，形势总要从全面来看，从历史来看，如从历史来看哪！今年和去年这个时候比较，是不是大不相同？去年这个时候党内走资本主义道路的当权派和地方上的他的爪牙，那他还是相当有点活动能力的呀。而现在呢他瘫痪了，有的被革命小将打倒了。瘫痪本身不是坏事，因为走资派他不能够动，是不是？那么有的地

方就成立了革命委员会，那么现在，中央在一个省一个省，大的城市一个市一个市来解决，正象安徽省吧，现在请同志们来解决问题哪。就拿你们安徽省来说吧，也不同了嘛，旧的以李葆华为首的这小撮，被揪出来了吗？啊！甚至连刘秀山（音）那样的坏人，还有一个程（音）什么的那个叛徒？（众：程远（音））都暴露在光天化日之下（众：呼口号）好，同志们！这个刘秀山是个坏人，我是很早知道的，不是现在知道的。只是没有戳穿，我有材料，他是个坏人，他在背后操纵，可能有些好的人上当，在这一定要注意，不能够把好人跟坏人搞在一块。啊！当然喽，上了当的同志，受蒙蔽的人，就得注意这个问题。这个刘秀山躲到北京好久哇！躲着一直藏到北京，现在不知上到那去了？（众：现在合肥了）现在，你们不管怎么样嘛，不管曾经吵过嘴，武斗过，什么搞过这样一些事，可是都能够坐在桌子上来谈了，是不是也是一个好的形势呢？（众：是）咳，你们坐在那边的同志怎么不吭声啊？（江青同志笑了），从历史上来看啊，就是从去年到今年啊，你看有这样大的变化。把党内头号走资本主义道路当权派，这个大批判啊！现在逐渐在全国展开。在各个战线上要向他开火，要批倒、批臭、批深、批透。要作到这一点，我曾经在一个场合讲，要家喻户晓，要使他臭的比当年苏联的托洛斯基还要臭，那样，中国就可以不变颜色了。因为他执政很长的时间了，两面派，有一整套的干部路线保证他的这个错误路线。但是，无产阶级文化大革命，毛主席一声令下，小将们就上阵，就把这些家伙就统统摧枯拉朽（江青同志笑了）搞出来了。当然了，同志们会说，江青同志说的容易噢，我们在那斗的可厉害了。我们也斗的挺厉害的，只是没有武斗就是了（江青同志笑着说）。不过我声明了，谁要跟我武斗，我一定要自卫，我一定还击。（众：热烈鼓掌，高呼口号：坚持文攻武卫！毛主席万岁！向江青同志学习！向江青同志致敬……）（江青同志高呼：向同志们学习！向同志们学习！众，再次热烈鼓掌），同志们我不是提倡武斗哇，你们不要以为我提倡武斗，我是坚决反对武斗的，我是坚决拥护毛主席提出的要文斗，不要武斗。我说的是当阶级敌人来向我们进攻的时候，我手无寸铁，怎么行哪！是不是？我是那种情况，而现在我们不需要那样的武斗，武斗总是要伤害人的嘛，总是要破坏国家财产的嘛，为什么要作败家子呢！我讲的这样一个问题，一定要说明白，这个文攻武卫不要去掉它的阶级内容，不要去掉它的一定的环境和条件。回去你们双方都搞起武卫来，都戴上柳条帽，拿着棒（江青同志笑着说）那就不好喽！（康生同志：现在不但是这样子，用机关枪啵。）机关枪打，打一下子弹就完了。总的说，我觉得形势是大好，锻炼了青年一代、锻炼了小将们，也锻炼了革命干部，也锻炼了老年一代，象康老吧（江青同志笑）我们都是很累的嘛。（康生同志：锻炼了你们，也锻炼了我。）所以不要以为，咳呀！我们这个安徽问题可是复杂呀！不见得，各有各的情况。总而言之，安徽目前的情况比去年大好，现在你们比早一些个时候也更好了嘛！坐下来谈嘛，这就是了不起了，不是那么气的，那么动武了，啊？！这就是一个好事，良好的开端吧。现在各省大体上这样，经过到中央来谈哪，也有的个别地方有反复，反复也是正常的现象。此外也不平衡，不平衡也是正常现象。总之是往好的方面来发展，对这个要有以下几个好的条件。那就是说，要有以毛主席为首的党中央来领导，这是重要的一条，要有人民解放军这个无产阶级专政的柱石，保卫无产阶级的文化大革命，要逐步成立地方上的革命委员会，搞革命的大联合，革命的“三结合”，才能够进行斗批改，才能够配合全国范围的大批判。那么目前呢？当然从文化大革命起，我所说所为的也不是绝对的，是相对的，总是有：首先有党内走资本主义道路当权派，另外还有社会上的地富反坏右，还有美国特务、苏联特务、日本特务，国民党特务等等，就是要破坏的。他一直想企图有这么一些黑手，背后的，藏在背后，你们不容易识破，他以极左的面貌，或者以右的面貌出现，来破坏以毛主席为首的党中央，这个，是绝对不允许！而且他也注定要失败的。同志们想想，允许不允许呀？（众：不允许！）目前拿北京来说，就有这么一个东西，我叫他个东西，就是因为他是反革命组织，叫五·一六，他人数不多，在表面上也是青年人，对于青年人我看是上当的。少数是资产阶级的分子，对我们有刻骨仇恨的。这是个别的，多数是青年，他利用青年人的思想的不稳定，而真正的幕后人都是很坏的人。而你们安徽呢？也有。就反对中央吗？！啊，中央那个（康生同志：九条，五条）下去，都反对嘛？不执行嘛？拒不执行嘛？如果按那个九条，那么好好地办下来，就不至于现在又反复喽，这是反复啦！唉！反复也好吗！你们多来一些也可以，欢迎啊！这个五·一六是以极左的面貌出现的，它集中目标反对总理，实际上我们每个人的黑材料它都整啦，他什么时候都可以往外抛的，这个切不可以上当。你们现在都在北京，难免没有人在里面活动。（康生同志：你们应该注意有没有派人来搜集中央文革的、中央同志的材料，有这样的事情吗？（当时双方争论）我说句公平话，你们郝派也来到这搜集材料，你们郝派呀，也是在这搜集材料的，说穿了这个问题……（以下听不清）所以事情要共同的看，是吧？）当然我们也不怕，因为心里没鬼，怕什么哪，你们去搜吧！吃饱了饭没事干！想干这个不干革命，你爱怎么干怎么干，我是不怕啊！他们过去就整过我的黑材料，这次才发现，有一个专案在上海，去拿材料时候，说其中有一箱材料是我的，他们没办法，我说拿来吧，拿来以后我也没过问。你看，过去一大箱所谓黑材料，晓得是些什么东西。我们最近发现有的地方成立所谓"特档"，特别档案，对我们，所有这些都是些小事情，小的手法，见不得人的，（另人：小丑。）小丑所以这个从右的方面就是今年一、二月间刮那么一股子风，就是反对无产阶级文化大革命，但是目前这股左的风，反对中央哪，这是极左的面貌来反总理，这是个很典型，这是个反革命组织，就是五·一六。要提高警惕，对一些特务，美蒋特务，苏修特务，还有地富反坏右，他们不会老老实实的。他们千方百计要作垂死挣扎，那么我们就要提高警惕，识别他，作宣传，向群众宣传，使群众觉悟起来，把它们孤立起来。他们都是见不得人的那一小撮，就是说反对从左边、从极左，从右边来反对以毛主席为首的党中央领导班子，这个问题，我劝同志们提高警惕。

第二个问题就是军队。早一些，有这么一个错误的口号，叫做抓军内一小撮。这就到处抓军内一小撮，甚至把我们的正规军的武器都抢了，同志们想想，如果没有人民解放军，我们能坐在这个人民大会堂开会吗？（众：不能）如果我们的野战军被打乱了，万一有什么情况，那能允许吗？（众：不能允许）所以不要上这个当。这个口号是错的。因为不管党政军都是党领导的，是只能提党内一小撮走资本主义道路当权派，不能再另外提，那不科学，结果弄个到处哪个军区差不多都受冲击了，不管好坏。你尽管我们对军队的有些同志、少数同志、个别同志，甚至犯很严重的错误，也不希望如此吗？中国人民解放军是毛主席亲自缔造的，是林彪副主席亲自指挥的，请问世界上有没有这样好的军队，你们听说过吗？（众：没有。高呼口号：向江青同志学习！向江青同志致敬！）胆敢抢他们的枪，打、骂都不还口，都不还手，世界上有没有？（众：没有）。所以现在不能这样上敌人的当，到处揪一小撮！乱揪！我就给北京的小将谈过这些问题，就有错误，你们跑到外边去，去年是点革命的火喽，大串连，今年现在又出去了，啊！这就是帮倒忙了，说是军队一小撮，你们揪不出来，我们帮你们揪，有个别的地方这样。这是错误地估计了形势，又上了别人的当，因为什么？青年人非常爱动，喜欢动啊，这个斗批改可是难啊！非要坐下来看文件、看材料，然后动脑筋吧，这个比较苦，那艰苦，这个跑跑、冲冲，甚至武斗，那都是青年人好本性爱动。你们也会到处跑的呀！听说武汉那个造反派，什么钢二司，还有什么，他们刚刚翻了身，他就全国跑起来了，（底下人讲：钢二司）这要注意的，因为跑到哪去，不了解当地情况，一头栽进去，就犯错误了。还是要相信本地的群众，不能去包办代替。正象我们不能包办代替你们的革命一样，我们只能跟你们商量，协助你们商量。所以这个抓军内一小撮这个口号是错误的，产生了一些不良的后果。现在这股风啊，大概是开始可以煞住。那末，同志们会说了，江青同志是不是说军队的同志没有错误了，我不是这个意思，军队同志的错误、缺点应当给他们机会，让他们自己去作自我批评，不要看我们有的老的干部犯了错误喽，说错了话，作错了事。这我也是常有的，他要打起仗来，可很勇敢喽，可可靠喽。在这个文化大革命中跟不上形势、犯错误，说错些话，作错一些事，只要他想改正，他想自我批评，同志们应该允许人家改正错误嘛？！应该遵照毛主席的教导，惩前毖后，治病救人嘛？！安徽的情况，因为我这一向都没怎么摸，我不知道怎么样。是不是有一个军去了以后，他们很不欢迎啊，野战军。（康老：在合肥，在淮南开始了对十二军的反对喽，九月二号，郝派冲了八十四师的师部大楼，淮南不知你们知道不知道这个问题，合肥这个问题你们知道喽，你们才批评你们那个郝再风、梁树夫（音）是极端错误的，是对的喽。淮南的方面看来也有缺点（当时群众插话，~~不管他谁冲走了，~~这个问题是不行的，不管他谁冲了。）把野战军冲乱了可是不好喽，不能开这个头（一群众：他们叫人围攻解放军，解放军收他们的炮弹，他们叫许多人去围攻十二军……）连炮弹也弄去了？啊哟！所以这个（这时双方争论起来）不好啦。这样些话都不好的呀！不要这样说了，（双方争论）你们现在是跟我吵架呢？还是你们双方吵呢？我们的野战军是好的，军队是好的，你想嘛！广大的指战员出身都是贫下中农，工人，坚决执行以毛主席为首的党中央的无产阶级革命路线。以前是不介入嘛，后来介入他不摸底，介入以后啊！这是难免的，你们试试看，换一个位置试试看，犯不犯错误，换一个位置呀。我所说的容易犯一般的说话的错误，做事情，不是路线错误啊，是原则问题。这对军队不能这样，又是夺枪啦，有的战士都哭哇，因为他不能开枪，他搞不清楚，他以为都是革命群众，他的枪叫人抢走了。在国防前线啊，我们现在就要下一道死命令，中央已经通过。我要是警卫战士呀，谁要是夺我的枪，我一定还手，当然开枪是不对的，我就是这样子。我是警卫战士，我知道你是好人，你是坏人，你来夺我的枪？当然啦，现在全国范围夺枪，大部分说是民兵的枪是保守派，有的不是夺，是交，确实有这样情况。少部分左派有枪，现在（这时双方又争论起来，康老笑了说：不是有协定吗？），我觉得，同志们！如果我的意见能够起一点好作用，就是我们要创造良好条件啊！我们要成为毛泽东思想的革命派，不要成为张家派，李家派。这个派性就是小资产阶级的特性，山头主义、本位主义、无政府主义。严重的无政府主义。（插话：今天转载了文汇报的社论："无产阶级的党性和小资产阶级的派性"可以看一看）嗳！你们如果双方都作自我批评，不是就不吵架了吗？

啊？我建议你们双方都作自我批评。这个方法好，作自我批评。比方你就是反对我的，我就到你那去，我作自我批评，然后你当然就会觉得惭愧了，也找出自己的毛病啦！也作自我批评，这样子我们就能冷静下来谈一谈了。那么那一些是大同？求大同存小异嘛！大同是什么呢？同啊！共同性啊，就是说，革命嘛，无产阶级文化大革命嘛！你站在以毛主席为首的无产阶级革命路线上？还是站在走资派的路线上？这是个大是大非的问题。在这个大原则底下，如果你们都是要斗争党内走资本主义道路当权派，有什么理由不联合？有什么理由不为了革命联合，而闹你们的派性呢？我看是不革命，为自己，不是为了人民，不是为了无产阶级。如果真正是一个无产阶级革命派，他就有自我批评的精神。首先，要严格要求自己，要求自己能够团结。而不是以严格地去要求别人，然后吵架、打架、武斗，抢武器，这样子就很不冷静了，也说不清是非了。就是吵，是非总是应该好搞清楚的嘛！容易清楚的嘛！就是你们安徽，看你是不是斗争以李葆华为首的这个走资派，也有一小撮。在这个当前，这个条件，你斗不斗争全国党内最大的走资本主义道路当权派，那么，如果这个大前题是一样的，就是同嘛。那么异嘛，不大一样的做法，或者某一些看法，可以存在嘛。我们小组，我们也经常有不同的意见啊。我跟康老有时也要争几句的，并不是没有什么争论，但是我们能够在一个一致的大前题底下，把不同的异就存起来了。（康生同志：一个人对待自己也经常斗争的嘛！都为了要改嘛，就是自己？反对自己嘛，这个事情是常有的，自己同自己吵架）革人家的命容易，革自己的命可难了！因为自己的脑子里就有一个阴暗面，一个光明面，这个阴暗面就是指小资产阶级、资产阶级的东西，如果不革掉，难免也会掉队的，难免也会走到对立面去的。头脑里的私字就是个人主义喽，再大一点小团体主义啦，本位主义啦！一直闹到无政府主义发展到谁的话也不听了。把我们有良好的组织，良好的装备，有良好的政治工作的野战军也都要打乱了。这不是你们的本意，有坏人，他想达到这个目的，就挑唆你们，请勿上当，要心明眼亮啊，要冷静，要善于识别敌（敌人）我友。你们现在有的时候，连朋友也吵起来了，自己阵营里也吵得一塌糊涂，打起来，是越分裂好呢？是搞革命的大联合好？同志们！（众：大联合好），那么你看，我听这面不带笑，是不是不太愿意呀？（众：愿意！）好，总是要搞革命的大联合，然后搞革命的三结合，才能够有领导，没有领导革命不好进行啊。

那就是我讲的第三个要成立革命委员会，逐渐地，就是新的领导机构。目前因为这股子歪风，除了对着以毛主席为首的党中央，针对着人民解放军，抓一小撮，就是说，第三就是针对着革命委员会。这个新的事物，革命委员会难免有缺点错误，更难免混进一点坏人，但他毕竟是个新生的事物。他是在群众的基础上产生的，现在有这么一股风，又要把这个中央已经批准的革命委员会全部要弄掉，这不是别有用心的人在那挑拨吗？同志们！你们知道不知道这些事情啊！（众：知道！）将来你们那要是逐渐地成立了革命委员会以后，这个事情也要警惕喽，当然喽有点反复我们也不怕啦，所以我想，在这大好形势底下要警惕这三个事情，从极左到右来破坏以毛主席为首的党中央，来破坏人民解放军，破坏革命委员会，这个背后不仅有党内走资本主义道路当权派，而且有地富反坏右，还有美、蒋、苏修、日本等等特务，我们有材料，我们搞了一大批，小将们的功勋哦！叛徒集团你们知道不知道？（众：知道！）很大的特务案子都搞出来了，过去搞不出来的。所以这次大革命的功劳真是大，潜伏几十年哪，连这叛徒集团过去都不知道的，这是红卫兵的功勋。当然对安徽来说，揪出那一小撮走资本主义道路当权派，那是同志们的功勋喽。同志们要很好地警惕，这三个事情，有人要破坏党中央，人民解放军，我说的党中央是以毛主席为首的，革命委员会，我真想提醒同志们。我们的意见要是不妥当。同志们批评我。现在，我们中央通过了一个文件，念一念给同志们听："中共中央、国务院、中央军委、中央文革小组关于不准抢夺人民解放军武器、装备和各种军用物资的命令"，（这是命令。）各省（市）革命委员会（筹备小组）、各级军管会、各级军区、各革命群众组织：中国人民解放军是我们伟大领袖毛主席亲自缔造和领导的，是林彪副统帅亲自指挥的举世无双的人民军队，是劳动人民的子弟兵。它和革命群众是鱼水相依，血肉相联的。人民解放军必须坚决响应伟大领袖毛主席的号召，坚决支持革命左派，尽一切责任，爱护一切无产阶级革命派，爱护一切红卫兵革命小将，爱护一切革命群众。

毛主席说："没有一个人民的军队，便没有人民的一切"。人民解放军是无产阶级专政的柱石，它担负着保卫国防、保卫无产阶级文化大革命的光荣艰巨的任务。

中国人民解放军要时刻地警惕帝国主义、各国反动派和现代修正主义的突然袭击，必须坚守战斗岗位，加强战备，保证装备完整良好，作到一声令下，立即行动。

中共中央、国务院、中央军委、中央文革小组八月二十五日《关于展开拥军爱民运动的号召》中指出，"人民解放军和所拥有的各种武器、装备和物资，是不能侵犯的。（江青同志问：同志们：听懂了吗？众：听懂了。我重说一遍：）"人民解放军和所拥有的各种武器、装备和物资，是不能侵犯的。人民解放军的指挥机关，是不容许外部的人进驻的。"（江青：你老把作战系统给打乱了，一旦有情况怎么办？现在是帝国主义怕我们，怕得要死，修正主义也怕我们，怕我们无产阶级的文化革命，可是也不能说没有这个万一呀！）一切无产阶级革命派，一切红卫兵革命小将，一切革命群众，一切爱国的人们，都必须严格遵守，切实执行。这是响应我们伟大领袖毛主席"拥军爱民"的号召。爱护人民解放军，拥护人民解放军，这是一切革命群众和一切爱国人们共同任务，真正无产阶级革命派的同志尤应在这方面做出模范。

各革命群众组织一定要正确理解无产阶级专政条件下的大民主，（江青：在这个问题上我说一两句，现在世界上有没有我们这样的大民主？"众：没有"，你们现在想轰那个就到外头想贴张大字报，大标语，是不是没有，江青同志笑着说，世界历史上也没有，总而言之，这是最大的民主，所以也只有在无产阶级专政的这个条件底下才有的。）正确理解人民解放军的"四不"，在复杂尖锐的阶级斗争中随时提高阶级的警惕性，防止阶级敌人利用，防止国内外阶级敌人的挑拨离间，混水摸鱼，严防美蒋、苏修、日本特务和地富反坏右破坏和削弱人民解放军的战斗力和声誉。（江青：不要在我们的军队脸上涂黑呀！人民解放军是子弟兵，不要向他们脸上抹黑，要爱护他们的荣誉。）

为坚决贯彻中共中央、国务院、中央军委、中央文革小组六月六日通令和八月二十五日《关于展开拥军爱民运动的号召》，特再次重申：

一、任何群众组织和任何人，不管是属于那一派，不许以任何借口抢夺人民解放军的武器、弹药、装备、车辆、器材、物资，不许抢夺军火仓库、军用仓库和国防企业中的武器、弹药、装备、车辆、器材、物资，不许拦截火车、汽车、船舶上装载的武器、弹药、装备、器材、物资，不许外部人员进驻人民解放军的指挥机关。（江青：你们知道发生了什么事没有，我们援助越南的物资叫抢了，炮弹呀！那是在那打美帝国主义的，接不上气了，都没有了炮弹，后来我们下了个死命令，管你是什么派，你立刻交出，不交出就要缴械，就要把你们？他们，送回去了，真生气呀！还抢了外国的船，北京出了这样的怪事，他跑到外国使馆里去闹，英国代办处烧了，你们知道嘛？〔众：知道〕，可反对帝国主义，反对反动派是肯定的，你在外头吗？在外头如果不是在他的使馆内部，他做任何违犯我们国家的法律的事，你们都可以有权斗他，扭送，但是不要闯到使馆去，不要跑到外国轮船上去，最近出现这样一个怪事，这要是好人是幼稚，坏人就是有意的，故意地制造破坏国家的荣誉。〔康生同志插话：那是实在的对国家是一种的羞耻，跑到一个外国的塞普路斯的船上去了，给人家交了枪了，对外国人交了枪。〕“他避难去了”，避难去了，是投降外国去了。江青同志又说：“是汉奸”。）

二、军队院校、文体单位以及所有开展四大的单位中，不管任何组织、任何人，更不准抢夺武器、弹药、装备、车辆、器材、物资。

三、军队所有机关、部队、院校等单位，不经中央批准，绝不许将武器、弹药、装备、车辆、器材、物资发给任何组织、任何人。（江青同志说：“这就是错误了，有些地方发给保守派，有些给了坏人。）

四、已经抢夺的人民解放军的武器、弹药、装备、车辆、器材、物资应一律封存，限期归还。

此命令自公布之日起生效。今后如有违犯此命令者，当以违犯国法论罪。（我重新念一句：“此命令自公布之日起生效。今后如有违犯此命令者，当以违犯国法论罪”。〔念后众：热烈鼓掌〕江青同志说：“我看大多数同志是同意的，是爱护军队的”。）

当地驻军在执行上述命令时，首先要耐心地进行政治思想工作，讲清道理，进行劝阻。如劝阻无效，可对空鸣枪警告，令其撤回。在劝阻和警告仍然无效时，可宣布这种抢夺行为是反革命行动（此时众：热烈鼓掌，高呼口号），并采取措施对其少数的坏头头和肇事凶手予以逮捕法办。遇到这些人拒捕和抵抗时，人民解放军有权实行自卫反击（众：热烈鼓掌高呼口号：向江青同志学习！向江青同志致敬！江青同志高呼：向同志们学习，愿同志们搞大联合！）。

在海防、边防、沿海岛屿和国防、机要重地值勤的战士遇有人夺枪时，有权自卫反击。（众：热烈鼓掌高呼口号）

此命令，望各省（市）革命委员会（筹备小组）、各级军管会、各级军区、各革命群众组织遵照执行。（众：热烈鼓掌高呼口号）

（好！我看大家都拥护这个命令，咱们就照办、宣传，好吧！）（众：长时间热烈鼓掌）。

（根据录音整理，未经本人审阅）

天津日报无产阶级革命造反总部翻印

一九六七年九月十九日

金敬迈同志讲话

时间：八月二十一日上午九时
地点：中宣部教育楼
被召集者：首都各艺术院校勤务员。

金敬迈：个人具体工作水平不高，我们一起都要靠你们的支持和帮助。对发挥艺术院校小将特点不够，主观是思想跟不上，客观上文艺界复杂问题多，我们要加强对艺术院校的关心。

现在贴出"誓作中央文革的铁拳头"的标语，我们应当坚决相信中央文革，紧跟中央文革，作响当当的造反派，大专院校有一些是干的不错的。

中央直属文艺系统的各单位基本上实现了大联合，联在一起进行斗批了，在实际行动上你们是否是铁拳头？就看你们是否对毛主席无限热爱，紧跟战略部署。要求认真讨论形势，每个人都有义务应当作铁拳头。清华两派都发通知要求不离校，这是紧跟了。艺术院校担子重：大批判、斗批、教改，改革要靠你们活学活用毛著，通过实践，且不说大批判和斗批改，艺术院校要走什么路，怎么走，事情还非常多，面对毛主席给我们的艰巨任务决不能掉以轻心，主席支持我们，排开一切阻力，自己再不干对得起谁？

要求大家讨论形势，结合形势谈谈自己肩上的责任。

所谓走向社会：你去武汉，武汉的来北京，学校到工厂，工厂到学校，也称走上社会。十三个学校互相可以串联，但电影、美术口自己根本不搞，这怎么能搞的更快更彻底呢？去年我们有责任没抓。如文联和体协界都斗不过来。我们要立足把本单位搞好，英雄有用武之地进一步再去支持别人。我们分歧再大也可以解决，因为我们有战无不胜的毛泽东思想，要自己回答三点问题：1.要回来，2.讨论形势和思想，3.抓好大批判大联合，4.作到了以上三点就可以冲击其他单位，彻底搞好文艺界的斗批改，以后一起到铁拳头作用时，中央文革会给我们更重大的任务。对待中央文革的号召一定要执行。小将要打先锋，要主动，有干劲，不辜负毛主席和中央文革的希望。

现在文化不起来，讨论不集中，以后文艺组抽些人到院校各派中去一起讨论如何学毛著，如何搞斗批。

要闻简讯

△据可靠消息毛主席最近说，肖华一保再保看来保不住了。
八月廿一日三军无产阶级革命派在体育馆召开大会批斗总政最大的走资派——肖华

据悉：肖华已靠边站了，总政文化革命由叶群同志领导，海军由修委川同志领导，总后由邱会作同志领导，空军由吴法宪同志领导。

△经周总理批准：医学院八一八联合总部赴江西医疗队于八月十八日会江西军区负责人一道乘军用飞机前往江西这是党中央对江西造反派的关怀。

陈伯达、谢富治、李先念等中央首长接见铁路口讲话摘要

（一九六七年八月十九日）

陈伯达：同志们，今天我和谢富治同志，李先念同志到你们这说来观光，观什么光呢？观无产阶级文化大革命的光。铁路是交通运输，是伟大祖国、民经济的大动脉，党中央，毛主席极其关心铁路的交通运输，希望铁路系统的全体同志高举毛泽东思想伟大红旗保住这个大动脉。建议希望你们这里两大派，还有几个小派，达成一个协议。拟一个草案，请大家讨论。希望你们自己解决，这样作法好不好？（众：好！）我就说这些。请谢富治讲话，谢富治是强有力的人物。

谢富治：去年八底毛主席就跟我们讲，这场革命不要怕，工业要注意两个方面，一个是煤炭，一个是铁路运输，煤炭是工业的粮食，铁路是工业的动脉，那实这是国家经济、国防主要的大动脉。

我们都有革命派要紧，掌握斗争方向，对准中国的赫鲁晓夫，彻底批判他。打倒刘、邓、陶、彭、陆、罗、杨反革命集团把他们批深批透，他们是代表修正主义的，我们要大立毛泽东思想，大立毛主席的革命路线，的是当前革命进入了一个大联合时期，要实现革命的大联合、三结合，就是要抓革命促生产，实现文斗，反对武斗。

要保证八小时工作，八小时外搞辩论，伯达同志亲自起草了一个七条，可以念一下，我是来当大家们学生的，当伯达同志的学生。

蒯大富同志谈形势　67.8.16

昨晚蒯大富同志在清华井冈山兵团形势讨论会上传达了谢付总理8月13日在革命委员会上的讲话"当前考验你是不是革命派就看你在大批判上花的力量多少，北京市要在大批判中促进大联合，地院、师大、北航，清华都是革命派，你们是革命小将，我不愿意怀疑你们，你们经验不足，容易上当，四个学校应当联合起来，最近有些保守势力又活跃起来，就是因为革命派内部存在搞实用主义。

后来蒯大富在分析兵团对外政策时说：我们也有实用主义倾向，就是只要别人支持了我们这方面的对立面就要反对，反之就加以支持，造成我们很多地方被动。实用主义是一种机会主义。我们要坚持原则，就是坚决的支持革命造反派，譬如对北大的两派（笑声）内部争论大家知道我们对北大公社我们是有意见的，四月十二日发表了声明，要把孙蓬一拉下马，后来搞来搞去，要揪这个坏蛋，和北大搞了北联会行动，就造成了一个错误的局面。其实在不少地方在问题上我们和新北大公社许多地方是有分歧的，北大公社〇派，那派有缺点，错误，但有很多正确的东西。总之是革命的我们就支持，不革命的我们就不支持，不搞实用主义，不搞私利，北京市揪刘火线分成两派，阵线好像很清楚，实际上混乱，两边都是大杂烩！（鼓掌）不是思潮的结合而是宗派的结合，要破坏这种局面，实现以左派为核心的大联合。

毛主席語录

阶级斗争，一些阶级胜利了，一些阶级消灭了。这就是历史，这就是几千年的文明史。拿这个观点解释历史的就叫做历史的唯物主义，站在这个观点的反面的是历史的唯心主义。

——丢掉幻想准备斗争

一九六七年一月九日下午六時在人大会堂

謝富治付总理講話

关于在无产阶级文化大革命运动中，加强公安工作的若干规定（草案）

无产阶级文化大革命是毛泽东思想统帅下的无产阶级专政条件下的大民主运动，它把广大群众的积极性调动起来了。形势大好。没有无产阶级专政就不能实现大民主。公安机关是无产阶级专政的重要工具之一，必须适应无产阶级文化大革命形势发展的需要，采取恰当的对敌人专政，保卫民主权利，保障大鸣、大放、大字报、大辩论、大串连的正常进行，保卫无产阶级革命秩序，为此特规定：

一、对于确有证据的杀人、放火、放毒、抢劫、制造交通事故进行暗害、里通外国、盗窃国家机密进行破坏活动等现行反革命分子应依法惩办。

二、凡是投寄反革命匿名信、秘密或公开张贴散发反革命传单，反革命标语，攻击伟大毛主席和他的亲密战友的都是现行反革命行为应依法惩办。

三、保护革命群众和革命群众组织，保护左派，严禁武斗、袭击革命群众组织、欧打、拘留革命群众都是违法行为，一般的由党政领导，革命群众进行批评教育，那些打死人民群众的首犯，那些打手以反幕后操纵者，要依法惩办。

四、地、富、反、坏、右分子，劳动教养人员和刑满留用就业人员、反动党团骨干份子、反动会道门中、小道首职业办道人员，敌伪军：连长以上；政：保长以上；警：井长以上；宪兵和特务分子，投机倒把分子，刑满释放、解除劳教但改造不好的分子或被杀、被管外逃的反革命份子的家属，一律不准外出串连，不许改名换姓，伪造历史混入革命群众组织，不许背后操纵、煽动、不许他们自己建立组织这些份子如有破坏行为要依法严办。

五、凡是利用大民主或者利用其他手段，散佈反动言论，一般由革命群众对他们进行斗争，严重者公安部门要与群众相结合及时进行调查，必要時的特处理。

六、党政军机关和公安人员如果歪曲以上规定，捏造事实，对革命群众进行镇压要依法查办。

以上规定要向广大群众宣传，要征革命群众协助公安机关监督公安机关执行职务，维护革命秩序，保证公安人员能正常的行政职务。

以上记录如有错误，以正式文件发下为准。

天津市人民法院毛泽东思想战斗队　六七.一.十日

天津第五机床厂毛泽东思想先锋队翻印

六七.一.十二日

天津市工农学荣复转退革命军人

战斗兵团卫东彪三大队翻印　六七.一、十三日

毛主席语录

政策和策略是党的生命，各级领导同志务必充分注意，万万不可粗心大意。

王力同志一月廿日晚对新华社革命同志的讲话

（根据录音整理 未审查仅供参考）

今天的报纸同志们都看到了吧（群众答看了）今天的报[illegible]上第一版转载了《文汇报》发表的上海十一个革命群众团体的《告上海全体人民书》。这一事情是一个很大的事情，这是毛主席亲自决策的（群众热烈鼓掌，高呼毛主席万岁！万岁！万万岁！打倒资产阶级反动路线的反扑！）

这是继聂元梓等七个同志在北京大学的一张大字报后，毛主席亲自决定广播的重要文件。它标志着我们国家的无产阶级文化大革命，将要出现这样的形势，就是革命群众的力量发展了，壮大了。革命群众在上海市从过去受压制、受围攻的地位，到了他们要掌握上海的革命的命运，掌握上海这个城市的生产命运，到了这样一个时候了（热烈鼓掌）。

跟随上海市革命群众力量的发展，上海市出现了那样一个崭新的革命的《文汇报》同《解放日报》。对于这样一件事情，我们作了高度的命，看作是一个大革命，看作是无产阶级文化大革命发展史上的一件大事（热烈鼓掌）看作是以毛主席为代表的无产阶级革命路线，反对资产阶级反动路线斗争胜利的产物。

造反派起来了，革命的造反派自己掌握报纸，成了推翻走资本主义道路的当权派的领导。推翻了那些顽固的坚持资产阶级的人，自己掌握报纸，能把报纸变成一个同革命群众联合起来的报纸，变成一个革命的报纸，这是我们的方向。对于这样一件事情，这不仅是上海的问题，也必然对整个华东，对整个中国，对各省、市、对无产阶级文化大革命要起巨大的推动作用。以坚定的无产阶级革命派为核心，团结一切可以团结的力量组织起来，团结起来，打退资产阶级反动路线的反扑，不但担负起无产阶级文化大革命的任务，担负起一个革命报纸的任务，担负起一个大规模的工业城市的生产任务；无产阶级革命派真正把国家的命运生产命运，把业务命运掌握在自己手里，这样的一件事情，在今天这样一个时候，我们伟大的领袖、伟大舵手，在这样一个时候，决定广播这样一个事件，具有极伟大的意义。

目前形势好得很，北京形势特别是在最近一个时候，一个重要的特点就是揪出了陶铸（打倒陶铸、打倒王任重，打倒资产阶级反动路线的反扑）揭露了他继续忠实地执行了刘邓路线，揭开了这样一个盖子，这个变化突出表现在中央直属机关，同宣传文教系统各个单位把陶铸这个盖子一揭，机关的文化大革命起来了，过去一直是一块大石头压着。

毛主席指示我们，机关的无产阶级文化大革命是非常重要的，如果仅仅有学生运动、工人运动、农民运动，没有机关干部起来，积极投入这场文化大革命中是不成的。有好多重要问题，就是要依靠机关干部来揭露，同志们从人民日报、《红旗》的元旦社论，就是根据毛主席这个指示提示了机关文化大革命的重要性，现在我们通过了革命群众对陶铸问题的揭露，现在好多人都充分说明中央机关，砸烂了，盖子揭开了，刘邓揭开了（热烈鼓掌）什么陶铸能逃呀！什么大大小小的人物呀！同志们揭露了，陶铸在刘邓统治地位的时候，就是忠实执行刘邓路线的，他的屁股就是坐在那一边了。在几个重大问题上，在派工作组问题上，在所谓怀疑党团组织的问题上，他就是执行了刘邓路线，被批判了，刘少奇、邓小平一垮台了，陶铸还继续执行刘邓路线，抵制他对刘邓路线的批判，继续压制革命。

特别是工人运动，农民运动起来了，他就更说不得了，千方百计地压制工人运动，农民运动。工人运动、农民运动刚起来的时候，这种形势本来是好得很嘛，他就怕得不得了，就更要把他压下去。

凡是他领导的单位，凡是他插过手的单位，以毛主席为代表的无产阶级革命路线就不能贯彻，就得继续执行他的那一套，那一套是什么东西呢？就是刘邓的资产阶级反动路线，打着红旗反红旗，提出的[illegible]批判资产阶级反动路线，已经变成了一个全国群众性的批判资产阶级反动路线运动的时候，陶铸反对批判资产阶级反动路线，这这个问题他都反对（打倒刘少奇邓小平陶铸）他在你们新华社搞的什么东西？什么照片，把邓小平的脑袋搬到陈毅同志的身上（笑）光就这一点，什么侮辱呢？在机关彻底批判陶铸这一套，对于机关的无产阶级文化大革命起了很大作用。现在我们看，许多机关都出现了这样一个很好的形势，我们觉得机关的文化大革命应该这样轰轰烈烈地开展。而且根据毛主席决定广播了这个《文汇报》《解放日报》的这样一个榜样，经过一个这样批判，经过辩论，经过斗争，经过一个发展，我们这些机关，一定能够掌握在毛主席的好学生好战士的（鼓掌）那些坏家伙请他们滚下去吧！（鼓掌）

当然我们要区别对待。但我们要相信自己，相信无产阶级革命派。我们自己一定能够掌握我们自己的命运，一定能够把所有的事情办好，办得比他们好（热烈鼓掌）（打倒刘邓路线的忠实执行者陶铸！）

让我们高呼：

无产阶级文化大革命万岁！

无产阶级专政万岁！

伟大的中国共产党万岁！

伟大的毛泽东思想万岁！

我们伟大领袖毛主席万岁！万岁！

万万岁！！

新华社红旗兵团

1967.1.9.

天津外贸局捍卫毛泽东思想

红色造反队翻印

天津国营印刷厂

捍卫毛泽东思想钢铁造反队翻印

1967.1.17

张春桥一九七五年三月一日在全军各大单位政治部主任座谈会上的讲话记录稿(讲学习的部分)

下面我说一点意见。都已经差不多了。我看了简报，大家讨论也差不多了。我还是说一些关于学习的问题。

刚才我已经讲了，主席对这次学习抓得很紧。语录中特别选了马克思的一段话："无产阶级专政的首要条件就是无产阶级的军队。"我们在选这段语录的时候觉得，除了上面这句话以外，马克思的这段话本来用不着选入了，就是为了这一句。因为那段话当中，别的意思在其它选入的语录中已经有了，比如要把生产资料转为劳动者所有，以消灭现存的压迫条件等等，别的地方已经说了。"无产阶级专政的首要条件就是无产阶级的军队"这句话，我们特别要选入。因为在讨论中同志们说，以前光想到无产阶级专政的对象是国内反动派和国外的敌人。当然，这两条是主要的。主席说，中国资产阶级难于造反，就是因为我们有强大的军队。帝国主义现在不敢动手，也是因为我们有强大的军队。所以，把我们军队的工作搞好，这仍然是无产阶级专政的内容，最重要的条件。这一点，无论如何不要动摇。而过去我们部队在任何运动里面，都是走在前面的。马克思也说过，过去新的生产方式，许多新事物，都是从军队里面出现的。不管地主阶级的武装，或者资产阶级的武装，不是讲儒法斗争史吗？奴隶社会新兴地主阶级要建立自己的武装、军队，资产阶级也是这样。无产阶级革命，我们中国今天有强大的无产阶级的武装。因为没有中国人民解放军就没有无产阶级专政，就没有办法夺取政权。我们对生产资料所有制的改造是在什么条件下改造的呢？是在建立了无产阶级的政权以后。社会主义的生产关系不可能在资本主义社会里面产生，只能在无产阶级专政条件下才能出现。这同奴隶社会和封建社会里面不能产生资本主义的生产关系的道理一样。今天我不讲社会发展史，同志们可以翻一翻《国家的起源》一书，从原始社会和奴隶制社会没得出社会主义社会，而且社会主义社会同样不能从资本主义社会产生，非要夺取政权，打碎资产阶级的国家机器。我们打碎了蒋介石的资产阶级国家机器，从没收官僚资本开始所有制的改造。这里我为什么要多说几句呀？因为就要把无产阶级专政的首要条件这个问题讲清楚。其实，这个问题，主席曾多次发表过指示。这是第一。第二，我们军队的学习，过去走在前面，我们军队工作非常重要，现在这次学习，我希望还走在前面。按学习的条件，比工厂、农村都好。工厂，八个小时，机器开动，工人就要管机器。而我们的时间安排就容易得多。其实，现在也不需要很多很多的时间，不用占训练和其它工作的时间。我觉得还是屁股坐得住坐不住的问题。认真读书不要搞很多时间。还是主席说的，“我们要保持过去革命战争时期的那么一股劲，那么一股革命热情，那么一种拚命精神，把革命工作做到底。”现在有的人把那股劲用在打扑克和跳舞上了。现在我觉得这股劲要用在多花时间学习。我们主席这样高龄，《参考资料》两大本，天天都要读，文件批得很多。

下面我把主席关于学习问题的几次指示念给同志们听。一个是《经验主义还是马克思列宁主义》一书中的。主席在五九年庐山会议上讲的这段话，曾印过多次，不知道同志们记得记不得。主席写于一九五八年八月十五日，庐山会议时印发了，会议以后各地作了传达，在批陈整风、批林整风中都印了。主席要我们重视学习理论。主席说："各位同志：建议读两本书。一本，哲学小辞典(第三版)。一本，政治经济学教科书(第三版)。两本书都在半年读完，这里讲《哲学小辞典》一书的第三版。第一、二版，错误颇多，第三版，好得多了。照我看来，第二版也还有一些缺点和错误。不要紧，我们读时可加以分析和鉴别。同政治经济学教科书一样，基本上是一本好书。为了从理论上批判经验主义，我们必须读哲学。理论上我们过去批判了教条主义，但是没有批判经验主义。现在，主要危险是经验主义。"在延安整风当中，主要批教条主义。全国解放以后，也批了教条主义，对经验主义没有注意批过。接着，主席说："在这里印出了《哲学小辞典》中的一部分，题为《经验主义,还是马克思列宁主义》，以期引起大家读哲学的兴趣。"主席把经验主义的问题提出来了。主席说："尔后可以接读全书。至于读哲学史，可以放在稍后一步。"下面一段话很重要。主席说："我们现在必须作战，从三个方面打败反党的反马克思主义的思潮：思想方面，政治方面，经济方面。思想方面，即理论方面。建议从哲学、经济学两门入手，连类而及其他部门。”主席说：“思想上政治上的路线正确与否是决定一切的。”思想上正确与错误，决定于理论，理论主要是讲思想问题。比如，对唯心论和唯物论搞不懂、分不清，林彪一说天才，大家就跟着说天才。主席指示以后，确实读了一阵,政治经济学教科书（第三版），也办了一些读书班。我不知道在座的同志当时怎么样。后来，克服经验主义的问题克服得好一点吧，那一阵有些效果，后来林彪也犯经验主义，因为经验主义是作为教条主义的助手出现的，林彪搞经验主义，不学习理论，说是自己有经验,可以上升为理论。他不但反对学习马列，也反对学习主席著作,说学习主席著作是“捷径”。林彪高举是假的。五九年以后，对主席这段话，他再也不说了。主席当时是作为主要危险提出来的，林彪不传达学习。据我看，主席的话现在仍然有效。不重视理论学习问题，我这个军区，就让政治部搞一个班子，学习以后，写一篇文章，在《人民日报》上一登,理论工作就算有成绩了，而不是感到，我们在革命工作中，必须学习；不学习就不行。是不是有这个问题？不是非常重视的。这方面，我不想多发挥。主席多次地讲，要学习理论的问题。庐山会议以后，七〇年又学了一阵。“九·一三”以后，又学了。但已经变成了全党，特别是高级干部。主席说，首先是中央委员，以及一千以上的高中级干部。我最近看了一些材料，很感动人的。群众中传达主席的指示比较晚，北京、上海的工人传达得早一些，我们也传达得早，他们学习认真，动脑筋，联系实际问题学习马列。我觉得，学习问题，对经验主义的危险，恐怕还是要警惕。如果不解决这个问题，你说学习了，但没有用，主要是领导干部不是抓得很紧。现在，我们要以主席的指示当作纲，联系我们部队存在的这些问题来学习。这些问题摆在面前，要解决。这些问题解决得好，我们的社会主义革命和建设不但能够纠正一些错误，而且还会有新的前进和进步。如果不好好学习，再往前进，阻力会相当大。

这里我再读一段，为了证明，主席说了多次，就是不听，这是主席在九届一中全会上的讲话，也是传达到支部，向党外群众念了的主席的指示，林彪一伙是不会执行的。后来我问了一些同志，他们几乎把主席的指示忘了。主席说：“我们几个老同志，在工厂里头看了一个时期，希望你们以后有机会，还得下去看，还得去研究各个工厂里的问题。看来，无产阶级文化大革命不搞是不行的，我们这个基础不稳固。据我观察，不讲全体，也不讲绝大多数，恐怕是相当大的一个多数的工厂里头，领导权不在真正的马克思主义者、不在工人群众手里。”修改宪法的报告里面不是说了这句话吗？这是主席在九届一中全会上讲的，不是我的发明。在讨论那个报告的时候，提出说那句话的范围要限制一下，说“一小部分”。我说，不改。主席说是“相当大的一个多数”，这是主席在六九年讲的。接着，主席讲：“过去领导工厂的，不是没有好人。有好人，党委书记、副书记、委员，都有好人，支部书记有好人。但是，他是跟着过去刘少奇那种路线走，无非是搞什么物质刺激，利润挂帅，不提倡无产阶级政治，搞什么奖金，等等。”这是主席在六九年九届一中全会上的讲话中提出的问题，有一阵又恢复了，主席的话讲了，没有作用，什么物质刺激、利润挂帅、奖金，等等，七一年、七二年都有。不要以为主席说过了，问题就解决了。因为它有它的基础，到处都有。如果理论上不搞清楚，以为这些都是好的，正如主席所说的，分不清楚，他就跟着刘少奇那条路线走。

我还给同志们念一段，主席讲要谨慎小心。主席说：

“大家要谨慎小心，……不要心血来潮的时候，就忘乎所以，从马克思以来，从来不讲什么计较功劳大小。你是共产党员，是整个人民群众中比较更觉悟的一部分人，是无产阶级里面比较更觉悟的一部分人。所以，我赞成这样的口号，叫做‘一不怕苦，二不怕死’，而不赞成那样的口号：‘没有功劳也有苦劳，没有苦劳也有疲劳’。这个口号同‘一不怕苦，二不怕死’是对立的，你看我们过去死了多少人，我们现在存在的这些老同志，是幸存者，偶然存在下来的。……经过战争有很大的牺牲，老人存下的就不多了，那叫一不怕苦，二不怕死。多少年我们都是没有啥薪水的，没有定八级工资制，就是吃饭有个定量，叫三钱油，五钱盐，一斤半米就了不起了。……现在进了城。这个进城是好事，不进城，蒋介石霸住这些地方了；进城又是坏事，使得我们这个党不那么好了。”主席的这些话，当时林彪是不会去传播的，但印了中央文件。许多工厂的领导权，不在马克思主义者手里，这话主席早就说过了。我看了武汉的一些材料，很感动人。他们说，进城的时候，看到地毯，觉得脚踩上去很可惜。可是后来变了，如果看到房里没有地毯就要，说明我们的思想感情发生了变化。我觉得这里不是有没有地毯的问题，而是我们在生活上、思想感情上是否脱离了群众。我还看了一个材料，是一些退休的老同志，回忆革命战争时期的生活，深有感慨。他们回忆打土豪时，搞到了一匹布，首先不是想到自己，而是想到我这个连队那个战士衣服破了，应该给他做衣服。现在我们的思想感情有了变化。

我念主席的这几段话的意思，是为了说明，主席的指示不是今天才偶然提出来的，而是多年来主席一直是这样教导我们的。提出限制资产阶级法权问题，是主席一九五八年在北戴河会议上讲的。主席还有很多有关这方面的指示，希望同志们回去翻一下，我们还准备选编一些主席的语录，不知道主席同意不同意发。

对马列主义的主要著作，从理论上真正弄通弄懂，我们是有条件的。绝大多数同志是有实际工作经验的。对马列的指示，不是处于对立状态。有的人很难说，对马列的指示，他都同意，不见得。如果那样的话，我就违背了主席说的党员一部分，工人一部分，他们不会接受马列主义的指示的。我觉得不下决心好好地学，搞一阵子是可以的，甚至于你可以把主席的话都背下来了，但没有真正理解、懂得。那样学下去，除了领导干部学不好，而且也没有办法领导下面的学习。下面会给我们提出很多问题。我看到中国人民银行，他们在学习中钻的问题比较深，他们研究银行在无产阶级专政中的作用，他们仔细研究了，在经济领域中，银行怎样发挥无产阶级专政的职能？那些地方没有限制资产阶级法权？银行是主要的环节。当然，有些问题究竟怎样办，以后还要研究。比如对公社的流动资金，他们管起来行不行？他们研究列宁当时是怎样做的。你不很好学习，对他们提出的问题，你就不懂得呀，对他们提出的正确意见，可能一下子给否定了；或者他们提出的意见是错误的，我们支持了。因为，很多问题，理论上不搞清楚，政策上就要发生错误；思想上的错误就会变成政治上的错误，使资本主义大泛滥。我觉得我们有这样多老同志，有很丰富的经验，如果我们能够很好地学习理论，并且能对现状作比较系统的调查，这样就使得我们对主席的指示能够加深理解。其它问题比较好解决。有些问题在学习中就能够解决。有些问题，要等到将来逐步解决。当然，象新生的资产阶级问题，城乡资本主义势力增长的问题，也象毒草一样，你年年除，它年年长，不可能一下子解决问题。

我个人还有个意见。四届人大提出了一个很宏伟的目标，在本世纪内，也就是本世纪末，要把我们的国家建设得很强大，走在世界各国的前列，无非就是搞几千亿斤粮食、几千万吨钢。但是，如果我们把理论问题搞不清楚，就会重复斯大林的错误。当时他们有几千万吨钢，粮食没有我们这么多，他们是卫星上天，斯大林的旗帜落地。我们在毛主席领导下，我们国家，修正主义几次上台，都垮了，如高岗、饶漱石、彭德怀、刘少奇、林彪，他们都完蛋了。如果我们学习得好，政策正确，主席的路线被我们充分理解，那么，我们的国家就非常有希望。这一点，我们非常有信心。

我就说这一点。其它的具体意见，用不着多说，因为你们已经解决了。不对的，你们可以反驳，我们商量商量。

全体党团员同志们：

贵阳市委书記韓子棟同志的报告很好，是一个阶級教育的好材料，特翻印給大家，希認真学习。

不少同志看过《紅岩》这部小説，《紅岩》里的华子良同志就是韓子棟同志。韓子棟同志由于長期的监獄生活，身体被摧残了，牙齿全部脱落，現在每天只能吃二两粮食，身体很不好。在作这个报告時，是从医院里接出来的。

韓子棟同志是以第三人称作报告，报告里的"常青"就是他本人。这个报告分两部分，这是前一部分，后一部分以后翻印。

河北省根治海河指揮部
党团支部
六六·十一·廿九

韓子棟同志的報告

自从《紅岩》小説出版后，有些青年同志向我提出这么几个问题："白公舘真的象《紅岩》小説上的那样残酷嗎？"我回答是这样的：《紅岩》上写的是白公舘最后两年，这个监獄經过烈士们前赴后繼的斗争到了后期，已不能保持秘密，在前期，（也就是还能完全保持秘密的時候）白公舘比《紅岩》小説上写的还要残酷的多。还有的同志提出："白公舘为什么比别的监獄残酷的多？"关于这个问题，比較复杂，我只能根据自己的思想談々个人看法。象白公舘这个监獄 当時在南京、北京、西安等地都有。从時代来説，这个监獄站立在革命低潮時期，当時革命活动很困难，而敌人却張牙午爪 幻想把共产党人抓尽杀光。那時法西斯在世界午台上也張牙午爪。白公舘这类监獄是法西斯监獄，从意大利传来后，又加上美國和旧中國封建化的一套，从方法来説，第一这个监獄的犯人永远不判决，有的象小萝卜头这样的犯人也没办法判决，据我所知，对政治犯都不判决 以便長期折磨 虐待共产党人。第二这个监獄完全与外面空气隔絶。囚徒都叫它"罐头"，其它犯人还可以接見家属通々信、看々一般书籍、报，而这个监獄里的人基本权利都没有。得不到任何外地支援，連看三民主义都不可能，彻底把人思想都僵化了，而特务们則可以如此为所欲为的虐待囚徒，因此在斗争方法上也和别的监獄不同，其他监獄可以通过斗争取得社会上的支援、同情，这个监獄只能利用敌人的内部矛盾和迫使敌人自己搬起石头砸自己的脚，从上述特点来看，不能不説明这个监獄是残酷的。有的同志又问："这样残酷把人怎么生活下去呢？怎么能長期坚持斗爭呢？"这很簡单，只要經得起苦，挺起腰杆和敌人干，对监獄斗爭来說，只要有忠于党、忠于人民、忠于革命，不管任何环境，任何時候絶不能动摇的信念，他就会有力量，也有办法坚持下去，做出偉大令人尊敬的事跡。这些烈士究竟怎样斗爭生活呢？現在我講些片断：

这个监獄是絶对保密的，不仅对外秘密，对囚徒保密，就是在法西斯内部也是秘密，囚徒进了这个监獄，就不許叫原来的名字，只能叫番号，如果原来的姓名被别人知道了，就要受严重懲罰。因此大家住了好几年不知道别人的姓名，更不知道别人为什么坐牢。我和一些人在一起生活过、斗爭过，但却說不出他们的名字，囚徒们的番号經常改，今天我講的这个人，就是有好几个番号：461，225，384 ……我講時不用他的番号，用敌人逼他，他却始終沒有承認的名字"常青"（按：即韓子棟同志）

保卫組織保卫同志们的安全

常青同志一被捕，很自然就想到用咀保卫組織和同志们的安全，这个决心一明确，心情就平静了，等了一会思想又有改变，他想不但要保卫組織和同志们的安全，还应当向敌人索取代价，用什么办法来索取代价呢？只有斗爭，但被捕了，完全失去了自由，自己处在极端被动的地位，不安全不了解敌情，从别处取得敌情是办不到的，只有从敌人咀里掏出来。从敌人那里（取得）我们所（取得）需要的材料，不这样别无办法。他想，敌人逼口供无非是审问、利誘、上刑，这些方法都沒效，最后只好抛材料，这样一来不得到敌人的情报了嗎？如果敌人不抛材料就說明他们沒材料。正好把他们整个情况都暴露了。只是这个问题的关鍵在于有沒有勇气能否經得起刑罰，經得起就可以办到，經不起就办不到。常青就暗暗问自己能否經得起？回答是："經得起"。

常青同志一进到法庭，看到各种带血的刑具，这些他都沒有在意，只是紧张地看法庭上有沒有认識的人，一看沒有，心里一块石头才落了地下去，他暗想："坐牢即使有判徒也不会认識我"他坐在一張特务摆好的凳子上　这是一个穿兰衣服的人把烟盒打开递过去，常青搖了头拒絶了，兰衣服人自己抽起来，灰灰云雾遮住了他的臉，突然慢慢吞吞地溫合地喊了一声"常先生"这么一句話，把常青原来的計划一下子打乱了，按过去过堂的秩序是沒有这样的，常青同志还年青，沒有經驗，心里卜通卜通的驚慌不足很快就掛在臉上，一句很危險的話就掛在咀唇上，但定了定心，一下了就收回来．換成了与原来想説的完全不同的話変成．
"你認錯了" 兰衣服人看到常青的态度説："我絶对不会認錯人"
常青説："那你就重新認識吧" 特务家没听見説："名字可以换"
你的面孔可换不了" 常青憤怒地說："我为什么要换姓名，我就没
有换过。"兰衣服人很气憤的説："如果换了呢？"常青也不理他，説
："如果天翻地覆了呢！总不能把如果当成事实。"兰衣服人冷笑着
説："到現在你还幻想共产党革命成功呀！天反地覆是什么意思
就是共产党革命成功啦！你们紅軍逃跑了，你们的地下組織破坏
了，还剩下些人我们不是没抓到，是要他们把所有的組織引出来
，一网打尽，你们还能改变天下大势？如果你们还有一点聰明的
話，只有一条路，老々实々地悔过，我们也不強迫。那有你们的
第二条出路"他走到一个窗户前，把窗户一拉，説："請你参观参观"
窗户外就是受刑场，常青那儿見到过这种惨状，他一看手的一下
站了起来，兰衣服人一见常青站了起来，赶快向后退，等他坐在
椅子上時，常青也坐了下来，如果能揍死一个坏蛋，能解决革命
问題的話，当時常青会抓住兰衣服的人不揍他个死，也会揍他半
死。可是这是社会制度的问題。不是一个人的问題。法庭上一短
時间的沉默之后，兰衣服人在桌子上的一迭文件中抽出一張紙，
丢給常青，紙上写的是常青同志活动范围，写的一点不錯，来龙
去脉都有，常青一看几乎失了絶望心情，更加恐慌了，但他已有
刚才被审的經驗，把恐慌心情压了下去。兰衣服人説："説吧，还
等什么？"这句話倒把常青压抑着的心提起来了，猛地把那張紙扔
过去説："这張紙和我有什么关系。"再向下就談不通了。兰衣服把
常青交給他的嘍啰们，常青被交到一般特务手上，比兰衣服人那
儿就簡单多了，只有两句話："説不説？不説就上刑！"上刑对常青
来説还是第一次，上就上吧。上刑的第一个感觉就是抓着他两只
手，地抓着他两只脚，天向上拉，地往下拉。好象运动场上拔河一样
开始觉得汗毛都涨大了，以后更大了，第二个感觉鞭子象旋風似地向身上
落，第一鞭打下来只觉得很痛，当还没意识到落在那里時第二鞭又打
下来，等到打手打累了鞭子没有跟得那么紧了，又是一下打下去，
常青意识到这是鞭子打了下来，第二鞭子也快来了，精神紧張的比鞭子一下
紧接一下还痛疼。一阵鞭子过去之后，他只覺得眼前一片紅光，不久一切
都变黑了……完全变黑了。这時他看到天被他托住了，地被他蹬住了，
他把天托不上去，天把他抱不起来，耳边听得有人对他說話："留在青山在……"
在底下这些么都听不見了，什么都不存在了，黑暗中常青第一次昏迷过去了

有一种力量支持着他。昏过不久他又醒过来，只听特务特务說：我们跟你无怨无仇，就是看你年纪轻轻的，将来对国家总有用处，給点委屈，想你唤醒过来，使你觉悟快一点。"常青已经完全清醒了，說：你们不应当这样逮捕，严刑拷打人，应该以法律把我送到法院"特务說：我老实跟你說，我们这个地方，不但约法管不着，而且这里是绝对保密的。"常青說：你们自己订的约法，你们不遵守，你们若說要讲点道理。"特务說"我们的道理只有一个，能把共产党的口供逼出来，能消灭共产党就是道理。"話說絕了，常青骂他们："你们这些伤天害理的东西……"一句話没有說完，拳打脚踢的就都来了。常青同志的牙齿一个被打掉了，两个被打掉了……有的同志有这个体验，拔牙時打上麻药針，连脸都疼黄了，特务没給常青打麻药針，技术也不高明，常青的牙硬被打掉了，都一点不感到疼，因为他只有很刑罚接着打，常青又昏过去了。就这样昏过去，醒过来，不招供再上刑。这个过程，我想就没有再說的必要了。又一次常青醒过来時，特务又骗了他說："一个人谁不为名？在我们这里想当个烈士都当不成，这里是个秘密的地方，谁看着你，谁承认你是烈士？"常青說："你们认为不肯昧良心都是为名，都是为了当烈士吗？你们何必这样嚕嚕嗦嗦吧，願想就打，願杀就杀！"特务冷笑着說："你想痛痛快快的死去，没那么便宜，死的痛苦是暂時的，刑罚上的痛苦是长時间的，你身体在好，也抵制不住我们的刑罚，看看你们骨头有多硬。"刑罚一次比一次厉害，这个時候，常青懂得了被捕前不能理解的事了！为什么有许多同志屈打成招的那么多，受过刑罚的人一听說上刑，身体就会有一种自然条件反射，用意志控制条件反射，要有很大的毅力。經过这次刑罰后，一到刑具边上，就希望趕快昏过去。越在痛苦最厉害時，越想昏过去，特务往往在这時花言巧語，夸大刑罰的厉害。有一次，大概是常青同志最苦的一次了，特务对他說"对你使用的刑罰还是轻的，在我们这里任何人都熬不过去的还在后头呢！"常青顶了特务一句："那好吗，把你们最重的刑罰拿出来吧！"这一句話特务又当成了罪状，对常青的刑罰越厉害，昏过去的越快，昏过去后就什么都不知道了。經过这么昏来复去，常青对刑罰的抵抗力就越来越差，特务看到常青非常坚定，說、"死对一些人在某些情况下，特别是在气头上，到不是不可以的，可是你要死也死的轟々烈々，慷慨激昂，要叫别人喊个好，象你这样，顶多死在刑具上，在刑具上一滴々血給你熬干净，有什么轟々烈々慷慨激昂，你为一个人这样死去，不是太不值得了嗎？"常青說："你不要吓唬我，再厉害的不也是死。"——————————我只有一条生命，没有第二条。你们总不能把我们搞成两个死。"特务說："我不是吓唬你，来到这里，你已經領教过了，我们不是让你没有口供就死，要死就要交关系，不交关系想死也死不成。"在上刑上特务是有許多方法的，那些刑上了很快就死，那些刑上了死不了，他们有經驗，可是現在特务的經驗也不行了，一上刑，常青就昏过去了，刑罰本来是逼迫人受不了痛苦，出卖生命的，現在甦过来了，一上刑，人就昏了，什么也不知道了。刑罰成了使人不疼的东西了，可是刑具卸下来以后，緩过来就要疼，到这時候刑罰已經不行了，于是第二步他们变了，一次常青醒过来時听到特务嚎叫，受刑的人呻吟，开始当是自己仍然在受刑，可是睁开眼睛看々自己是在一个小屋子里，再听々，原来墙外就是刑场。一个受过刑正在疼痛的人听到这种悽慘的声音，精神比自己上刑時还要紧張，常青听到墙外鞭子抽人声，听到烙铁（燒紅的）烙在人身上的刺拉声，象把自己身上的肉割成片々，象把自己的肉放在油鍋里。在这些声音中又象有人自言自語："呀！这地方比屠场还厉害，人是肉長的，誰能不疼啊！"这一段經历过去后，特务就来講条件。这時常青看到在講条件的特务中有一个和尚，就說："人家都說和尚要放下屠刀，立地成佛，現在你两手鮮血，也可以成佛嗎？"这段話可把假和尚气死了，马上按铃叫人上刑，原来常青已經不能再受刑了，現在受了一次刑，坐了一次飞机，一受刑很短時间就死过去了，医生一来檢查就給上了死亡証，这么一来引起了特务们很大不安，因为他们狗咬狗，認为要常青交組织关系，在法西斯内部誰故意把常青搞死了，就是誰故意灭口，这个和尚在这个监獄内地位相当高，他就想尽一切办法抢救常青。常青在太平间内被抢救了很長時间又活过来了，治了后昏迷了很長時间，說了一些梦話，这些梦話要是給他们听清了可就不得了。可是常青的牙被打掉了，他们听不清說了些什么，只听清了丁把人名 他们根据人名抓了些人，也没摸着头。常青慢々醒后，經过相当長時间发觉他们的那个打手不見了。看守的两个班長也跑了一个，这件事証明法西斯内部狗咬狗更厉害了。又过了一个時候，常青被关进了别的牢房，这间牢房里有四五个犯人，除了一个老大爷身份没有公开，其他几个人身份都公开了，都承認是共产党員，常青在这里各生活各方面都是愉快的，是有兴趣的一件事，是在几个人中，有一个地下党員姜人，他說他被捕時有一个碼头工人也被捕了，碼头工人一进國民党市党部，就向特务：“这里是不是愛日本人管？”特务罵他道：“他媽的X，这是党部哟，日本人不管，你不認識字嗎？”工人說：“不是日本人，为什么要抓我？你们供的牌子我知道是真是假？”到審問時，特务問他：“你们的同党都是誰？”他說：“我的同党多得很，你要問，咱们碼头上都是。”特务们問来問去問不出关系来，就出了个办法，把他放出去，放出去就要找保，碼头工人說：“我可以找保。”特务让他写伩，他說：“我可不会写伩。”特务說：“你能不能出去找？我们派人跟着你出去，只要找到保人，我们馬上就放你。”“那么好，你们就跟我去找吧。”找着一个大舖子，碼头工人上去說：“他们把我抓去了　我们有事情，只要找个保　他们就把我放走了，掌柜你行行好，好不好？”人家当然不肯，特务一看不行，又换了一个办法，說：“你是个老实人，我不跟你了，你自己去找，找到了就放你。”这个工人干了一天活，下午又回来說：“这个店不錯，吃飯不花錢，管吃管住。”第二天又回来了，房口站崗的不让进去，他說：“我还没有找到保，为啥不让我进去？”站崗的說：“你是个傻瓜，把你放了，你还回来干什么？”工人說：“这是伩用问題嗎？”总之这个牢房里生活是比较愉快的，可是時間不長，传来了一个消息，这个牢所有的人一律解南京。只有常青要在这里解决。当然同房的人都很难过，常青难过的更：按一般推測，在这里枪毙是没有问題了，即要枪毙，就得把自己的事找个可靠人談一談。如果将来他们有机会冲出监獄的話，也可以給党捎个伩，让党知道自己死了，可是自己的身份没有公开，是让党知道好，还是不知道好：这个思想斗争的很厉害，如果直到死了，自己的表現党还一点不知道，感到現实有点委屈。同房的难友们看到常青这种情况，認为死的前夕有个不太高兴的问題，也是合理的。一直到临解時，誰知常青一起解往南京。

在困难中的人们

常青到了南京后，住了三个监獄，第一个是间小牢房，里有一張双尺单人床，睡四个人，常青去以前，房内就有三个人，去后正好四个人，睡两层和常青睡在一起的，据說是南京頗有名气的相家，他对常青說：“床很窄，无論如何一头睡是睡不下的，两头睡也很挤而且要互相踢脚了，我有被子 我給你一床被子，你在地下睡，也照顾你不冷了。”常青說：“我不蓋被子习惯了，一蓋被子就压的慌，你把所有的被子都舒下去，你在地下睡，我在床上睡，咱们俩各得其所。”那人說：“前一个人在这里也是这样，我在上边睡，他在下边睡。”常青說：“那更好了，前一次你是在上边睡，这次換了个人，就要換々班，你在下边睡了，我在上边睡了。”他当然不肯在下边睡。第二个人是个大学生样的人好象他自己說开始在北京唸书后来到上海，他的論調是：“被捕是和别人一起被捕的，年青々的没做任何事情就捕了，如果做一拡轰々烈々的事，不管什么轰々烈々的事都行，死我也甘心。可我唸了这么多年的书，什么没干就死了，那个甘心。”第三个人的論調是：“人生是为了吃为了喝。”他还說：“第一次世界大战時法國死了多少人，男人很缺，后来中國华侨到那里去，一个人討了好几个老婆，第二次世界大战是化学战争 男人死光了 就成了唐生僧。”这是第一矣，第二矣他說：“中國四万万人，没有了我没关系，没有我天塌了革命就不成功了。國家就是吹了也没关系，可是我的妻子没有我就没有丈夫，儿子没有我就没有爸々。家庭没有我，这样种种念头要不得了。”第三个論調：“我要坚持立场，就得死，死了那还有什么用處 我的前一段祢为革命牺牲了，今后我就祢我自己的。”如果问他許多为革命而牺牲的該怎么解釋呢？他的論調是：为革命到底有两种人，一种人是社会名流 这样的人名气很大，死了后名字会传下去，为了保持他的名望，因此就坚持到底，象我这样的小嘍啰，活着人家不知道，死了人家更不知道，就不必要牺牲，另一种是共产党里的高級干部他们有地位，如果他们自首了，在國民党里就不可能存在共产党里的那样高的地位。如果在國民党忧郁而死还不如干当烈士，我们这种人在共产党内没地位，在國民党里也一样。这种論調和他争論还不是時候，常青同志身体还不大好，干脆就不說話，一天々睡在床上，睡不着就看牆 看着看着，头顶上的石灰牆上有一个馬克思的人头像，同志看云彩時，都有那种体驗，开始不相位，左看右看，越看越像，整天没事就看这个人头像 他看起来馬克思，想起了馬克思的宣言来，想到馬克思論述的共产主义是科学的、客观的发展规律，想到二、七革命失敗后，革命损失多大。毛委員和朱總司令把队伍拉上井岗山，紅旗又打起来了。他想他所处的情况和二七革命時一样，但这种低潮会不会很快就过去了呢？这个问题还没有想好 特务又把他搬到优待室去了，优待室是一间大房套九间小房，小房子黑天不关门。常青从没进过优待室 一进去忑到很新鍊，就在小房子里串来串去，不久常青到大间小屋子里去，这间小屋清洁别開新面。里面有张单人床，有桌子、凳子、笔墨、砚台，比别的房子干净的多，常青一跨进去就屋里有人站起来說："請坐請坐，你是不是来写報告的？"常青說："我写什么報告？"那人說："写報告就是忏悔。"又說："写報告晚写不如早写，写晚了一方面没有貢献，另一方面表示你的态度不好。"他說我的态度好，所以我的问题解决的很快。一被捕我就写报告貢献了五十多人，这下子可把常青气死了。"叭"的就打他一拳，这一拳可把这份优势打跑了。这一次常青受到很大教育，在被捕前如果有人說常青不懂的唯物論，常青就感到非常委曲，会和大家吵起来，可是經过这一段，常青感到实在不懂唯物論。被捕的常青有这么个问题，始終没想通 他認为知道分子在革命队伍里不应是软弱的，因为知識分子参加革命，首先有了理論，有了自己的信仰，以后才参加共产党。同時他也知道是危險的。另外他不是被迫的，他有飯吃，明知有危險又加入党，这应当是堅強的，为什么他是軟弱的呢？可是到了监獄才明白了，这些人提筆会写，开口会說。拔起脚来有路可跑，再没有办法的人可以回到乡村当土豪劣紳，最倒霉的也可以当保甲長。最起碼的也可以討得起老婆，养得起孩子。与监獄里的生活不能相比，同時，监獄里多半是青年人，人有几个青壮年時代，不要說十年、二十年，就是三年、五年、七年、八年放出，一生不也就完了。只要这么一想，怎么还不是救國，革命是救國，讀书也是救國，叛变也可以救國。常青被捕后，所受的教育比在外边还深。常青从第一监獄被解到第二监獄，眼一直被黑布遮住，一直到牢房门口才把黑布解下来，他的身体还很好，头脑总是暈暈騰騰的，牢房里面黑洞洞的，味道很不好，常青脚还没有踏进去，后边人一脚把他踢倒，"你还願进去？"常青跌倒在门口很長時候才爬起来，看看里面也是張单人床（双层）房子大小正好头頂北墙，脚蹬南墙，空地方放一只馬桶就占满了。常青扶着墙看到墙角里有两个发亮的東西，用手一摸，原来是瘋子，发亮的東西，是瘋子的眼睛，这一吓，使常青不知那来的那股劲，一下就爬上了双层的上层，两个人一个在上一个在下，这样对着看。常青心想，要是給瘋子打死了这太不值得了，常青有好几天連觉都没敢睡，这样来了几天瘋子没打人，和瘋子在这样一个牢房里同病相怜。一次瘋子睡着了，常青看到瘋子身上几乎被蒼蝇、臭虫蓋满了，心里說不出的同情，就想下来給轰一轰，一只脚放下来，大概踩着了瘋子，被瘋子抓住脚一拉，一下掉下来，把脑袋都摔破了，很長時间才好。为什么瘋子身上有这么多的蒼蝇呢？因为牢房里蝇子多的怕人。打人臉，最討厭的是采豆蝇子，用手一抓起碼能抓好几个。臭虫也多的怕人，一疙瘩一疙瘩，晚上睡覺都是把头包得严严的，用手抓一下也会抓一把，說臭虫打架也一点不扩大。吃的飯是"八宝飯"，一鉄碗米稀得很，里边头发一綹綹的，泥巴石子比米还多，吃到咀里只要上下牙一对就咭咭嘣地响，常青的牙被打掉了，只好用舌头卷起来吃，磁的牙很疼。小屋里沒有一个天窗，活像一口井，牆角地上非常脏，地上是一堆堆糞、一泛泛尿，都是乱拉的糞尿在地上……法官的話，大体用几句話就可以說出："你的问題很严重，我们當下你是要为悔过了，对我们还有用处，如果你们还不悔过，对我们沒有用处，对共产党更沒有用处，你在这间小屋子里还会干什么？但我们相信你，你是会悔过的，一天不悔过，就让你在这里住一天，一年不悔过就一年，至死不悔过，就住到死，我们死当成活馬用，希望你悔誤。"特务的这番話对常青的打击相当严重，他想："活着是为尽最大的力量打击敌人，跟敌人做斗争。終身囚禁对党还有什么用处？現在，他们的死是肯定的了，死比活容易的多。"当死的想法佔据自己的腦子時，他忍到这个环境，天也不能容（忍耐）可是他想到：如果能盼到見到最亲近的人的時候？那怕是見一面也好，虽然这完全是不可能的，但存在这种希望就使他想起短短的一生来，他把和同志们的革命斗争中所有的一切几乎都想过，当他想到他们所憎恨的人的時候，陡地站起来，我不能夠死！不死怎么办？拚！又是跟誰拚呢？跟瘋子？他想到活着，但又不知道活着有什么用处時感到很苦腦，他又想到特务法官說："痛苦会喚醒呢！"这句話，心想敌人用詐騙对待，用各种刑法都沒有达到目的，相反引起他们內部矛盾，过去的那些都經得起，难道現在的黑牢房就經不起了嗎？認为别人都能忍受的痛苦和困难我都忍受不了，克服不了，这說明任何時候共产党員都不会屈服。前一段經得起的，結果引起敌人內部矛盾，后一段經得起也不能引起另外的变化，这一想，思想就开了竅。又想，打垮敌人，像一座大橋，拆下一块磚，終究它会倒的。我活着对敌人的精神影响很大，起碼可以消耗敌人，多住一天多消耗一天，多住一年就多消耗一年。共产党人无論在任何時候、任何地方都会撒下

革命的种子，只要

向敵人斗争，就要打去敵人，就是為党工作，斗爭下去就会胜利。可惜在这种环境里，就是骨头是真钢也不行。想活下去就必须改变环境。当时，常青最討厭綠豆蠅，就想做一付拍子，他在这间屋里到处找，最后发现地上擦屁股的草纸，他想、用草纸和飯粘一粘，再訂上一个把子，不就可以打蝇子了吗？可是用什么装把呢？他想来想去，只有筷子可以利用，一根筷子作蝇拍子把，另一根筷子一折两段吃飯用。蝇拍子做成后，一拍子打下去确实打死了两个蝇子，可是拍子也坏了。常青又把脚上的袜子折成線找了一个破钢木墨把，磨了磨，把筷子削尖在蝇拍子上穿了两个眼，把它装在把子上。后来又找了一个破洋铁板，磨了磨代替小刀，用牙刷把磨成把，就更方便。蒼蠅是能打了，可是打不尽。因為瘋子倒处拉，倒处尿，搞的倒处是蛆蛹。常青一把一把抓到糞筒里，就把床底地下的浮土取出来和在尿里，一棒棒地旋在筒里，地上屎尿搞清搞干净了，可是两隻手却脏的沒办法。洗？一天一个人只有两杯水，这一点水要喝，要洗脸，要刷牙，要洗碗筷，要洗衣服，都是它，不夠怎么办？常青就节約着用，洗完碗筷的水留着喝，洗脸刷牙洗衣服的水留下来，洗抓大便的手还不夠，就用強硬的办法，把瘋子的水倒出半杯，到后来不但地下糞便干净了，連馬桶擦的也相当干淨。这件事感动了牢房的两个看守，给換了个好馬桶，只要看守不跟着就偷偷多给常青点水。常青也想过，这人莫非是党派来的？用許多方式試試都不是。瘋子还是隨地乱拉乱尿，常青就一天到晚的看着他，一見他要大小便，就赶快把馬桶蓋揭開，瘋子还老实，就在桶里。

可是一眼看不到他，就已拉到地上了，而且疯病来了时，說他也不听，常青就吓唬他"再屎地下把你的××割掉"。疯子瞪着眼睛看着常青，常青又吓唬他："你再拉到地上我就用馬桶砸死你"。这样一来，倒把疯子给吓住了。环境改变，疯子发疯的时候也少了，有时还满清楚。有一次常青把地下扫干净以后，无意地在地上写了个"殉"字，疯子看了突然說："你先生是好人，你行好，行到底。你告訴我到那天槍斃我，我死了也感激你。"常青怎么解釋也說不清楚，越解釋他越說，你真叫人哭笑不得。纏得常青实在没法了，急了就說："三点钟槍斃你！"疯子一听就上了床，在床上嘟嘟地，三点过去了，一天两天过去了，都没有槍斃他。疯子又好些了，常青就引他說話，疯子的知識很广博，文学、历史、社会科学都懂，他善談还会下棋，一次他告訴常青說："現在我才懂得什么是恨，什么是愛了。""你太难得，这一辈子也丢不去了。"疯子脸上顏色馬上就改变了說："你先生認为犯了罪的就永远不会变好吗？我会把仇人認做朋友吗？"从这些話来看，常青看出疯子有些变了。后来疯子搬走了，常青可苦了，只剩下一个人真是度日如年，非常急躁，整天在屋子里走来走去，为了消磨时间就数砖，数步子，以后他又定下来每次至少走三千步，慢慢地成了习惯，平日每天要走四华里，这对他后来身体有很大关係，后来他得了很厉害的风湿病，伸开就蜷不上，蜷上就伸不开，不能翻身。因为平日鍛炼也没有病死。后来常青就打太极拳，打坐，把时间排的相当紧。时间也好过了，这样过了很久。飞机把监獄炸了，不幸把常青的屋子被炸塌了，这样常青又搬到第三监獄去了。这监獄里原是尚、象称什石匪部的司令部，很漂亮，象花園似的。常青住在特务们十八号的机密牢房，这间牢房里有四五个人。这时毛委員已到南京，大家正談国共合作问题，說国共已經合作，共产党就应该枪毙去了。常青这时的心已经飞出监狱了。想得可笑，他想到出去找到了关系就要打上前线去 可是这个好梦很快就被打破了。只听见牢房外面嚓嚓的脚镣声 再一会又听见一阵排枪。这样一连好几天 又一天常青被叫出去 特务问常青愿不愿出去抗战，常青说当然愿意。特务叫常青在一张纸上签名字 常青一看就是悔过书。就说"抗战为什么要在上面签字？"特务说"抗战就要反共。"常青很火把笔给摔了。特务说"你还这么大火气呀！"走 常青挺起腰被两个人架着走了，但这次还没有死。他被架到轮船上 被解到武汉了。

一个临时党小组

常青进了武汉城监狱就住的是个大间，人多却都是些能不说话就不说话的人。但天天住在一起 不说话也不能行。熟了，长了，开始说些风俗习惯 慢慢的话就多了。有一次一个人不知道怎么谈到宋美龄和蒋介石身上去了，说他们结婚时 宋美龄向蒋介石提了三个条件 这些话很快就给特务知道了 给叫出去了，大家挨了一顿打，回来一想不对在这地方骂蒋介石，宋美龄不行啊，可是不说话也不行呀，就讲些地方人情。反正人多了什么都讲，有人讲着讲着就讲到刘伯温推背图来说当上有两句话，五百后十八子在西京坐天下 这句话又让特务给知道了 十八子在西京坐天下 那蒋介石还在那坐天下？这又是反蒋吗？又不得了啦！大家挨了一次打骂。以后 大家就讲了些男女关系等无聊的话 特务来了又当成疯话 这次打骂中常青挨得比较轻，因和他虽长期一人住在牢房里，但说话也不大方便，所以不大说话。一些挨打重些的人调出了房间，这时又调进来一个新犯人，受刑很重 番号叫503。调到这个房间的人都是不让说话的人，大家就想办法下棋，趁下棋时说话。这一时间大家猜想这去讲话是谁报告的，集中到两个人身上。正在这个时候，常青找到一个外号叫"老表"的人下棋时说过"这里是法西斯流氓世界，根本不讲理 蒋介石是流氓"不久常青被叫出去狠狠地被挨了顿打 这些话只有老表知道，这就知道告密的是老表。有个番号叫312的 很年轻 身体比较好，要谁掐死他后再再用马桶压死他，自己做了自己当好汉，没当好汉的不敢再当了 当时只有常青反对他这么做和他争论 两个人争的厉害时一个绰号叫罗师付的说"做牢房，平安就是福，何必找麻烦，以后讲话小心些，再跟老表谈谈以后不打小报告也就够了" 大家不赞成后来503想办法孤立老表，给他不合作主义大家同意了。开始老表找谁谈话 谁的脸就掉过去了，不跟他说話，這已經不好受了，后来又发展到不給吃菜。六个人一盘菜，他一伸筷子大家就輪流給打下去，再以后就发展到不让他散步，他一出来散步就有人撞，他要打人大家就一齐起来打他，想报告看守也报告不了。这么多人报告誰好呢？而且，有的看守，也討厭这些汗奸。真把老袁整的没办法，大家连大小便也不让他，一見他要大小便，就有人搶先去了。最后，他只好向534自首，老实了，这是个不小的胜利。大家在斗老袁的基礎上，形成一个以534为首的核心，实际上是个党小组，常青总叫这是个臨時的党小組。以后飛机炸汗口，连監獄都被震塌了。从此特务就开始谈話，去的人都是找534比較密切的，有一次特务叫534整理东西，正好372談話回来，372站在门口很难受，但534看了372笑了笑就走了，有一次常青也被叫出去谈話了，这是一个会客室，很漂亮，谈話的特务从軍章上来看 軍銜相当高。谈了許多話，最后说："共产党已经放棄共产主义，信仰三民主义了，红軍没了，共产党放棄土地改革，想死灰复燃是不行的，你還年青，願意給我们做些什么工作？"常青説："我这个身体 你看還能干些什么工作呢？我这个心情也不适合你们干的工作，我願意回家种地。"特务説："你可以思考一下，这是你的一个很好的机会"常青說："我早就考慮过了，如果还有考慮余地，就不会劳你的駕，从南京解到汉口了。""真的嗎？""真的""好！真的就回去吧！"又把常青押到了另一个牢房，一进去，大家都冷笑谈小高丽也把玩笑当玩的，小高丽也不相信任何人，看不起中國人。他的說法是："朝鮮的革命成功，必須有中國革命的成功，可是中國却是这样的。"他看不起中国人，同房人当然就有反感，到晚上点名時，一点到461，小高丽就想到常青前面来问什么，可是这里的規矩是点名后就不許互相说話，不許到别人床边去。第二天一起床，小高丽就很热情地问常青："你就是961嗎？""是呀！""你認識961嗎？"常青說："那不是瘋子嗎？你怎么認識他的？"小高丽說："我和他在一起住过。"常青又问小高丽："瘋子現在在那儿？"小高丽說："不知道在那儿，原来瘋子在家里抗了很多人，花了很多錢，要把瘋子放出来。特务想从瘋子身上抓更多人，答应瘋子只要不和原来的組織不脫離关係〈原文如此—激流註〉，就可以放瘋子出去，瘋子不同意，就又被关到监獄去。后来的情况小高丽就不知道了。小高丽又主动地談起瘋子和常青的关係，这就引起同房人的兴趣。你一言，我一語，小高丽不正常的情绪更好了，这時正是汗口轰炸的最厉害的時候，不久常青就又被起解了。

山窩里的人间地獄

这次把常青解到一个山窩里去，这个监獄是庙，修了修又盖些房改成的。常青的番号也改了225。進牢后一个突出的问题是一个房十几个人只一盆水，不够喝。囚徒中誰也不知誰是干什么的，不都是有道德涵养的人。不够用就搶，一搶就洒了。这一点大家最不能忍受，于是吵架就发生了，开始一吵特务就来，以后吵厉害時就請特务来解决，特务变成了調解員。这時一个外号叫文明先生的囚徒提倡分水，可是特务又不允許。第二个问題就是睡覚，一些床人多睡不下，如果一个头朝南一个头朝北，还可以伸开点腿，可是晚上特务要点人数，要大家头齐一条綫，大家只好側着身子才能睡下。囚徒身体不好老是一个姿势支持不下去，要翻身会影响别人，这样又引起吵架，一吵架特务的陰謀就达到了，既可以挑撥离间，又可以借此机会打罵囚徒。其中有一个叫大便专家和另一个叫小便专家的，为此而吵架結果被帶上一付鐐，大便专家要大便時，小便专家不想小便；小便专家要小便時，大便专家不想大便，两人行动不能统一，就常常争吵，你整我，我整你。使囚徒间变成了仇恨斗争。好像做牢的苦处都是囚徒彼此造成的。便桶只有一个不够用，为了争屎桶常引起吵架，尤其是夜间，起来大小便的人回去后睡的地方就挤没了。硬往里挤就会影响别人睡覚，又引起争吵。有一次常青起来小便，回去一看小便处没有了，常青就猶豫起来，被一个爱哼两句京話的人（囚徒）看見了，就說："你看你这样站着，真像童男二百五。"旁边的人也說225和二百五差不多，从此常青这个二百五的名字就传出去了。不仅同房喊，看守喊名气相当大。放馬桶的地方，因为屎尿太多，留在地上不能下，就再换个地方。常青看看不行，就用手把原来放桶的地方扒个坑，这样一来不但桶能放下去了，屎尿也不到处流了，连条来洒在地下的屎尿也流到坑里，拉满了就捧到桶里倒出去。以后特务知道了，就把大家叫出去问是誰挖的，常青説是自己挖的。特务説："你想跑"上去就是一个巴掌，这下可引起了大家的愤怒，轰的一下子就上去了，特务一看大家生气了，就胆虚了。赶快把大家放回牢房，同牢房的人都给常青同情和安慰。常青这次挨打是忘到痛快的一次，而特务怕别的房间都把墙挖倒，只好每个房间添两个桶，这又是一个胜利，使大家受了一次教育，想少痛苦就要齐心，从此打架吵咀的少了，水也不浪了，但是有病的人要喝点水，拉肚子的要洗裤子水是不够，就醞釀起绝食斗争，但这个意見还沒有一致，一个提法是"反虐待""反飢餓"另一个口号是"要给政治待遇"等還沒有统一时，特务放出风説绝食斗争他们知道了。同志们有的主張説特务们已经知道了，就不能再绝食了，有的认为把群众发动起来不容易，如不趁机搞，今后怕更沒机会了，于是忽然有一天，某一个房间开始绝食了，提法是："反虐待""反飢餓""给政治待遇"，消息传出去后，有的説"与其长期瘦死，餓死，不如跟着干"这次绝食斗争运动规模相当大，特务们也沒有想到，第二天就用大喇叭宣传説："绝食运动是共产党的主張，想激起社会上对政府的不满，这里是秘密地方，鬼也不知道。你们想死，少了還有四块门板，多了就是喂狼。要求给政治犯待遇，你们誰是政治犯站出来！不敢説自己是政治犯叫我怎么给你们待遇？""绝食斗争一次问不大，第二天，第三天就头暈眼黑，第四天第五天就吐黄水了。特务从第二天开始就把囚徒一个个往外叫，把飯放在小头上，而且是白米飯但大家白着眼誰也不吃。有一天大便当家偷偷用手抓了把放在咀里，有人看見就罵他汗奸，吵起来，被大家劝住了。有人开玩笑问："誰是政治犯？"这个說："我是黄米飯"那个說："我是白米飯！"一次常青被特务叫出去，出门一拐，常青見到山上有个小瀑布，心里真想能喝一喝。到了临時法庭，兩边都站着囚徒，一边是吃了飯的，一边是沒吃飯的，常青往那边一站一个特务就舒着板子问"你是吃飯是吃打"常青不吭，特务又问："你是政治犯嗎？"常青說"我要吃飯，要吃好飯，要吃人吃的飯。特务說："这不是白米飯嗎？这么好！"常青說："以后呢？"特务說："現在是抗戰時期么！上边給的是黄米，我们有什么变白米，以后有就給，沒有就沒办法給。常青问："发給囚犯的米，你是不是都給了呢？"这句話刺痛了监獄长，他害怕了，沒有敢回答。常青看出了苗头，就又问："有就給，有水为什么不給？"监獄长說"水是有，但是現在是抗戰時间，我们沒人力挑。"常青說："沒人力我们挑"监獄长說："你願挑，你向大家宣佈。常青說："你向大家宣佈。"监獄长想，常青挑了下来，挑几天不行了，就会象过去一样。于是就同意了。常青挑水的确不容易，挑起水来不敢休息，更不敢坐下，一坐下来，就起不来了。有一次，常青挑水到一间牢房去時，有一个逆类啐了他一口，常青想：自己这样做也許是錯了，这么做绝食结果会更大。但当時大家对这件事的看法也不一致，有的認为对，有的認为錯。同牢有个叫付官的人连去拉肚，常青对他照顧得很好，他曾說：我父母老婆也沒像常青这样照顧过我。"有一天，常青挑水回到牢房，再也起不来了，他要替，常青不同意。但这件

事又被特务知道了。估计付官是共产党員，就把付官叫去，問他"誰叫
不借常青挑水的？"付官火了，把桌子一推說："你们逮捕我，你们委員长知
道。叫你们蔣委員長来接見我，我就给你說是誰叫我挑的，我从来不出
卖朋友。"說完嘭的一声把门一带出去了。这一下把特务弄傻了。原来这个
人在西安事变時是負責看守蔣介石的人，是管蔣介石的人，管蔣介石吃，管
蔣介石穿，这个人很老实。据說当時看蔣介石的人是老头子，牙也掉了，
還有些同情，对蔣介石照顧得很好。所以蔣介石放出来臨上飛机時還
一再跟他說：叫他们到南京去找蔣介石。搞的特务也不知道怎么处理
这个人，怕蔣介石真的要找他，他在蔣介石面前一告状可就不清。后来
還是常青挑水，時间长了，除了肩膀红肿外，腿倒好转了。这样挑几天，
有一天挑到半道，看看常青的特务說"挑完这挑水，不再挑了！"常青
說"为什么？还没有挑完呢？"特务說："这个地方不行间，叫你回去
就回去！"常青說"不行，你们监狱長向大家宣佈过我挑水的"。
特务还是叫常青回去，常青又問"明天呢？""明天再說明天的，明天也
不挑了。"这样常青水也挑不成了，只好回到监獄去。当然斗争還没有完，
下一步的斗争比这次的還要尖銳，今天我就讲到这里。〈未完〉

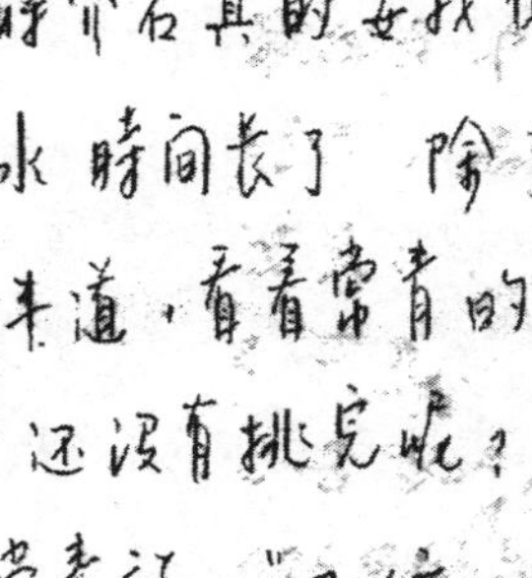

河北農大馬列組翻印 66.10
天津中医学院 65-2班 再翻印
南开大学八一八红卫兵、八三一赤卫队
11.25
河北大学化教《激流》战斗組翻印
66.12
天津[illegible]翻印

最高指示

我们应当相信群众，我们应当相信党，这是两条根本的原理。如果怀疑这两条原理，那就什么事情也做不成了。

林彪同志说：读毛主席的书，听毛主席的话，照毛主席的指示办事。对毛主席的指示，我们理解了的要执行，不理解的也要执行。

毛主席和党中央在党的八届十一中全会后对李雪峰同志的态度

(一)我们伟大的领袖毛主席对李雪峰同志的态度：

1. 毛主席在八次接见红卫兵时，对李雪峰同志讲："李雪峰你最近在干什么？"李答："我在作检查。"毛主席说："检讨检讨就行了，老是检讨干什么！要说服说服嘛！"又说："过关了过关了！"（大意）

2. 一九六六年十二月二十九日党中央根据毛主席的指示，批转了李雪峰同志十二月十六日的检查。中共中央文件中发(66)626号的批语指出："李雪峰同志的检讨是好的，诚恳的。根据毛主席的指示发给大家参考。"

3. 一九六六年底，毛主席亲自指派李雪峰同志去天津市（全国重点城市之一）组织大联合夺权。

(二)周总理和党中央其他领导同志对李雪峰同志的态度：

1. 一九六七年一月十三日晚，华北局机关"卫东"战斗队的几个同志领着一些学生去搜李雪峰和解学恭的家，总理发现后，立即下令停止搜查，并立即接见了他们。总理讲了话。内容摘要：

总理批评了他们的错误作法。总理讲："雪峰同志是中央政治局候补委员，你们搜查他的家，为什么不请示中央？"并批评他们："要作堂堂正正的革命造反者，不要搞那些偷偷的小动作，不要学清华'智擒'王光美的那种错误作法。"这时，总理的秘书送上一张条子：说解学恭的家还在搜查，总理立刻火光了，说："你们为什么骗我，我让你们停止搜查，你们这样，我就要考虑，今天要不要接见你们了。"

关于彭真问题总理说："彭真是不听华北局的，李雪峰也指挥不动他。李雪峰接过北京的工作，任务很繁重，工作还是不错的，对北京文化大革命这一段他承担了责任你们华北局的同志应该了解这一点"。总理又说："李雪峰和彭真不同。从历史上看，雪峰同志是一个诚实的人，但有缺点，繁琐哲学，讲话长。""八千人大会（北京市四清工作团会议）是彭真当下的烂摊子本来不应该开，这是老实人开的，同志们有意见，没有对旧市委，而对新市委。"

这次接见中造反派并没有提到李立三的问题，但总理讲："李立三的问题中央停止他出席会议，因为他没有参加文化大革命，以前犯机会主义错误，还有其他问题，这个人不适在中央做工作，他最近还给中央写了封信，对停止他出席会议表示不满。"机关"卫东"战斗队说"同志们认为，李雪峰、陶铸是刘、邓司令部的哼哈二将"。总理（笑了笑）答：那不见得。

2、一月十四日总理接见各大区和省委书记的讲话中有一段关于李雪峰的问题，摘要如下：

总理说："雪峰批彭真是积极的，看到彭真对主席的精神认识上有距离，李雪峰看出了这个问题，但没有抓住这个问题，没有追求这是什么距离。接受了中央任务，到新市委也执行了刘邓路线，新市委工作不好作。"又说："李雪峰与彭真有本质区别。"

3、一月十九日晚，"华北局革命造反派夺权指挥部"（以下简称一联总部），要夺华北局书记处及华北局的一些重要部门的权。当中央文革得知后，中央文革小组给机关"卫东"战斗队负责人李炳和同志打来电话，做了如下通知：①中央文革不同意他们的这种作法。②要李炳和通知北大学生立即撤出华北局。③要李炳和把这个通知情况告华北局书记处。

4、一月二十八日，华北局机关《红旗》造反兵团把解学恭同志找回来对证情况时，总理知道后，便电话找解学恭同志，去向总理汇报天津情况。《红旗》造反兵团的负责人请解学恭同志带给总理一封信，总理收到信后。谈了四点意见，请解学恭同志代转达《红旗》造反兵团负责人，内容是《红旗》造反兵团是拥护大局的，天津大局应该照顾。我现在太忙秘书可以接见（当场指定了秘书）。天津很紧张，李雪峰不能回来，解学恭要马上回天津去，组织大夺权。

五、一月三十一日揪李雪峰回华北局参加批斗会，周总理接见了机关"一联总部"代表内容摘要如下：

总理："我不给你们出主意，夺华北局机关的权可以，不能夺华北局书记处的权。华北局是中央派出机关，你们夺权就等于夺中央的权。这个问题我请示了主席。如果华北局书记处有问题，可以揭嘛！夺权不成，夺了权，你们准备当书记呀！你们有没有准备？把你们的意见谈一下。"

总理又说："你们要夺华北局书记处的权，大概是你们感到没有事做了吧。现在雪峰在搞天津问题。天津很乱，很紧张。天津市委的六个书记都被揪出了。叫雪峰把天津问题搞出一个头绪来，再回机关做检讨。""为夺权问题，我曾请示中央和主席。天津形势很紧张，我们又不能派人去，让雪峰去弄出个头绪来，再让他回来检讨。""这两天雪峰不能回来，是主席派他去的。伯达同志和我都很关心天津的问题。""雪峰检讨不是不可以，最好时间晚一点，他也没有说不给你们检讨。主席也说过，检讨检讨就够了，光尽检讨干什么。要说服说服嘛！"

（一联总部代表说：李雪峰问题不能深挖，他到天津去，也不会站到革命造反派一边。）

总理笑了笑说："你说他不站在革命造反派一边，他站到哪里呀！"

（代表：李雪峰六年来对毛主席的话不能如实传达，传达刘邓的话多，彭真的讲也多，就是不传达林彪同志和总理的讲话总理"林彪同志那几年身体不好，还席讲话少，我的讲话可能不值得传达。还有个一"统"我们。刘少奇是国家主席，邓小平是总书记，彭真啄说话就没有人信了。过去雪峰给我反映过，他对彭真不满。

(当代表们谈到华北局印发李雪峰讲话 [illegible]话很多时)

总理："他的话就是多，我的话也多，但却没有他的多。

(当代表们汇报到李雪峰看旧戏时……)

总理：不少同志有这个习惯。

(当代表们谈到华北局书记处企图通过胡昭衡打成反革命，从保万晓塘时。)

总理："那是天津本身提出来的，天津本身的意见比较多。

(代表：现在华北局还在军区存着蒯大富等人的黑材料。)

总理："这一个材料不一定是雪峰本人写的吧！

在这次接见中"一联总部"并未提到米理治，但总理讲"我现
我现在还答应给你们找一份文件(众：是刘少奇批米理治一案的文件。)李雪峰的这些账本没有找着，我答应给你们检查。

6.二月十五日"一联总部"确定去天津去揪李雪峰，~~二月十四日~~晚"一联总部"给总理打电话。周总理让他的秘书答复李雪峰回京问题的内容大意如下：

李雪峰正在组织夺权，现在天津很乱，问题没解决，李雪峰不能回去(问：什么时候回来？)具体时间没定。总理批评我说的，要顾全大局，等天津问题解决后再开会(问：总理知道这批斗会吗？)知道，你们的批斗会要服从中央的决定。

7.四月十日周总理、陈伯达、康生、江青、李雪峰等同志接见天津市五个代表大会的代表时，总理讲："……北京反李雪峰的标语很多，他一次也没向我汇报。真正要坐下来提意见。对一个犯错误的同志要实行"惩前毖后，治病救人"人民内部矛盾嘛！"陈伯达同志讲话中说："同时我们还应该指出：天津的主要矛盾是革命群众同万張集团的矛盾。斗争的锋芒应该针对万、張反党集团，而不是针对李雪峰同志。"

8.四月二十七日晚，周总理、陈伯达、康生、李雪峰等同志接见解学恭、肖思明、江枫等同志时，康生同志插话说："李雪峰同志一千个错，一万个错，但他揭了乌兰夫，这是个大贡献。"

9.四月二十七日，周总理、陈伯达、康生、肖华等同志接见内蒙赴京上访人员时，周总理讲"华北局如果说他们在执行资产阶级反动路线上有很多错误，但是，这次揭发内蒙古的乌兰夫这个走资本主义道路当权派，这个三反分子这件事情是华北局、李雪峰同志一个很大的功劳，消除了我们对北方边防、面对着苏修，最大的隐患（鼓掌）。这一点，今天给在北京的革命同学来讲一讲有好处，因为你们也不懂得这件事了（鼓掌）。"

中共中央华北局机关红色造反团

一九六七年五月二十一日

国印毛泽东思想无产阶级革命造反派红色联合指挥部转抄

1967.5.29

天津市长

胡昭衡的讲話

時间 1966年12月15日
地点：河西区工人俱乐部

同志们要求我说々："我们要求胡昭衡说々他是怎样被打成三反份子的。中央对天津市委领导运动有什么看法或批评意見 上述问题必须叫他说清楚。"

两个问题啊，一个是我是怎样被打成三反分子的，一个是中央对天津市委领导运动有什么看法和批评意見。我想说了这个再说对自己错误的检讨和批判。下午因为要去工矿企业造反兇团到他们那里去听々。

第一个问题我说々经过：

我到天津是一九六三年底，到現在是三年，工作了二年半。到五月廿号去北京参加会议北京召开的是华北工作会议。中心是文化大革命问题。五月廿号去，六月三号到六月十七号对我进行重点揭发批判，六月三号到六月十七号这个揭发批判是在河北省组里的天津组进行的。开始是书记处会议，以后是常委会议，以后是天津组的全体人员会议。揭发批判在文化大革命里头对任何人都可以揭发批判 文化大革命是考验任何人，也需要对任何人，任何革命干部 任何党派 不管他是革命的，不是革命的，是左派，是右派 是人是鬼都应审查揭发批判，这是应当的。后来我看到材料知道，我看到五月廿号以前准备的材料，这是我不能理解的问题之一。

六月十三号到六月十七号进行批判 开始是由"燕山夜话"我写的一个小册子，另外就是在天津报纸上转载过的"一个共产党员的故事"一个"跳崖"这两篇文艺作品，从这里谈起，以后就谈到天津工作 同志们揭发批判 后来就是提到这个，在那里同志们的提法是"推行反党反社会主义反毛泽东思想。"燕山夜话"是燕山夜话"式的作品。"另外是天津工作是个人野心家。跟有些干部关系不正常，有黑帮关系，譬如：和朱彪，和里头下面的市人委办公厅有"抬轿子"的。李文全啊，楊成啊。揭发批判是一回事，但那会议没作结论。我作过三次检查，会议没作结论 以后由于会议转到河北大組，转到其它同志的问题上，其它人的问题的批判，我的问题告 段落，这是六月十七号告一段落。

后来听说六月廿号左右就有人在天津市透露（这是我后来听说的，而且后来知道在中央会议回来后看到一些揭发材料知道的）胡昭衡有问题。

十六中事件以李罗力为首的。〔李罗力是我的儿子〕李罗力为首的我很奇怪 是什么道理，不能理解。以后会议结束至七月二十三日结束回来。回来之前，我请示过书记处：我回来接触不接触工作？如果接触工作 我愿到下面搞四清文化大革命，把我的问题弄清楚再说。后来我走去找武成同志，武成同志说："你回去暂不接触工作回去还是开会吗！"

七月二十三号开会回来，七月三十号开市的三級干部会议。从七月三十号报到到八月二十六号，回来以后，我的文件渐々没有了市人委的文件没有了，市人委的文件没有了，文件没有了，在市委工作会议期间 在河北宾館我问武成同志："我的文件是不是应当给啊？"他问："什么文件？"我说："比如现在听到的三个录音报告。录音报告打印的。"录音报告因为没有参加会没有听。武成同志说："这个应当发的。"问晓唐同志　晓唐同志说："应当发"。但是没有发。这次在北京中央工作会议最后和武成同志交换意见。表示我对错误的态度。另外对他提出批评意见，我曾经提到文件问题，他说："我现在认为文件还应当发，"后来回来问云亭同志，云亭同志说："不知道文件为什么不给我发"后来杨拯民那天会议谈问题说才知道市人委从八月份起就不给我文件了。现在我不知道为什么不给发文件是无头公案，找不到谁不给发文件，是不是市委的文发料给不给我发文件呀，我也想象不到，这是文件，参加会议，我在北京作过检查，在河北宾館的市委工作会议上，我也希望自己先检查，后来才知道市委这个会议之前（人家揭发的，我知道的）宋景毅同志在市人委（我们从北京回来，宋景毅并没有参加北京那次会议）召集了李文全几个人开会，准备市委工作会议意见，根据市人委干部揭发，当面跟我讲，市委工作会议刚刚开始，二号还没开始（是学文件还是没学文件？）小组会上，李文全提出我是反党反社会主义的，就开炮了。我的检查问题开始和我们的局长范青实同志打电话，我说："是不是先检查一下，"晓哲同志讲："等人家发了言再讲，炮轰司令部吗？你先听？"（我没机会说）直到八月廿六号再没有一个检查机会。一直到我去中央开工作会议都没有发言的机会。

八月十一号，万晓唐同志下午动员炮轰司令部。八月十二号发了华北工作会议，一些同志的批判材料带有结论性的帽子都戴上材料，八月十三日发了"老生常谈"选编，是黑体字，实际就是认为是燕山夜话。八月十四日就发了报纸批判文章的草稿。我在中央工作会议上我就提出了市委既然是左派，为什么怕炮轰？为什么制定目标啊？"这个话，我在市委常委会议上讲过，其它会议没讲，今天我讲了，你既然是左派一起提出来轰吗？谁是左派，谁是右派，文化大革命运动中鉴定吗？谁是人谁是鬼经过运动来烧吗？为什么当时急于制定目标呢？这个会议是一面倒，李云行同志（也就是我爱人）在小组会上，小组长让她表示态度，后说十六号散会，当天让她表示态度，云行同志提出来："胡昭衡同志有错误，欢迎对他进行批判，但我认为胡昭衡同志工作一贯积极，在历史上并没有犯过重大错误　说了这话，紧接着就成了夫妻黑店，当然揭发及问题，问题是李云行同志八届十一中全会的传达也不能听了，实际也停止了工作，不能看文件，一直到中央工作会议开完会后，我恢复了工作，她也恢复了工作。

市委工作会议没有结论，散会我不知道，没人通知我。〔唸纸条："八·二六"事件你在那待着？"八·二六"事件我也不大清楚，八月二十六号晚我还在宾館待着〕，散会时看人家走，我赶快问谷云亭，他说："回去吧！在家看看毛选，写写检查"我就回去了。八月二十六号，我在宾館，八月二十六号以后，我在家里，这就是对同志们的详细回答。

並且参加这会从北京回来后，书记处会，常委会　只有一次会让我参加了，就是十大中事件。馬瑞华给十大中平反，撤马瑞华的职。那次常委会让我参加了，我不理解。这以后以前的会都不让我参加。单那次会（对十大中会）让我参加，到现在还不理解。

九月初，听孩子回家说　有的同学告訴他："你还在着待着！还不赶快躲起来，你爸々明天就要点名了。"孩子给我讲我不信，我也领导过运动，我也受过审查，多少知道点组织原则。到现在材料还没核对，也没人跟我谈話。另外，我的点名批判会经过中央的，如果经过中央正式决定会跟我谈话的。孩子很慌，李云付同志找到了路达同志，路达同志表示：批判是南男的，点名，肯定是明天不会点名，至于这几天没听说点名。路达同志大概是过个意思，我听云亭回来讲的。

九月十四号搬家　后来听说，九月十号左右杜长天，这个同志我没見过，据说是新调来的，在哪个口上对红卫兵说，我是三反分子，个人野心家，这是后来听说的。以后各口宣布。涛雅三在工会宣布要向下渗透，胡昭衡是个三反分子，个人野心家，宣布后说，这是为了镇压右派，支持左派，这个目的就很露骨了。这是从中央开会回来之后听说的，搬家以后，就什么人都不接触了。

九月期间，我写了一个检查材料，叫"《老生常谈》是本什么书"我十七日给书记处晓彦、武成写的信（以前写的，若干信就不讲了；我不知道晓彦同志說）写的是，一是定性质前请求组织无论如何跟我谈一次话，听々我的意見，另外，我有个建议，听我的意見时，开大会有困难，不好讲。最好开个小会十几个人，廿来人的会，有分析批判能力的，人家可以批判我的，傾听我的意見的，这封信信没答复。但是我写的"《老生常谈》是本什么书"的检查分析要求组织印的，省委若干份，华北局若干份，中央文革小组若干份，内蒙党组若干份（因为我在内蒙党组工作过，他们对我的《老生常谈》有意見，另外就是天津市印多少由天津市委决定，后来，路达同志叫一个同志捎话说："先看々再印"我说，好吧。怕材料拿走　检查时怎么办？抄吧。于是我跟一个同志抄了两、三天。说九月廿号拿走，到时没去人。十月三日晚去了一个人，说："路达同志不看了，这几天不还开会吗？"一直到现在，我写的检查没人看，别说谈話了，估计九月份没批判，就天天看社论，听广播，学习主席著作，文化大革命指示，孩子带些传单回来看々。

国庆节有外宾，一个市长批判大概……　估计过了国庆节，大约十月初旬可能批判，我想十月报纸再不点名，一定中央没批准，后来分析，几天没到，估计是下星期一（十日）要批判，八日（星期六）晚去了几个同志去叫门，我想大概是通知来了。（全场笑声）那些人说："你赶快准备去中央开会"我说："是什么会？"他们说："不知道，刚才省委打的电话。"叫你去中央开会，我们不知内容。"用七、八分钟……

〔胡昭衡又唸纸条："派出事员给你作诡，在什么地方叫你检查」这是九月十四号搬家，九月十三号前几天我跟路达同志讲，搬就搬到尖山，那是职工宿舍，现在那住了许多红卫兵了，都想找我谈话。当时搬到尖山，我说：”是不是找个地方自己写检查。”路达同志让王＊在找了这个地方 我在那里从13号待到23号，待了十天，13号晚上去的，23号晚上走的。在那里我当时有一种心情，的确，几个月啊！所以我随便说一下，有些同志包括谷云亭在一次检查中说：”一些人休息了一段。”那天，路达同志在工交口说：”胡昭衡同志休息了一段时期。”我觉得这是没有阶级感情。我休息？我们累焦心的情况你为什么不讲讲？（胡很气愤，把茶杯重重放在讲桌上）在那写的《老生常谈》是本什么书？报纸看不到了，要只十天共看了两张报纸，晓唐同志逝世，我给市委书记处张罗同志写了一封信，表示万晓唐的死我是听广播知道，我坚决要求回去，其实，一个人犯了错误，无非是罢官，免职，点名，批判，游街，抄家，戴高帽子，罪號，还有什么呢？但是，我相信自己的问题，自己清楚吗？！相信党，相信群众，问题总会解决。我坚决要求回去。

这个时期有些话我不愿讲，同志们问到这个。我当时希望李云付同志去那里或看看我，我给李云付同志写了一封信，后来说转到手了。以后我回家交给我说：”因晓唐死，这个期间很忙，没把信转给你转到。”因为连信都没转到，我不能在那里，回家还不是一样。

十日去中央开会，准备十分，八分钟提着箱子就走，带了牙具，几本毛著，带着自己的检查材料。李云付说到那好好检查，我准备检讨去的。

到那之后，才知道是中央叫我开会的，而且是中央文革小组直接给天津打来的电话。开会的问题就不讲了。后来有个负责同志跟我谈话，我问：”我以什么参加会？”负责同志说：”一样。”那就是说我与省市其它负责同志一样，以工作身份参加会议，所以我在会上就照常参加会发言。叫我回来工作我就回来工作，会议后期，回来之前，我与武成同志交换意见，中心是怎样把会开好，到那里（北京）我就知道天津有错误，我对天津市委这一错误有亲身感觉，而且有些东西从传单上，许多东西，你比如有一个问题，我在会上（中央工作会议上）做过批评的，那就很明显是错的，否了十大中事件。谷云亭同志在一宫开了会 李云行去了，回来跟我讲（把她的记录唸叨一遍）说有幕后指挥，这显然是错的，在市委门口辩论，为什么做幕后指挥？很显然违背中央指示。所以这次和云亭交换意见，谷云亭说我是血口喷人，是错误的。我说你更大的错误是幕后指挥。

中央会议的东西在这不谈，关于中央批评说一下。中央要我参加会嘛，要我回来工作嘛！这不是中央的态度？这就是中央的态度。我回来跟武成同志商量中心开好会。在开会期间有一些问题，我不详细讲，但有一个问题我要讲一讲：我回来之后，向武成同志讲了，说我这个问题向到会干部讲一讲，不讲一讲恐怕有问题，武成同志那时说：”在常委扩大会上，开完了把常委留下来讲一讲，你别参加”我说：”好，我不参加，你讲一讲。”以后武成病了，云亭主持工作，我把中央会议精神与云亭讲了一天，无论如何咱要开好会。

天津市委所不能犯错误了。

后来发现，我第一天开会，解放军报記者见面了，说几句話。有人说："胡昭衡与解放军谈笑风声。"为了这种人哭也不对，笑也不对，走也不对，待也不好。我一想，我与××说，与到会干部把我的问题说一下，干部不要因对我的问题急于……会扭转方向，以后到医院见武成同志（因为我后来要求我传达，有些同志提出意见）我给武成同志建议，是不是把我的问题讲一讲，不向干部讲，会上问题，……武成同志说，与小组长讲，不要在会上讲了。后来云亭与小组长讲时，听说小组长态度很高昂，我说不管什么人有意见，我会可以理解，因为胡昭衡是三家村分子，为什么参加会？如果我是三反分子，为什么戴帽子？你们应该说明一下。后来说："再传达，我们就退出会场。贴大字报。"后经华北局，河北省委让我传达，我就继续传达。为什么中央让我开会，我去开会了，如果武成同志没病，武成传达，武成病了，当然就我传达，在这点我很坚持，因为这是党的组织，我作为一个共产党员，除非不是共产党员，我是一个共产党员，就是把中央工作会议精神传达，如果中央让我参加去参加会议，回来之后我还不把中央精神和事，这不贯彻中央会议精神，开除党籍好了，当共产党员干什么？以后华北局让我传达，我坚持要传达，以后云亭同志说："开会时说一下，你晚去半个小时，我说一下。"我说："好。"云亭开会时作了解释，那个解释的内容我也有意见，上午传达，下午云亭、路达同志到机关口，交际处解释的什么？据干部，红卫兵材料揭发，有个问题不明白，据宣传部同志揭发是，路达同志讲了"不就是这个问题吗？叫胡，自退出会场，走！"有没有这话，路达同志在这了，路达同志表示，有这话就不好了，最好没这话，（会场有些乱，有人喊："让路达同志回答"大会主席宣布继续下去，由胡昭衡发言）云亭说再给我点时间考虑，云亭回去了，给我解释："干部有意见，叫你们退出会场，"看这情况，我准备走，当时我手正拿文件，说云亭你好快谈一下，我把文件放下，把钥匙交给秘书，披上衣服，我准备走，一会儿，干部喊口号去了，我跟书记处同志说："我走了，你们千万开好这次会，在我的问题上，再不要犯错误（很激动地拍桌子）我说了这两点就走了，第二天，从交际处出来，文革同志叫我回到家里，我回家，暂时不让我参加会，我给书记处写信，说："不要因为我的问题开不好会，一个是中央的批示要传达，再就是把伯达同志，主席的指示，林彪同志的讲话，总理……讨论好。"下午到省委征求我的意见说："你暂时不参加会，你的工作做为另外问题考虑。"李定代表省委征求意见，我就向李定表示：

(1)请市委下决心开好这个会。

(2)如果省委决定不让我参加，我组织上服从，我一再强调。

(3)我对开会有顾虑，因为我与武成同志参加了会，，武成病了，今天又不让我参加了，我组织上服从，开好这个，我对这个有顾虑。

以后干部们去华北局问情况，华北局表示态度之后，十四号晚文革通知我可回去开会，我知道是要对市委批评，十五号晚我去参加会，十五号上午开常委会，因为没开，开不下去了，晚上七点我才去，为什么我也不能理解。

第二个只提对市委有什么批评，专题检讨，我没带材料，说了点精神，只是对天津的批评很尖锐，很突出的，几个同志都提了批评，谈到了一个地方的事，真的就是天津（谈到枝节很多的……的较前有关系）话不多，可能以后批评得严重，总理和其它负责同志都有批评，批评天津市委的总精神是十一中全会以前犯了路线错误，八届十一中全会以后的严重错误没纠正，继续犯了路线错误，而且有些地方有了发展，在全国也是较严重，较突出。

我们同志的揭发与中央精神符合，也有些地方认识程度差一些，在运动里许多问题不会认识到。

我无论如何争取占同志们十几分钟时间讲一下我的错误。我是富农出身，受封建家庭影响，思想没得到根本改造，根子是资产阶级个人主义。这几个月天天读老三篇。违背了主席教导，“对是非……”，个人突出，个人英雄主义。”出了一点力就觉得……”我觉得同志们提的很高，没负担，一些触及灵魂的问题汗流浃背。前几个问题戴了很多帽子，新疆确实送来了，但是我继给了战斗的个队，问题是以自己名义写的，才来不久，大风时抢救渔民，我参加了，写报导时写市委组织工作，我加上了市长两个字，个人主义的确是要不得的，说明自己的世界观需要改造。

锋芒毕露，还有发展，到处出头露面，根本的问题是自己的资产阶级个人主义，不能事事时时突出政治，有时强调工作、生产，说错话做错事，作了不好文章，文化大革命使我认识到了自己的灵魂。这是革命烈火帮助我的思想斗争的力量。失掉一些，过去一些，打掉一些好的有革命作用。在东方饭店我写的检查，有错误思想意识，有人喊把我打倒，踏上一只脚，我认为对错误的胡昭衡应该打倒，踏上一只脚，如果不把错误思想改掉，社会主义关过不了，两条路线关，世界观没改造好就可能犯错误，在革命斗争中学习，有错误改正，政治生命差一点失掉，争取过好社会主义关，毛泽东思想挽救了我，没有毛泽东思想无生命。

资产阶级反动路线与无产阶级革命路线是大破大立斗争。市委犯的错误是严重的，必须与资产阶级反动路线决裂，不彻底揭发批判，就不能改正错误，需要掀起大揭大批高潮，反动路线不打不倒，不冲不垮，没大民主大放手就不能冲垮阻力，阻力有，而且严重。

决心就在革命干下一边，坚决捍卫毛主席的革命路线。

挺身到革命中，革自己的命，把无产阶级文化大革命进行到底。

市委再不能犯错误了。

·完·

说明：此讲话胡昭衡在在河西工人俱乐部《市委机关革命职工揭发批判市委资产阶级反动路线》大会上的发言，胡为解答同志们提出的问题讲的，它可以给我们提供批判市委资产阶级反动路线的线索，对揭开天津市委阶级斗争盖子有一定帮助作用（本文记录整理，未与录音核对，难免有出入，供参考）

天津三十中学毛泽东思想红色革命造反司令部总部、战斗兵团

看見这份资料悲喜交加
喜的是使我又回到青年时
代在十六中工作时的情景
悲的是平日不肯多说一句话
的夫子们也造反，给自己洁
洁的灵魂，加上一道刀痕！

一九五五年
十六中学
教学处老主任
李正中 题
乙未年端午之夜

天津市夺权领导小组负责人在革命职工群众组织座谈会上的发言

★

> 世界上一切革命斗争都是为着夺取政权，巩固政权。而反革命的拚死同革命势力斗争，也完全是为着维持他们的政权。
>
> 毛泽东

中国人民解放军天津市驻军支持革命左派联络站印

十六中学《万水千山》《新猺子牛》《向太阳》战斗组联合翻印

十六中学教学处部分革命教师

一九六七年六月十六日

目录

至今还和当年一样，手刻腊版非常优秀，不过我不希望刻这种马屁内容

前言

为了贯彻执行中央对天津工作的方针，在现有的基础上加强、扩大革命的大联合和革命的"三结合"，自中央首长接见始，天津市夺权领导小组和天津驻军支左联络站负责人，曾采取不同的形式、在不同的场合下，多次听取过不同的意见；"三支两军"部队在基层单位，也一直在进行这方面的工作。

六月二日，天津市夺权领导小组和驻军支左联络站，又邀请了四十五个尚未进入工代会的革命职工群众组织，一百一十五位负责人的大型座谈会，讨论如何进一步加强和扩大工代会的问题。六月二日下午到六月三日，到会代表发言；六月五日上午，肖思明同志和解学恭同志发言；六月五日下午和六月六日，到会代表发言；六月七日至十日，休会四天；六月十一日上午，到会代表继续发言。大家把意见都讲完了，最后由郑三生同志发言。

为了便于广大群众组织了解我们的观点，应到会同志的要求，特将三位负责同志的讲话编印散发。

一九六七年六月十二日

肖思明同志的发言

（1967.6.5.）

同志们：

我们开了一天半的会，已经有几十位同志发了言。不少同志的意见是好的，这些批评和意见，对我们克服缺点、改正错误，加強和扩大革命的大联合是有益的。我们表示感谢。

现在，我代表天津市夺权领导小组和驻军支左联络站，讲几个问题。

解放军介入天津市文化大革命，已经四个多月了。在这四个月的时间里，在毛泽东思想的指引下，在中央、中央军委和中央文革的直接领导下，在无产阶级革命派的大力支持和协助下，同革命领导干部一起，做了一些工作。三月份以前的工作，中央已经作了肯定的结论，而且中央已经明确表示过，这个结论是绝对有效的。对天津市的大方向和主要矛盾，形势和任务，二、三月份的工作是怎么做的，这段工作的具体过程，甚至连天津市十个月文化大革命的具体过程，总理、伯达和中央文革其他负责同志，都作了系统的，明确而具体的指示。我们坚决拥护中央的指示，坚决执行中央的指示，因此，对三月以前的工作，对三月以前的一些情况，我们就不多讲了。现在讲三个问题。

一、我们的缺点和错誤

我们的缺点和错误，主要是联合得不够，也有支持错了的。有一部份应该进入工代会的造反组织，没有进入工代会；已经进入工代会的，也有保守组织。

产生这些缺点和错误，有主观上的原因，也有客观上的原因。我们现在主要讲主观上的原因。主观上的原因，主要是缺乏经验；对两条路线的斗争体会不够深刻；放手发动群众不够；调查研究不够。因此，出现了几个突出的问题。如塘沽地区，大部分造反派没有进来；财贸系统，也有不少造反派没有进来，其他地方和单位，也有的造反派没有进来，甚至也有支持错了的。此外，有些工厂企业的专职人民武装干部和经济保卫干部，在一段时间里，自觉或不自觉地在不同程度上，压制了革命造反派。以上这些，都是比较严重的错误。产生这些错误，主要责任在我们。

无产阶级文化大革命，是史无前例的伟大的群众运动，解放军执行支左的任务，也是建军史上的第一次，我们自己没有经验，也没有历史的经验可以借鉴，是个全新的课题。造反派迫切希望得到解放军的支持，解放军也一心一意地支持造反派。这一点，我们的心情完全一致的。但是，解放军介入以前，文化大革命已经搞了八、九个月了，造反派经受了八、九个月的实际锻炼，对两条路线的斗争，都有亲身体验。而我们，不但没有直接参加这八、九个月的激烈斗争，而且我们军以下单位，遵照军委、总政的指示，也没有运用"四大"的方式开展文化大革命，对文化大革命中两条路线的斗争，没有亲身体验，缺乏感性认识。解放军支左，完全是在游泳中学游泳。

根据中央的部署，原来准备三月份夺权。正在这个时候，中央指示召开几个代表会议。开无产阶级革命派的代表会议，又是一个全新的课题，完全没有经验可以借鉴。怎么开法，没有经验，怎么联合，没有经验，联合到什么程度才能实行夺权，思想上也不够明确。当时，我们只派出了为数不多的一批干部同一部分群众相结合，进行了一个多月的筹备工作，八天之内召开了五个代表会议。回过头来看，虽然五个代表会议的大方向和主流是正确的，但是，由于时间过于仓促，充分发动群众又不够，因而联合得不够宽，不够广。而当时，同几个已经夺了权的省市相比，我们还认为联合的面已经很不小了，形势已经很可观了。这些缺奌和错误，事后我们才认识到。

在这次会上，有不少同志根据毛主席看问题一定不要忘记划清两种界限的教导，根据中央对天津工作的结论，对我们工作中的缺奌和错误，进行了具体分析，给了我们深刻而又尖锐的批评。我们感到这些同志的批评，是对我们的真诚关怀和热情帮助。毛主席教导我们说："因为我们是为人民服务的，所以，我们如果有缺奌，就不怕别人批评指出。不管是什么人，谁向我们指出都行。只要你说得对，我们就改正。你说的办法对人民有好处，我们就照你的办。"无论过去，现在和将来，我们都将牢记毛主席的这一英明教导，在党中央的亲切关怀下，在广大革命群众的热情帮助下，不断地改进我们的工作，同广大革命群众一起，把天津市革命的大联合搞得更好，把天津市的文化大革命搞得更好。

二，缺奌和错误改正的情况

中央接见天津代表时，在肯定了前一段工作的同时，明确地指出了今后的方针。从北京回来之后，我们总的指导思想是：坚决贯彻中央的既定方针，积极地改正前一段工作中的缺奌错误，高举革命批判的旗帜，把批判刘邓的资产阶级反动路线同批判万张反党集团结合起来。在大批判和大斗争中，加强和扩大革命的大联合和革命的"三结合"，积极进行夺权的准备。根据这一指导思想，我们着重抓了以下几项工作：

第一，大力宣传了中央和中央文革负责同志接见天津代表时的讲话，发动群众，坚决贯彻执行中央的指示。

第二，对"三支两军"部队，分别组织了几次学习和集训。通过渡习和集训，检查工作中的缺点错误，总结交流经验，提高思想，改进工作。

第三，积极支持九个代表会议和广大革命群众组织，进行大批判大斗争：批判刘邓，批判万张，批判本系统、本单位党内一小撮走资本主义道路的当权派。在尖锐复杂的阶级斗争中，不少革命群众犯过保守错误的大群众的觉悟大大提高了，革命组织得到了发展和锻炼。同时有不少革命群众组织在斗争中认识了错误，杀了回马枪，有利于革命的大联合。

第四，派了几个工作组蹲在塘沽，同塘沽部队一起，广泛深入群众，进行调查研究，支持受压的，已经（难）改正过来；没有进来的革命造反派，已经表了态。财贸系统的问题，有的已经解决，有的正在解决。

第五，工厂企业专职武装干部的问题，天津警备区反复抓了几次，并且发了公开信。经济保卫干部的问题，公安局军管会也作了专门研究，也发了公开信。这两个问题，都已经基本解决。

第六，大力协助五个代表会议进行加强和扩大的工作，在这方面，虽然遇到了不少障碍，但是，仍然取得了明显的进展。工代会已经由原来的二十八万多人，扩大到四十万人。此外，还有一批已经表了态，还没有正式加入。

第七，大力协助几个代表会议进行加强内部的工作。工代会对自己的所属组织，进行了多次调查，最近又组织了五十七人的调查团，到各系统互相调查。已经清除了在不同程度上坚持保守观点的保守组织二十个，准备处理的还有十几个；已经整风和正在整风的二十八个。

第八，派出大批指战员，深入工厂、农村，宣传毛泽东思想，支持革命左派，抓革命，促生产。农业生产形势大好。工业生产四月份以前，一直是稳步上升，五月上旬和中旬略有下降，下旬又有上升。

第九，遵照毛主席的指示，组训革命师生的工作，也有进展。根据国务院、中央军委的命令，对又一批重要目标，实行了军管制。

从中央接见天津代表以后，我们尽管做了不少工作，也取得了一定的成绩，但是，我们仍然认为，我们前进的步伐还不够快。从主观上讲，我们所采取的措施还不够有力。但是，同志们，我们不能不明确地指出，四、五月以来，天津市的阶级斗争是很激烈的。万张反党集团，并不甘心他们的失败。他们施用种种阴谋诡计，扭转斗争的大方向，破坏革命的大联合和革命的"三结合"，企图翻案复辟。对此，广大革命群众和革命群众组织，必须高度警惕，千万不要上当。

三、今后的方向

我们今后的方针，仍然是：坚决贯彻中央对天津工作的指示，高举革命批判的旗帜，紧紧掌握斗争的大方向，继续加强和扩大革命的大联合和革命的"三结合"，积极准备夺权。

第一，依靠五个代表会议和其他革命群众组织，把党内最大的一小撮走资本主义道路的当权派批透、批倒、批臭，把万张反党集团批透、批倒、批臭，逐步完成本单位的斗、批、改。

第二，我们建议，所有革命群众组织，普遍进行一次"大方向"的大总结，大提高。通过对一年来实际斗争的总结，提高对夺权的认识，批判无政府主义、山头主义、小团体主义，斗"私"，增强革命性、科学性和组织纪律性，实现革命的大联合，为夺权准备条件。

第三，采取有力措施，加强和扩大五个代表会议。五个代表会议，必须按照中央的既定方针，在现有的基础上加强、扩大。过去所谓的"砸烂"、"摧毁"和"彻底改组"，都是同中央的方针相违背的。

为了加速工代会的发展和扩大，我们建议，有条件的，要通过协商，召开系统的代表会议，把革命造反派统统联合起来，把端正了大方向的群众组织统统联合起来；个别不愿进来的，可以等待。

建议工代会，继续抓好组织审查工作，把坚持保守观点而又不肯改正的保守组织清除出去，教育其中受蒙蔽的群众自己起来造反。

第四，正确对待保守组织和受蒙蔽而参加了保守组织的群众。对于这个问题，我们认为，所有革命造反派，都必须按《红旗》杂志评论员文章《抓住主要矛盾，掌握斗争大方向》办事。还没有改正错误的保守组织，要立即划清界限，端正方向，站到毛主席的革命路线上来。

第五，正确对待干部。既要敢于打击一小撮，也要敢于解放一大批。我们认为，领导干部主要应该在本单位的革命群众中亮相。市级机关的领导干部，应该首先在市级机关的革命群众中亮相。无组织自由抓人是错误的，有些群众组织抓走了一些领导干部，长期扣留，拒不送回，不管主观愿望如何，从客观效果上看，不是保护一小撮，就是障碍解放一大批。我们再次通知他们立即送回。

同志们！我们的这些想法对不对，还可以商量。但是，必须明确指出，一切协商和讨论，都要在维护和贯彻中央既定方针的基础上。这是肯定无疑的。坚持这个方针还是违背这个方针，这是一个原则问题。我们坚信，真正的无产阶级革命派，都会自觉地对维护党中央的绝对权威，对天津市革命的大联合和革命的"三结合"，做出自己的贡献。从一天半的会议情况来看，大多数同志已经这样做了。

天津市真正的无产阶级革命派，必定要在毛泽东思想的基础上，在中央对天津工作的结论的基础上，联合起来，共同战斗，把万张反党集团所把持的一切大权，统统夺回来！

讲过了，并且分析了产生缺点错误的原因。确实是军队介入文化大革命的时间比較短，主要是缺乏經驗，对两条路线的斗争开始一个时期体会不深。除此以外，我还想着重说明一点。

天津市是个大工业城市，有四百多万人，十三个区，几十个局，一万六几千干部，六几十万工人，近百万农民，几十万大中学生，万晓反党集团又統治多年，流毒很深。抓革命，促生产的任务是非常繁重的，斗争是十分艰巨复杂的。特别是由于万晓反党集团顽固地执行并发展了资产阶級反动路线，对干部实行了"打击一大片，保护一小撮"，使许多好的和比較好的干部至今不能站出来工作；市委、市人委、各区、各系统的许多机构也瘫痪了。在这种情况下，驻军除了支左以外，还承担了支工、支农、军管军训，以及政府的一些行政工作。驻军对这些工作都做得很好，取得了很大成绩。驻军担负着这么繁重的任务，加之对地方上的情况和这些工作又生疏，在工作中发生一些缺点错误是难免的。我们认为，天津驻军对天津文化大革命和生产建设工作的贡献是巨大的。我们应当热情拥护解放軍。对工作中缺点错误的改正，许多革命组织給了热情积极的帮助。我们相信广大革命造反派，是完全能够继續积极热情地帮助駐军，把工作做得更好。

前一段工作中的缺点错误，我们地方几个领导干部，尤其是我个人要負重大责任。因为我们对地方情况应该说比軍队的同志熟悉一些，同一些革命組織的接触也早一些，应当把工作作得更好一些，但是我们做得不够。主要原因是相信群众、依靠群众的观点还不牢固，有时在对待革命群众的态度上有错误。如对某些组织一时一事的缺点错误看得重了一点。在思想深处还有"怕"字在作怪，"怕"犯错误，放手发动群众不够。深入群众，到群众中去，广泛地听取群众意見，走群众路线不够。尤其是我个人，去年六、七月间在华北局工作时，曾执行过资产阶級反动路线。十一中全会以后，在毛主席和党中央的諄々教导下，在革命群众热情帮助下，使我认识了错误，坚决站在毛主席的革命路线一边，在阶級斗争的大风大浪中改造自己，鍛鍊自己，到天津工作以来，在贯彻执行毛主席的革命路线过程中，工作上仍犯有这样那样的错误，这说明自己活学活用毛主席著作不够，世界观改造的不好。我欢迎革命派的同志们，经常对我和地方的其他几个同志的缺点错误，进行批评和帮助。我们一定坚持真理，修正错误，同广大革命造反派，同天津驻军，紧々地团結在一起，战斗在一起，在毛主席的革命路线的指引下，共同搞好天津市的文化大革命，坚决把天津市的文化大革命进行到底！

把斗争锋芒对准刘、邓，对准万晓反党集团，对准党内一小撮走资本主义道路的当权派，把他们揭深批透，在斗争中进一步加强，扩大革命派的大联合、这是我们当前的斗争大方向。陈伯达同志指出："刘邓路线在天津的忠实执行者，代表人是万晓反党集团，千万不要忘记这个反党集团在天津的各种罪恶"。这是非常重要的指示。这几个月的革命斗争实践，证明伯达同志的指示是非常正确的。

虽然中央已明确指出："天津的主要矛盾是革命群众同万晓反党集团的矛盾"，虽然我市广大革命群众已经把万晓反党集团的盖子揭开了，把头子和"主要骨干"揪了出来，并进行了许多次的批判斗争，虽然军队一介入，就明确指出万晓反党集团是根本的斗争目标；但是万晓反党集团是不甘心失败的，是不甘心灭亡的，他们千方百计挑拨离间，耍阴谋，放暗箭，进行反革命反扑。万晓反革命修正主义集团的忠实党羽，最近两个月，要为万晓反党集团翻案的趋势越来越明显。如一面出现"万晓塘永垂不朽"的标语，造谣万晓塘没有死，为反动政法公社翻案，以及把向万晓反党集团作坚决斗争的人说成是万晓一伙等等。特别是在革命队伍中进行挑拨分裂的阴谋活动，这是十分值得我们惊惕的。我们千万不能忘记这个主要矛盾，这个批判斗争的大方向。放着主要敌人不打，转移斗争目标，是不利于把文化大革命进行到底的，是不利于实现革命派大联合和革命的"三结合"的。我们革命造反派一定要联合起来，团结起来，团结广大革命群众，把斗争矛头一致对准刘邓和万晓反党集团，对准党内一小撮走资本主义道路的当权派，把他们彻底斗倒、斗臭。千万不要做亲痛仇快的事。我们坚决相信，广大革命造反派，在斗争中，在伟大的毛泽东思想的基础上，一定会团结起来，实现革命的大联合！

以上意见如有错误，请同志们批评。

在什么情况下才能联合，在什么情况下不能联合？我们认为在联合的问题上，必须紧紧把握住两条：第一，是坚持斗争的大方向，还是违背斗争的大方向；第二，是维护党中央的权威，还是破坏党中央的权威。凡是在这两个问题上不一致，可以求大同存小异，有的不愿意进来，还可以等待。我们相信，真正的无产阶级革命派，一定能够在毛泽东思想的基础上，在维护党中央权威的基础上，尽快地联合起来，团结起来，共同战斗。在开好系统代表会议的基础上，通过协商，把应该推选上来的代表人物推选上来，把个别不适当的加以整理和撤换。

我们不能不明确指出，在对待五个代表会议的态度上，在如何加强和扩大联合的问题上，有些人的观点和主张，是同中央指示不符的，是同天津的实际情况不符的，我们是不能同意的。

中央认为，"大联合的主流，革命的'三结合'的大方向，基本上是应该肯定的。""今后的处理方法，是在现有的基础上加强、扩大"。他们却认为，"五个代表会议是保守组织掌权"，"五个代表会议百分之八十是保守组织"，主张"摧毁"，"砸烂"，"彻底改组"。甚至认为，只有所谓"反复辟联络站"，才是真正的无产阶级革命派，而五个代表会议，是资本主义复辟的工具，主张依靠他们去清理工代会的"保守组织"，企图以所谓"反复辟联络站"，来取代五个代表会议。这一些观点和主张从根本上否定了中央对天津工作的结论，是完全错误的。我们认为，所谓"反复辟联络站"里面，确实有革命造反派，在大方向一致的基础上，我们愿意同他们合作，对他们表示支持。但是，把斗争矛头指向五个代表会议，指向天津驻军的"反复辟联络站"本身，大方向是错误的，我们是不承认的。五个代表会议，是按党中央的部署召开的，是天津无产阶级革命派大联合的基础，只能在这个基础上加强，扩大，绝不允许破坏这个基础，我们的这种态度是始终如一的。

有人认为，河大八一八和公安局造反总部，是"地"道"的保守组织，必须从五个代表会议清除出去"。我们也不能同意这种看法和主张。

河北大学毛泽东思想八一八红卫兵，运动初期，在校内李泽民的问题上，是犯过保守错误的。但是，从走向社会以后，直到目前为止，斗争的大方向一直是正确的，他们最先贴出炮轰河北省委的大字报，为此，曾受到过严重的压制。同万张反党集团的斗争，在大学中也是行动比较早的。万张反党集团骨干樊青典，主要是他们组织力量斗倒的。总之，在揭发、批判省委和市委的问题上，他们做了不少工作，有一定的贡献。在校内，也杀了校党委的回马枪，今年三月的整风公告，对所犯错误的检查也是比较好的。

河大八一八是个革命造反组织。这就是我们的基本看法。

现在再讲一讲我们对公安局无产阶级革命造反总部的看法。

公安局革命的领导干部和广大群众，同万张反党集团之间的矛盾，由来已久。文化大革命以来，他们在会议上和局内部，揭发了万张集团的问题。万张集团首先策划了八一六事件，给公安局的五百多名群众，加上了"镇压革命"的罪名；之后，又进一步捏造所谓公安局的革命派。公安局革命的领导干部和广大群众，不屈不挠，于去年十二月七日，首先贴出"砲轰天津市委，火烧万晓塘"、"火烧樊青典"的大字报，揭开了万张反党集团的盖子。接着，又连续写出火烧张淮三、路达、宋景毅等人的大字报。在局内，揭露了万张反党集团的忠实爪牙王诚熙、张露等，同"天津政法公社"进行了你死我活的斗争，在斗争中，联合了革命的造反派，得到了广大革命造反派的有力支持。对运动初期某些领导干部所执行的资产阶级反动路线，他们也进行了批判和斗争。

公安局无产阶级革命造反总部，是在同万张反党集团的殊死斗争中诞生的革命造反组织。这就是我们的基本看法。

这里，不能不顺便提到所谓公安造反总部查了群众组织的"黑材料"的问题。公安局实行军事管制以后，有关部门为了贯彻执行公安六条，拟了一张登记表，登记不准参加群众组织的六类人员，这在原则上是没有错误的。但是，这张表发到基层保卫部门以后，有的保卫干部由于保守立场没有改变，借此公然了造反派。这个问题，同公安局造反总部是没有关係的。第一，这时表不是什么"黑材料"；第二，表也不是他们发的。

必须指出，公安局造反总部既是革命的群众组织，其成员又是专政机关的工作人员。在军管会领导下实施专政职能，这是完全正当的。不能把实施专政职能同群众组织混同起来。

二 如何对待保守组织的问题

如何正确对待保守组织和保守组织中受蒙蔽的群众，这是一个必须认真解决的问题。

这里，我想首先引证一段《红旗》杂志评论员的文章，然后再讲一讲处理保守组织的具体意见。

《红旗》杂志第七期《抓住主要矛盾，掌握斗争大方向》的文章中指出：

左派群众组织和认识不清而参加保守组织的群众的关系，是人民内部矛盾，而不是敌我矛盾。只要抓住主要矛盾，认清主要敌人，就会懂得受蒙蔽的保守组织的群众，也是资产阶级反动路线的受害者。他们是我们的阶级弟兄，应该耐心地教育他们同幕后操纵他们的坏人划清界限，回到毛主席的无产阶级革命路线一边来。为了最大限度孤立和彻底打垮党内一小撮走资本主义道路当权派，我们必须对那些认识不清的群众做艰苦的政治思想工作。在这个问题上，我们要牢记毛主席关于相信群众的教导。我们要实行毛主席的指示，无产阶级不但要解放自己，而且要解放全人类。如果不能解放全人类，无产阶级自己就不能最后地得到解放。

受蒙蔽而参加保守组织的群众所犯的错误，是属于认识问题，我们要帮助他们解放思想，放下包袱。对他们只能说服，而不能压服，不能强迫，不能打击报复。他们退出保守组织，参加革命组织，应当表示欢迎，并且按着革命不分先后的原则，正确对待他们，不要歧视他们。他们保持原来组织，自己起来造反，扭转了政治方向，反戈一击，把斗争的矛头指向党内一小撮走资本主义道路的当权派，同样应当表示欢迎，同样不应当歧视他们。这样做，不是右倾机会主义，不是投降主义，而是马克思列宁主义、毛泽东思想的正确原则。这样做，才有利于无产阶级，有利于以毛主席为代表的无产阶级革命路线，有利于胜利完成无产阶级文化大革命的伟大历史任务。这样做，才能团结绝大多数群众，使自己立于不败之地。相反的做法，恰恰有利于党内一小撮走资本主义道路当权派。

《红旗》杂志的这段话，告诉了我们三条原则：第一，我们同参加保守组织的群众的关系，是人民内部矛盾；第二，要解决这个矛盾，只能用说服教育的方法，不能用压服的方法；第三，对他们退出保守组织，参加革命组织，要表示欢迎；对他们保持原来的组织、扭转政治方向，自己起来造反，也要表示欢迎。

根据这三条原则，我们处理保守组织的指导思想是：相信毛主席的无产阶级革命路线的威力。相信保守组织中群众的大多数。只要坚持以毛泽东思想对他们进行艰苦细致的教育工作，启发他们提高觉悟，保守组织的群众，一定会自觉地起来造反，或者退出和解散保守组织。

我们的措施是：第一，已进入工代会的保守组织，凡是顽固地坚持错误而又不愿意改正的，要坚决清除，对其中受蒙蔽的群众，要进行政治思想工作，争取他们站起来革命。凡是愿意改正错误但还改正得不好的，要进行整风。

第二、如果某一个大组织的领导核心中有革命派，也有保守派，联系的基层组织中有革命派，也有保守派，这要根据具体情况，清除或改造其保守的部分，保留和支持其革命的部分。

第三、保守组织改正错误的主要标志，是看他们斗争的矛头是刻腊版和油印，开始和最后都要前後一致。我曾经讲过，可是這份材料最後部分，刻印都不理想，应改之。

不是指向了党内一小撮走资本主义道路的当权派。如果矛头指向谁的问题解决了，那就证明他们已经回到了毛主席的革命路线，变成了革命派。以上就是我们对待这个组织的基本态度和基本措施。

三、如何掌握斗争大方向的问题

在加强和扩大革命的大联合的过程中，在同某一个组织进行联合的时候，常々发生大方向一致与不一致的争论，致误解误会，我认为这个问题的争论是必要的。

如何掌握斗争的大方向，如何衡量一个组织的大方向，最近《红旗》雜誌和《人民日報》社论《伟大的战略措施》，作了以下四个方面的阐述：

第一：掌握斗争的大方向，就是认清革命对象的问题，认清革谁的命的问题，把斗争的矛头指向谁的问题，为什么说北京大学的第一張大字报是馬列主义的呢？就是因为这張大字报，是把矛头明确地、尖锐地、毫不含糊地指向党内一小撮走资本主义道路的当权派。如果大方向错了，那就一切都错了。在这个问题上，流傳着一些不明确的、含糊的、不正确的口号。例如："带長字的靠边站"，"上揪下扫"，"矛头向上"等々，都是缺乏阶级分析的，都是错误的。如果这样去做，不分青红皂白，不分无产阶级还是資产阶級，不分无产阶级司令部还是資产阶級司令部，不分广大群众还是一小撮坏人，就一定要犯方向的错误。

第二、掌握斗争的大方向，同正确认识和使用大民主是分不开的。毛主席教导我们说："民主这个东西，有时看来似乎是目的，实际上，只是一种手段。"在无产阶級文化大革命中，我们用大民主这个手段干什么呢？对付谁呢？要达到什么目的呢？我们的大民主，就是要发动亿万群众，向党内一[illegible]资本主义道路当权派开火。我们就是要用大民主这个手段，[illegible]，达到揭露和打倒党内一小撮走资本主义道路当权派的目的，离开了这个目的就迷失了方向，就不是无产阶級的民主，就会被阶級敌人所利用。如果把民主当做目的，就会走到资产阶级的邪路上去。

毛主席和党中央領导同志在各地視察的重要談話

(1958.8—1958.10)

此书文革後在地攤收購。(15册1元)

毛主席和党中央領导同志
在各地視察的重要談話
（1958.8—1958.10）

中共天津市委宣传部教育处編

（內部讀物）

孫洪亩

天津人民出版社

毛主席和党中央領導同志
在各地視察的重要談話

中共天津市委宣傳部教育处編

天津人民出版社出版
（天津錦州道六号）
天津市書刊出版業營業許可證律出字第001号
北京新华印刷厂印刷　　天津市新华书店發行

开本 850×1168 耗 1/32 印張 1 3/4 字數 31,000
一九五八年十月第一版
一九五八年十月第一次印刷
印數1—400,000
統一書号　3072·202

定价(5)0.16元

編者的話

目前，在我国工农业大跃进的形势下，在我国城乡人民大办人民公社的形势下，出現了不少共产主义的因素和萌芽。人們很自然地关心着我国将如何由社会主义逐步过渡到共产主义社会的問題。关于这个問題，毛主席和党中央的領导同志，最近在各地視察时，曾作了許多重要的、具体的指示。为了帮助大家学习，特节选有关的指示編輯成这本书。

本书材料主要选自人民日报的报道和新华社消息，少数选自其他报紙的报道。为了学习方便，将談話的內容分成几个方面，并冠以小題目。遺漏欠妥之处一定不少，希望讀者指正。

1958年10月

目　录

三面红旗：人民公社、大跃進、总路綫。失敗了！可惜、可悲可叹！！毛主席万岁!!!

一、关于人民公社

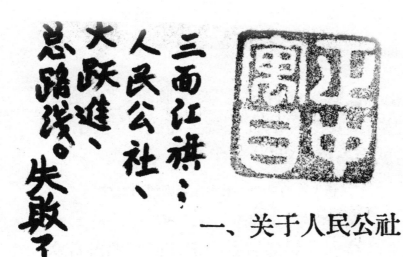

……毛主席到达新乡县七里营乡。这里的人民按照毛主席指示的道路，已經在全乡农业合作化的基础上建立了七里营人民公社。毛主席詢問了这个公社的情况，并且参观了这个公社的托儿所、“幸福院”、食堂、面粉加工厂、滚珠軸承厂，又到田間观看了棉花的生长情况。毛主席和在“幸福院”里过着晚年幸福生活的老年人握手，并且談了話。在滚珠軸承厂里，毛主席詳細地观看了用土法生产滚珠軸承的过程，他对这个小工厂在两天时間里就生产出五千多滚珠极为称贊。毛主席对于田間一望无际长得特别好的棉花感到特别高兴。毛主席走到正在棉花地里噴射杀虫葯剂的女社員面前提議說：“作作給我看看”，六个女社員兴高彩烈地給毛主席作了表演。毛主席走进了齐肩高的棉花地，棉花的果枝上棉桃成串，他連声称贊棉花长得好。毛主席从棉花地里走出来向社干部說：“像这样的棉花有多少”？社长王文生說：“七里营生产队一万零五百亩，有五千多亩是这样的。每亩保証皮棉一千斤，爭取两千斤。”毛主席笑着向吳芝圃說：“吳書記，有希望啊！你們河南都像这样就好了。”吳芝圃說：“有这么一个社就不愁有更多这样的社”，毛主席說：“对！有这样一个社，就会有好多社”。

（新华社消息：“毛主席視察河南农村”，
1958年8月12日“人民日报”）

……毛主席特别强調部署各項工作必須通过群众鳴放辯論，他說，計划、指标不經过群众辯論，主意是你們的；辯論后，群众自己是主人了，干勁自然更足。毛主席还一再强調領导必須多到下面去看，帮助基層干部总結經驗，就地进行指导。毛主席还指出了办大社的优越性。当譚啓龙彙报說历城县北园乡准备办大农場时，毛主席說，还是办人民公社好，它的好处是，可以把工、农、商、学、兵合在一起，便于領导。

（新华社消息：“毛主席視察山东农村”，
1958年8月13日“人民日报”）

……毛主席对記者說：在大干鋼鉄的同时，不要把农业丢掉了。人民公社一定要把小麦种好，把油菜种好，把土地深翻好。一九五九年农业方面的任务，应当比一九五八年有一个更大的躍进。为此，应当把工业方面和农业方面的劳动力好好組織起来，人民公社应当普遍推广。毛主席說：民兵师的組織很好，应当推广。这是軍事組織，又是劳动組織，又是教育組織，又是体育組織。毛主席說：帝国主义者如此欺負我們，这是需要認眞对付的。我們不但要有强大的正規軍，我們还要大办民兵师。这样，在帝国主义侵略我們的时候，就会使他們寸步难行。毛主席說：帝国主义者的寿命不会很长了，因为他們尽做坏事，专門扶植各国反人民的反动派，霸占大量的殖民地、半殖民地和軍事基地，以原子战爭威胁和平。这样，他們就迫使全世界百分之九十以上的人正在或者将要对他們群起而攻之。但是帝国主义者目前还是在活着，他們依然在向亞洲、非洲、拉丁美洲横行霸道。他們在西方世界，也依然在压迫他們本国的人民群众。毛主席說：这种局面必需改变。結束帝国主义主要是美帝国主义的侵略和压迫，是全世界人民的任务。

（新华社消息："毛主席巡視大江南北"

1958年10月1日"人民日报"）

徐水县委关于最近几年全面躍进的規化草案，少奇同志不仅在視察以前就看过，而且还記得非常清楚。关于这里工业发展的布局，少奇同志就感到規划得有些毛病。并向县委作了深刻而全面的指示。少奇同志引用孟子的話"且一人之身而百工之所为备"①，精辟地說明了生产規划安排的复杂性和重要性。在肯定了这里公社社員要求的实物加貨幣的工資制以后，也同样以孟子上述的話，指示县委必須愼重考慮实物和貨幣的比例，以便于滿足社員們复杂的生活需要。少奇同志还指示县委对全县工、农、后勤和文教各方面的人力算一笔細帳，又引証"礼記"上面的話："生之者众，食之者寡，为之者疾，用之者舒，則財恒足矣！”②让县委根据上述細帳，設法使非生产人員和非生产时間尽量減少。由于徐水的公社已經在很大程度上实現了全民所有制，少奇同志又告訴大家，全民所有制还并不就是共产主义性質的，要大家学習中央关于建立人民公社的决議，充分認識只有社会产品极大地丰富了，人民的共产主义覺悟极大地提高和全民教育普及与提高了，大家都半天劳动和半天学文化，工农、城乡以及腦力劳动和体力劳动的差別都逐步消失了，这才得以进入共产主义时代；不过，少奇同志对徐水人民急迫渴望早日向共产主义过渡的热情和干勁，却給予了最大的鼓舞和贊揚。

（康濯：“刘少奇同志在徐水”，
1958年9月8日“人民日报”）

注：①②少奇同志所引“四书”上的几句話，精辟地說明了生产规划的复杂性和重要性。如在产品分配上，要实行实物和貨币的工資时，在安排的时候要从各方面去考慮。少奇同志引了孟子一句話：“且一人之身而百工之所为备”。这句話見于孟子“滕文公章，是孟子和陈相爭辯后的結論。意思是說一个人的生活所需，是要各种各样的产品来供应，方能滿足。正如他在这句話的上文中質問陈相說的：凡你們穿的戴的、作飯的耕田的一切用物器械等等，那一件是自己制造的，而不是別人供給的呢？

对于加劲生产、积累資金，少奇同志又引了“大学”（也見于“礼記”）中几句話：“生之者众，食之者寡，为之者疾，用之者舒，則財恒足矣。”就是說生产的人越多越好，消費的人越少越好，工作起来越快越好，花錢的时候越省越好，果然如此，則我們的財富永远是充裕的。这些話基本上合乎今天多快好省的精神，也就是如何設法使非生产的人員尽量減少，使非生产的时間尽量縮短。少奇同志順手把这些話引来，强有力地說明当前的問題。这是对我們很有啓发的。

（知　非）

朱副主席对自治区人民公社化运动也作了重要指示。他指出：人民公社是推动我国工农业生产和科学文化事业进一步躍进的偉大力量，是加速我国社会主义建設、将来从社会主义过渡到共产主义的最好的組織形式，又是实現全民武装、加强我国国防力量的最好的組織形式。組織工农商学兵合一、乡社合一的人民公社，不仅是中国历史上的偉大事件，而且是世界历史上的偉大事件。

（新华社消息：“朱副主席視察新疆”
1958年10月7日“人民日报”）

邓小平等同志还視察了哈尔濱、长春、四平、沈陽四个市的民办工厂，听取了在城市試办公社的彙报。小平同志指出：城市公社必須办。全国农村正逐步公社化了，城市不能落在后边。城市办公社还沒有經驗，应該先作多种多样的試驗。向共产主义过渡，包括很多內容，例如建立教育和劳动相結合的教育制度；干部参加劳动，消灭資产阶級法权的等級制度；生活供給制；树立共产主义的劳动态度等等。但目前首先应該把生产搞起来，使城市人力各尽其才，物力各尽其用。他說，在城市中，可否以一市一区为一公社，請各省市同志考慮。城市公社的所有制，最初可有三种形式，即集所有制，全民所有制，和集体、全民結合的所有制；但是归根到底，城市公社总应該尽快地实行全民所有制，一些民办工厂，如果一开始就能实行全民所有制，則不必經过集体所有制的过渡形式。城市公社的分配，也可以先采取不同形式，以后再逐步統一。大的国营企业，財务和生产計划仍然由国家統一管理，但在企业分成和劳保福利費中，可以抽出一部分交公社支配，由公社統一安排企业职工的生活福利。他說，以上意見，只是作为建議，請各省市具体研究。

小平同志詳細詢問了四平市的情況。四平市地方工业发展很快，到第二个五年計划末，除开国营和省营企业外，市营和民办工业的总产值可能达到12亿到15亿元，如果以百分之十几或百分之二十用作分配，全市每人每月即可收入100多元。該市粮食。蔬菜和肉类也可能完全自給。全市13万人口，除老弱和学生外，絕大部分都参加了生产，領取了工資。根据以上情況，小平同志認为四平市已具备了組織市公社的条件。他指示市委迅速作出一个規划，草拟出公社章程，在群众中进行醞釀，并建議吉林省委在此試点，取得經驗。

邓小平同志說：在全国范圍內，整風虽然已經結束，但在个别省区和个别企业中，凡是整風不深不透的，都必須継續发动群众大鳴大放大辯論，把整風进行到底，并用群众运动的方法来推动生产和工作的大躍进。

（新华社消息：“邓小平同志在东北地区視察”1958年10月1日“人民日报”）

二、关于工业布局和綜合利用大企业

……主席……关心地詢問了天津工业大躍进以来出現的新情况。当李耕濤市长說到当前主要問題是原材料供应不足的时候，毛主席指示：地方应該想办法建立独立的工业体系。首先是协作区，然后是許多省，只要有条件，都应建立比較独立的但是情况不同的工业体系。你們怎么样？刘子厚省长当时回答說，現在开始向独立方向搞，三、五年能建立起来。毛主席很关心專区、县的地方工业基础什么时候能够建立起来，随同主席視察的中共天津地委第一書記赵克彙报了非山地区組織群众到其他地区上山开矿、大搞鋼鉄的情况，主席表示称贊。他說：一个粮食，一个鋼鉄，有了这两个东西就什么都好办了。毛主席对天津工业制造大型設备的工作也很关心，指示要抓紧，要早些安装，使用起来。他听到天津几个发电厂的修配工人正在制造发电机的消息，他說，这个办法很好。发电厂为什么只能发电而不能制造发电机呢？可以扩大一点，固定一些工人，成为发电厂附帶的車間。

（“人民日报”駐天津記者：“毛主席在天津”
1958年8月16日“人民日报”）

这时，韓宁夫同志将壁上的厂区总平面图的幕布拉开，向毛主席彙报全厂各个組成部分的情況。在介紹到矿山的时候，毛主席說："你們矿里的銅也含的不少嘛，年产多少？"李一清同志回答了一个数字，毛主席笑着說："看来，你們这个鋼鉄公司应該叫做鋼鉄銅公司。"介紹到煉焦能回收二百多种产品时，毛主席又問："你們回收多少种？韓宁夫回答道："我們回收十一种，"有硫銨（肥田粉）、粗苯、萘…… "毛主席馬上插話："你們硫銨怎样？应該多生产些。""我們第一个焦爐一天产十吨，将来要提高到二十吨。"韓宁夫同志接着又說明，他們回收十一种后，再由别的化学工厂提煉出一百八十多种。毛主席又重复他的意見說："你們也可以回收，应該多搞些。你們这样大的企业，应該办点化学工业，办点机械工业，办点建筑材料工业，各种工业都办点，办成联合企业。

…………

毛主席又乘車去看焦爐生产。路上，王任重和李一清同志談到生活福利区的建設問題，毛主席問道："你們办公社的情況怎样？这样大的企业，应該工农商学兵都有。王任重同志算了算說："工是有了，商也有供应点，学有技术学校，兵也好办，就是缺点儿农业。可以划点农业社进来。"毛主席点了点头說："应該全面些。"

…………

毛主席給这个壮观的場面引起了濃厚的兴趣。他問："多少时間出一次。"大家說："平均九分鐘出一次。"他看了看手表，說："好呀，再看第二次。"毛主席还轉过身来，向在場的中共安徽省委第一記曾希聖說："你們那里有沒有这样的焦爐？"曾希聖同志說："沒有。"毛主席說："你們也应該有。"

（人民日报記者曹葆銘："毛主席在武鋼"，1958年9月29"人民日报"）

……… …

朱副主席对新疆地区的工农牧业和其它方面工作作了指示。在工业方面：他說，要在优先发展重工业的同时，发展滿足当地需要的各种工业。你們这里粮食是挂起帅了，但是鋼鉄和机械还沒有挂起帅来。其中主要的原因之一是"先行"还沒有准备好。交通运輸、电力工业是"先行"，这两个"先行"准备好了，元帅就好升帳，因此你們必須抓紧修鉄路和发展电力工业，以利于大大发展鋼鉄和机械工业。在此同时还要注意发展滿足本地需要的各种工业，例如日用品輕工业、建筑材料工业、食品加工工业等。他又談到要发展为滿足全国需要的工业。新疆地区辽闊，有一百七十多万平方公里，天山、阿尔泰山、昆侖山、帕米尔高原都在这个区域里，地下矿藏丰富，特別是石油、有色金属、稀有金属、煤炭等极为丰富，你們必須大大发展这些工业，以滿足国家社会主义建設的需要。他还說到，要发展为滿足出口需要的工业。新疆盛产矿产品、畜产品、蚕絲、水果等，必須发展采矿业和加工工业，增加出口，换回机器。朱副主席强調指出，自治区今后必須积极貫徹就地取材、遍地开花、全民办工业的方針，大大发展自治区的地方工业。

（新华社消息：„朱副主席視察新疆”，
1958年10月7日“人民日报”）

朱副主席对当前鋼鉄生产非常关心，他問这几个厂的同志建設煉鋼厂没有，煉出鋼没有。兰州化工厂党委書記郭宜民說，我們今年爭取煉两万五千吨鋼。朱副主席說，以后就靠你們自己煉鋼制造机器設备。兰州石油化工机器厂党委書記夏秋崗彙报他們和地方大协作，已經制造了十七万吨鋼鉄冶煉設备，还准备制造鍛压設备，目前正准备制造四〇〇厘米初軋鋼机。朱副主席对夏秋崗說，我贊成你們的作法，这是共产主义的作法。朱副主席并指示化工厂加强和地方协作。他对郭宜民說，你們帮助人家，人家帮助你們，才能把厂子建立起来，你們应該变成“母鷄”。

朱副主席很注意工厂的綜合利用問題，他詳細詢問了夏秋崗关于石油化工机器厂制造机械設备的情况后說，你們应当办万能厂，不要光生产一种东西，能生产多种东西就好了。你們要生产煉油設备，还要生产薄板、管子。这里只有你們一个重型机械厂，地方上需要的鋼鉄冶煉設备，你們就要生产。朱副主席說，过去想办一个工厂，供应全国設备，这是資本主义的設計思想，不是社会主义的。我們的国家这样大，只靠一个厂子供应全国某一种产品永远是不会够的。社会主义建設要求各地方都要有比較完整的工业体系，生产多种东西。鞍鋼就什么都有一点。今后專业厂应該向万能厂发展。

在彙报中，这几个厂的負責人都談到設备供应赶不上的問題。朱副主席勉励大家建設共产主义就要具有共产主义的气魄，他特别强調自力更生。他說，一切都要自力更生，凡是自己能够做的，就不要依靠别人，不管什么困难，都要尽量自己設法解决。自己制造的設备来得快，又便宜。他对这几个厂子自己能够生产一些設备表示高兴。

………

朱副主席在視察太原鋼鉄公司的时候，特别注意如何增加鋼的种类的問題，并且强調地指出，像太原鋼鉄公司这样一个大型企业，有条件逐步地办成綜合性的联合企业，除了生产多种鋼鉄产品以外，还应当办一些其他的工业朱副主席还說，要使鋼鉄产量翻一番，技术措施、躍进計划、互相协作等等，固然是重要的和不可缺少的条件，但主要的是政治挂帅和依靠群众，有了这一条，其他的一切就都好办了。

（新华社消息：“朱副主席視察兰州和太原”，1958年10月8日“人民日报”）

三、关于农业經济

……县委書記張国忠告訴主席說，今年全县夏秋两季一共計划要拿到十二亿斤粮食，平均每亩产两千斤。張国忠又說，主要是山葯高产，全县共种了春夏山葯三十五万亩。毛主席听过以后，不覺睁大了眼睛，笑嘻嘻地看了看屋里的人，說道：

"要收那么多粮食呀！"这时候，毛主席显然是想起了張国忠在路上介紹的本县情况，就伸出又厚又大的坚强的巴掌，算帳一般地說"你們夏收才拿到九千多万斤粮食呢！秋季要收十一亿呀！你們全县三十一万多人口，怎么能吃得完那么多粮食啊？你們粮食多了怎么办啊？"

大家一时都被毛主席問住了。后来，張国忠荅道：

"我們粮食多了換机器。"

毛主席說："又不光是你們粮食多，哪一个县粮食都多！你換机器，人家不要你的粮食呀！"

李江生說："我們拿山葯造酒精。"

毛主席說："那就得每一个县都造酒精！哪里用

得了那么多酒精啊!”

毛主席呵呵笑着，左右环顧地看看大家。大家不覚都跟着笑了起来。張国忠也笑道:

“我們只是光在考慮怎么多打粮食!”

毛主席說:“也要考慮怎么吃粮食哩!”

很多人都在私下里互相小声說着:“毛主席看問題看得多远,看得多周到啊!”

“其实粮食多了还是好!”毛主席又笑道,“多了,国家不要,誰也不要,农业社員們自己多吃嘛!一天吃五頓也行嘛!”

…… ……

主席听到那些山葯都是亩产二十五万斤，有的竟計划亩产一百万斤，不禁又笑問道:

“你們这粮食吃不完,怎么办呀?”又对乡、社干部說:“粮食多了,以后就少种一些,一天做半天活儿,另外半天搞文化,学科学,鬧文化娛乐,办大学中学,你們看好么?”

大家都說好,都听得很高兴。有人告訴主席,說这个社已經办起了共产主义的紅专大学;主席又惊喜地“啊”了一声,笑着直点头。……

…… ……

毛主席到了县委会，头一句話就同省委解書記和張副省长說:

“这里的干勁不小哩!”又对大家說:“世界上的事

情是不办就不办，一办就办得很多！过去几千年都是亩产一二百斤，你看，如今一下子就是几千上万！"

毛主席問了問河北省其它地区庄稼的情况，又了解了一下徐水去冬今春实現水利化和今年抗旱的情况。最后，指示徐水县委要早抓明年的粮食規划，要多种小麦，多种油料作物，种菜也要多品种，这样来滿足人民的需要。又說，小麦地一定要深翻，翻到一尺以上；以后人民就主要吃小麦，玉米和山葯喂牲口，喂猪；猪喂多了，人民就多吃肉。最后說道：

"下边眞好啊！出的东西眞多啊！"又笑着对大家說："北京就不出什么东西。你們說，北京出什么呀？"

"北京出政治領导，"張国忠說，"出党的总路綫！"

毛主席又嘻嘻笑着，不断点头。

（康濯："毛主席到了徐水"，
1958年8月11日"人民日报"）

……主席先問区委書記王景銘：一亩菜产多少斤？王景銘回答說，去年一万斤，今年两万斤，明年能到三万斤。去年，丰台区供应給首都五亿六千多万斤菜，今年預計将有十四亿斤蔬菜上市。这时，主席提了一个問題：菜多了怎么办呢？王景銘說 菜多了价錢便宜些，今年菜价就比去年低一些，消費者都挺高兴；同时，因为产量高了，农民的收入不仅不会減少，还会增加，农民也很高兴。另外，我們还准备进一步采取排开种、分期上市的办法解决旺季蔬菜过剩、淡季供不应求的矛盾，有些菜可以保存过冬，还可以供应其他城市和建設工地的需要。听到这里，毛主席笑着点了点头。

（新华社消息："毛主席視察丰台区两个农业社"，1958年8月17日"人民日报"）

在視察丰产地的时候，更多的是随时随地給予的宝貴指示。看过一些密植作物，少奇同志說：

"你們这里种大畦子的办法不錯！只要畦跟畦之間留个小壠道，能进去人就行。要鋤草、間苗的話，可以作个寸把寬的小鋤，也可以用鑷子夹。"

少奇同志还很欣賞沼气試驗場的圓錐形种植法和其它的堆形种植法，他說：

"这是个好办法！这种立体办法，不搞沼气也有好处。这可以增多土地的面积，也可以更多地吸收太陽光。凡是同样面积的立体，以球形的吸收太陽光最多最大。"

看过許多丰产卫星田和試驗田，少奇同志还向商庄人民公社党委第一書記詹登科和陪同的人提議，要大家具体地算一笔賬，比如說种高粱，是种一亩亩产两万斤的合算，还是种十亩亩产两千斤的合算。少奇同志說，大概是少种、多产的合算一些，不过这就要把上面的一亩和十亩所花的工、肥、水等等細致地算算并加以比較，然后得出个結論，才能說服大家。少奇同志說，"这就需要大胆試驗。試驗的东西不要怕失敗，失敗了也总是小范圍的，失敗了也不批評。西药六〇六就失敗了六百零五次。我們要有不怕失敗的精神。試驗成功了就推广，試驗就是为了推广。”

少奇同志在商庄人民公社还作了許許多多重要的指示。他看到那里人人以特产大白菜而自豪，就笑着提出“警告”說，别的地方一定也会学习你們并且种出更好的白菜，那时候你們就得考虑白菜的市場問題啦！听說那里划了一片坏地作公墓，就建議給公墓栽花种树，并請美术家設計一下，把过去人們一見就难过的坟地变成大家看了都高高兴兴的公园。人們彙报了公社成立后不少上中农怎样献出了多年埋藏的粮食，就馬上提出今后粮食多了，可以給每戶社員分发一批粮食保存起来，反正人人吃食堂，存粮当然不能吃。

（康濯：“刘少奇同志在徐水”，
1958年9月18日“人民日报”）

在視察中，刘少奇同志了解江苏省农业生产的情況，他非常仔細地观看了各地中稻、晚稻和山芋的丰产試驗田。在常熟县和平人民公社，少奇同志参观了丰产圩的四亩試驗田，他亲自弯下身子去数了一下稻棵，并且問乡党委書記：“可以打多少？”回答說：“可以打一万斤”，少奇同志笑着說：“一万斤还能再多嗎？你們这里条件好，再搞一搞深翻，还能多打些。”他在和淮阴地委的同志們座談时說：“我在河北、河南視察的时候，有些县委書記認为少种多收比广种薄收要节省的多，应該把丰产田的經驗推广，集中使用人力和物力来种好田地。这样再过几年，就可以用三分之一的地种粮食，三分之一植树，三分之一休閑。”他又說：“种得少，种得好，但是收得多，这是农业經济上一个帶根本性的問題，希望各地好好算一算帳，認眞研究一下这个問題。”

……

在各地的彙报中，許多同志都提到劳动力緊張的情况。少奇同志說：劳动力緊張虽然給大家的工作帶来了一些困难，但是应該認为这是一种好事情，在我們六亿多人口的大国中感到了劳动力緊張，証明我国的工农业生产正在大发展，国民經济正在一日千里地繁荣起来。在这种形势下，我們应該做好五件事：第一、要使社会上所有的人都参加力所能及的劳动；第二、徹底地把妇女从繁瑣的家务劳动中解放出来；第三、大規模地进行技术改革，改革各种劳动工具，提高劳动效率；第四、改善社会的劳动組織。例如，規模較小的农业合作社轉变成規模很大的人民公社，实行“組織軍事化，行动战斗化，生活集体化”，农村劳动組織大进一步的改进，这种改进大大有利于农村劳动力的調配，大大有利于农业生产力的发展。又例如，实行郑州提出的“男女換班、老少換班”，即使女人能做的事不再由男人去做，使老年人能做的事不再由青年和壮年去做，以便男女老少能够各自担任自己力能胜任的工作；第五、发展多面手，一人多艺，提高劳动者的文化技术水平。做好这五件事，不仅可以解决劳动力緊張的困难，而且将会使整个社会的風气、社会的劳动制度、劳动組織发生根本的变化。

（新华社消息："少奇同志視察江苏城乡"，1958年9月30日"人民日报"）

农业方面：朱副主席首先指出，大量开荒，在新疆是有条件的。你們計划开一亿亩荒地，在全国也是一件大事。他說，新疆有几个盆地，几个大山，山上长草可以放牧，盆地只要有水即可开成良田，在許多方面不亞于塞內的江南。新疆生产建設兵团在开荒方面已經树立了榜样。自治区今后还要大大发展粮食生产，同时要大量发展棉花、油料、瓜果等，使新疆发展成为全国最大的棉花、瓜果等的生产基地之一。水利是农业增产的主要保証，必須大搞；山上的雪水，地下的水，都要把它利用起来。

朱副主席特别强調地指出，新疆要大量植树造林，改造自然，实現綠化。他說，所謂綠化，就是見不到戈壁、沙滩。新疆这么大，能不能綠化呢？只要解决了水的問題，就有可能逐步綠化，逐步消灭沙漠。战胜自然和改造自然，这就是共产主义的目的。

朱副主席說，畜牧业方面，要大量发展各种牲畜。使新疆牲畜的总头数从現在的两千多万头，发展到一亿头以上，从而使新疆成为全国最大的羊毛和肉类生产基地之一。

（新华社消息："朱副主席视察新疆"，
1958年10月7日"人民日报"）

邓小平等同志視察了哈尔濱近郊的金星人民公社、双城县的幸福人民公社、盖平县的太陽升人民公社，幷听取了三个省的农业情況的彙报。小平同志指出：东北三省的农业生产，按常规来說，同过去来比，是有进步的。但是，目前是一个出奇迹的时代，全国粮食产量今年可能增产百分之一百以上，而东北三省粮食产量增长不过百分之几十甚至只有二、三十。这样一比較，东北的农业就还沒有翻身。

邓小平同志指出：全国农业增产的經驗，概括說来就是水、肥、土、种、密加上田間管理齐头幷进。这是农业生产的"憲法"、是毛主席的"憲法"、是事实証明了完全正确的"憲法"、是已經創造了奇迹的"憲法"。东北的某些領导人和广大地区沒有堅决执行这个"憲法"，而繼續执行着寬壠淺耕、广种薄收的老一套，不是用革命的办法而是用改良的办法領导农业，結果使农业生产大大落后了。这个事实，也反映了农业生产战綫上两条道路两种方法的斗爭还很尖銳，說明农业方面还有白旗未拔，思想还沒有解放。

邓小平同志勉励大家要在农业方面掀起一个革命运动。他說：必須本着不断革命的精神，根据以上所說的农业"憲法"的各条，深入檢查思想和工作。今年增产的少一些，不要灰心，重要的是取得教訓，以便在1959年迅速赶上全国的水平。同时，要把眞实情况向群众讲清楚，发动群众大鳴大放大辯論，組織群众到关內参观学习。农民群众是願意多增产的，只要領导干部抓得緊、方向对头、任务明确、措施具体，就一定能把他們动員起来，迅速改变农业生产落后的面貌。

（新华社消息：“邓小平等同志在东北地区视察”，1958年10月1日“人民日报”）

四、关于水利化、机械化、电气化

毛主席对工具改良运动非常关懷，电話会議以后，特向譚震林同志詳細了解了运动进展的情况。毛主席对各地党委都十分重視工具改良运动，表示滿意，并对进一步加强工具改良运动的領导問題，作了重要的指示。毛主席說：各級党委要摸清情况，全省全区有多少农具需要改良，多少农具需要装上滚珠軸承？訂个規划，哪种先改、哪种后改，什么时候完成，都要有个具体安排。这样，領导就具体了，加强了，工具改良运动就会更好地开展起来了。

（新华社消息：“要具体領导工具改革”，1958年8月21日“人民日报”）

在水利館里，毛主席很仔細地看了淮北实行河网化的成就和将来的規划。在濉溪县河网化示意圖上，表示河道的各种綫条密如蛛网。毛主席問圖上的細紅綫是什么意思，省委基建部部长張祚蔭回答說：“这是表示小河道，有二十公尺寬，淮北河网化，根据新的規划共有五种河道，最寬的有六十公尺”。毛主席問：“这个县的河道已挖得怎样了？”張祚蔭說：“全县計划每平方公里挖三十五万公方，現在已挖了十一万公方。"毛主席又問："有沒有洼地做水庫？"張祚蔭說："凡是能做水庫的我們都已經或者准备做水庫；平原地区的水，我們主要是把它畜在河网里面。"毛主席高兴地說："这个很有意思。"接着毛主席又看了淮北河网化的总图，問图上的紅綫和綠綫是表示什么，張祚蔭告訴主席說："紅綫是表示沒有挖成的河道，綠綫是表示已挖成的河道，現在整个淮北挖成的大中河道已有九千一百多条。"毛主席說："啊！大工程。"毛主席对曾希聖同志說："明年开全国党代表大会时，你們应該把这張图挂到北京去。"

（人民日报記者："毛主席在安徽"，
1958年10月4日"人民日报"）

…… 刘少奇同志到了商庄人民公社。首先視察了畜牧場，然后走到村边的瀑河岸上，問了問瀑河的情况，并建議在河中筑閘提高水位，以便利自流灌溉和行船、发电。少奇同志十分关心土地的灌溉，昨天在謝坊村外的机井旁边，就和年輕的鍋駝机手祁家祥談过灌溉問題，并让祁家祥給他算了算每天抽水的数量。今天在大寺各庄，又在机井旁边和女鍋駝机手閻鳳珍研究了一个問題。少奇同志說：

"夏天从机井里抽上来的水太凉，要是在机井边上作个大水池，抽出水来放池子里晒上一天再澆地，这样办行么？"

不仅是閻鳳珍，所有的人都感到这是个很好的办法。少奇同志又說，这个办法还可以不停地充分利用抽水机器，可以儲备丰足的水，可以使一眼机井保証供应一千亩地的需要。

这一天，天气同样很好，少奇同志兴趣也极高。他看了商庄的食堂，路过洗衣房就和手上水淋淋的女工握手，幷告訴大家，天津有一种洗衣机，两个人操作，一天可以洗一千多件衣服。县委書記張国忠馬上答应去买那种洗衣机。……

刘少奇同志在11日上午去商庄公社以前，曾經視察了徐水和安新的联合鋼鉄冶炼厂。下午又視察了徐水大学、徐水机鉄厂和細菌肥料厂。在10日晚間，县委向少奇同志彙报全县机械化电气化規划的时候，我們的刘副主席就再三强調地說过，拖拉机也好，汽車也好，发电机也好，都要有鋼鉄！……

（康濯："刘少奇同志在徐水"，
1958年9月18日"人民日报"）

"对于江苏省的水利工程，刘少奇同志也非常关心。在淮阴专区，他一連看了三个水閘工程——二河閘、三河閘和苏北灌溉总渠的高良澗进水閘，幷且仔細研究了淮阴专区的水利規划总体图。他一再問淮阴地委第一書記孙振华同志，三河閘能不能利用来发电？能不能搞航运？他說："水能为患，也能成利，我們要变水患为水利，把水都充分地利用起来。搞一个水利工程，要考虑怎样把灌溉、防洪、运輸、发电等結合起来，这就是最大的节約。"在离开淮阴到杭州去的路上，汽車沿运河堤岸南行，对于即将开始动工疏浚开拓的大运河工程，少奇同志又問："是否可以把內河航运和海洋运輸結合起来。如果把运河拖寬挖深，使五千吨的大船能够由海直接进入运河，这样，江苏的东西就可以直接装船出口，東北来的东西也可以直接入口，不需要再到上海去装卸，这将节省很大一笔运輸費用。"

（新华社消息："少奇同志視察江苏城乡"，1958年9月30日"人民日报"）

总理順着指示灯看了其它水庫。把讲解棒还給了讲解員，然后向大家說：

"大北京溝渠太少，空空的，我去过南方，像江苏、安徽　溝渠都是那样密密麻麻的，溝渠少了，庄稼就会稀稀拉拉的。"总理回过头問江文琴："能多修一些溝渠嗎？这是你們的責任，你們不但要修水庫，还要修溝渠。把北京溝渠化的任务交給你們好不好？"

（周总理視察清华大学，1958年8月26日"人民日报"）

五、关于供給制

……舒茶人民公社今年的农业和茶叶生产都有很大发展，今年的粮食总产量預計可达到七千二百万斤，平均亩产一千六百斤，比去年增加138%，每人平均有粮一千九百斤，比去年增加136%。这个公社办公共食堂以后，已經实行了吃飯不要錢。毛主席說："吃飯不要錢，既然一个社能办到，其他有条件的社也能办到。既然吃飯可以不要錢 将来穿衣服也就可以不要錢了。"曾希聖同志告訴毛主席說，舒茶人民公社八千六百多戶現已养猪三万二千头，現在这个公社的食堂每星期每人可以吃到半斤猪肉，将来全社計划养猪六万头，如果吃一半，卖一半，这样每人每天平均可吃到四两猪肉。曾希聖同志說，这个公社的食堂目前还不供給蔬菜，由社員自带蔬菜吃，将来也是要供給蔬菜的。毛主席听了很高兴，指示說："人民公社将来要集中种蔬菜，种蔬菜也要专业化。"

（人民日报記者："毛主席在安徽"，
1958年10月4日"人民日报"）

当吳芝圃同志談到許多公社实行供給制的时候，

少奇同志說：这要由低到高。应当注意，現在实行供給制同抗日战爭时候不一样，那时是在物資缺乏的时候实行的，現在是在物資逐漸丰富的时候实行的，有很大不同。一半供給，一半工資的做法是好的，个人应当有点机动。

（新华社消息："少奇同志在河南視察"，1958年9月24日"人民日报"）

少奇同志非常关心人民公社实行粮食供給制的問題，江苏省不少人民公社在今年秋收后，即将实行粮食供給制。少奇同志在訪問常熟县和平人民公社时，問乡党委書記："秋后实行粮食供給制，群众拥护不拥护？"乡党委書記連忙接上来說："大家一听說吃飯不要錢，都高兴得跳起来了，有个老头說，过去担心受苦一輩子，怕吃不飽肚子，这下子可好了。"苏州地委第一書記儲江同志在彙报时說："群众都非常贊成实行粮食供給制，他們說：'一个心思丢下了，一个心思又来了。'丢下的是几千年愁吃愁穿的苦心思，又来的心思是怎样把生产搞得更好，不然就对不起共产党。"少奇同志对群众的这两句話，感到很有意思，他說："这两句話，两个心思，很值得我們深思。有人担心，实行粮食供給制，会不会增加懶人？苏州的农民的这两句話，給我們作了最有力的回答。这說明他們不是变懶了，而是情緒更加高了，生产更积极了。这就是人民的共产主义覺悟提高的表現，是共产主义道德品質更加提高的标志。列宁曾說过：共产主义的劳动是自願的劳动，是无定額的劳动，是不指望报酬、沒有报酬条件的劳动。人們不管报酬多少，不管有沒有定額，他們总是做得更多更好。全体人民都养成了这样的劳动习慣和劳动态度，个别的懶人就会完全孤立，会被大家看成很沒有道德的人，大家都瞧不起他，他也就勢必会改造过来，参加集体的劳动。只有徹底地实現共产主义，才能徹底的消灭懶汉。”

（新华社消息：“少奇同志視察江苏城乡”，1958年9月30日“人民日报”）

……朱副主席接見了山西軍区及解放軍駐太原部队的軍官，向他們講了話。朱副主席在講話中指出，我們的軍队是在党和毛主席領导下建立起来的无产阶級的軍队，是一支有政治头腦的人民軍队，是政治挂帅的軍队。在談到实行供給制时，他說，在几十年的革命斗爭中，我們的軍队长期过的是供給制生活，过的是軍事共产主义的生活，虽然沒有薪水，但是我們依靠党的領导，依靠广大人民的支援，依靠全体同志的共产主义覚悟，我們不要錢，不惜生命，前仆后継地进行了頑强的斗爭，終于取得了革命的胜利。近几年来，部队軍官才改成薪金制，現在比較起来，大家覚得还是供給制好。我們現在来实行供給制，条件比过去要好得多了。

（新华社消息：“朱副主席視察兰州和太原”，1958年10月8日“人民日报”）

六、关于工农业結合，逐步消灭城乡、工农业差别

……首先到了遂城人民公社的謝坊，視察了这个城市化的村子。少奇同志从村外步行进村，一眼看到牲畜比賽場上架着槍，就立即走了过去。正在那里做活的男女基干民兵，馬上便圍攏来欢呼鼓掌；随后又像緊急集合一样，放下鉄鍬背起槍，接受了少奇同志的檢閱。这些滿身干勁的青年，男的背着刺刀雪亮的步槍，女的背着卡賓槍，个个昂头挺胸，一动不动地睁着庄严而又兴奋欢乐的眼睛，直望住少奇同志。少奇同志向大家問好，又問大家擦过槍沒有；并且接过一支槍来，熟練地打开槍栓檢查了一遍，然后滿意地笑着遞还了槍。……

刘少奇同志在謝坊整整視察了两个鐘头。他看了猪場、縫級工厂、診疗所、俱乐部、紅专学校、养魚池、发电所和粮食加工厂，也看了供銷部、食堂、礼堂和名叫幸福池的澡堂。……

少奇同志很重視植树問題。在看礼堂的时候，少奇同志发現本村建設規划上的树木少了，馬上告訴村

支部書記朱春生"应該增加一些"。在卫星猪場看到有树，就很为称贊，并且說：

"这是个办法！除了栽树，猪圈旁边还应該种瓜！....

少奇同志在紅专学校里詳尽地了解了种种情况以后，知道朱春生在那儿教政治課，就曾問他都教的什么，怎么教的；他說他主要是講党的总路綫和报上的材料，并談了談具体情况，少奇同志忙說：

"对！就这么教！很好！"

… 少奇同志对謝坊城市化的建設也表示满意，又几次夸奬这儿的壁画画得好。

（康濯："刘少奇同志在徐水"，
1958年9月18日"人民日报"）

邓小平同志在視察幸福社和太陽升社的时候指示說：每一个社明年都应該指定一两个耕作区作大面积丰产試驗。可以把現有土地耕种面积縮小一些，集中力量搞好密植，提高單位面积产量。这样，旣可以增产粮食，又可以使一部分土地綠化、一部分土地輪休。小平同志还指示农村要大大增加生猪飼养数量。他說，只有把农林牧副漁統統发展起来，才能增加生产和增加收入，才能使人民公社巩固发展；公社是建立在生产大发展和人民政治覺悟提高的基础上的。他希望太陽升社在最近制定出一个长远計划，并向他們生动地描繪了农村建設的远景。他說，将来要把农村的居民点都建設成一座座漂亮的城市，有电影院、剧院、运动場；房屋都要改遷；城中遍种花果；工农商学兵全面发展。大城市所有的一切，你們都可以有。这样，就可以消灭城乡差别。这种居民点，人少了是办不起来的，大約是数万人一处。

（新华社消息：“邓小平等同志在东北地区視察”，1958年10月1日“人民日报”）

七、关于全面发展，逐步消灭体力劳动和腦力劳动差别

張国藩校长向主席彙报了学校的情况。張校长說：这个学校已經有98%的学生参加了勤工儉学，今年下学期还准备搞几个班半工半讀。主席說：这样很好，本来光讀書本上的，沒有亲自去做，有的連看也沒有看过，用的时候，就做不出产品来。一搞勤工儉学、半工半讀，这样有了学問，也就是劳动者了。主席还說：河南省长葛县有的中学，勤工儉学搞的好，学生进步快，升学的多。有的中学沒有搞勤工儉学，就不好，学生升学的少，考不取，学問不行。他們光念書本，沒有学进去，把腦筋学坏了。主席問王亢之同志天津中学有沒有勤工儉学，王亢之同志回答說，天津市近百所中学都已搞起勤工儉学来了。六十多所中学还建立了工厂或生产車間。主席說：好啊！学校是工厂，工厂也是学校，农业合作社也是学校，要好好办。

毛主席对天津大学在短时期办起許多工厂很感兴趣。毛主席說：有些先生也得进步，形势逼着他們进步，他們动动手就行了。五十歲以上的教师可以不动

手了，青年的中年的都要动动手。搞科学研究的人，也应該动动手，不然一輩子不动手也不好。張国藩校长彙报說：現在同学們搞技术革命的勁头很大。有的为了向国庆节献禮，晝夜突击，說服他們也說服不了。主席很关切地說：連夜搞是否把人搞瘦了呢？还是注意有节奏的生产，有节奏的休息和劳动。校长和党委書記表示，要把主席的关懷，傳达給学生們。

（人民日报駐天津記者："毛主席在天津"，1958年8月16日"人民日报"）

8月13日，毛主席在天津大学視察的时候指示說："以后要学校办工厂，工厂办学校"。"老师也要参加劳动，不能光动嘴，不动手。"毛主席并指示說：高等学校应抓住三个东西：一是党委領导；二是群众路綫；三是把教育和生产劳动結合起来。

（光明日报消息："天津大学决定苦战50天作出更大成績"，1958年8月19日"光明日报"）

……武汉大学的广大师生員工經过整風运动，社会主义的思想覺悟有了很大的提高，积极地貫徹了教育为政治服务，教育和劳动生产相結合的方針，采用土洋結合的办法大办工厂，使学校面貌大大改观；在此基础上，学生們自覺地提出了实行半工半讀的要求。毛主席在視察时認为，武汉大学的这种做法很好。他指出，学生自覺地要求实行半工半讀，这是好事情，是学校大办工厂的必然趋勢，对这种要求可以批准，并应給他們以积极的支持和鼓励。他还指示在教学改革中应注意发揮广大师生的积极性，多方面的集中群众的智慧。……

（新华社消息：“毛主席視察湖北鋼鉄生产”
1958年9月29日“人民日报”）

对于一穷二白的徐水大学，少奇同志兴趣也极大。他詳細了解了学校的基本情况和半耕（或半工）半讀的安排，并在看了二年畢业的农业系講授的十五門課程和一千七百九十个課时的規划以后，高兴地笑道：

“很好嘛！你們先学业务，后学基础理論，这就是从实际到理論很对！”知道大学和县里科学研究所共有一部分仪器設备以后，又說：“好呀！你們慢慢地就会办成正規大学，同大城市的差不多，或許比那还要好呢！”

少奇同志指示县里要发展高中，以作为发展大学的后备；并且建議省委解書記帮助徐水大学解决三两个教員。然后，少奇同志向学員代表常云閣等亲切地詢問了学习和生活情況，接着又看了农业系的土造化肥厂和机械系的鉄工場；看到在爐边打鉄的腰系油布的学生和他們制出的滚珠軸承，少奇同志兴奋地笑道：

“这才是我們的大学生啊！”

（康濯：“刘少奇同志在徐水”，
1958年9月18日“人民日报”）

在与各地、市、县委書記的談話中，少奇同志反复地闡述了社会主义的教育制度和劳动制度的問題。他說，社会主义的教育制度就是教育和生产劳动相結合，貫徹这个制度最徹底的办法之一是把工厂和学校合起来办。过去是学校一套，工厂一套，互不相干，以后可以逐步地把两套合成一套。新办一个工厂，也就是新办一个学校，由劳动部門和教育部門联合招收新成員，既是招工人，又是招学生。入厂后，先訓練三、四个月，上机器操作，每天作四小时或六小时工作，讀四小时或三小时書，半工半讀，可以从初中一直讀到大学畢业。实行这种办法，将使工农群众知識分子化的过程能够大大縮短，使腦力劳动和体力劳动的差别能够更快消除；这样培养出来的知識分子，将是又紅又专的工人阶級的知識分子。

刘少奇同志还强調指出，我們的工厂在生产鋼鉄、机器、电力等等物质产品的同时，还应該負責培养有文化知識有劳动本領的新人——共产主义的建設者。工厂里应該出大学生、出技师、出工程师、出干部。工厂的厂长、党委書記要負起建設共产主义新社会的責任，也要負起培养共产主义建設者的責任。

（新华社消息：“少奇同志視察江苏城乡”，
1958年9月30日“人民日报”）

这时候，蔣南翔校长……宣布周总理要向畢业同学講話。同学們立刻更热烈地鼓掌、欢呼、跳躍起来。

但是立刻，他們安靜下来，仔細地聆听着。总理說：

‘我看了你們的展覽会。我想你們是把教育和生产結合起来了，学习跟劳动結合起来了，实行了党和毛主席提出的这个方針。那末我来参观也要和这个方針結合，怎么結合呢？我就来訂貨，你們水利系同学就要把大北京的水利設計好，我提議你們搞沟渠設計。光有中小型的水壩还不够，还要使北京沟渠化。看了你們建筑工程設計，我也跟你們訂貨，要你們設計国务院宿舍。还有你們的綜合利用电厂……还有几样东西也要訂貨。我們回去再整理几个单子来。今天不仅来看你們畢业同学，并且又和你們的工作結合起来，向你們訂貨，这是我参观的主要收获，也是个学習。

希望你們到工作崗位上去更加把党的学習和劳动結合、教育和生产結合的方針連系到实际中去，因为我們社会主义者，一直到共产主义社会都是这样，一生都要使学習、工作、生产永远結合在一起，从小到老，既是一个有文化的劳动者，又是一个能够使腦力劳动和体力劳动結合的社会主义分子，这个方針現在体現在你們学習中，也要体現在你們工作中体現在你們长期的工作中。因为要經过你們，也只有經过你們年青一代，把中国社会主义建成，以后过渡到共产主义社会。在共产主义社会中，还要前进，前进，再前进”。

（周总理視察清华大学，

1958年8月26日“人民日报”）

这个光荣的任务对你們来說同时也是一个最好的鍛炼机会，我們的教育方針是把教育和生产劳动結合起来，把腦力劳动和体力劳动結合起来，把工作、学習、劳动三方面結合起来。这是要貫徹到底的方針，是共产主义的風格，是实現共产主义的必須条件。希望你們努力工作，努力学習，努力劳动。我相信你們到工厂、矿山去学習、鍛炼、实踐，将会对你們有更大的帮助。

你們幸运地生活在偉大的毛澤东时代，我們非常羡慕你們，我們比你們早生了三四十年，过去曾經受了不少資产阶級教育的影响。因此我們老一輩的共产党人也还要經常改造自己的思想，現在你們虽然很幸福地从青年时代起就受的是社会主义的教育，但是資产阶級的思想对你們也是有影响的，所以，希望你們在这次劳动鍛炼中也要重視思想改造。祝你們胜利。

（新华社消息：周总理在首都五千师生奔赴鋼鉄前綫誓师大会上的講話，1958年9月21日“人民日报”）

八、关于共产主义教育

当吳芝圃同志談到各地人民公社已經普遍建立了托儿所的时候，刘少奇同志說：托儿所应当发展全托，小学也要向学生住校方面发展。对小孩子要强調社会教育，不能把重点放在家庭教育上，当然家庭教育还是要的。党委要加强对社会主义教育和共产主义教育的領导，教員和保育員的水平要提高，要办师范学校訓練小学教員和保育員，小学教員、保育員都应当是师范畢业。管孩子应当比管拖拉机、抽水机更重要。

（新华社消息："少奇同志在河南視察"，
1958年8月24日"人民日报"）

朱副主席最后指示說，六亿人民都在躍进，軍队也在躍进。部队应学好軍事技术，提高文化。生活不要特殊化。每个人的思想行动都应該是共产主义的。自私在群众中是站不住脚的。如果脫离集体只是幻想个人如何享受，那是达不到目的的。如果你想的是共产主义社会，想的是大家如何过幸福的生活，那末，这种生活很快就会实現。

（新华社消息："朱副主席視察兰州和太原"，
1958年10月8日"人民日报"）

邓小平同志等对哈尔濱十八中、十九中和四平市六馬路小学的劳动課表示滿意。小平同志在視察中指出：中小学学生参加劳动要同年龄相适应，要多样化，以便培养学生多方面的兴趣。劳动的收入，不要按人分配，最好是由学校統一掌握，除了給困难学生一些补助外，应当尽量用来举办公共福利事业。逐漸作到不收学杂費用、免費洗澡理发、統一发給鞋襪和零用，以至吃飯穿衣都不要錢。总之，要培养共产主义思想，貫徹共产主义精神，不能助长个人主义。小平同志还諄諄告誡学校的領导人員：学生参加社会服务和生产活动，无論如何不应当削弱学校的基础課程。

（新华社消息："邓小平同志等在东北地区視察"，1958年10月1日"人民日报"）

陸定一同志說，工人学哲学是件很了不起的大事。太原有十几万工人学哲学，我們听說以后非常高兴。他說，我們現在是建設社会主义，但最終目标是要达到共产主义社会。中共中央关于在农村建立人民公社問題的决議中指出，要达到共产主义社会，要有下列几个条件：物质生产非常丰富，人們有共产主义的道德品質，全民教育普及了而且提高了，工农之間的差別、城乡之間的差別、腦力劳动与体力劳动之間的差別和一切資产阶級法权殘余徹底消灭了，国家对內鎮压作用消失了。为了实現共产主义，我們就必須坚决徹底地进行社会主义革命和努力进行社会主义建設。現在我們全国人民正在为鋼鉄而战，同时正在进行文化教育、科学技术的大革命。在教育方面，我們要爭取在十五年內基本上普及高等教育，然后再以十五年进行提高的工作。文化革命有两个方面，既要消灭工农群众缺乏文化的現象，同时也要消灭知識分子中的資产阶級思想。所以不但要普及教育而且还要継續深入地进行知識分子的思想改造工作。有些人認为搞好文化革命，就是知識分子"革"工农群众缺乏文化的"命"，这是片面的、錯誤的看法。

陸定一同志强調說，消灭資产阶級法权是达到共产主义社会的主要标志之一。他說，由于种种原因，在今天的社会里，还不得不保留一些不平等。譬如，对犯罪分子，我們就不能和他們講平等，而应对他們实行专政，强迫他們劳动改造，这是必須的。但在人民內部，我們則应主要靠政治挂帅，共产主义教育，走群众路綫，不断地提高人們的思想覺悟和道德品質，提倡集体主义，而不应光拿物質獎励去刺激人。我們的方向，是消灭工农之間、城乡之間、腦力劳动与体力劳动之間的差別，而不是去加深这种差別。

陸定一同志特別提醒大家：今天要看到明天。他說，过去搞民主革命的时候参加革命的就有两种人，一种人搞民主革命的同时就想到和看到了社会主义革命，而且懂得搞民主革命就是为了将来搞社会主义革命；而另一种人則只看到民主革命，想不到或者不願意想社会主义革命。現在也有两种人，一种人非常懂得，他的工作不仅为了加快建成社会主义，而且是为了建設明天的共产主义社会；而另一种人則对今天的社会主义就心滿意足了，不想前进了，不要不断革命了。因此，加强共产主义教育，訨人人都淸楚地看到美好明天，将是鼓舞全国人民共产主义干勁的最好的动力。

（新华社消息：“訨人人都看到美好的明天”，
1958年9月23日“人民日报”）

康生同志讲話中着重論述了工厂办学校，工厂中进行共产主义思想教育的重大意义。康生同志說，不管你們工厂里生产多少种产品，但归結起来只有两种：一种是沒有思想、不会說話的物的产品，一种是有思想的、会說話的人的产品。所有的工厂，不仅要努力生产物的产品和創造新产品，更重要的还要努力培养共产主义的新人。因为人的产品的質量，直接影响和决定着物的产品。只有把人的产品搞好了，使人人都具有高度的共产主义覚悟，又有很高的文化科学水平，并有健康的体質，才能把工厂办成眞正共产主义的工厂。康生同志强調指出：对于这一点，所有的工厂領导干部，必須有明确的認識。我們不仅要徹底克服掉过去学校教育中存在着的脫离生产、脫离实际的傾向，还必須克服过去某些工厂工作中“見物不見人”、忽視人的政治思想教育工作的傾向。

康生同志讲解了对广大人民群众进行不断革命和共产主义教育的重要性之后，着重說，工厂是貫徹党中央提出的教育为无产阶級政治服务、教育与生产劳动相結合这一教育方針的最好的場所，是理論与实踐相結合最好的場所，是逐漸消灭体力劳动与腦力劳动差別最好的場所，是創造性地发展馬克思主义最好的場所。

康生同志最后用“英雄大有用武之地”的話鼓励到会同志加勁再加勁，为办好共产主义教育、办好共产主义的学校、办好共产主义的工厂而不懈地奋斗。

（新华社消息：“让人人都看到美好的明天”，1958年9月23日“人民日报”）

九、关于妇女劳动力的解放

……毛主席大概是看到地里做活的妇女很多，一边又对陪同的人們說：

“这妇女劳力解放得很徹底哩！”

保定地委書記李悅农告訴主席，說这里的妇女都脫离了炕台、鍋台、磨台、碾台这四台。主席就說：

“是呀！人人都吃食堂，社社都办幼儿园……”又看了看張国忠說：“这个县是十一万多劳力，抽出了四万多搞水利、打机井、办工业，只有七万多人搞农业嘛！”随后又同省委解書記和張副省长說：“他們这又解放妇女劳力，又搞軍事化，全县农业社搞了九十多个团，两百多个营。他們就是这个办法哩！”

（康濯：“毛主席到了徐水”，
1958年8月11日“人民日报”）

毛主席在合肥期間还和許多妇女干部談了話，在談到妇女工作問題时，毛主席說：“如果每年每人沒有一千斤、两千斤食粮，沒有公共食堂，沒有幸福院，托儿所，沒有扫除文盲，沒有进小学、中学、大学，妇女还不可能徹底解放。”毛主席指出，只有办好人民公社，才是妇女徹底解放的道路。人民公社实行工資制、供給制，工資发給每个人，而不发給家长，妇女、青年一定很高兴，这样就破除了家长制，破除了資产阶級法权思想。

（人民日报記者："毛主席在安徽"，
1958年10月4日"人民日报"）

十、关于向共产主义过渡的条件

刘少奇同志在16日下午到达郑州，首先听取了省委第一書記吳芝圃同志的彙报。当听到河南省由于全面躍进而呈現劳动力緊張狀况的时候，刘少奇同志說：城、乡劳动力緊張是件大好事，我国人口这样多，沒有剩余劳动力了，这能不是一件大好事嗎？当前，要作好这样五件事：使社会上所有有劳动能力的人都进行劳动，特别是体力劳动。每个人都应当担負起力所能及的劳动。体力劳动是搞吃穿的，每个人都要吃穿，有人不負担，别人就要加重負担。每个人都参加体力劳动的重要意义，毛主席說过，馬克思、恩格斯也都指出过，搞好食堂、幼儿园、縫級厂，把妇女从家务劳动中解放出来，参加生产。要搞技术革命。我在河北看到两个小高爐炼鉄厂，一个厂需要五百人砸矿石，另一个厂一部矿石粉碎机就解决問題了。搞技术革命就能节約大量的劳动力。改进社会的劳动組織也能节省很多劳动力。要提高技术水平和文化水平。把这些事情做好，就能大进一步。

刘少奇同志在听取开封市委、开封地委的彙报时，指示要采取新的方法办工厂、办教育。他說：你們建立新工厂，不要照搬老工厂的一套。目前，公社实行劳动工資加獎励，除了吃粮食等以外，每月发几塊錢，社員就高兴的不得了。公社可以这样做，那么按这个办法办工厂为什么不可以呢？工人也是农民，农民也是工人，为什么不可以这样呢？新工厂也可以办学校，招一批初中生，就在这里上課，一个工厂就是一个高中，一天讀几小时書，做几小时工，工厂即学校，学校即工厂。半工半讀，可搞到高中，也可搞到大学。要建立制度，每天六小时劳动三小时上課，或者四小时劳动四小时上課，要比較稳定，搞他八年到十年，一直到大学畢业。这样，学生也多了，工人也多了。将来出来，既是大学畢业，也是技术工人。

（新华社消息：“少奇同志在河南視察”，
1958年9月24日“人民日报”）

…… 朱副主席視察了山西机床厂的各个車間，观看了这个厂制作的簡易車床，贊譽工人們的革命干劲，并且强調机械工业的重要性。他說，有了鋼，有了鉄，还必須要有机械。它是三大“元帅”之一，机械“元帅”升了帳，才能够使农业生产机械化，才能够使工业生产进一步地发展，因此，必須根据地方特点，建立自己的机械工业体系。朱副主席还指出，机械工业的发展，能大量节約劳动力，縮短工作时間。人們有了充裕的时間，就可以更好的进行文化、理論学習，从而大大提高人們的物質生活与精神生活，逐步減少工业与农业之間、城市与乡村之間、体力与腦力劳动之間的差别，为迈向共产主义創造有利条件。

（新华社消息："朱副主席視察兰州和太原"，
1958年10月8日"人民日报"）

十一、关于群众运动

毛主席对本社記者說：此次旅行，看到了人民群众很大的干勁，在这个基础上各項任务都是可以完成的。首先应当完成鋼鉄战綫上的任务。在鋼鉄战綫上，广大群众已經发动起来了。但是就全国来說，有一些地方，有一些企业，对于发动群众的工作还沒有做好，沒有开群众大会，沒有将任务、理由和方法，向群众講的淸淸楚楚，并在群众中展开辯論。到現在，我們还有一些同志不願意在工业方面搞大規模的群众运动，他們把在工业战綫上搞群众运动，說成是“不正規”，貶之为“农村作風”、“游击習气”。这显然是不对的。

（新华社消息：“毛主席巡視大江南北”，
1958年10月1日“人民日报”）

毛主席对发展鋼鉄工业极为重視，在安徽省先后視察了四个鋼鉄厂。在省委鋼鉄厂，毛主席詳細詢問了这个厂的情况，并看了这个厂两座十三立方公尺高爐的出鉄情况。省委書記处書記李任之告訴毛主席說，这个厂現在每天出鉄二十多吨，是省委的鋼鉄試驗田。毛主席笑着說：“对啊！省委应該帶头办啊！”毛主席問在这个厂参加劳动的是不是都是工人，曾希聖同志說，除少数技术工人以外，絕大多数是机关干部，毛主席笑着連連点头，表示滿意。毛主席在馬鞍山鋼鉄厂視察时，冒雨看了这个厂的五号中型高爐，煉鋼車間，七号、八号高爐，詳細詢問了这个厂的各种情况，中共馬鞍山市委第一書記魏安民一一作了回答。毛主席說，馬鞍山条件很好，可以发展成为中型鋼鉄联合企业，因为发展中型的鋼鉄联合企业比較快。毛主席視察了安徽省几个鋼鉄厂以后，着重談到发展鋼鉄工业的問題。他指示說："发展鋼鉄工业一定要搞群众运动，什么工作都要搞群众运动，沒有群众运动是不行的"。

…… ……

毛主席在乘車从安庆至合肥的途中，視察了沿途农村情况。毛主席看到公路两側的晚稻一片碧綠，生长非常旺盛。很多农民正在"燒包子"，到处烟霧瀰漫，毛主席問："这种'燒包子'是不是很普遍?"曾希聖同志說："很普遍。"毛主席又問："有什么作用?"曾希聖同志說："主要是积肥、杀虫，还可以改良土壤。"毛主席說："还有深耕的作用。"毛主席沿途看到标語很多，墻上、树上、屋頂上、以至地上，田埂上，到处都有很生动的标語，而且很多地方有躍进門、宣傳牌、宣傳站，毛主席說："宣傳工作做得很好。"毛主席到合肥以后高兴地說："沿途一望，生气蓬勃，肯定是有希望的，有大希望的。"

（人民日报記者："毛主席在安徽"，1958年10月4日"人民日报"）

刘少奇同志一再贊揚各地从公社里組織大批"远征队"上山采矿，到城市煉鋼鉄的做法。他說："現在各地方煉鋼鉄、采矿石、修水利都是采取大搞群众运动的办法，各人自帶工具，自备粮食，或者实行粮食供給制，或者是半供給半工資制，这办法很好，一个鋼鉄基地就集中了几千几万人，他們搭一个棚子睡在爐子旁边，生活虽很苦，干勁却很大，这是一种共产主义的精神，是新的劳动工資制度的萌芽，它給我們今后新办工厂的劳动制度开辟了一条嶄新的道路。"

（新华社消息："少奇同志視察江苏城乡"，
1958年9月30日"人民日报"）

周总理首先在会上講話，他說：你們响应党中央和国务院的号召到鋼鉄战綫上去，这是一个光荣偉大的任务。今年鋼的生产要比去年翻一番，一定要生产一千零七十万吨。这是全国人民的事，决不只是鋼鉄企业中职工的事。按照工农商学兵全民一起办企业的精神，你們当然也应該分担一部分生产任务。为了完成今年鋼鉄生产計划，在今后四个月中还須要特別努力，需要全民动手，目前特别需要一部分有探矿、采矿、化驗知識的人来参加这項劳动，因此党决定在全国各省市动員一万化工方面的教师和学生，一万地質勘探方面的教师和学生到鋼鉄战綫上去工作。我們本来就希望北京市的学生在报名参加这項工作中領先，果然現在你們响应党的号召出了五千人，光荣的紅旗插在北京市了，插在北京市的各个高等学校和中等专业学校里了。我特来向你們祝賀，为你們感到高兴和自豪。

（新华社消息：周总理在首都五千师生奔赴鋼鉄前綫誓师大会上的講話，1958年9月21日“人民日报”）

……朱副主席在听取卫恒和池必卿关于当前山西省工业建設特别是全省人民大战鋼鉄情况的彙报时，对采用“小、土、群”的办法炼鉄炼鋼极为重視。他說，这种群众性的“小、土、群”炼鉄、炼鋼的办法很好，是我国劳动人民同自然界进行斗爭的經驗的一部分，应当大大提倡和推广这种經驗。只要在工业方面坚决貫徹群众路綫，相信群众，依靠群众搞大规模的群众运动，不仅鋼鉄战綫上的任务能够完成，其他工业方面的任务也一定能够順利完成。朱副主席还指示在大抓工业、大战鋼鉄的时候，不要放松了农业生产，应充分注意深翻土地，把小麦种好，为明年农业的更大躍进打下有利的基础。

（新华社消息：“朱副主席視察兰州和太原”，1958年10月8日“人民日报”）

陈云同志在視察了一天工作之后，对这个地区的貧鉄矿、采用土爐、大搞鋼鉄的情况作了重要指示，他說：用貧矿、土爐、大搞鋼鉄，是一个值得研究的新問題。陈云同志希望能够在这方面找出一些經驗。陈云同志看到从采矿、运輸、砸矿石、炼焦等多方面是手工操作，对合理安排劳动力很关心，他指示：应該从各个环节上想办法，节省劳动力，发动群众改革各种劳动工具，提高劳动效率。

（天津日报消息："陈云同志視察唐山地区"，
1958年10月6日"天津日报"）

……必須坚定地依靠工人、技术人員和职員的多数，充分地发动群众，大搞群众运动，徹底改变企业管理制度。邓小平同志对长春汽車厂的經驗表示滿意。他說：在企业管理方面，我們的"憲法"就是在党委統一領导下的两参一改三結合。长春汽車厂按照这个"憲法"办事，他們眞正把群众发动起来了，工人参加了行政管理，也参加了工厂設計和技术管理。該厂原来設計是年产汽車三万輛，現在准备把生产能力提高到十五万輛。与此相反，如果思想不解放，陈規陋矩不破除，尽管企业管理人員天天睡到高爐旁边去，也于事无补。

在思想改造的基础上，必須大鬧技术革命。他說：我国的农业关已經基本过去了，工业关和科学技术关还基本上沒有过去，应当努力过好这一关。在技术革命中，大工厂和大学校起着十分重要的作用，这些單位要努力鑽研本行业的尖端技术。小平同志深刻地指出：物質的力量是无穷无尽的，人們只要掌握了它，就能使它更多更好地为人类服务。要掌握它，关鍵又在于敢不敢想，敢不敢作，和是否善于去揭露物質的秘密。只要人們思想解放，就能迅速掌握技术，充分地認訳和发揮物质的力量。

东北地区目前交通运输很緊張，电力严重不足。如何克服这些困难呢？小平同志和富春同志一再指出 克服这些困难，不能等待别人的帮助，而要以自力更生为主。他們号召用“土”洋結合的办法，发动群众大办电力和大办运輸。

（新华社消息：“邓小平同志等到东北地区视察”，1958年10月1日“人民日报”）

№ 045100

〔1972.5〕会议参阅文件之七

林彪一九六六年五月十八日
在中央政治局扩大会议上的讲话

（中共中央办公厅 印发）

林彪一九六六年五月十八日
在中央政治局扩大会议上的讲话

本来是常委其他同志先讲好。常委同志们让我先讲，现在我讲一点。我没有写出稿子来，凭口来讲，有些材料念一念。

这次是政治局扩大会。上次毛主席召集的常委扩大会，集中解决彭眞的问题，揭了盖子。这一次继续解决这个问题。罗瑞卿的问题，原来已经解决了。陆定一、杨尙昆的问题，是查地下活动揭出来的，酝酿了很久，现在一起来解决。四个人的问题，是有联系的，有共同点。主要是彭眞，其次是罗瑞卿、陆定一、杨尙昆。他们几个人问题的揭发、解决，是全党的大事，是保证革命继续发展的大事，是巩固无产阶级专政的大事，是防止资本主义复辟的大事，是防止修正主义篡夺领导的大事，是防止反革命政变、防止颠覆的大事。这是使中国前进的重大措施，是毛主席英明果断的决策。

这里最大的问题，是防止反革命政变，防止颠覆，防止“苦迭打”。

革命的根本问题是政权问题。有了政权，无产阶级，劳动人民，就有了一切。没有政权，就丧失一切。生产关系固然是基础，但是靠夺取政权来改变，靠夺取政权来巩固，靠夺取政权来发展。否则，是经济主义，是叫化子主义，是乞求恩赐。无产阶级拿到了政权，百万富翁，千万富翁，亿万富翁，一下子就可以打倒，无产阶级就有了一切。所以，无论怎样千头万绪的事，不要忘记方向，失掉中心，永远不要忘记了政权。要念念不忘政权。忘记了政权，就是忘记了政治，忘记了马克思主义的根本观点，变成了经济主义、无政府主义、空想主义。那就是糊塗人，脑袋掉了，还不知道怎么掉的。

上层建筑的各个领域，意识形态、宗教、艺术、法律、政权，最中心的是政权。政权是甚么？孙中山说是管理“众人之事”。但他不理解，政权是一个阶级压迫另一个阶级的工具。反革命是这样，革命也是这样。我想用自己的习惯语言，政权就是镇压之权。当然，政权的职能不仅是镇压。无产阶级的政权，还要改造农民，改造小私有者，搞经济建设，抵御外部侵略，职能是多方面的，但主要的是镇压。社会上的反动派，混进党内的剝削阶级代表人物，都要镇压。有的杀头，有的关起来，有的管制劳动，有的开除党籍，有的撤职。不然，我们就不懂得马克思主义关于政权的根本观点，我们就要丧失政权，就是糊塗人。

毛主席近几年来，特别是去年，提出防止出修正主义的问题，党内党外、各个战线、各个地区、上层下层都可能出。我所了解，主要是指领导机关。毛主席最近几个月，特别注意防止反革命政变，采取了很多措施。罗瑞卿问题发生后，谈过这个问题。这次彭眞问题发生后，毛主席又找人谈这个问题。调兵遣将，防止反革命政变，防止他们占领我们的要害部位、电台、广播电台。军队和公安系统都做了布置。毛主席这几个月就是做这个文章。这是没有完全写出来的文章，没有印成文章的毛主席著作。

我们就要学这个没有印出来的毛主席著作。毛主席为了这件事，多少天没有睡好觉。这是很深刻很严重的问题。

政变，现在成为一种风气。世界政变成风。改变政权，大概是这样，一种是人民革命，从底下闹起来，造反，如陈胜吴广、太平天国、我们共产党，都是这样。一种是反革命政变。反革命政变，大多数是宫廷政变，内部搞起来的，有的是上下相结合，有的和外国敌人颠覆活动或者武装进犯相结合，有的和天灾相结合，大轰大闹大乱。历史上是这样，现在也是这样。

世界上政变的事，远的不说，一九六〇年以来，据不完全的统计，仅在亚非拉地区的一些资本主义国家中，先后发生六十一次政变，搞成了的五十六次。把首脑人物杀掉的八次，留当傀儡的七次，废黜的十一次。这个统计是在加纳、印尼、叙利亚政变之前。六年中间，每年平均十一次。

马克思主义者是唯物主义者，在任何时候都是重视现实的。我们不能听而不闻，视而不见，无动于衷。别的事情搞得热热闹闹，忘了这件事，看不见本质问题，就是糊涂虫。不警惕，要出大乱子。

我们过去几十年来，解放以前，想的做的就是夺取政权。革命胜利以后，我们已经夺取了政权，许多同志就不大注意政权本身的问题，只是搞建设，搞教育，对付蒋介石，对付美国，没有想到夺取了政权还可能丧失政权，无产阶级专政还可以变成资产阶级专政。在这个消极方面，我们，至少是我，没有去多想这个问题，更多想到的是打仗、发生战争的问题。从大量的事实看，是要防止内部颠覆，防止发生反革命政变。道理很简单，很多事情要靠大量事实才能加深印象，才能认识。人的认识规律就是从感性到理性。

从我国历史上来看，历代开国后，十年、二十年、三十年、五十年，很短时间就发生政变，丢掉政权的例子很多。

周朝建立以后，不久就发生了叛乱，到春秋战国就大乱了。“春秋无义战”，各国互相颠覆，内部互相残杀。楚成王的儿子商臣，以卫兵包围王宫，逼成王自杀。成王好吃熊掌，要求让他吃了熊掌再死，企图拖延时间，以待外援。商臣不许，说“熊掌难熟”，成王被迫立即自杀。吴国公子光派专诸刺杀了王僚，夺取了政权。晋献公、齐桓公、齐懿公当政前后，多次发生政变杀人。春秋战国这类事太多了，我就不说了。除了相砍相杀夺取政权外，还有用其它阴谋诡计掌握实权的。例如，吕不韦送怀孕的赵姬给秦庄襄王，生了秦始皇，是吕不韦的儿子，秦始皇统治的初期，实际上政权落到吕不韦的手里。

秦朝三代共统治了十五年。秦始皇只有十二年就死了，以后赵高捧出秦二世当皇帝，秦二世把他的兄弟姐妹杀了二十六人。

汉高祖在位十二年，后来吕后专政，夺取了刘家的政权。周勃、陈平勾结起来，又把吕家搞掉了。

晋朝司马炎统治了二十五年，以后爆发了八王之乱，出现了相互残杀的局面。

南北朝的时候，为争夺政权，互相残杀的事就更多了。

隋文帝在位二十四年，就被隋炀帝杀了，儿子杀老子。有一出戏叫《御河桥》，就是杨广杀父，还杀了他的哥哥杨勇。

唐朝李世民兄弟相杀，争夺皇位。李世民杀了他的哥哥建成、弟弟元吉，即玄武门之变。

宋朝赵匡胤，在位十七年，被他的弟弟赵光义杀了。“烛影斧声，千古之谜”。有一出京戏叫《贺后骂殿》，讲了这件事。

元朝忽必烈，统治中国十六年，他的儿子铁木耳在位十三年，皇族争位。大乱，两宫相争，一个是皇孙，一个是皇后，也是夺权杀人。

明朝朱元璋在位三十一年，他的四子燕王棣，带兵打朱元璋的孙子建文帝，相杀三年，南京的王宫被烧，建文帝是烧死了还是跑了，弄不清楚，后来还派人到外国去找。

清朝统治中国不久，到康熙晚年，他的儿子们为了争夺政权，互相残杀。传说康熙病时遗诏“传位十四子”，雍正改为“传位于四子”。据说康熙是喝了雍正送去的“人参汤”死掉的。雍正夺取了政权后，还把他的好多弟兄都杀死了。

辛亥革命，孙中山当了大总统，三个月就被袁世凯夺去了政权。四年后，袁世凯做了皇帝，又被人推翻。此后，军阀混战十几年，两次直奉战争，一次直皖战争。蒋介石，正是靠篡夺军权、党权、政权，发动反革命政变上台的，对革命人民进行了大屠杀。

这些历史上的反动政变，应该引起我们惊心动魄，高度警惕。

我们取得政权已经十六年了，我们无产阶级的政权会不会被颠覆，被篡夺？不注意，就会丧失。苏联被赫鲁晓夫颠覆了。南斯拉夫早就变了。匈牙利出了个纳吉，搞了十多天大灾难，也是颠覆。这样的事情多得很。现在毛主席注意这个问题，把我们一向不注意的问题提出来了，多次找负责同志谈防止反革命政变问题。难道没有事情，无缘无故这样搞？不是，有很多迹象，“山雨欲来风满楼”。《古文观止》里的《辨奸论》有这样的话：“见微而知著”。“月晕而风，础润而雨”。坏事事先是有征兆的。任何本质的东西，都由现象表现出来。最近有很多鬼事，鬼现象，要引起注意。可能发生反革命政变，要杀人，要篡夺政权，要搞资产阶级复辟，要把社会主义这一套搞掉。有很多现象，很多材料，我在这里不去详细说了。你们经过反罗瑞卿，反彭真，反陆定一和他老婆，反杨尚昆，可以嗅到一点味道，火药的味道。资产阶级的代表人物，混到我们党内，混到党的领导机关，成为当权派，掌握了国家机器，掌握了政权，掌握了军权，掌握了思想战线的司令部。他们联合起来搞颠覆，闹大乱子。

罗瑞卿是掌军权的。彭眞在中央书记处抓去了很多权。罗长子的手长，彭眞的手更长。文化战线、思想战线的一个指挥官是陆定一。搞机要、情报、联络的是杨尙昆。搞政变，有两个东西必须搞。一个是宣传机关，报纸、广播电台、文学、电影、出版，这些是做思想工作的。资产阶级搞颠覆活动，也是思想领先，先把人们的思想搞乱。另一个是搞军队，抓枪杆子。文武相配合，抓舆论，又抓枪杆子，他们就能搞反革命政变。要投票有人，要打仗有军队，不论是会场上的政变，战场上的政变，他们都有可能搞得起来。大大小小的邓拓、吳晗、廖沫沙，大大小小的“三家村”，不少哩！毛主席说，十六年来，思想战线我们沒有去占领。这样下去，人家就会不投我们的票，不投毛主席的票，而投他们的票。打起仗来，人家就会跟他们走，拿起枪来打我们。笔杆子、枪杆子，夺取政权靠这两杆子。所以很值得我们注意，思想上不能麻痹，行动上要采取具体措施，才能防患于未然。要把资产阶级代表人物、定时炸弹、地雷，事先发现，挖掉。不然，一旦时机成熟，就会发生反革命政变，或者遇到天灾，或者发生战争，或者毛主席百年之后，这种政治危机就会来了，七亿人口的大国，就会乱起来。这是很大的问题。

当然，还是两个前途。他们的阴谋，不一定能得逞，不一定能胜利，不一定能实现。因为我们的党是毛主席领导下几十年革命的党，是用马克思列宁主义、毛泽东思想武装起来的党，不是幼稚的党，是成熟的党。我们的党，紧紧地掌握着枪杆子，始终没有离开过枪杆子，没有搞过甚么议会活动，和欧洲的党是不同的。我们的党，是同广大劳动人民群众血肉相联的，是有长期的革命传统的，是有丰富的革命经验的。

整个形势是大好形势，世界是大好形势，中国也是大好形势。他们想得逞，是不很容易的。他们可能得逞，也可能失败。如果我们不注意，大家都是马大哈，他们就会得逞。如果我们警惕，他们就不能得逞。他们想杀我们的脑袋，靠不住！假使他们要动手，搞反革命政变，我们就杀他们的脑袋。

任何时候，不管形势多么好，总有阴暗的一面。形势好的时候，要看到坏的一面。如果没有坏的一面，好就不成其为好。好之所以为好，是有坏。坏之所以为坏，是有好。

现在毛主席健在，我们是大树底下好乘凉。毛主席已经七十多岁了，身体很健康，可以活到一百多岁。

正因为形势好，我们不能麻痹，要采取措施，防止发生事变。有人可能搞鬼，他们现在已经在搞鬼。野心家，大有人在。他们是资产阶级的代表，想推翻我们无产阶级政权，不能让他们得逞。有一批王八蛋，他们想冒险，他们待机而动。他们想杀我们，我们就要镇压他们！他们是假革命，他们是假马克思主义，他们是假毛泽东思想，他们是背叛分子。毛主席还健在，他们就背叛，他们阳奉阴违，他们是野心家，他们搞鬼，他们现在就想杀人，用种种手法杀人。陆定一就是一个，陆定一的老婆就是一个。他说他不知道他老婆的事！怎么能不知道？罗瑞卿就是一个。彭眞手段比他们更隐蔽更狡猾，使人家不容易看出来。他冒充拥护毛主席，他在晋察冀是百分之百的王明路线，比王明路线还王明路线，超王明路线。一九三八年党的六届六中全会批判了王明路线，他参加了这次会议，会后他还把蒋介石说成是“最有政治眼光的人”，“要竭诚的拥护蒋委员长。”他说，“抗战最坚固的中心是蒋委员长。”他还说，“国共两党之间，要互助互爱互让，反对利用困难，与政府（即国民党政府）为难。”他在延安装着反对王明路线，到东北又搞王明路线。彭真在东北拒不执行党中央和毛主席的指示。在炮火连天的时候，他幻想和平，幻想和国民党蒋介石谈判，没有战争打算，幻想在谈判桌上取得胜利。他没有一点马克思列宁主义和毛泽东思想的味道，不搞阶级斗争。他不把重点放在农村，不把干部和主力派到农村去建立根据地，恋恋不舍大城市，不愿意离开大城市。撤出沈阳，还赖在郊区不走。搬到本溪，搬到抚顺，又搬到梅河口，不肯在农村安家，不准备打，只准备和。在东北，他想把主力孤注一掷，和敌人硬拼，以军事上的冒险主义掩盖他政治上的投降主义。他借口照顾山头，实际上是培植他个人的实力。他不注意补充主力，只是从散兵游勇中收编和建立一些地方部队，后来这些部队都叛变了，成了“座山雕”。他说反山头，就是他在搞山头，招降纳叛，搞他自己的军队，搞小圈子，搞“桃园三结义”。北京市水都泼不进去，针也插不进去。党内搞党，党内搞派。毛主席、周总理和其他同志都有感觉，我也有感觉。

不少人挂着马克思主义的招牌，毛泽东思想的招牌，实际上反对马克思主义，反对毛泽东思想。他们挂着共产党员的招牌，实际上是反共分子。这次揭露是党的伟大胜利，不揭非常危险。再让他们搞下去，就可能不是党揭露他们，而是他们要"审判"党。

我们的社会还是建立在阶级对立的基础上。资产阶级、地主阶级、一切剥削阶级是打倒了，但是没有完全消灭。我们没收了他们的物质，但是不能没收他们的反动思想，把他们关起来也没法没收他们的脑袋。他们是想复辟的。他们在整个人口比例上占很少数，但是他们政治上的能量很大，他们的反抗力量比他们的人口比例大得多。城乡小资产阶级的自发势力，不断地生长新的资产阶级分子。工人当中，也掺杂一些复杂成份。党和国家机关有些人腐化。加上帝国主义和现代修正主义的包围和颠覆活动。这些，使我国产生资本主义复辟的危险。这种危险是综合的，各种反动力量是互相联合的。国内国外，国内是主要的。党内党外，党内是主要的。上层下层，上层是主要的，危险就是出在上层。苏联出了赫鲁晓夫，全国就变了颜色。

现在，我们把剥削阶级打倒才十六年，他们的人还在，心不死。地主把他的地契还秘密保存起来。被推翻的地主和资产阶级，随时都在梦想恢复他们的天堂。他们的枪杆子被缴械了，他们的印把子被夺过来了。但是，他们在思想文化阵地上还占有相当的优势。他们拼命利用这种优势到处放毒，为资本主义复辟制造舆论准备。当前正在进行的无产阶级文化大革命，就是这种资产阶级阴谋复辟和无产阶级反复辟的尖锐的阶级斗争。它是关系到党和国家的命运、前途和将来面貌的头等大事，也是关系到世界革命的头等大事。

我们一定要严重注意资本主义复辟这个重要问题，不要忘掉这个问题，而要念念不忘。要念念不忘阶级斗争，念念不忘无产阶级专政，念念不忘突出政治，念念不忘高举毛泽东思想伟大红旗。不然的话，就是糊涂虫。不要在千头万绪、日理万机的情况下，丧失警惕性，否则，一个晚上他们就要杀人，很多人头要落地，国家制度要改变，政权要变颜色，生产关系就会改变，由前进变成倒退。

说社会主义社会没有矛盾，这是错误的，是违反马克思主义的，是不合辯证法的。那里会没有矛盾呢？一千年、一万年、一亿年后仍然有矛盾。地球毁灭了，太阳熄灭了，宇宙还是有矛盾。不久前，邢台地区发生了地震，自然界也在斗爭着，我们总理亲自去处理。太阳黑子增加到一定程度，无线电就发不出去。任何事物都处在矛盾中间，斗爭中间，变化中间，这才是马克思主义的看法。从沙粒到太阳，大到银河系，小到基本粒子，大到宏观世界，小到微观世界，都充满矛盾。马克思主义的本质是批判的、革命的。它的基本点是要批判，要斗爭，要革命。无产阶级，只有经过批判、斗爭和革命，才能夺取政权，保持政权，推动我们的事业前进。因此，要提高警惕，要斗爭，不能存有和平幻想。斗爭就是生活，你不斗他，他斗你嘛！你不打他，他要打你，你不杀他，他要杀你。丧失这种警惕性，不团结起来斗爭，就不是马克思主义者。全党越团结得好，越要斗爭，越有战斗力。但是，绝不同反党分子讲团结，而是批判他们，揭露他们，一直到开除他们出党。不是绝对的团结，而是相对的团结，是批判反党分子、揭露反党分子的团结。

总之，要斗。这次我们斗了彭眞、罗瑞卿、陆定一和他的老婆，还有杨尙昆，是马克思主义的行为，是辯证唯物主义的行为，是重大的政治措施，是防止反革命颠覆的措施。不然，我们得了天下，要丧失天下，创了业不能守业，我国人民一百多年来、几十年来为革命前仆后继，无数先烈所流的血，统统付之东流，我们就成为历史的罪人，成为机会主义者。

我们同他们斗，但内部要团结，要以毛主席为中心来团结，以毛泽东思想为中心来团结。他们这些家伙的共同点，就是反毛主席，反毛泽东思想。无论是彭眞、罗瑞卿、陆定一、杨尙昆、邓拓、吴晗、廖沫沙等等，都是这样。材料太多了。他们或者明目张胆，或者暗中影射，采取不同的语言，不同的体裁，不同的手段，恶毒地反对毛主席，反对毛泽东思想。

毛主席是我们党的缔造者，是我国革命的缔造者，是我们党和国家的伟大领袖，是当代最伟大的马克思列宁主义者。毛主席天才地、创造性地、全面地继承、捍卫和发展了马克思列宁主义，把马克思列宁主义提高到一个嶄新的阶段。毛泽东思想是在帝国主义走向全面崩溃，社会主义走向全世界胜利时代的马克思列宁主义。毛泽东思想是全党全国一切工作的指导方针。我们一定要把毛泽东思想在全国人民面前端出来，同全国人民更广泛地见面，同全国人民更广泛地结合，让毛泽东思想更加深入人心，促进全国人民思想进一步革命化。我们要以毛泽东思想为武器，批判揭露各种修正主义，批判揭露各个战线，各个部分的资产阶级代表人物，批判揭露为资本主义复辟鸣锣开道的资产阶级思想，把无产阶级文化大革命进行到底，把社会主义革命进行到底。这样，就能保证我们防止修正主义，避免资本主义复辟。这是最最根本的关键问题。很多党内的坏家伙，他们反对学习毛主席著作，他们是反党分子。陆定一控制的中宣部就反对学习毛主席著作，诬蔑这是简单化，庸俗化，实用主义。他们不宣传毛泽东思想，宣传资产阶级思想。不宣传革命思想，宣传反动思想，不是把革命推向前进，而是拉着革命倒退。别人宣传毛泽东思想，他们就冷嘲热骂，千方百计加以压制，加以攻击，加以反对。

马克思主义者起码应该知道，存在决定意识，物质是第一性的，精神是第二性的，同时，意识又有巨大的能动作用。物质变精神，精神变物质。毛主席说，“人的正确思想是从那里来的？是从天上掉下来的吗？不是。是自己头脑里固有的吗？不是。人的正确思想，只能从社会实践中来，只能从社会的生产斗争、阶级斗争和科学实验这三项实践中来。人们的社会存在，决定人们的思想。而代表先进阶级的正确思想，一旦被群众掌握，就会变成改造社会、改造世界的物质力量。”马克思列宁主义和毛泽东同志的认识论观点就是这样。我们要很好地运用毛泽东思想，就能大大前进。精神潜力大得很。

几十年来，毛主席经常阐明了精神和物质这两方面的辩证关系。马克思主义的核心是辩证法。毛主席对辩证法运用自如，渗透一切，在每个问题上都体现了辩证唯物论的无产阶级哲学基础。毛主席全面地创造性地发展了马克思主义的辩证法。

毛主席所经历的事情，比马克思、恩格斯、列宁都多得多。当然，马克思、恩格斯、列宁是伟大的人物。马克思活了六十四岁，恩格斯活了七十五岁。他们有很高的预见，他们继承了人类先进的思想，预见到人类社会的发展。可是他们没有亲身领导过无产阶级革命，没有像毛主席那样，亲临前线指挥那么多的重大的政治战役，特别是军事战役。列宁只活了五十四岁，十月革命胜利以后六年就去世了。他也没有经历过像毛主席那样长期、那样复杂、那样激烈、那样多方面的斗争。中国人口比德国多十倍，比俄国多三倍，革命经验之丰富，没有那一个能超过。毛主席在全国、在全世界有最高的威望，是最卓越、最伟大的人物。毛主席的言论、文章和革命实践都表现出他的伟大的无产阶级的天才。有些人不承认天才，这不是马克思主义。不能不承认天才。恩格斯说，十八世纪的天才是黑格尔、圣西门，十九世纪的天才是马克思。他说，马克思比我们一切人都站得高些，看得远些，观察得多些和快些，他是天才。列宁也承认天才，他说要有十几个天才的领袖，才能领导俄国取得革命的胜利。毛主席是天才。我们同毛主席那一点不同？一起搞斗争，有些人年龄比他老，我们没有他老，但经历的事也不少。书我们也读，但我们读不懂，或者不很懂，毛主席读懂了。我看到很多人读书圈圈点点，把书都圈满了，证明他没有读懂，不知甚么是中心，甚么是主次。辩证法的核心，毛主席在几十年前就懂了，我们没有懂。他不但懂了，而且还会熟练地运用。从懂到用，有很大的距离，懂了未必会用。打乒乓球，你懂得了规则，你也打不过庄则栋、徐寅生。打仗也一样，你懂一点书本上的军事知识，打的时候不一定能打胜仗。毛泽东思想全部贯串着唯物辩证法。毛主席广泛运用和发展了马克思列宁主义理论，在当代世界上没有第二个人。十九世纪的天才是马克思、恩格斯。二十世纪的天才是列宁和毛泽东同志。不要不服气，不行就不行。不承认这一点，我们就会犯大错误。不看到这一点，就不晓得把无产阶级最伟大的天才舵手选为我们的领袖。

人和一般动物的根本区别是，人是能够制造工具的动物。人在劳动过程中，逐步发展自己的头脑，能够去思想。思想是人的最大特点之一。思想在一定条件下起决定作用。我们应该重视先进思想的作用，重视社会主义时代先进思想的作用，重视毛泽东思想的作用。不重视思想的作用，是庸俗的唯物论，机械的唯物论。在社会主义时代，在财产公有的条件下，忽视先进思想的作用，搞物质刺激，是不行的，是非常危险的。我们同修正主义不同，我们不能象他们那样靠物质刺激。资产阶级的物质刺激这条路，我们是决不能走的。我们必须用毛泽东思想，用伟大的正义的事业，来激发人民的热情，放开眼界看未来，坚定不移向前进，摆脱几千年来一切剝削阶级传统和习惯势力的影响，从这种狭隘的影响下解放出来，表现出強大的力量，发生強大的作用。

文化、思想战线被坏家伙控制了。彭眞、陆定一控制的中宣部是为资产阶级服务的宣传部。他们控制的文化部是为资产阶级服务的文化部。他们仇恨毛泽东思想，他们阻碍毛泽东思想的传播。毛泽东思想一定要最广泛地同人民群众见面。不同人民群众见面，我们国家的面貌就不能改变。我们一定要把毛泽东思想深入到人民群众中去。毛泽东思想和人民一结合，无论那一方面，就会发生很快的变化。

毛泽东思想是无产阶级思想的集中表现，是同私有制思想，剝削阶级思想根本对立的。我们反对私有制和私有观念。私有制和私有观念是产生修正主义的重大因素。这种因素非常广泛。农村有自留地，有集体的地。一筐粪，是先送自留地，还是先送集体的地，都是有斗爭的。这是两个阶级的心理，是两个阶级的思想，是两条道路的表现，是阶级斗爭的表现。我们不用马克思列宁主义、毛泽东思想去战斗，资产阶级思想就会占领阵地，引起蜕化变质，出乱子。匈牙利不就有裴多菲俱乐部这批学阀吗？在他们的煽动下，二十万人围着国会，要纳吉当政。我们党內这些坏家伙，就是纳吉。一旦有事，他们振臂一呼，就会有些人跟着跑。幸亏过去几年各个击破，打掉了一批纳吉，打掉了高岗、彭德怀、张闻天。这次又打掉了一批纳吉，一批赫鲁晓夫修正主义分子。

这次斗爭以后，不要存太平观念。有些人，私有观念、剝削阶级观念根深蒂固，渗透到每一个细胞。他们随时都要搞鬼，还得提高警惕。

人的脑子是存在的反映，是有矛盾的，是有阶级性的。我们社会主义社会也不例外。就拿革命队伍里的人来说，脑子里也有正确思想同错误思想的矛盾，有无产阶级思想同资产阶级思想的矛盾，有集体主义、共产主义同个人主义的矛盾，有眞马克思主义同假马克思主义的矛盾，有走群众路线同反对群众路线的矛盾，等等。这一系列的矛盾，不断在脑子里发生斗爭，不是这个克服那个，就是那个克服这个。

还有一些人的脑子里，甚至有革命思想同反革命思想的矛盾。要随时开展斗爭，两军对战，消灭隐蔽的反革命思想。

要看到地球在运动，万物在发展的现象，要看清历史发展的规律，不要做违反历史前进的事。做这种事，害人害己，身败名裂。毛主席提出保持无产阶级晚节，就是这个问题。老同志也要按照毛主席提出的无产阶级革命事业接班人的五个条件，严格要求自己，认眞改造自己。不看清楚这个大形势，打个人小算盘，必然会犯大错误，甚至会参加卑鄙无耻的阴谋反党集团。

我们现在拥护毛主席，毛主席百年之后我们也拥护毛主席。毛泽东思想要永远流传下去。毛泽东思想是眞正的马克思列宁主义，是高度同实际相结合的马克思列宁主义，是全国人民最好的教科书和必修课，是全国劳动人民团结和革命的共同思想基础，是全国人民行动的指南。毛泽东思想是人类的灯塔，是世界革命的最锐利的武器，是放之四海而皆准的普遍眞理。毛泽东思想能够改变人的思想面貌，能够改变祖国的面貌，能够使中国人民在全世界面前站起来，永远站起来，能够使全世界被压迫、被剝削的人民站起来，永远站起来。毛主席活到那一天，九十岁、一百多岁，都是我们党的最高领袖，他的话都是我们行动的准则。谁反对他，全党共诛之，全国共讨之。在他身后，如果有谁做赫鲁晓夫那样的秘密报告，一定是野心家，一定是大坏蛋，全党共诛之，全国共讨之。

毛泽东思想永远是普遍真理，永远是我们行动的指南，是中国人民和世界革命人民的共同财富，是永放光辉的。解放军把毛主席著作做为全军干部战士的课本，不是我高明，而是必须这样做。用毛泽东思想统一全军、全党，什么问题都可以解决。毛主席的话，句句是真理，一句超过我们一万句。对毛主席的著作，我领会得很不够，今后还要好好学习。

我们一定要抓住政治不放，抓住活学活用毛主席著作不放。这是革命的需要，是形势的需要，是对敌斗争的需要，是备战的需要，是彻底取得无产阶级文化大革命胜利的需要，是防止和反对修正主义的需要，是防止资本主义复辟的需要。那些坏家伙攻击我们是实用主义。这绝不是实用主义，是行之有效、符合实际的客观真理。什么是实用主义？实用主义就是资产阶级的主观唯心论。在他们看来，对资产阶级有利的就是真理，对资产阶级不利的就不是真理。我们抓突出政治，活学活用毛主席著作，是符合社会主义社会发展规律的眞理，是符合自然界发展规律的眞理，是符合无产阶级革命需要的眞理。如果不根据革命的需要去指导我们的行动，就必然犯大错误，必然要失败。

中 共 中 央 办 公 厅　　　　一九七二年五月二十四日印发

中 共 中 央 办 公 厅　　　　一九七二年五月二十四日印发

〔1973.6〕会议参阅文件之八

No. 045100

林彪一九四〇年七月在苏联发表的一篇反党文章

（中共中央办公厅印发）

附：《共产国际》俄文版原文

一九七二年六月

〔1972.6〕

林彪一九四〇年七月在苏联发表的一篇反党文章

一九七二年六月

国的战争还将延续十年。”今年五月，前首相米内在东京的警察首脑会议上讲话时也承认：“达到在中国取得最后胜利还非常远。”

日本当权集团尽管取得了局部的胜利，但仍被迫改变军事计划，开始寻求战争的出路。正是由于这个缘故，近卫文麿首相才在一九三八年十一月发表了关于建立“东亚新秩序”的“和平”宣言，企图使中国政府接受投降的和平。日本人的方针是，“用中国人自己的手征服中国。”

在近卫文麿宣言发表以后，日本对中国展开了大规模的经济与政治攻势，虽然，众所周知，它也并没有停止军事行动。但日本人不再采用象战争第一年那样的在所有战线上进行广泛的进攻。

一九四〇年上半年前线的形势明显地证明，日军的进攻力量在进一步削弱，即使下述事实也可说明这点：一九三九年十一月二十四日，日本人在南线占领了南宁，而在一九四〇年元月，日军的主要部队沿宾阳方向移动，二月二日宾阳被日本人占领。但是，在中国部队的进攻下，日军损失二万人，被迫由宾阳撤退，而中国军队二月十七日就逼近南宁城下了。

在一九四〇年的最近几个月(四月至六月)，在华中战场上发生了激烈的战斗。日本司令部向那里调去了大的兵团。按照中国军队的军政委员会长官陈诚将军的意见，在湖北和河南省的战斗中，日本人伤亡达五万五千人，中国人缴获二千六百匹马，八十辆坦克和两千辆汽车。陈诚说:“中国部队的成绩证明日本人不能进行大的战役。”

为了“用中国人自己的手征服中国”，日本着手建立傀儡政府。这些努力的结果是建立了汪精卫的“中央政府”。应当说，甚至在日本国内，一些政治集团也不相信汪精卫能够解决摆在他面前的问题。例如，一九三九年秋，著名的日本活动家阿布信行(后来日本政府首相)，在他的一次讲演中说:“即使日本同各第三国家的关系得到调整，即使汪精卫能够完全地在中国建立起自己的政权，中国事变的原则基础仍将不会消除。”

日本占领者企图通过培植各种不同的“群众组织”，来为自己的傀儡政府和汪精卫建立群众基础。他们力图在政治、科学、艺术、宗教、道德等方面，用传播亲日观点的方法，来影响中国的舆论。同时，加强了日本代理人在民族统一战线阵营中的破坏活动，力图从内部破坏民族战线。

他们组织反对中国爱国人士的破坏活动和恐怖活动。日本为力求使中国投降，利用欧洲战争产生的形势，极力设法使中国与外界完全隔绝。

对中国也展开了经济攻势。日本帝国主义者竭力使自己的“军事企业”即在中国的战争转向独特的经济核算制。日本帝国主义在占领区的经济政策，是要在这里寻找到和动员到尽可能多的战争物质资源和资本。为了实现日本经济“复兴”的计划，日本康采恩需要在当地“寻求到”大量的资本。

采用威胁和许诺取得高额利润的办法，汪精卫企图使中国的资本家与日本的康采恩合作。不久前，日军在华总司令西尾寿造将军曾发布命令，把曾由日本人夺取的部分中国企业交回愿与日本经济合作、准备参加“联合公司”的原主。这里应该指出，某些中国资本家，特别是买办资产阶级中间的某些资本家，立即作出响应，并与日本康采恩合作。

日本帝国主义的这一措施的目的是，借助中国资产阶级，对中国的敌占区加紧抢劫性的剥削，把战争的全部重担移到中国人民的肩上，并以此实现其“以战养战”的口号。

但是，中国人民愈来愈坚决地、勇敢地反对日本侵略者的政策，极力反抗掠夺中国的物质资源。在这方面，占领区的工人表现得特别积极，他们往往离开企业到游击队中去。他们违抗一切禁令，组织罢工，使日本帝国主义者遭受了不小的损失。在日本人占领的城市——上海和天津，去年曾举行了一些大的罢工。仅在一九三九年的十二月，在上海就发生了二十次罢工。在上海和天津，召开了工人大会，大会坚决抗议汪精卫的“中央政府”，并且在通过的号召书中号召所有工人不服从新“政府”。

日本占领了中国所有最重要的城市，经济和政治中心，大的港口，主要的铁路、运河和内河干线，并封锁了中国的全部沿海地带。

那么，如何解释不是中国、而是日本要极力设法实现“和平”和尽快停止战争呢？

当然，不是日本帝国主义者，而是中国人民，它的政府希望取得能够保证国家自由和民族独立的真正的和平。但是，中国人民和它的政府知道，他们不是用投降和妥协，而是经过顽强的斗争才能够取得这样的和平。他们知道，为此需要持久战，只有这样的战争能够彻底消耗敌人的经济和军事资源，最终把侵略者驱逐出中国。

中国的战争拖延得愈久，日本内部的经济和政治困难就愈加尖锐，它的胜利就愈加变成得不偿失的胜利。

三年的战争强烈地动摇了日本的经济，从战争一开始，日本的军费已用去一百八十八亿五千五百万日元。日本在一九三九至一九四〇年的军事预算与一九三一至一九三二年比较，从四亿五千四百万日元增至七十一亿二千四百万日元　即增加十四倍。军费开支占一九三九至一九四〇年整个国家预算的百分之七十三。战争期间，国债由一百亿日元增至二百四十亿日元，即增加一倍半。

同时，日本的黄金储备消耗殆尽。日本大量需要战略原料（日本由国外输入的铁占总消耗量的百分之七十六，石油占百分之九十二，有色金属占百分之七十，棉花占百分之九十八，羊毛占百分之九十五，橡胶占百分之百，等等），经过三年战争，几乎消耗了战前和战争期间的黄金储备以及从人民中没收来的相当数量的黄金，计二十亿金日元以上。从战争开始到一九三九年底，日本对外贸易的入超达二十一亿六千九百万日元。

日本的战争经费从那里来？在中国进行战争的经费，目前是依靠发行新的公债、税收和发行货币。货币发行额由一九三七年的十五亿日元增加到一九四〇年初的三十五亿日元。

日本国内公债，一九三七年发行十四亿八千五百万日元，一九三八年为四十三亿五千六百万日元，一九三九年是五十二亿八千万日元，而在一九四〇年为六十亿日元。在一九四〇年中，按人口计算每人平均担负了八十五点六日元公债，同时，纺织工人的年平均工资约二百至二百五十日元，由此清楚地说明，强力推行的公债压在日本人民群众肩上的担子是多么沉重。在战争期间，日本的直接和间接税，从一九三七年的十六亿八千万日元增到一九四〇年的三十九亿一千万日元，仅直接税就增加了百分之二十五至三十。

对劳动人民的剥削增加到空前的程度，日本大多数工人的工作日劳动时间延长到十一至十二小时，四分之一以上的工人每天工作十四小时。

劳动人民由于国家粮食的极端困难，生活状况恶化。特别是感觉到农产品的不足。这是由于农业劳动力的不足，牲畜总头数的急剧减少，农具的不足，耕地面积的减少等等引起的。所有商品，特别是日用品的价格增涨。

所有这一切，引起了反战和革命情绪的高涨。当权阶级用残酷的迫害，试图镇压这种情绪。例如，仅在东京，根据官方的材料，在一九三八年被指控为反战活动而被捕的就达一万三千人。日本军队中的反战情绪也在增涨。在好些情况下，军队中的不满，表现为拒不接受司令部命令，甚至发生士兵骚动。

很清楚，日本的国内情况迫使它要尽快地结束在中国的战争。当前整个国际形势也迫使日本帝国主义采取这样的政策。日本力图从欧洲战争中得到好处，它不仅力图在中国巩固下来，而且要夺取印度支那，暹罗、印度尼西亚，或者至少要在这些地区站住脚。如果形势有利，甚至在菲律宾、香港和缅甸也这样干。这就是为什么日本帝国主义者想迫使中国投降，使自己尽快解脱在中国的双手。这也较好地说明了日本内阁发生变动（米内辞职，近卫内阁接任）的原因。

× × ×

中国人民及其政府不顾一切困难，不投降，继续抗击日本帝国主义者。

用什么来说明，装备不好并且由于多年内战而削弱了的中国人民，能够顽强地抗击装备好得多的敌人，并有成效地进行着民族解放战争呢？首先，这是由于国家的一切进步力量联合成民族统一战线。应当直截了当地说，如果在被内部矛盾而分裂着的中国，不建立起民族统一战线，那么中国就不可能在三年过程中抵抗日本帝国主义者。

民族统一战线是根据共产党的倡议建立的。早在一九三一年，当日本人占领了满州时，中国共产党就提出停止内战，联合中国一切武装力量驱逐日本侵略者出满州。一九三五年八月，当日本企图夺取河北省时，共产党号召人民及所有中国军队，联合民族的一切力量，反对日本侵略。此后，共产党又不止一次地提出建立抗日民族统一战线的建议。在西安事变时（一九三六年十二月），中国共产党防止了新的大规模内战爆发，并且奠定了民族统一战线的基础。

最后，一九三七年九月，在日本人侵入华北和华中、夺取了北平和天津两个月以后，国民党采纳了中国共产党关于为了抗日，相互合作的建议。一九三七年九月二十三日，蒋介石先生说："在民族生存的危急关头，只有本民族联合起来的力量，能够战胜日本帝国主义。"

在两大政党——国民党和共产党建立合作以后，中国其它的政党和派别参加了民族统一战线。国家的一切进步力量团结在以最高统帅蒋介石为首的中央政府的周围。

中国开始作战时，没有统一的军队和统一的司令部。除南京政府控制的中央军外，还有红军和许多地方部队，这些部队多年来互相敌视。中央军，尤其是地方部队训练和装备均不好。中国的军队那时总共约有六百架过时的飞机，枪支、炮弹、子弹不够用。

在民族解放战争的最初几个月，一切中国军队服从统一的司令部。在国民政府的领导下，在动员人民群众参军和军训方面做了大量的工作。仅广西一省就动员三百万人参加军训，四川省有五百万人。云南省派到前线的有二十多万经过训练的战士。在湖南省，从十八岁到三十六岁的男子均经过军训。在湖南、湖北、江西、广东、陕西、甘肃、河南省动员和训练了四百万人。游击区人民的军训工作成绩特别大。

在驻有八路军（其前身为红军）的游击区，甚至儿童也帮助军队做工作，当交通员和侦察兵。妇女们从事卫生方面的工作，不少妇女在经过军事训练后，与男子一样，自愿奔赴前线，仅在晋察冀边区就有三百万人经过军事训练。

在组织游击斗争和建立游击区方面，八路军起了特别大的作用。

八路军的一支部队，在聂荣臻指挥下，在晋察冀边区开展了游击战争。在一年过程中，这支部队参加了八十次大小战斗，打退了日本人的多次进攻，并钳制了华北的大部日军。现在晋察冀地区成为最大的游击根据地，控制着七十多个县，十万平方公里的土地，有一千二百万左右的人口。

八路军的另一支部队在贺龙指挥下，在山西省的西北地区作战，在那里也建立了游击根据地，根据地控制三十个县，有约二百万人口。

由朱德直接领导的八路军的一支部队，在山西、河南地区作战。这里游击队控制了六十至七十个县。八路军的这些部队给予另外在徐州、武汉地区作战的中国军队以大力支援。他们与日本人作战一百多次，并且不只一次地突破了敌人的包围。在一九三八年四月，这部分八路军打退了日本军队大兵团在九个不同地点同时发动的进攻。

此外，八路军司令部还建立了一些武装的队伍，派到敌后进行游击战。

在一九三九年一年内，八路军进行了一千八百多次大的战斗，抗击了集结在它的活动地区的五万日本军队。日本第一一〇师指挥官桑木在一次向日本最高司令部呈报的秘密报告中被迫承认："用巧妙的组织的办法，他们（指八路军——林彪）赢得了很多人。他们的基础很深，这使镇压与绥靖的工作非常困难。"

在南京、上海、杭州地区，在共产党员的领导下，建立了新四军。这支军队的游击队甚至对南京、上海这样的大城市也进行了袭击。他们破坏最重要的铁路和电报线路，使日本驻军处于经常的威胁之中。

所有这些事实说明，八路军、新四军过去、现在、将来都是中国民族统一战线最忠实、最可靠的支柱。

由于民族统一战线的建立，在孙中山三民主义的基础上，中国在国家建设上取得了良好的成绩。

中国政治制度民主化的一个最重要的因素是国民参政

会和省、县参政会的建立，以及村长制度的民主化。一九三八年七月建立的全国国民参政会有各抗日政党和组织的代表。

在国民参政会第四次会议上，通过了关于召开国民大会以通过中国宪法的决议。这个决议有很大的政治意义，得到全体人民的拥护，已被国民政府批准。国民大会预计在一九四〇年底召开，而目前全国已广泛展开了准备大会的运动。

实现国民政府的下述措施，对于政治制度的民主化有巨大的意义。这些措施是发表抗战任务和建国纲领，颁布反对贪污犯和反对胡作非为的官吏的法律，枪决某些特别可恶的贪污犯以及腐化的官吏、县长、省长以至于山东省政府主席韩复渠。这些措施有助于健全行政机构，减少贪污、非法征税、官吏专横等现象。

尤其是在十年的禁止和迫害之后，头一次在中国的许多城市，于一九三八年和一九三九年举行了纪念“五一”的活动。政治制度的进一步民主化将导至工人阶级积极性的提高，吸引中国最广大的劳动群众参加到民族解放斗争的事业中去。

游击区的政治制度民主化取得了相当大的成就，例如山西省的县长由人民选举，安徽省的县长同时是游击队和自卫队的领导。

在八路军驻地的陕甘宁边区，一切行政人员由人民选举，并且必须经常在选民面前报告自己的工作，如果他辜负了信任，人民在任何时候有权撤销任何官员。一切县长，一切政府机关的领导者与人民群众紧密联系，在作战时他们在第一线，而在“和平”时期则进行大量的建设工作。

在战争过程中，中国政府在经济建设上也取得了不小的成绩。从现在的敌占区及时地撤退了最重要的兵工厂及一些大的国防企业。在中国西南及西北的一部分地区建立了新的工业区。这些地区的工业生产可以保证军队最低程度的需要，其中包括供应它最必须的武器装备和弹药：枪支，子弹、炮弹、榴弹等等。目前，由政府领袖蒋介石领导的国家资源委员会拥有四十五个具有国防意义的企业。还建立了三万个小型的工艺合作社，为军队从事必须的日用品的生产，制造装备和军服。但是在中国人民面前，国家经济发展方面以及动员一切经济资源满足战争需要方面，还有巨大的任务。

在中国，也采取了某些改善农民和工人群众状况的措施。在重庆地区，目前集中了十万工业工人，工人们提出了建立统一工会的要求，已经建立了统一的重庆市印刷工会；纺织工会（包括大型工厂“益丰”的工人）正在发挥其作用。工会正在为提高工资和改善工人的劳动条件而斗争。在许多省份，不顾地主和部分官吏的反对，减少了百分之二十五的地租。在八路军的地区，处处减少地租。山西省在“公平分担战争负担”的口号下，进行了土地改革，地租减少一半。把荒地，甚至是私人所有的荒地，交给农民协会和由敌占区来的难民耕种，是政府的重要措施。在陕甘宁边区和受八路军支配的地区，都提高了工人的工资。

旨在提高部队战斗能力和改善劳动人民生活水平的一切措施，由于存在民族统一战线，并得到中国人民的广泛拥护，是可以作得到的。但是，这些措施远远没有到处实行，而实行这些措施是中国人民胜利所迫切需要的。

× × ×

中国人民的三年民族解放战争证明，中国人民不顾一切困难，要求继续与侵略者斗争，并且能够与侵略者继续进行斗争。中国也有战胜日本帝国主义的客观条件。

日本军阀被迫进行持久战。而在这样的战争中，谁支持得久，谁就胜利。中国失去了相当大的领土，但是中国未被占领的领土还很大，给中国人民提供了继续进行战争的很大可能性。在中国未被占领的土地上约有三亿人民，中国具有抗击日本侵略者的人力和物质资源，它能够克服一切困难和危险，赢得对敌斗争的最后胜利。

中国的主要危险过去、现在都是民族统一战线分裂的危险，投降的危险。虽然民族统一战线在三年战争中克服了相当大的困难并取得了非常重要的成就，尽管中国人民继续顽强抗击着敌人，但是分裂的危险还远远没有消除。而且，在整个战争年代，投降的危险从来没有象目前这样现实地显现在全国的面前。

这个危险的来源和原因何在？首先，在于中国内部的局面。问题是中国的部分地主资产阶级，尤其是买办阶层，害怕中国人民民族解放斗争的高涨，害怕威胁到自己的阶级私利，他们把这种私利放在民族利益之上。为了作为日本股份公司的伙计参加对中国的掠夺，这些人准备投降日本。一部分民族资产阶级的背叛，自然使民族统一战线的困难加重，它使国内的叛徒和投降分子活跃起来，使那些准备与日本帝国主义妥协的拥护者们积极起来。

公开投靠日本的汪精卫式的叛徒、投降分子，引起了全中国人民的鄙视和憎恨，所以他们的危险要比在民族统一战线的阵营中的叛徒和投降分子，即妥协的拥护者小。

某些在投降分子影响下动摇的政治活动家，力图加强对劳动群众的剥削，并阻碍动员国家的民族资源；他们企图镇压在中国许多地区存在的民主制度，消灭民主的成果。这些人从内部破坏民族统一战线并削弱中国人民的抵抗力。他们中的一些人指望英美的援助，明显地忽略中国本身的人力和物力。这些人断言，没有英美的援助，就不可能继续抗战。他们中的一部分人，把希望寄托在外国，首先是美国的调停上，打算借助这些国家准备与日本妥协。这样的妥协，与直接投降实质上并没有任何区别。

当然，不是任何叛徒、投降分子都将公开地号召投降。在大多数人民主张继续斗争的情况下，隐蔽的投降分子通常说："共产党在战争过程中发展了，影响大大扩大了，因此需要禁止或限制共产党的活动"。他们声称："我们拥护抗日战争，拥护国民政府，但我们反对共产党人”等等。这种挑拨离间的谈话，不仅是反对中国共产党及其领导的八路军和新四军：它们旨在反对民族统一战线和中国一切进步力量。

一些放肆的叛徒，正在进行消灭共产党、八路军、新四军和边区的公开活动。发生不少这样的情况，即地方政权的代表迎合叛徒和投降分子的要求，没收和烧毁由中国共产党出版的抗日报纸和书籍，而允许扩散亲日的报纸和书籍。发生了逮捕、杀害、枪决共产党人的情况。出现了武装进攻八路军部队的情况，例如张荫梧将军用自己的部队公开进攻八路军部队；在山东省，秦启荣的部队进攻共产党员领导的游击队。中国西北的反动将领们曾侵占了陕甘宁边区的县城宁县和镇原。

大家知道，中国共产党及其建立的八路军、新四军始终是中国人民抗日斗争中的先进部队，因此投降分子反对共产党。众所周知，八路军是真正的人民的抗日军队，所以投降分子反对八路军。众所周知，边区是抗日的可靠的根据地，所以投降分子要消灭这些区域。八路军在敌后建立巩固的抗日根据地，所以投降分子要消灭这些根据地。

政府领袖蒋介石曾公开承认，敌占区游击根据地的建立是中国军队的成就，而隐蔽的投降分子口头上主张继续抗日，实际上竭力把这些根据地送到敌人手中。

中国共产党用行动证明，它把中国人民的利益放在高于一切的地位。共产党真诚地一贯地维护民族统一战线，它忘我地为中国的民族解放而斗争，而隐蔽的投降分子千方百计地竭力分裂民族团结，破坏国共两党的合作。在许多情况下，为了维护民族统一战线，共产党作了让步。

中国共产党知道，在投降分子中间，在所有那些反对共产党人的人们中间，不少是属于误入歧途和动摇的，必须使他们认识到立场上的错误并吸收他们参加到民族统一战线方面来。共产党努力处理好与那些部队，甚至过去反对过八路军而现在放弃敌对行动的中国各部队的友好关系。但是共产党和八路军为了中国人民的利益，常常被迫给予叛徒和投降分子以坚决的回击，不这样做是不行的，因为不反对叛徒和投降分子，就意味着堕入机会主义的泥坑，意味着不保护人民的利益。

真正的中国爱国者赞同共产党和八路军的行动，因为他们斗争在中国人民的前列，并且清楚地看到国内分裂和投降的危险。

投降的危险也是由于当前国际形势的某些特点造成的。在欧洲战争开始前，英国、法国和美帝国主义者在一定程度上支持过中国的抵抗。他们想用中国人的手削弱日本的力量，用日本人的手，使中国虚弱，然后充当调停者。但是，随着欧洲帝国主义战争的发展，英国和法国开始主张停止中国的战争，因为想拉日本参加英法集团。此外，他们想把中国巨大的原料资源用于自己的军事目的。但是现在，在法国失败以后，情况发生了变化。由于英国和法国无法保护自己在远东的利益，于是对日本作出实质上的让步。法国封锁了印支边境。英国同意在三个月时间中禁止由缅甸运送货物到中国。

中国政府公正地认为，法国和英国政府的行为是直接帮助了中国的敌人。中国外交部长王宠惠说，英国政府的行动是不友好的，不合法的。这些行动直接破坏了英国和中国还在十九世纪签订的条约，按照这个条约，任何一方无论在平时或战时都没有权利封锁缅甸和中国之间的道路。

日本利用英国、法国的让步，取得了从南部和东部加强封锁中国的可能性。这无疑增加了中国经济与军事上的困难。但是，同时也擦亮了许多中国政治家的眼睛，这些人对于英法存在着很大的幻想，指望借助这些国家的援助，而低估中国人民本身在抗日斗争中的力量。

中国的投降分子想把事情描绘成这样：好象由于英国与日本的协议，中国已陷入绝境，仿佛现在中国与外界的联系已被切断。

但是应该说，国际形势不是已经如此对中国不利。英国的行动无疑使对外贸易更加困难，因此，运送装备到中国是困难了。但是，日美商约的废除以及美国对出口石油、铁和其它废金属采用许可证的制度，这些事实说明了美国与日本间的矛盾加剧，削弱了日本帝国主义的力量。

中国有取得胜利的一切可能性。但是，把这种可能性变为现实性，需要坚决克服投降的危险。现在，每一个希望看到自已祖国独立的正直的中国政治家，将更勇敢地、坚决地指靠中国人民及其无穷尽的内部力量，进一步巩固民族统一战线，这是中国在抗日战争中的基本的优越性。

× × ×

如何克服投降危险呢？中国共产党人以及一切正直的中国爱国者认为，首先，现在，比以往任何时候都必须加强对公开的和隐蔽的投降分子和汉奸的斗争，坚定地继续民族解放战争，还要在更加广泛的范围内，在敌后开展游击战争，巩固已有的游击战争的根据地。

第二，中国共产党人和一切正直的中国爱国者认为，必须巩固民族的统一，特别是加强和巩固所有抗日党派、团体和组织的行动的统一。首先必须巩固国民党与共产党的合作，同分裂民族统一战线的阴险计划进行无情的斗争。必须同那些在“反共”的幌子下推行投降政策和分裂、破坏活动的人进行无情的斗争。

中国共产党从它诞生起，就是为中国人民的民族和社会解放而斗争的政党，中国共产党在抗日斗争中是民族统一战线的骨干，因此，每一个正直的中国爱国者把同诬蔑共产党的行为进行斗争当作自己的任务。

第三，中国共产党人以及一切正直的爱国者认为，为了克服投降的危险，必须更广泛地吸引人民群众参加到国家和军事建设的事业中去。不给人民以民主权利，就不可能英勇地、忘我地进行反对严重的敌人的战争。

站在反对日本帝国主义斗争前线，并且为建立独立民主的共和国而斗争的中国共产党是民族统一战线的政策的真正拥护者。

共产党员尽一切努力，争取最近的时间内召开国民大会，这个大会能够真正代表中国人民的利益，并通过符合人民利益的宪法。

因此，继续抗战，巩固民族的统一和进一步使制度民主化，这就是一些条件，这些条件能够保证克服困难，克服中国的主要危险——分裂和投降。实现这些条件，就能保证中国人民最后战胜日本侵略者。

中国人民的民族解放战争已经进入了第四个年头，中国所有的政党为今后中华民族的命运担负的责任无限地增加了，对中国人民的命运，共产党人肩负着巨大的责任。

中国共产党和全中国人民继续抗战的坚定决心，以及今年七月初国民党中央执行委员会第七次全体会议又一次表明的国民政府武装抗日的政策，说明中国人民能够克服投降的主要危险，把日本帝国主义者从中国的土地上驱逐出去。

注：下面是这篇反党文章的原文影印件。

影印件原文译文

全世界无产者，联合起来！

共 产 国 际

1 9 4 0 年　　7

ПРОЛЕТАРИИ ВСЕХ СТРАН, СОЕДИНЯЙТЕСЬ!

КОММУНИСТИЧЕСКИЙ ИНТЕРНАЦИОНАЛ

ОРГАН ИСПОЛНИТЕЛЬНОГО КОМИТЕТА КОММУНИСТИЧЕСКОГО ИНТЕРНАЦИОНАЛА

Двадцать второй год издания

СОДЕРЖАНИЕ

7 1940 г. 7

ИЗДАТЕЛЬСТВО „ПРАВДА", МОСКВА

影印件原文译文

全世界无产者，联合起来!

共产国际

共产国际执行委员会机关刊物

出版第二十二年

目　录

１９４０年

7 ———— 7

莫斯科“真理”出版社

ЛИН БЯО

Три года национально-освободительной войны китайского народа

450-миллионный китайский народ уже 3 года ведет героическую отечественную войну за свободу и национальную независимость Китая.

Справедливая, прогрессивная война китайского народа против японских захватчиков имеет и международное значение. Она в известной мере сдерживала развертывание империалистической войны в Европе. Сейчас она, ослабляя японский империализм, сдерживает развертывание большой войны на Дальнем Востоке, в зоне Тихого океана. Война китайского народа ускоряет рост национально-освободительного движения в колониальных и полуколониальных странах и открывает перед угнетенными народами всего мира величайшие перспективы.

* * *

7 июля 1937 г., когда японская военщина начала военные действия в Китае, она рассчитывала на «молниеносную войну и молниеносную победу». Она во всеуслышание заявляла: «Для покорения всего Китая достаточно направить туда армию в 200—300 тысяч человек, и в 2—3 месяца вопрос будет решен».

Что же показали 3 года войны в Китае? Планы японского империализма на молниеносную войну в Китае потерпели крах. Китай несмотря на его экономическую отсталость, несмотря на его политическую и военную слабость сумел об'единить все прогрессивные силы страны и не только оказать упорное сопротивление врагу, но навязать Японии стратегию и тактику затяжной войны, рассчитанной на истощение ее экономических и людских ресурсов.

Для захвата столицы Китая японцам понадобилось 2—3 месяца, для захвата Ханькоу, Кантона и других центров — больше года. Но удалось ли японцам покорить Китай? Нет!

Если посмотреть на карту Китая, то на первый взгляд может показаться, что Япония заняла бо́льшую часть страны. На самом же деле из 900 уездов, имеющихся в так называемой оккупированной зоне, в руках японцев фактически находится всего около 100 уездов, включая и 42 уезда в Хэбейской провинции, куда японские империалисты проникли еще до начала нынешней войны. Японцы хозяйничают лишь в больших городах, вдоль железных дорог и коммуникационных линий, т. е. занимают, как говорят китайцы, только точки и линии, а остальная часть территории либо находится полностью в руках китайцев, либо является ареной деятельности партизанских отрядов, которые мешают японцам осваивать и эксплоатировать оккупированные районы.

Японское командование было вынуждено из года в год увеличивать количество войск в Китае. Однако темпы продвижения японских войск внутрь Китая с каждым годом уменьшались. В первый год войны японцы продвинулись на 1800 км. в глубь страны, во второй год — на 310 км., а в третьем году войны японцы несмотря на все усилия продвинулись не больше чем на 300 километров. Одной из серьезных слабостей японской армии в Китае является распыление ее частей по широкому фронту, общей протяженностью свыше 4 тыс. км., с чрезвычайно растянутыми коммуникациями.

В первый год войны в Китай было послано 25 японских дивизий, которые насчитывали 600—700 тыс. солдат. Сейчас Япония держит в Китае 33 дивизии, в которых насчитывается свыше 1 млн. солдат.

Если в первый год войны японцы использовали одну треть своих войск, находящихся в Китае, для карательных экспедиций против партизан, то на втором и третьем годах войны они вынуждены были почти половину своих сил в Китае бросить против растущего партизанского движения в оккупированных районах, главным образом против частей 8-й народно-революционной армии, оперирующих в Северном Китае.

По данным, приведенным военным министром китайской республики Хо Ин-цинем в одном из его докладов, общие потери японцев за 3 года войны исчисляются в 1,6 млн. человек. Из года в год потери японцев несмотря на сокращение размера военных операций возрастали. При этом нужно учесть, что мобилизационные людские ресурсы Японии не превышают 6 млн. человек. Потери Китая в этой войне составляют около 2 млн. человек, а его мобилизационные людские ресурсы — 40—45 млн. человек.

Главнокомандующий китайскими военно-воздушными силами Чоу Чи-чжоу недавно заявил, что до 30 апреля нынешнего года было уничтожено 848 японских самолетов, 256 самолетов сбиты китайскими летчиками, 253 уничтожены на земле, а остальные — зенитной артиллерией. В Китае погибло 1055 японских летчиков, 51 летчик взят в плен и 42 пропали без вести.

Боевой дух и боеспособность японской армии в Китае из года в год снижаются. В первый год войны японские солдаты сражались весьма упорно и, как правило, не сдавались в плен. Но на втором и особенно на третьем годах войны части китайской армии не раз обезоруживали и брали в плен японских солдат. Имели место отдельные случаи, когда японские солдаты с оружием в руках переходили на сторону китайской национальной армии.

Что касается войск марионеточных правительств, насчитывающих в настоящее время до 500 тыс. солдат, то они зачастую по собственной инициативе при первой же возможности восстают против своего командования и с оружием в руках переходят на сторону китайской армии. В марте этого года газета «Норд чайна дэйли ньюс», издающаяся в Шанхае, писала, что на сторону китайской армии перешло не менее 150 тыс. солдат марионеточных правительств.

Таким образом, Япония вопреки расчетам своих правителей оказалась втянутой в большую войну с китайским народом, об'единившимся в единый национальный фронт. Японский премьер-министр Коноэ уже осенью 1938 г. вынужден был признать, что «нужно отбросить иллюзии о скорой и легкой победе в Китае, быть готовыми к чрезвычайным трудностям и мобилизовать все силы японской нации». Тогда же военный министр Японии генерал Итагаки заявил, что «война в Китае будет продолжаться еще 10 лет». Бывший премьер-министр Ионай, выступая в мае этого года на конференции начальников полиции в Токио, тоже признал, что «до конечной победы в Китае еще очень далеко».

Правящие круги Японии несмотря на одержанные ими частичные победы вынуждены были изменить свои военные планы и начать искать выхода из войны. Именно этим и об'ясняется, что премьер-министр Коноэ в декабре 1938 г. выступил с «мирной» декларацией об установлении «нового порядка в Восточной Азии», пытаясь склонить китайское правительство к капитулянтскому миру. Японцы взяли курс на то, чтобы «покорить Китай руками самих китайцев».

После декларации Коноэ Япония развернула в широком масштабе экономическое и политическое наступление на Китай, хотя, как известно, она не отказалась и от военных действий. Однако широкого наступления по всему фронту, как это было в первый год войны, японцы больше не предпринимали и не предпринимают.

Положение на фронтах в первой половине 1940 г. явно свидетельствует о дальнейшем ослаблении наступательной силы японских войск. Об этом говорят хотя бы такие факты: 24 ноября 1939 г. японцы на южном фронте заняли Наньин, а в январе 1940 г. главная колонна японских войск двинулась по направлению к Биньяну. 2 февраля Биньян был взят японцами. Но под натиском китайских сил японские войска, потеряв 20 тыс. человек, вынуждены были отступить из Биньяна, а 17 февраля китайские войска подошли к стенам Наньина.

В последние месяцы (апрель — июнь) 1940 г. происходили ожесточенные бои на фронте в Центральном Китае. Японское командование перебросило сюда крупные воинские соединения. По мнению начальника военно-политического совета китайской армии генерала Чжень Чена, во время боев в провинциях Хубэй и Хэнань японцы потеряли 55 тыс. человек убитыми и ранеными. Китайцами захвачены 2600 лошадей, 80 танков и 2 тыс. автомашин. «Успехи китайских войск, — заявил Чжень Чен, — доказывают, что японцы не могут вести больших военных операций».

Стремясь «покорить Китай руками самих китайцев», Япония стала создавать марионеточные правительства. Эти усилия завершились созданием «центрального правительства» Ван Цзин-вея. Надо сказать, что даже в самой Японии известная часть политических кругов не верила в то, что Ван Цзин-вей сумеет разрешить поставленные перед ним задачи. Так, осенью 1939 г. видный японский деятель Абэ, впоследствии премьер-министр японского правительства, в одной из своих лекций говорил: «Если японские отношения с третьими державами и будут урегулированы, если Ван Цзин-вей полностью сумеет установить свою политическую власть в Китае, все же принципиальная основа китайского инцидента не будет устранена».

Путем насаждения различных «массовых организаций» японские оккупанты пытаются создать массовую базу для своих марионеточных правительств и Ван Цзин-вея. Путем распространения прояпонских взглядов в области политики, науки, искусства, религии, морали и т. д. они стремятся воздействовать на китайскую общественность. Одновременно усиливается подрывная деятельность японской агентуры в лагере единого национального фронта. Делаются настойчивые попытки взорвать национальный фронт изнутри. Устраиваются диверсионные и террористические акты против патриотических деятелей Китая. Усиленно стремясь склонить Китай к капитуляции, Япония, используя созданную европейской войной обстановку, добивается полной изоляции Китая от внешнего мира.

Развертывается и экономическое наступление на Китай. Японские империалисты всячески стремятся перевести свое «военное предприятие», т. е. войну в Китае, на своеобразный хозрасчет. Экономическая политика японского империализма в оккупированных районах рассчитана на то, чтобы изыскать и мобилизовать здесь возможно больше материальных ресурсов и капиталов для войны. Для осуществления японских планов экономического «восстановления» требуются огромные капиталы, которые японские концерны «ищут» на месте. Путем угроз и обещаний больших прибылей Ван Цзин-вей пытается привлечь китайских капиталистов к сотрудничеству с японскими концернами. Недавно главнокомандующим японскими силами в Китае генералом Нисио был издан приказ о передаче части захваченных японцами китайских предприятий обратно владельцам, которые пожелают установить экономическое сотрудничество с японцами и обнаружат готовность войти в «об'единенные компании». Надо при этом отметить, что некоторые китайские капиталисты, особенно из среды компрадорской буржуазии, сразу же откликнулись и вступили в сотрудничество с японскими концернами.

Это мероприятие японского империализма проводится с той целью, чтобы при помощи китайской буржуазии усилить хищническую эксплоатацию оккупированных районов Китая, переложить все тяготы войны на плечи китайского народа и осуществить таким образом свой лозунг «Войной питать войну».

Но китайский народ все более решительно и смело выступает против политики японских захватчиков, всячески противодействуя грабежу материальных ресурсов Китая. Особенную активность в этом отношении проявляют рабочие оккупированной зоны. Они нередко оставляют предприятия и идут в партизанские отряды. Вопреки всем запретам они организуют стачки, нанося этим немалый ущерб японским империалистам. В оккупированных японцами городах — Шанхае и Тяньцзине — в последний год было проведено несколько крупных стачек. Только в декабре 1939 г. в Шанхае произошло 20 стачек. В Шанхае и Тяньцзине состоялись рабочие собрания, которые решительно протестовали против «центрального правительства» Ван Цзин-вея и в принятом обращении призывали всех рабочих не подчиняться новому «правительству».

Япония оккупировала все важнейшие города, экономические и политические центры, крупнейшие порты, главные железные дороги, каналы и речные магистрали Китая и блокировала все его побережье.

Чем же тогда об'яснить, что не Китай, а Япония добивается «мира» и скорейшего прекращения войны?

Конечно, не японские империалисты, а китайский народ, его правительство желают подлинного мира, который мог бы обеспечить свободу и национальную независимость страны. Но китайский народ и его правительство знают, что добиться такого мира они смогут не путем капитуляции или компромисса, а в результате упорной борьбы. Они знают, что для этого потребуется затяжная война, что только такая война может привести к истощению экономических и военных ресурсов врага и завершиться изгнанием захватчиков из Китая.

Чем дольше затягивается война в Китае, тем сильнее обостряются экономические и политические трудности внутри Японии, тем больше и больше ее победа превращается в пиррову победу.

Три года войны сильно расшатали экономику Японии. С начала войны Япония уже израсходовала на военные нужды 18 855 млн. иен. Военный бюджет страны в 1939—1940 году увеличился по сравнению с 1931—1932 г. с 454 млн. иен до 7124 млн. иен, т. е. в 15 раз. Доля военных расходов в общем государственном бюджете 1939—1940 г. составляет 73%. Государственный долг за годы войны вырос с 10 млрд. иен до 24 млрд. иен, т. е. в 2½ раза.

Между тем золотой запас Японии иссякает. В результате трех лет войны Япония, испытывающая огромную потребность в военно-стратегическом сырье (Япония ввозит из-за границы 76% всего потребляемого железа, 92% потребляемой нефти, 70% цветных металлов, 98% хлопка, 95% шерсти, 100% резины и т. д.), израсходовала свыше 2 млрд. золотых иен, т. е. почти весь довоенный золотой запас, а также часть золота, добытого за годы войны, и значительную часть золота, из'ятого у населения. С начала войны и до конца 1939 г. пассивный баланс внешней торговли Японии составил 2169 млн. иен.

Из каких же источников Япония финансирует войну? Война в Китае финансируется сейчас за счет выпуска новых займов, налоговых поступлений и денежной эмиссии, которая возросла с 1,5 млрд. иен в 1937 г. до 3,5 млрд. иен в начале 1940 года.

Внутренних займов в Японии было выпущено в 1937 г. на 1485 млн. иен, в 1938 г.— на 4356 млн. иен, в 1939 г.— на 5280 млн. иен., а в 1940 г.— на 6 млрд. иен. В этом году на душу населения в среднем приходится 85,6 иены внутренних займов, в то время как среднегодовая заработная плата текстильщика составляет примерно 200—250 иен. Отсюда ясно, каким тяжелым бременем ложатся принудительные займы на народные массы Японии. Прямые и косвенные налоги в Японии за годы войны возросли с 1680 млн. иен в 1937 г. до 3910 млн. иен в 1940 году. Одни только прямые налоги увеличены на 25—30%.

В небывалой степени усиливается эксплоатация трудящихся. Продолжительность рабочего дня в Японии равна 11—12 часам для большинства рабочих. Свыше ¼ рабочих работает по 14 часов в день.

Положение трудящихся ухудшается в связи с острыми продовольственными затруднениями в стране. Особенно сильно ощущается нехватка сельскохозяйственных продуктов. Это об'ясняется нехваткой рабочей силы в сельском хозяйстве, резким сокращением поголовья скота, недостатком сельскохозяйственных орудий, сокращением посевных площадей и т. д. Растут цены на все товары, особенно на предметы широкого потребления.

Все это вызывает рост антивоенных и революционных настроений, которые правящие классы пытаются подавить жестокими репрессиями. Так, только в Токио, по официальным данным, в 1938 г. было арестовано 13 тыс. человек по обвинению в антивоенных выступлениях. Растут антивоенные настроения и в японской армии. В ряде случаев недовольство в армии выражается в отказе исполнять приказания командования и даже в солдатских бунтах.

Ясно, что внутреннее положение Японии заставляет ее добиваться скорейшего окончания войны в Китае. Эту политику диктует японским империалистам и вся современная международная обстановка. Япония стремится извлечь выгоду из европейской войны, она стремится не только закрепиться в Китае, но захватить или, в крайнем случае, прочно обосноваться в Индо-Китае, Сиаме, Индонезии, а при удачном стечении обстоятельств — даже на Филиппинах, в Гонконге и в Бирме. Вот почему японские империалисты хотели бы заставить Китай капитулировать, чтобы как можно скорее развязать себе руки в Китае. Этим в значительной мере об'ясняется и нынешняя смена кабинета в Японии (отставка Ионая и замена его кабинетом Коноэ).

* * *

Китайский народ и его правительство несмотря на все трудности не идут на капитуляцию и продолжают оказывать сопротивление японским империалистам.

Чем об'яснить, что китайский народ, плохо вооруженный и ослабленный многолетней междоусобной войной, упорно сопротивляется и не без успеха ведет национально-освободительную войну со значительно лучше вооруженным противником? Прежде всего это об'ясняется тем, что все прогрессивные силы страны об'единились в единый национальный фронт. Нужно прямо сказать, что если бы в Китае, раздираемом внутренними противоречиями, не был создан единый национальный фронт, Китай не в состоянии был бы в течение трех лет оказывать сопротивления японским империалистам.

Единый национальный фронт был создан по инициативе компартии. Компартия Китая еще в 1931 г., когда японцы оккупировали Манчжурию, поставила вопрос о прекращении междоусобной войны и об'единении всех вооруженных сил Китая для изгнания японских захватчиков из Манчжурии. В августе 1935 г., когда японцы пытались захватить провинцию Хэбей, компартия обратилась к народу и ко всем китайским армиям с призывом об'единить все силы нации против японской агрессии. После этого компартия снова неоднократно выдвигала предложение о создании единого национального фронта сопротивления японским захватчикам. Во время сианьских событий (декабрь 1936 г.) компартии Китая удалось предотвратить новую большую междоусобную войну и заложить основы единого национального фронта.

Наконец, в сентябре 1937 г., спустя 2 месяца после того, как японцы вторглись в Северный и Центральный Китай и захватили Бейпин и Тяньцзин, гоминдан принял предложение коммунистической партии об установлении взаимного сотрудничества для борьбы с японскими захватчиками. 23 сентября 1937 г. Чан Кай-ши заявил, что «в критический для существования нации момент только об'единенные силы самой нации могут победить японский империализм».

После установления сотрудничества двух крупнейших политических партий — гоминдана и компартии — другие политические партии и группировки Китая примкнули к единому национальному фронту и все прогрессивные силы страны сплотились вокруг центрального правительства Китая во главе с генералиссимусом Чан Кай-ши.

Китай вступил в войну, не имея единой армии и единого командования. Помимо центральной армии, находившейся в распоряжении нанкинского правительства, существовали красная армия и множество провинциальных армий, которые в течение ряда лет враждовали между собой. Центральная армия и особенно провинциальные войска были плохо обучены и плохо вооружены. Китайская армия имела всего около 600 самолетов устаревших конструкций; не хватало винтовок, снарядов, патронов.

В первые же месяцы национально-освободительной войны все китайские армии подчинились единому командованию. Под руководством национального правительства была проведена большая работа по мобилизации народных масс в армию и по обучению их военному делу. В одной только провинции Гуанси было мобилизовано и обучено военному делу 3 млн. человек, в провинции Сычуань — 5 млн. Из провинции Юньнань было отправлено на фронт более 200 тыс. обученных солдат. В провинции Хунань все мужское население с 18 до 36-летнего возраста прошло военную подготовку. В провинциях Хунань, Хубэй, Цзяньси, Гуандун, Шеньси, Ганьсу, Хэнань мобилизовано и обучено военному делу до 4 млн. человек. Особенно большие успехи достигнуты в деле военного обучения населения в районах партизанского движения.

В тех партизанских районах, где расположены части 8-й народно-революционной армии, сформированной из отрядов красной армии, даже дети выполняют подсобные работы для армии: они служат связистами и разведчиками. Женщины несут санитарную службу. Немало женщин после прохождения курса военного обучения добровольно отправляется на фронт наравне с мужчинами. В одном только Шаньси-Хэбей-Чахарском пограничном районе военное обучение прошли 3 млн. человек.

В деле организации партизанской борьбы и создания партизанских районов особенно большую роль сыграла 8-я народно-революционная армия.

Часть 8-й армии, которой командовал Ней Юн-чжен, начала партизанскую войну в пограничном районе Шаньси — Хэбей — Чахар. В течение года она участвовала в 80 больших и мелких боях, отразила многочисленные атаки японцев и сковывала большую часть японских войск в Северном Китае. Теперь район Шаньси — Хэбей — Чахар превратился в крупнейшую партизанскую базу, которая контролирует свыше 70 уездов на территории в 100 тыс. кв. км. с населением около 12 млн. человек.

Другая часть 8-й армии под командованием Хо Луна оперирует в северозападном районе провинции Шаньси, где она также создала партизанскую базу, которая контролирует 30 уездов с населением около 2 млн. человек.

Часть 8-й армии, которая непосредственно возглавляется Чжу Дэ, оперирует в Шаньси-Хэнаньском районе. Здесь партизанские отряды контролируют 60—70 уездов. Эти отряды 8-й армии оказали большую помощь другим частям китайской армии, сражавшимся в районе Сюйчжоу и Уханя; они участвовали более чем в 100 сражениях с японцами и не раз прорывали вражеское окружение. В апреле 1938 г. эти части 8-й армии отразили атаку крупных соединений японских войск, начавшуюся одновременно в 9 различных пунктах.

Кроме того командование 8-й армии создало еще несколько вооруженных отрядов, которые оно также направило в тыл японцев для ведения партизанской войны.

За один 1939 год 8-я армия выдержала более 1800 крупных сражений против сосредоточенной в районе ее действий 50-тысячной японской армии. Командир 110-й японской дивизии Куваги в одном из секретных донесений высшему командованию вынужден был признать, что «путем искусных методов организации они (части 8-й армии.— *Л. Б.*) завоевали огромные людские массы. Их основа весьма глубока, и это чрезвычайно затрудняет работу по усмирению и умиротворению».

В районе Нанкин — Шанхай — Ханьчжоу под руководством коммунистов была создана 4-я народно-революционная армия. Партизанские отряды этой армии производили налеты даже на такие крупные города, как Нанкин и Шанхай. Они разрушают важнейшие железнодорожные и телеграфные линии и держат под постоянной угрозой японские гарнизоны.

Все эти факты говорят о том, что как 8-я, так и 4-я народно-революционные армии были, есть и будут самой верной и надежной опорой единого национального фронта в Китае.

Благодаря единому национальному фронту Китай добился положительных результатов в строительстве государства на основе трех народных принципов Сун Ят-сена.

Одним из важнейших факторов демократизации политического строя Китая является создание Национально-политического совета, провинциальных и уездных советов, а также демократизация института деревенских старост. В общегосударственном Национально-политическом совете, который был создан в июле 1938 г., представлены все антияпонские партии и организации.

На 4-й сессии Национально-политический совет принял решение о созыве Национального конгресса для принятия конституции Китая. Это решение, имеющее большое политическое значение, встретило поддержку всего народа и было утверждено национальным правительством. Созыв Национального конгресса предполагается в конце 1940 г., а сейчас по всей стране уже развернулась широкая кампания по подготовке к конгрессу.

Огромное значение в демократизации политического строя имело проведение в жизнь таких мероприятий национального правительства, как обнародование задач антияпонской войны и программы строительства государства, издание закона о борьбе против взяточников и разнузданных чиновников, расстрел некоторых, особенно злостных взяточников и разложившихся чиновников, начальников уездов, губернаторов и даже председателя провинциального правительства в Шаньдуне Хань Фу-цю. Все это содействовало оздоровлению административного аппарата и уменьшению таких явлений, как взяточничество, взимание незаконных налогов, произвол чиновников и т. д.

Характерно, что впервые после десяти лет запрета и гонений во многих городах Китая в 1938 и 1939 гг. проводились маевки. Дальнейшая демократизация политического строя приведет к повышению активности рабочего класса и вовлечению самых широких масс трудящихся Китая в дело национально-освободительной борьбы.

Значительно бóльшие успехи в демократизации политического строя достигнуты в районах, охваченных партизанским движением. Так например уездные начальники провинции Шаньси избираются народом. В провинции Аньхой уездные начальники являются одновременно руководителями партизанских отрядов и отрядов самообороны.

В Шеньси-Ганьсу-Нинсяском пограничном районе, где расположены части 8-й армии, все административные лица избираются народом и обязаны систематически отчитываться перед избирателями в своей работе. Население вправе в любое время отозвать того или иного чиновника, если он не оправдал оказанного ему доверия. Все начальники уездов, все руководители правительственных органов теснейшим образом связаны с народными массами. Во время боевых операций они находятся на передовой линии огня, а в «мирное» время ведут большую созидательную работу.

В процессе войны китайскому правительству удалось добиться также немалых успехов в области экономического строительства. Из оккупированной сейчас зоны были своевременно эвакуированы наиболее важные арсеналы и некоторые крупные оборонные предприятия. В югозападном и отчасти северозападном Китае созданы новые промышленные районы. Промышленное производство этих районов может обеспечить минимальные нужды армии, в частности снабдить ее самым необходимым вооружением и боеприпасами: винтовками, патронами, снарядами, гранатами и т. п. В настоящее время правительственная комиссия национальных ресурсов, руководимая главой правительства Чан Кай-ши, имеет в своем распоряжении 45 предприятий оборонного значения. Создано также 30 тыс. мелких промысловых кооперативов, которые заняты производством необходимых товаров широкого потребления и изготовляют снаряжение и обмундирование для армии. Однако перед китайским народом стоят еще огромные задачи в области экономического развития страны и мобилизации всех экономических ресурсов на нужды войны.

В Китае проведены некоторые мероприятия, облегчающие положение крестьянских и рабочих масс. В Чунцинском районе, где сейчас сосредоточено 100 тыс. промышленных рабочих, рабочие выдвигают требование создания единых профсоюзов. Уже создан единый профсоюз печатников города Чунцина, функционирует союз текстильщиков, об'-

единяющий рабочих крупной фабрики «Юйфын». Профсоюзы борются за повышение заработной платы и улучшение условий труда рабочих. В ряде провинций несмотря на сопротивление помещиков и части чиновников снижена на 25% арендная плата за землю. В районах, где расположены части 8-й армии, арендная плата снижена повсеместно. В провинции Шаньси проведена аграрная реформа под лозунгом «Справедливое распределение тяжестей войны»; арендная плата здесь снижена наполовину. Важным мероприятием правительства является также передача пустующих земель, даже частновладельческих, крестьянским обществам и беженцам из оккупированных районов. В пограничном районе Шеньси—Ганьсу—Нинся и в районах, находящихся в зоне расположения 8-й армии, проведено повышение заработной платы рабочим.

Все мероприятия, направленные на повышение боеспособности армии и на улучшение жизненного уровня трудящихся, оказались возможными благодаря существованию единого национального фронта и широко поддерживаются китайским народом. Но эти мероприятия осуществлены далеко не везде. А между тем проведение этих мероприятий является насущной необходимостью для победы китайского народа.

* * *

Три года национально-освободительной войны китайского народа показали, что несмотря на все трудности китайский народ хочет и может продолжать борьбу с захватчиками. Китай имеет и об'ективные условия для победы над японскими империалистами.

Японская военщина вынуждена вести затяжную войну. А в такой войне побеждает тот, кто в состоянии дольше продержаться. Китай потерял значительную часть своей территории, но неоккупированная территория Китая еще очень велика и предоставляет китайскому народу большие возможности для продолжения войны. На территории неоккупированного Китая насчитывается около 300 миллионов населения. Китай обладает людскими и материальными ресурсами для войны против японских захватчиков. Он может преодолеть все трудности и опасности и одержать конечную победу над врагом.

Основной опасностью для Китая была и остается опасность раскола единого национального фронта, опасность капитуляции. Хотя единый национальный фронт в течение трех лет войны преодолел значительные трудности и добился существенных успехов, хотя китайский народ продолжает оказывать упорное сопротивление врагу, однако опасность раскола еще далеко не устранена. Больше того, никогда еще за все годы войны опасность капитуляции так реально не вырисовывалась перед страной, как в настоящее время.

Каковы источники и причины этой опасности? Прежде всего они кроются во внутренней обстановке Китая. Дело в том, что часть буржуазно-помещичьих кругов Китая, особенно компрадорские слои, испугалась растущего под'ема национально-освободительной борьбы китайского народа и угрозы своим классовым, корыстным интересам, которые они ставят выше интересов нации. Эти круги готовы капитулировать перед Японией, чтобы участвовать в ограблении Китая в качестве приказчиков японских акционерных компаний. Предательство части национальной буржуазии, естественно, вызвало обострение трудностей в едином национальном фронте. Оно оживило предательские и капитулянтские элементы в стране, активизировало сторонников подготовки компромисса с японскими империалистами.

Предатели и капитулянты типа Ван Цзин-вея, открыто перешедшие на сторону японцев, вызвали к себе презрение и ненависть всего китайского народа, и поэтому они менее опасны чем предатели и капитулянты — сторонники компромисса, — находящиеся в лагере единого национального фронта.

Некоторые колеблющиеся политические деятели, находящиеся под влиянием капитулянтов, стремятся усилить эксплоатацию трудящихся масс и помешать мобилизации национальных ресурсов страны; они пытаются подавить существующий в ряде районов Китая демократический режим и ликвидировать демократические завоевания. Такие деятели подрывают изнутри единый национальный фронт и ослабляют сопротивляемость китайского народа. Некоторые из них рассчитывали на помощь Англии и США и явно пренебрегали силами и средствами самого Китая. Эти люди утверждали, что без помощи Англии и США нельзя продолжать антияпонскую войну. Часть из них возлагала надежды на посредничество иностранных держав и прежде всего США, рассчитывая, что при помощи этих держав удастся подготовить компромисс с японцами. Такой компромисс, по сути дела, ничем не отличался бы от прямой капитуляции.

Конечно, не всякий предатель и капитулянт будет открыто призывать к капитуляции. В обстановке, когда большинство народа стоит за продолжение борьбы, замаскированные капитулянты обычно говорят: «В процессе войны компартия выросла и значительно усилила свое влияние, поэтому нужно запретить или ограничить деятельность компартии». Они заявляют: «Мы за антияпонскую войну, за национальное правительство, но мы против коммунистов» и т. д. Такого рода провокационные разговоры направлены не только против компартии Китая и возглавляемых ею 8-й и 4-й армий: они направлены против единого национального фронта и всех прогрессивных сил Китая.

Некоторые распоясавшиеся предатели ведут открытую кампанию за ликвидацию компартии, 8-й и 4-й армий и пограничных районов. Немало было случаев, когда представители местных властей в угоду предателям и капитулянтам конфисковывали и сжигали антияпонские газеты и книги, изданные компартией Китая, а распространение прояпонских газет и книг разрешали. Были случаи арестов, убийств и расстрелов коммунистов. Были случаи вооруженных нападений на отряды 8-й армии. Так, генерал Чжан Ин-у со своими войсками открыто совершил нападение на части 8-й армии; в провинции Шаньдун войска Чен Чин-юна напали на партизанские отряды, возглавляемые коммунистами. Реакционные генералы в северозападном Китае захватили было Нансян и Цзинянь—уездные города пограничного района Шеньси—Ганьсу—Нинся.

Всем известно, что компартия Китая и созданные ею 8-я и 4-я армии всегда были в передовых рядах китайского народа, борющегося против японских оккупантов, и поэтому капитулянты ведут борьбу против компартии. Всем известно, что 8-я армия является подлинно народной, антияпонской армией, — капитулянты борются против 8-й армии. Всем известно, что пограничные районы являются надежной опорой антияпонского сопротивления, — капитулянты добиваются ликвидации этих районов. 8-я армия создала в тылу у японцев крепкие антияпонские базы, — капитулянты требуют ликвидации этих баз. Глава правительства Чан Кай-ши во всеуслышание признал, что создание партизанских баз в оккупированных районах является достижением китайской армии, — скрытые капитулянты, выступая на словах за продолжение борьбы против японских захватчиков, на деле стремятся отдать эти базы в руки врага.

Компартия Китая на деле доказала, что она выше всего ставит интересы китайского народа. Компартия честно и последовательно отстаивает единый национальный фронт, она самоотверженно борется за национальное освобождение Китая, а скрытые капитулянты всячески стараются расколоть единство нации и сорвать сотрудничество гоминдана с компартией. Во многих случаях компартия идет на уступки для сохранения единого национального фронта.

Компартия Китая знает, что среди капитулянтов, среди всех тех, кто выступает против коммунистов, немало заблуждающихся и колеблющихся, которых необходимо убедить в ошибочности их позиции и привлечь на сторону единого национального фронта. Компартия старается наладить дружественные отношения даже с теми частями китайской армии, которые в прошлом выступали против 8-й армии, но теперь отказались от этих враждебных выступлений.

Но компартия и 8-я армия бывают вынуждены в интересах китайского народа давать решительный отпор провокаторам и капитулянтам. Иначе и быть не может, ибо прекратить борьбу против провокаторов и капитулянтов — значит скатиться в болото оппортунизма, значит отказаться от защиты интересов народа.

Подлинные китайские патриоты оправдывают действия компартии и 8-й армии, борющихся в передовых рядах китайского народа и ясно видящих опасность раскола и капитуляции внутри Китая.

Опасность капитуляции вытекает и из некоторых особенностей нынешней международной обстановки. До начала европейской войны английские, французские и американские империалисты в известной мере поддерживали сопротивление Китая. Они хотели руками китайского народа истощить силы Японии, руками японцев ослабить Китай, чтобы затем выступить в качестве арбитров. Но по мере развития империалистической войны в Европе Англия и Франция стали выступать за прекращение войны в Китае, так как рассчитывали вовлечь Японию в англо-французский блок. Кроме того они рассчитывали использовать огромные сырьевые ресурсы Китая для своих военных целей. Но теперь, после поражения Франции, обстановка изменилась. Англия и Франция, не будучи в состоянии защищать свои интересы на Дальнем Востоке, пошли по пути существенных уступок Японии. Франция закрыла индо-китайскую границу. Англия согласилась запретить на 3 месяца перевозку грузов из Бирмы в Китай.

Китайское правительство справедливо расценивает поведение французского и английского правительств как прямую помощь врагам Китая. Министр иностранных дел Китая Ван Чжун-гуй заявил, что действия английского правительства являются недружественными и незаконными. Они являются прямым нарушением договора, заключенного между Англией и Китаем еще в XIX веке. По этому договору, ни одна из сторон не имеет права закрыть дорогу между Бирмой и Китаем ни в мирное, ни в военное время.

Используя уступки Англии и Франции, японцы получают возможность усилить блокаду Китая с юга и востока. Это, несомненно, увеличит как экономические, так и военные трудности Китая. Но вместе с тем это открывает глаза многим китайским политическим деятелям, которые питали большие иллюзии в отношении Англии и Франции, рассчитывая на помощь этих держав и недооценивая собственные силы китайского народа в борьбе против японских оккупантов.

Капитулянтские элементы в Китае пытаются изобразить дело так, будто в результате английского соглашения с Японией создалось безвыходное положение для Китая и что якобы Китай теперь будет отрезан от внешнего мира.

Но надо сказать, что и международная обстановка не так уже неблагоприятна для Китая. Бесспорно, поведение Англии ухудшило возможность внешней торговли, а следовательно, и подвоза вооружений в Китай. Однако расторжение японо-американского торгового договора и введение в США системы лицензий на экспорт нефти, железного и другого металлического лома — факты, свидетельствующие о все более растущих противоречиях между США и Японией, которые ослабляют силы японского империализма.

Китай имеет все возможности для победы. Но, для того чтобы превратить эти возможности в действительность, требуется решительное преодоление опасности капитуляции. Теперь каждый честный политический деятель Китая, желающий видеть свою родину независимой, вынужден будет еще смелей и решительней делать ставку на китайский народ, на его неисчерпаемые внутренние силы, добиваться дальнейшего укрепления национального фронта — основного преимущества Китая в его борьбе с японскими империалистами.

* * *

Каким путем можно преодолеть опасность капитуляции? Китайские коммунисты и все честные китайские патриоты считают, что, во-первых, сейчас, как никогда, необходимо усилить борьбу против всех открытых и скрытых капитулянтов и предателей родины и без колебаний продолжать национально-освободительную войну. Еще в более широком масштабе нужно развернуть партизанскую войну в тылу у японцев и укрепить уже имеющиеся базы партизанской войны.

Во-вторых, китайские коммунисты и все честные китайские патриоты считают, что необходимо укрепить единство нации, особенно усилить и укрепить единство действий всех антияпонских партий, групп и организаций. Прежде всего необходимо укрепить сотрудничество гоминдана с компартией и беспощадно бороться с коварным планом раскола единого национального фронта. Необходимо беспощадно бороться против тех, кто под ширмой «борьбы против коммунистов» проводит капитулянтскую политику и раскольническую, подрывную работу.

Компартия Китая с момента своего возникновения была и остается политической партией, борющейся за национальное и социальное освобождение китайского народа. Компартия Китая — костяк единого национального фронта в борьбе против японского империализма. Поэтому каждый честный китайский патриот видит свою задачу в том, чтобы бороться против клеветнических нападок на компартию.

В-третьих, китайские коммунисты и все честные китайские патриоты считают, что для преодоления опасности капитуляции необходимо шире вовлекать народные массы в дело государственного и военного строительства. Без предоставления демократических прав народу невозможно вести героическую, самоотверженную войну против серьезного врага.

Компартия Китая, будучи на передовых линиях борьбы против японского империализма и борясь за создание независимой демократической республики, является попрежнему сторонником политики единого национального фронта.

Коммунисты прилагают все усилия к тому, чтобы добиться в ближайшее время созыва Национального конгресса, который действительно представлял бы интересы народа и принял бы конституцию, отвечающую этим интересам.

Таким образом, продолжение антияпонской войны, укрепление единства нации и дальнейшая демократизация режима — вот те условия, которые могут обеспечить преодоление трудностей, преодоление основной опасности для Китая — раскола и капитуляции. Проведение в жизнь этих условий обеспечит китайскому народу его окончательную победу над японскими захватчиками.

Национально-освободительная война китайского народа вступила в четвертый год. Неизмеримо выросла ответственность всех политических партий Китая за дальнейшие судьбы китайской нации. Огромная ответственность за судьбы китайского народа ложится на коммунистов.

Непоколебимая решимость коммунистической партии Китая и всего китайского народа продолжать войну, политика вооруженного сопротивления Японии, осуществляемая национальным правительством, как об этом еще раз засвидетельствовал происходивший в начале июля этого года VII пленум ЦИК гоминдана, говорят о том, что китайский народ сумеет преодолеть главную опасность — опасность капитуляции — и изгнать японских империалистов с китайской земли.

中共中央办公厅　　　　一九七二年六月五日印发

中共中央办公厅　　　　一九七二年六月五日印发

中央和中央文革负责同志接见天津市代表时的讲话

（記录稿）

天津市赴京代表集体整理

一九六七年四月

最高指示

领导我们事业的核心力量是中国共产党。

指导我们思想的理论基础是马克思列宁主义。

你们要关心国家大事，要把无产阶级文化大革命进行到底！

目　录

周总理的讲话

（四月十日）

各位同志！

正如伯达同志所估計的，我們的三次会开得很好，两方面的意見都听了。开始五个代表会議的代表来京，我們想应該有不同意見的代表也来。当时来得少一些。你們来了以后，我們通过不同的方式同大家接触。我們注意听取不同的意見。有的是直接接触，有的是派記者和联絡員同志同大家接触，知道还有些单位存在着不同的意見。因此又增加了二十五个单位的十八位同志和財貿系統的两位。第三批是今天发現的，人数很多，主要是塘沽的，今天也在会上发了言。給了你們充足的时間，主要內容都讲了。总起来說，有不同意見的代表比五个代表会議推选出来的代表还要多。如果軍队和工作的同志不算的話，两方面比較起来，不同意見的代表数量多，发言的人数和时間也占得多。我們充分地听取了你們的意見。以后还要听取你們的意見。今后你們有不同的意見，可以同派到天津去的《人民日报》、《紅旗》杂志和《解放軍报》的記者談，或者来北京到国务院和中央文革接待站去談，我們还可以听取你們的意見。但你們能在本地解决的就不要来了。你們也曉得，我們这很忙。来了以后，也影响工作，影响学习，影响生产。如果十分紧急必須来，要事先打个招呼，同意来再来。要来的話人也不要太多，一两个人就行了，不要来一大堆。你們曉得，十个多月的文化大革命，我們是按毛主席的指示办事的。来一个人和十个人、一百人讲都是一样。現在不是大串連的时候，要抓革命，促生产、促业务，搞大联合、"三結合"和夺权斗爭，事情很忙，一个人能讲清楚，何必来那么多人？不要以为来得人多就見，人少就不見。从来沒有这个标准。你們回去传达要注意这个問題。要精簡，要节約閙革命。

現在談談討論中的几个問題。

（一）

天津十个多月的无产阶級文化大革命，同几个大城市比，跟上海不同，跟北京也不同。总的趋势是一个大方向，但过程不完全相同，应該承认，有它本身的特点。不錯，聶元梓等七同志的大字报公布以后，北京轰起来了，上海、天津受到影响，全国也受到影响。同样，刘邓提出資产阶級反动路綫，受迫害、受影响，天津也不例外。李雪峰同志执行了資产阶級反动路綫，对北京、对天津都有影响。雪峰同志在北京有文字检討。刚才同雪峰同志說了，印出来給你們看看。我們认为检討是誠恳的，是愿意改正錯誤的。

但是，天津发生的問題，远远超过了雪峰同志执行反动路綫的影响。天津市的文化大革命，开始有两个系統領导——省委和市委。后来天津划为直轄市，省委不管了。开始省委管大学，市委管中学、工矿企业、財貿。有这个复杂情况。从市委讲，今天你們清楚了，知道有个万张反党集团。开始很迷惑了一些人。我們发現是在中央工作会議上。万曉塘死了以后，几十万人悼念，搞什么名堂？我們很奇怪。当时仅仅是怀疑。天津的工作，伯达同志是长期关心的，蹲过点，农业在小站，工业在鋼厂。我只是有时开会，去天津一下，沒有直接蹲过点。万曉塘的死，那么多人悼念，我有怀疑。在中央工作会議上，我問赵武成、李頡伯，越問越覚得离奇。追出了八月底就有个三輪二社事件，坏人煽动紅卫兵上了当，一个支部书記被冤枉打死了，也是市委鼓动几十万人去追悼，責怪紅卫兵，实际上不是向坏人示威。当时正是中学紅卫兵冲击全国的时候，使中学紅卫兵在那一次受了很大压制。万曉塘死又是一次。九月十八日上午，赵武成检討有几千人，下午万曉塘检討只有几百人。万曉塘的检討根本沒有压力，算不上检討，不象样子，象談話一样。这样的检討怎么会逼得万曉塘死呢？这个問題还要再追查。两次受到压制，中学紅卫兵受到很大压制，工厂、机关也受压制。这跟上海、北京不同。全国也少有这样的事。对当时天津的紅卫兵运动，对天津的文化革命运动，用群众示威施加压力，直接把刘邓的反动路綫扩大、加深了。万曉塘死了，跟着出来个张淮三，不仅继续执行反动路綫，而且还继续布置搞阴謀，在工交口安插了他的亲信。刚才江楓同志的揭发就說明了問題。首先揭露万张集团的是江楓同志。伯达同志看了他的信，注意了这件事，派解学恭同志去天津，把张淮三調到山西。他心里有鬼，沒等找他談話就自杀，沒有死又調回来了。接着又搞公安局的反革命夺权，有些小将受了騙，承认了錯誤。在天津，万张集团控制达七、八个月之久，执行和发展了刘邓路綫。这是主要的。（康生同志插話：你們天津来的同志对张淮三的走狗和爪牙还注意得很不够。张淮三同前北京市委刘仁有很密切的联系。这是个很坏很坏的反革命份子。他們还埋藏了很多坏东西，塘沽也有，財貿、工交系統也不少。你們应該把矛头摆正！）后来經过討論，告訴了解学恭同志。张淮三在公安局一·二〇“政法公社”夺权以前，实际上早有布置，万曉塘老婆也参加了。江楓同志实际上早就沒有权了。张淮三的布置是一通到底的。就象北京彭眞、刘仁早被揭出来了，但他們的黑手还伸在北京公安局。（康生同志插話：你們天津南开大学、天津大学，搞了很多叛徒集团的調查，做了很好的工作。我提議，你們对万、张、刘仁，也組織个調查团，很好地調查一下。）就在你們鼻子底下嘛！你們要好好地調查。万张同刘仁集团有联系，同彭罗陆楊有联系。

北京公安局軍管，才想到了天津公安局軍管。北京公安局欺騙了北京政法学院的革命小将。天津是公安局內部夺权，也蒙蔽了一些小将。鎮压"政法公社"，是派郑維山同志亲自去的。一·二〇以后，很乱，广大人民不滿，比北京反映还大。軍管以后，才扭轉了局势。如果沒有解放軍，局势扭轉不了这么快。你們想一想，如果从五月十六日算起，到二月十四日，九个月了，如果从六月一日算，也继续了八个多月。这么长的时間，天津的領导是癱瘓的。张淮三、赵武成，当然，还不能把赵武成說成是他們一伙的。赵武成的問題，还要他自己检查交代。

省委原来管大学，也插手了。比如天津工学院，两派都到北京来，是十月底中央工作会議閉幕那一天。一派扭着閻达开，一派扭着李頡伯。閻和李的問題，要經过检查才能結論。从过去的工作和文化大革命中的精神面貌来看，閻达开比李頡伯好一些。当然并不是說閻达开沒有錯誤。他正在检查。一个学校两个造反派，一个方面揪住一个，也有保的，也有反的，天工、南大就是这样。其他天大、河大等接触过一些，但不多。为什么这样呢？就是因为省委領导癱瘓。有的同学在校內，有的在校外；有的到保定、到省委造反，后来又互相对打。打砸搶彼此都有一点，有多有少。这个情形怎么去領导？摆在中央面前是个問題。一月份請张春桥、姚文元同志去上海。工人运动发展了，学生运动也发展了，領导了上海以工人为首的各派革命組織的夺权斗爭，以首創精神号召了全国，是全国工人阶級之冠。还有反对經济主义，反对資产阶級反动路綫的新反扑。这两件事有功，归于上海革命群众。是张春桥、姚文元同志領导的，影响了全国。这时，不得不考虑天津、北京怎么夺。在北京，成立了筹备小組，准备建立新的权力机构。开始有各种設想，設想了几个名称，主席确定叫革命委員会好。同样，李雪峰同志在北京多次检查以后，中央和毛主席认为检查是誠恳的，是好的，派他去天津推动这个工作，同解放軍和解学恭同志接洽，帮助革命干部站出来，同胡昭衡同志、江楓同志一道推动工作，进行筹备。当时，就設想成立革命委員会。

从大联合走向"三結合"（革命群众組織、解放軍、領导干部亮相站出来），在山西和貴州出現了。天津、北京也向这方面准备。在北京，以謝富治同志为首的筹备小組就是这样做的。天津，也是这样設想的。天津的发展过程，一月份仅仅是接洽而已。那时，形势还不明朗，万张反党集团还起作用。二月接管公安局，形势在扭轉。这是公认的。以前是万張反党集团的黑手在活动，所以，接管公安局，群众放鞭炮，热烈欢呼，超过北京。北京自去年六月份就安定了，天津連交通警都沒有了。二月正在筹备。原来，設想三月份成立革命委員会，后来，毛主席发現了开代表会議这个創議。北京大专院校紅代会的代表不好产生，北大、清华、师大、北航就是合作不到一起。戚本禹同志很清楚。他們都是革命的，是經过斗爭，受压迫的，但联合起来就不那么容易，要經过很大的推动。北京的好处是离中央近，可以直接帮助。謝富治同志說："你們不合作，我們就不开会。"果然有效。我知道晚了，否則，告訴解学恭同志，天津也可以这么办。八·二五在外边，不合作起来就不开大学紅代会，"逼上梁山"就好了。主席說，大学开了，为什么中学、工人、农民不可以开呢？北京这样做了，天津为什么不可以这样做？我就給解学恭同志打了个电話。本来三月份就要夺权，这才推迟了一个月。到北京来汇报了一次，我們是同意了的。天津开了五个代表会，比北京多一个干代会。但八天开了五个会，时間仓促，筹备得不那么好，有遺漏的，保守的多了一些，主要是协商不够。不能用选举的办法。反修錦綸厂，是想要你們当主席的，結果落选了。这不是雪峰同志的"阴謀"。那时，他們沒有来北京取經，我們也沒有来得及通知他們。选掉了絕不是阴謀。你們那里把一切問題都說成是雪峰同志有鬼，他也不好爭辯。雪峰同志还要回天津工作，你們可以談談心嘛！什么都可以說。但是要摆事实，讲道理，不能吵一頓、吼一頓。选举以前，反修錦綸厂对雪峰同志还是欢迎的。这个东西是不能搞选举的。（康生同志插話：不能迷信选举。在一定的情况下，选举不如协商民主。）为什么不能选举呢？因为革命委員会还是临时权力机构，还沒有团結到百分之九十五。要以造反派为核心，进行协商。

中学比大学更乱一些，分野更不清楚。都出去串連去了，二月份才回来，三月份軍訓才开始。过去，中学受万张集团的压制比大学还厉害。北京对中学过問得少了一些，散了一个时期，也是一、二月份才陆续回来。北京中学紅代会，也不是很純的，也有保守組織。正象伯达同志讲的，有曲折嘛！（伯达同志插話：这也是允許的嘛！）春桥同志讲，要想那么純是不可能的，中学的界限很不清楚。工人里面的野战兵团，是万张反党集团搞的，在工交、財貿系統很有势力。李雪峰、解学恭同志一到天津，就看到了这个問題。野战兵团上面是保守的，下面不見得沒有造反的，基层組織不能說一律不好，要同总部区别开来。对野战兵团总部，他們是主张取締的，手续慢了一些。郑維山同志請示了全軍文革，耽擱了。××軍是三月五日报上来的，軍委三月二十二日批的，并不是說有人支持。农村就不大一样了。农村經过四清，确实有一些下台干部想重新上台。中央有指示，在春耕大忙时，大队以下的不能夺权，下台干部不許反攻倒算。貧下中农的代表情况好一些。中学和工代会急了一些，可能保守組織多了一些。請示主席，主席讲，一下子联合起来，哪能沒有保守組織？不可能是清一色的。清一色不符合毛澤东思想。連我們党、我們中央政治局也不是清一色的。造反派也不可能那么純。天大八·一三，你們占絕大多数，你們就那么純？我問蒯大富："清华井岡山占多少？"他答："占百分之九十五。"我說："这里左中右都有了，要不右派跑到哪里去了呢？"沒有左中右就沒有斗爭，沒有斗爭就沒有发展。一切推动力量都是矛盾的斗爭。現在是阶級斗爭，到共产主义还有先进与落后的斗爭。当然，我們应該强調以左派为核心、为基础。同意无产阶級革命派大联合、"三結合"的大方向，保守一点的組織，哪个代表会也会有的。我們基本肯定下来，但要做很大的改进工作。如果天津的工作有些問題，我和伯达、郑維山負很大責任。（伯达同志插話：我負主要責任。郑維山同志插話：我負主要責任。）沒有主要次要，我不同你們爭。

雪峰同志，是中央和毛主席派去的，我們經常通电話。他的思想方法、工作方法有缺点，你們要多方面同他接触。他有顾慮，常請示出不出面，怕出去揪住不能工作。华北局就有一派，經常来問我李雪峰何时回来，要造他的反。我說毛主席派他到天津工作去了，因此传到天津。犯了錯誤，要允許人家改嘛！"夹着尾巴作人"，这句話是整风的时候毛主席教育我們的。我們从延安来的人都知道。你們一解釋就变成完全相反的意思了。不要理解为藏起狐狸尾巴。（张春桥同志插話："夹着尾巴作人"，是指不要翹尾巴。）就是这个意思。你們的警惕性很高。

解放軍，江青同志說了。解放軍做群众工作，是一番苦心，滿腔热情；但对情况不够了解，警备区过去也不归他們管。支农、支工容易些，支左就不那么容易。南大卫东是造反的，八·一八也做了好事，参加了北京二司的整风，吸收卫东不吸收八·一八也不好。天工，我們认为两方面都应該吸收，不进来就等。你进来要别人退出去那也不行。革命的团結是需要的。江青同志讲了，你們都很拥护。解放軍的确是一片好心，支左工作不知怎么做好，有时上了当，有时疏忽了。肖思明同志检討了，很誠恳。一解釋清楚你們就懂了。你們应該同肖思明同志、郑三生同志、解学恭同志、胡昭衡同志、江楓同志好好合作。我想他們是願意同你們合作的。

（二）

我完全同意伯达同志的解釋，全国斗爭的鋒芒应該对准刘邓，他是最大的走資本主义道路的当权派。天津主要是万张反党集团。一个死了，一个还在嘛！十七年的統治影响很深。康老的話很重要，你們应該很快地做調查工作。当然，要实事求是，不要扩大打击面。只有把这个集团挖深了，天津的主要矛盾才能解决。解放軍同志和几位同志几个月的工作主流抓对了，特别是二、三月的工作，基本上应該肯定，但也有一些缺点錯誤。凡是有益的批評都应該接受。

（三）

讲几个具体問題。

第一，反对五个代表会、反对李雪峰，不要說是反革命逆流，叫反革命逆流不好；反过来，說五个代表会是資本主义复辟的逆流，互相对駡也不好。这样不能达到大联合、大团結。应該上綱的上綱，不应該上綱的不要上綱。要紧紧地掌握住斗爭的大方向，把矛头对准刘邓和万张反党集团。对李雪峰同志批評过分了一些，也不要紧。有些大字报、传单，說过头話，我看了很不安心，如誰反对周某某就打倒誰。干涉也不好，只好有机会讲一讲，我也不能貼大字报把它盖起来。过去在天安門貼某某的大字报，我也劝过，現在不劝了，反正外国記者也知道，你們的标准不是那么准的。使他們摸不透也好。这是一种思潮的反映，也不要过分責备。不是李雪峰同志本人喜欢什么标語。北京貼雪峰同志的标語也很多（其中，也可能有你們加了几张），雪峰同志从来也沒有向我說过。只要是好意的批評，就应該接受，就应該欢迎。人民內部矛盾嘛，应該“懲前毖后，治病救人”，“有則改之，无則加勉”。两种极端化的态度，都是不好的。錯誤应該批評，不一定一批就得倒，那得倒多少？那不成了“打倒一大片，保护一小撮”了嗎？反过来，也不是說不倒就不能批。要养成无产阶級政治家的风度。批評过一点，只要是好意的而不是恶意的，也应該欢迎。

第二，不要随便宣布是反革命組織。互相宣布也无效。軍委十条命令已經說过了，反革命組織要經过中央批准。我們要进行严肃的政治斗爭。

第三，我們欢迎你們开門整风，但也不要过头，形成請罪风。請罪，天津确有此事。当时，也不光是天津，北京和其他地方也有，是一股风。包围軍事机关，不外两种出发点：一是有意見要求回答，二是他們知道解放軍打不还手、罵不还口，不能怎么样，鬧一陣子再說。一月二十八日軍委命令以后，就不要包围了。解放軍的任务很重，要同他們商量，不要有芥蒂，不要請罪。当时請罪成风。应該认眞触及灵魂，改正錯誤，請什么罪。請罪差不多成了无产阶級文化大革命的专用詞了。解放軍要劝大家不要請罪，也不要揪住一个問題不放。毛主席說了，解放軍支左支錯了，改了就行了；冲了軍事机关，不冲就行了。如果是好的，还交了朋友，少数坏人抓住处理。一般地說，群众絕大多数是好意的。我們光荣、偉大的解放軍，担負这么重的任务，支左、支农、支工、支交、軍管、軍訓，哪能一点不犯錯誤？解放軍是劳动人民的子弟兵，犯錯誤改了就不要計較了。解放軍也可能认为，听話的、成份好的是左派，一下沒有看准也是允許的，改了就行。

第四，譚力夫思想、联动的思想和行动、反动的血統論，要追究。但一定要把头头和受蒙蔽的一般群众分清楚。北京有个八一学校有，天津也有。你們中学生要查清。对反动头子，要扭送公安机关和警备机关，拘留起来，懲办和教育相結合。都是同学嘛，要好好教育。对广大受蒙蔽的群众要教育，对头子要給予懲罰。

第五，野战兵团，上层和基层要区别对待。已經有了公告，要按这个办事。以野战兵团的名义游行是不許可的。塘沽沒有重視，支持錯了改过来，不要揪住不放。

第六，革命組織不要勒令什么解散。如五个代表会議，已經开了，就是結合得不够，除了很保守的，一般的要教育，不要勒令解散，結果无效，反而不好。除非特别事件，如对一小撮走資本主义道路的当权派，勒令做什么事还可以，一般不要輕易用。

第七，人民武装、保卫系統，由警备区和公安局很好地摸一下，負責清理。清理是必要的，要更深刻地揭发。当然，应当依靠群众，領导同群众結合起来。更重要的是調查万张集团的影响。

第八，有些传单，有許多措詞很不恰当，也有的有錯誤，要改正过来，象这样的传单以后最好不发。一般地都是教育，对反党反社会主义反毛澤东思想的，主席还填上了"坚持不改和累教不改"的嘛！要給个将功贖罪的机会。把話說絕了并不好，結果也不起作用，失掉信用。有些提法北京都不用了，天津还有。北京去的同学要帮助一下。天津要向上海、北京看齐。

第九，現有的組織，如工厂、机关、学校，常常有两种或多种組織。有造反，有保守，也有双方都造反、也都有些保守性的，应該互相帮助，互相勉励，开門整风。对保守的，要按伯达同志讲的办，促使他們把方向改正过来，两个都变成造反派不好嗎？但要在斗爭中考驗、发展，不能强求、速成。有时需要等待，不能强制。除革命性以外，还要讲科学性和組織紀律性。

这些具体問題，在这里讲一讲。还有很多具体問題不能一一地讲了，你們回去自己解决。革命靠自己，解放靠自己。如果还是这些問題，以后就不需要再見了。

(四)

今后的处理方針：是在現有的基础上，加强、扩大革命派的大联合和革命的"三結合"。成立临时权力机构，还需要做一段工作。原来急躁了，有很多缺点毛病，要共同努力，把它改过来。只要是造反派，就要坚决批判刘邓和万张反党集团，要立即行动。这是斗爭的主要方向，在斗爭中考驗各个組織。要各自搞整风，作自我批評，讲联合，在斗爭中联合。要改变办法，多协商，現阶段选举不十分适用。认識問題，要服从大的方針政策。协商能一致的，主流对了，具体問題就容易解决了。代表有缺点錯誤，要允許改；搞錯了，也可以撤換。前天中学代表发言說，錯了可以換，这种态度是好的。

今天就說到这里。希望你們要高举毛澤东思想偉大紅旗，团結起来，掌握大方向，认清主流，胜利前进！

可以散会了嗎？（众答：可以！）散会！

（总理指揮大家齐唱《大海航行靠舵手》、长时間地热烈鼓掌）

陈伯达同志的讲话

（四月十日）

代表中央文革小組讲几句話。

我們认为会开得很好，发揚了民主，不同的意見都讲了。任何一方面，对不同意見都要遵循毛主席“言者无罪，聞者足戒”的指示，加以认眞思考。对群众一律不許打击报复。

一、大联合的主流，革命“三結合”的大方向，基本上是应該肯定的。

二、人民解放軍××軍，在天津做了很好的、大量的工作。他們的工作促进了天津市无产阶級文化大革命秩序的建立，促进了各革命派的大联合，促进了城乡社会主义生产的稳定和发展。应該感謝人民解放軍。

三、大方向是正确的，并不等于沒有曲折，沒有缺点和錯誤。譬如船在大海上向哪里去，方向是正确的，但总不会是笔直前进的，必然經过許多曲折和波折，才能达到目的地。

四、在无产阶級文化大革命中，大联合、“三結合”，革命派向一小撮走資本主义道路当权派的夺权斗爭，不能設想会沒有缺点，甚至沒有某些錯誤。有缺点或者錯誤，改了就行。有某些情况，局限于少数人談判，放手发动群众不够，或者对革命群众的态度有錯誤，这些都要改。

五、以毛主席为代表的无产阶級革命路綫同以刘邓为代表的資产阶級反动路綫的斗爭，这是我們斗爭的中心問題、根本問題。大家必須集中目标，拥护、高举毛主席革命路綫的偉大紅旗，反对刘邓的反动路綫，揭露刘邓这条反动路綫在革命运动中所犯的各种罪恶。

六、刘邓路綫在天津的忠实执行者、代表人是万張反党集团。千万不要忘記这个反党集团在天津的各种罪恶。要配合北京現在批判刘邓反动路綫的革命高潮，同北京这个批判高潮相呼应，把批判刘邓反动路綫同批判万張反党集团的問題結合起来。

七、刚才李雪峰同志在会上作了一些自我批評。看来，李雪峰同志在工作中有缺点或者錯誤。群众的批評有很多合理的东西。我认为李雪峰同志应該欢迎这些有益的意見。同时我們应該指出：天津的主要矛盾是革命群众同万張反党集团的矛盾，斗爭的鋒芒应該針对万張反党集团，而不是針对李雪峰同志。

八、同志們回到天津去，要按照毛主席的方針，从团結的愿望出发，經过批評和自我批評达到团結，实行“懲前毖后，治病救人”，搞好大联合。

九、要学习毛主席对待山头主义的方法。各个山头主要地是实行自我批評，避免批評对方。只要是认眞地、誠恳地实行自我批評，有什么缺点和錯誤，就都可以得到对方的原諒。我們的党就是用这种方法，在四二年、四三年、四四年的三年整风中，才达到了党的团結。敢于作自我批評，这是无产阶級的偉大风格，是毛主席学生的朴素风格。

十、有錯必改，肯自我批評，就是正确的大方向的一种表現。

以下有几点建議請考慮：

第一，革命的造反組織，被强迫解散的，自願要恢复都可以恢复。同时，按自願的原則应該实行大联合，扩大大联合，不要鬧分散主义。

第二，保守組織解散后，不要用改換名义的办法重新恢复。已經恢复了的，也不要用打、砸、搶的方法，而是用說服的方法，教育的方法，爭取分化瓦解他們。

第三，对頑固地堅持錯誤观点的、不肯改的保守組織的头头，要加以揭露，加以批判，进行政治斗爭，使他們在群众中孤立起来。打击的是一小撮，避免扩大打击面。

第四，革命派对原来参加保守組織的群众，他們要回到毛主席的革命路綫上来，应該表示衷心的欢迎，不要歧視他們。（热烈鼓掌）

江青同志的讲话

（四月七日）

战友們！我对天津的情况了解得不多。但我对天津的造反派有深刻的印象。我記得去年在万张集团迫害你們的时候，有两批人念着語录步行来北京，有的鞋子都走掉了。我們知道以后，派車把你們接来了。这种精神很値得我学习。

三月二十八日，我听过天津一次汇报，也听了其他一些省的汇报和群众組織的辯論。事物总是有比較的。我多方面地比較了一下，对××軍肖思明同志的汇报，印象是深刻的。我过去并不认識肖思明同志。人民解放軍滿腔热情地做群众工作，爱护革命左派，給我的印象很深。我认为××軍做了大量的工作，同时，对沒有团結进来的左派組織，不知如何是好。他們是些老好人。这一点，我可以証明。别的地方不是这样。天津抓人很少，比北京少。有的地方抓人比較多，甚至发生慘案。这一点我不向你們隐瞞。这样好的軍队不簡单，只抓了几十个人。这样比較，我觉得天津的軍队是很好的，爱护左派，就是不知道怎么办。我希望、我建議，沒有参加大联合的左派，要想一想他們的苦衷。

对张淮三組織的野战兵团的处理，不是故意的。有十几万人的組織，他們采取愼重态度是对的。他們写了报告，但方法有缺点，主送单位太多，沒有引起注意，沒有及时处理，不如直接报总理、报中央文革好。

另外，对本来应該选进来的代表沒有选进来，他們认为是个錯誤。这种态度是很好的。我想向沒有参加大联合的左派組織說明这一点。我覚得天津駐軍是好的。中国人民解放軍是毛主席亲自締造的，是林副主席直接領导的，但也有的地方出了些問題。这說明支持左派不是那么容易，一下子接触，我們也可能犯錯誤，錯了就改。我把我所了解的眞相說出来，你們沒有参加大联合的組織，心里能不能平靜一下？我幷不认識他們，但我覚得有必要替他們說話。

我覚得天津駐軍是最好的，抓人少，沒开枪。他們是有缺点和錯誤的，我不是保他們的缺点和錯誤。他們的部队幷不多，但是有×××××人下去做工作。他們做得比別的地方好。天津从反革命大乱，打、砸、搶到建立起新的革命秩序，时間幷不长嘛！取得这样的成績是不容易的。这与軍队做了許多工作分不开。（热烈鼓掌）我这样說有人会說："江青同志今天合稀泥了！"我覚得这不是合稀泥。我这只是說明情况。因为我要退席了，我应該說說，供你們参考。（长时間地热烈鼓掌）

张春桥同志的讲话

(四月十日)

我沒有准备讲話。我們刚从上海回来，因为討論天津的問題，我們参加了。上海、天津都是大城市，希望从天津的大联合、“三結合”中学到有用的东西。三天的会，确实学到了不少东西。当然，两个城市不同，但有許多問題值得我們注意。回忆上海的情况，根据伯达同志讲的第一条，大方向、主流基本是应該肯定的，說一些意見。

天津还沒有成立革命委員会，正在准备过程中。上海已經成立了。回过头来看，我們上海的大联合、“三結合”还沒有你們做得好。（总理插話：情况不同，你們是首創嘛！）正如語录里所說的，革命不是綉花，不可能按我們的設想，今天干什么，明天干什么，一切都按計划，不发生一点曲折。也不能象写文章，写一段不如意，撕了重写。革命就不允許这样。

我們上海的大联合，是在同上海旧市委內一小撮走資本主义道路当权派的斗爭中形成的，是在同保守組織的斗爭中形成的。在发表《告上海市人民书》的时候，大联合已經形成了，并且不断扩大。开始，我們沒想夺权，沒想成立革命委員会。看到当时鉄路不通、碼头堵塞，鉄路局长跑了，也沒有售票員、司机，怎么办？碼头停船，平时二十四艘，最严重的时候达到一百二十艘，貨卸不下来。外国人汚辱我們祖国，把我国国旗倒挂着，工人气憤极了。可是赤卫队跑了，造反派怎么也頂不上。在这种情况下，只好从别处調人了，大学生、工人、机关干部，自动到碼头、車站、工厂做工人。实际情况逼着我們不能不頂上去，把大权夺过来。在这种情况下，党中央、毛主席肯定了这个大方向，把无产阶級专政的命运，把社会主义經济的命运，把无产阶級文化大革命的命运，牢牢掌握在无产阶級革命派手里。

我們的大联合也不是那么純洁的。我們的联合是斗爭中自然形成的，彼此信任，我和姚文元同志一句話也沒說，全是革命造反派自己定的。就是这样，还是有各种各样的組織进来了。农民造反总部的一个負責人，革命委員会成立后一审查，原来是个四不清干部，就在大联合中还貪汚了几千块錢，整天同我們在一起开会，直到二月底才发現了这个人。他到处招搖撞騙，說毛主席同他一起照像。他还吹牛，說和我在一个办公室办公。当时很迷惑了一些人。后来才知道，他把自己的像片和毛主席的像片剪在一起。发現以后，我們通知生产队把他揪回去了。还有一个紅卫兵組織的負責人，是革命委員会的常委。他經常同我接触，开会就坐在我的旁边。后来发現是个“联动”

分子，每次开会都带着匕首，总想找机会下手。他同我一起开会至少八、九次，好在沒有下手。后来紅卫兵发現了，把他也抓起来了。我們总想革命組織比較純洁，但再想純洁也不会怎么純洁。我只給同志們举这两个例子。（伯达同志插話：听說“联动”跑到天津去了。应当充分揭露这个反动組織。发現“联动”要抓起来。）这說明我們队伍还不是十分純的。但不管怎么样，我們革命造反派的警惕性还是高的。

我們的大联合是革命的大联合，但毕竟有一个过程，是发展变化的。所以对大联合，旣要有严格的标准，又不能象綉花那样細，总会有缺点錯誤，发現了問題，改就行了。我們也有沒联合进来的革命組織。是革命組織，但多数人不贊成，只好說服这些組織，暂时放一放。为这样的事糾紛也很多。有的組織，这一段有这样的表現，那一段有那样的表現，只好等一等。我們向他們說明，革命組織要接受群众的鉴定，眞是革命的，总有一天会进来。現在还有这样的組織在外边。最近，这样的組織也有的同别的組織合并了。

大联合、“三結合”应該看作是一个过程，完成时間会很长。有缺点錯誤改正了，就不会妨碍革命的前进。不要使支流的問題妨碍我們前进。再好的領导，也会出現缺点或錯誤。要从大局出发，使我們的工作做得更好。

我們还有其它問題，我只說这一点。革命不是綉花，总会有缺点错誤。这也算是一点学习心得吧！

（热烈鼓掌）

000203

·供批判用·
0070

迟群一九七六年十月六日在清华大学团委和上管改委员会第一次会议上的讲话记录稿

迟群在清华大学的讲话，他强调文化大革命，要趁马上举行开展第二次。多么可怕、多么恶劣，文化大革命给中华民族带来的惨痛教训还不够吗？

为此我在有生之年，一定要搜集整理文革资料，让子孙万代牢记历史。

一九七六年十一月

李正中
乙未年端午 於古月齋

迟群一九七六年十月六日在清华大学团委和上管改委员会第一次会议上的讲话记录稿

主席病重时，我准备了一次讲话，请一些同志，准备了一些资料，着重想讲主席的丰功伟绩，主席五十多年来伟大的革命实践，马列是如何和机会主义作斗争的，发言还没准备好，主席就逝世了。

主席逝世，中央用了恩格斯悼念马克思的一句话“不可估量的损失。”这个损失，对中国人民和世界人民都是不可估量的。

主席五十多年来的实践给我们留下了什么呢？有一位同志讲，自己三次通读毛选，第一次是61、62年三年困难时期，坚定了战胜困难的勇气；第二次，入党时读，坚定了为共产主义奋斗的信心；这次通读要继承毛主席的遗志，把革命进行到底。主席五十多年的实践给我们留下了什么？我们没有参加夺取政权的斗争，但是我们参加反修防修、巩固无产阶级专政的斗争。这一斗争比夺取政权更复杂、艰巨、时间更长些。我们没有经历前一个万里长征，却经历着无产阶级专政下的万里长征，我们有幸参加主席领导的这个长征，主席作了一系列重要指示，是无价宝，是马克思主义的重要法宝，崭新的法宝。夺取政权胜利后怎么办？共产党怎么办？马恩曾经预言："党的发展要通过内部斗争来实现"，但他们没来得及实践，党还没有取得政权。列宁经历了，但时间短，主席领导我们的党五十多年，二十多年取得了政权，由共产党来统治，而不是资产阶级国民党统治，这个经验很重要，毛主席给我们规定了一条马列主义路线，无产阶级专政下继续革命的路线。有个比较，斯大林留下什么，斯大林逝世给苏联留下一个大错误，不抓阶级斗争这个纲，所以隐患很大，不久出了个赫鲁晓夫、勃列日涅夫。通过比较，可以看到主席的伟大。党为什么叫伟大、光荣、正确的，有这么个定语，是因为主席领导，主席路线占统治地位，有这样的比较，才能建立起必胜的信心。不要杞人忧天，小资产阶级的摇摆性往往在关键时刻表现出来。什么阶级斗争不可知，前途怎么样，有人讲主席在一个个跳出来好办，主席不在了怎么办？无非修正主义上台嘛！我们再把他赶下来就是了。怎么理解“不斗争就不能进步”“八亿人民不斗行吗?”一百年、一千年、一万年后还会有斗争，没有什么了不起。没有主席思想的坚定性，对主席路线的坚定认识就无法建立信心，坚定不移地同走资派斗，同帝修反作斗争，不然老是悲观失望，对前途陷于盲目性，怎么能革命？主席讲“前途是光明的，道路是曲折的”，这是六七年主席给江青的信里最后一句话，是结论，这是一句完整的话，丢了哪半句都不行，丢了后一句，盲目乐观，只要后一句悲观，也是盲目悲观，都一样地要失败。二者失掉哪一条，必然陷于盲目状态。

形势是大好的，大好的形势是斗出来的，既然是斗出来的，是和谁斗出来的？是无产阶级与资产阶级斗出来的，是革命派同走资派斗出来的。既然是这样，就会是长期的。是这个基本形势决定的。肯定在某一历史阶段，可能会出现反复，无非进行第二次文化大革命就是了，文化大革命可能进行多次，有人说搞一次就够呛了，其实是太好了，按革命派来讲，恨不得马上进行第二次文化大革命。但这么讲太刺激人了。如果象邓小平那样安定，就复辟了。你们的团委也不用改名，路线变了。苏维埃的名字也没有变，列宁的故乡变成了社会帝国主义，马克思的故乡，一半变了，一半根本没变，一半变了又变回去了。同志们要研究历史。但是历史的总趋势没法改变，这一代变不了，下一代变，变到社会主义、共产主义，这是必然的。马克思不是中国人，列宁都不是中国人。由于毛主席缔造了我们党，规定了一条路线，有主席坚持马列主义，这是我们赖以自豪的。如果变了颜色，我们耻辱，就将背叛主席，背叛马列主义。只有斗，才有好形势。如果邓小平还在挂帅，主席逝世了，那不更复杂吗？幸亏主席除了一大害。因为他向主席保证，永不翻案，主席又让他试一试，当上副主席，总参谋长，第一副总理。结果他一上台，就对准主席。全面翻案复辟，那么恶毒。除了这一祸害，是不是安然无事呢？不是，我们面临艰巨复杂的斗争。要研究政策、策略、方法，否则是要失败的。

作为我，某些时候，可以少讲话，不讲话，该讲的要讲，不该讲的不讲，不能因为走资派害怕，不能因为某些人不愿听，就不讲了。不是我谦虚就不讲了，青年团和学生们的代表会，我想无论如何要见见大家。

我们很有希望，大有作为，因为我们有青年一代，出了一批小将，敢革命，敢造反，没旧框框，没那么多旧习气，敢破敢立，有反潮流的勇气。最近有几部影片，很好，表现了，红卫兵小将的革命精神，标志着中国第一次文化大革命的伟大事件，连我都希望有一个红卫兵袖章。第一次文化大革命就是以红卫兵的形式造走资派反的，将这场斗争展示在全世界人民面前，是主席亲自领导的。

小将身上的精神很可贵，这种精神也体现在老中身上。搞复辟的也要一些中和青，点缀一下。我们要的青是扎扎实实干事，按接班人五条，埋头苦干的。跟你们在一块很高兴，我们多大也感到年青了。我们年青时比你们差多了，我们当时单纯，简单，没你们丰富、太幸福了。

希望团委，上管改委员会要把工作搞好，把份内的事搞好，上管改口号本来是清华喊出去的，影响到全国。去年人家要取消上管改，我们要恢复过来，现在你们又叫上管改委员会，那就得把这份工作做好，上大学，管大学，用马列主义毛泽东思想改造大学，上、管也要用马列毛泽东思想指导。共青团的任务也一样，离开马列主义毛泽东思想，离开阶级斗争这个纲，离开无产阶级反对修正主义，离开反对资产阶级，都要迷失方向。讲形势首先讲政治形势。同走资派斗争的形势好，抓住了这一条，才能抓住具体的路线方向。

《青年运动的方向》今天重读一下，有何感想，建议你们重读。还有七届二中全会上的讲话，主席的一些讲话，主席公开发表的指示。还有社教的批示，六六年致江青的信，巡视南方各省市的讲话，四号文件，至少这四个要认真学。四号文件不多，可印发给大家。马列主义毛泽东思想武装群众，不是武装几个人，这四个给大家讲，连反革命都知道，我们为什么不讲，有些人传达邓小平的讲话，“老九不能走”，可彻底呢，当然，传达要有步骤的来，是应该的。

清华不能自满，最近江青同志多次到农村分校和同学们座谈，也算是考试，考得不怎么样，江青问一个人读一遍社教批示，他说都明白了，江青问：走资派为什么比资本家还厉害，结果他讲了半天也没讲到点子上，讲了半天，连资产阶级法权也没讲到。所以，我们一定不能自满，主席的指示不是一下子都懂的。路线对了头，六十岁也能管青年团，路线不对头，十五岁也管不好，这儿（注：

指清华）管不好，团中央也是空的。

共青团，上管改都在党委一元化领导下，党委路线不端正，你们就轰，目标是要革命。你革命，我也革命，就到一块来了。有个不革命的，唱对台戏也好，经常提醒我们。清华有刘冰就好，有个对立面，要是能有这一天多好，刘冰能出来接待外宾，说：“我就是那个反对毛主席的在清华二万多人中十分孤立的刘冰，现在我改了，人家又用我了。”如果行，我都可以给他马上检查，错了就改，我们欢迎。当然顺着他不行，还要批。无产阶级专政下的革命很复杂，走资派不好抓，有的人还见报呢！有的错了，又改。一睁眼，大量的人民内部矛盾，敌我矛盾也存在。

现在，清华摊子越来越大，书记就这么几个，都来了，小谢病了，住院了。农村分校也越来越大，因为农村社会主义革命和建设太需要了。还要求办兽医、财会。我这个党委书记心中有愧，绵阳分校的同志都没见过，几次想去没去成。今年曾下决心要去，后来点名批邓，六月份主席病重，后来决定不能离开北京了。后来又报了主席病情好转。9月5号，又发了个通知，实际上，9月2号就病重了。

凡事一定要按主席指示办，主席对党员说，凡事要问个为什么？要分析，以路线为标准，什么都可以变，路线不能变，只能沿着一条路线发展，不能搞折衷主义。你只要承认基本矛盾存在，那就要随时准备他们复辟翻案，无非是要复辟，无非是五不怕，无非是罢官、撤职，开除党籍，不当官怕什么，我们原来都不是官。去年年底，有人见了我就说，胖了、瘦了，就是不问我骨头硬了，还是软了。你们还年轻，我们也不老，咱们准备同走资派斗争一辈子，才是继承主席的遗志，否则就是对主席的背叛。

（校团委整理76.10.14.）

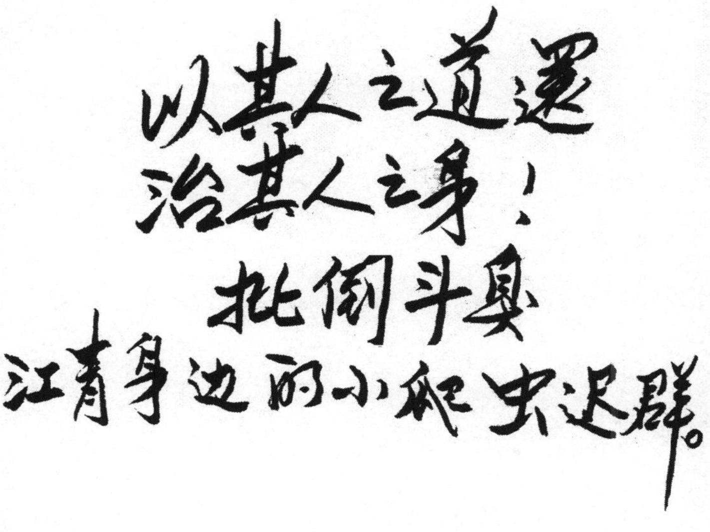
以其人之道還
治其人之身！
批倒斗臭
江青身边的小爬虫迟群。

周总理、陈伯达、康生、江青、杨成武、张春桥同志和中央文革小組在接见河南、湖北来京参加学习班的軍队干部、地方干部和紅卫兵会議上的讲話

（記录稿，未經本人审閱）

一九六七年十月十一日

特　大　喜　訊

伟大的导师、伟大的領袖、伟大的統帅、伟大的舵手 、我們心中最紅最紅的紅太阳毛主席 ，于一九六七年九月二十六日晚接见了在京学习和开会的一些軍队干部 、地方干部和紅卫兵小将。

毛主席神采奕奕来到会场，向全体同志頻頻招手 ，幷和主席台上的同志一一亲切握手。

全场沸騰，掌声雷动，全体同志含着幸福的泪花 ，以万分激动的心情，千遍万遍的振臂高呼：

毛主席万岁！毛主席万万岁！！

敬祝毛主席万寿无疆！万寿无疆！！万寿无疆！！！

总理、伯达、康生、江青、成武、春桥同志和中央文革小組在接見河南、湖北来京参加学习班的部队干部、地方干部和紅卫兵会議上的讲話

（記录稿，未經本人审閲）

楊成武同志：现在开会（热烈鼓掌）。

读毛主席语录：第一页第一段，第三页第二段，第十五页第二段，第二二四页第二段，第八九页第一、二段。

同志们！今天我们中央的领导同志，总理、伯达同志、康老同志、江青同志，还有中央文革小组的春桥同志、戚本禹同志、姚文元同志，还有谢富治同志、叶群同志，在百忙中接见我们军队集训的同志，（热烈鼓掌）这是我们伟大领袖毛主席和他的亲密战友林副主席、中央文革对我们军队最大的关怀，（到会同志高呼：祝毛主席万寿无疆！万寿无疆！万寿无疆！祝林副主席身体健康！）最大的爱护，最大的鞭策和最大的信任。（到会同志热烈鼓掌，高呼：毛主席万岁！毛主席万万岁！永远忠于毛主席！永远忠于党中央！永远忠于中央文革小组！谁反对毛主席就打倒谁！谁反对林副主席就打倒谁！谁反对党中央就打倒谁！谁反对中央文革就打倒谁！毛主席的无产阶级革命路线胜利万岁！毛主席万万岁！！）

同志们！今天我们大家每一个人心情都是很激动的，中央领导同志在百忙中来接见我们，我们表示热烈的感谢。（热烈鼓掌）

我们共同高呼：

毛主席万岁！

毛主席万寿无疆！毛主席万寿无疆！毛主席万寿无疆！

永远忠于毛主席！

永远忠于毛泽东思想！

永远忠于党中央！

永远忠于中央文革小组！

誓死保卫毛主席！

坚决捍卫毛泽东思想！

誓死保卫林副主席！

誓死保卫中央文革小组！

无产阶级文化大革命胜利万岁！

现在我们请中央的首长给我们作指示，首先请张春桥同志给我们作指示。（热烈鼓掌）

张春桥同志讲話

同志们！我这一次有机会，随着主席到华北、中南、华东地区几个省市去视察，一路之上，主席对无产阶级文化大革命作了很多很重要的指示，中央的同志要我在这里向大家就几个问题讲一讲。因为在谈话的时候，都没有作记录，我只凭我的记忆。同时因为我自己水平的关系，有些问题可能理解错了。所以预先要说一下。

第一、先讲一下形势。对于当前的无产阶级文化大革命的形势，毛主席的估計是这样子的，七、八月分（毛主席讲这个话是九月中旬）**加上九月中旬，全国的无产阶级文化大革命有很大的发展**。这表现在这样的一些方面：

一个就是从地区上来看，我们现在已经成立革命委员会的是七个省市，就是北京、上海、黑龙江、山西、山东、青海、贵州七个单位。问题已经基本解决了的，就是那里前一段斗争是非常尖锐，经过中央一个省一个省的调到北京来开会、讨论问题，最后达成了一些协议，或者作了决定，这样的又有八个单位，包括内蒙古、四川、河南、湖南、湖北、江西、浙江、甘肃这样一些单位。这样加起来就是十五个。今年还有三个多月，如果我们经过努力，再一个省一个省解决，还有可能再解决将近十个单位。如果是这样子的话，那么在今年就可能有二十五个左右的单位，那里的问题可以得到基本解决。不是说那里没有问题了，问题还可能有，但是他的基本问题解决了。这是可能做到的。

另外，主席很关心的就是群众的发动情况，对各个省市都詳細地問了这方面的情况。工人发动的情况，学生发动的情况，街道居民、农民发动的情况。毛主席特别对有些同志的汇报讲到现在几乎很多地方，辩论是在家庭里面辩论，一家人分成几派。过去到一起，谈一些闲话，现在不是，到一块就是争论文化大革命的问题。姐妹两个两派争得很厉害，夫妻两个争得很厉害。这样一个现象标志着我们的文化大革命确实把群众发动起来了，而且发动得这样深入，这样广泛，这在历次运动都是没有达到的。所以整个的形势非常好，比以往任何时候都好。这是讲文化大革命的形势。这个问题给各个省都谈了，主席也反复地问了各个省市的情况，都证明主席的这个估计是完全正确的。

第二、讲一下訓练干部、教育干部的問題。我们今天到会的同志都是到北京来开会，用这样的方式来进行学习。这个办法是毛主席提出来的。主席对军队的同志在文化大革命中间作出了很大的成绩，那是作了充分地估价的。没有人民解放军，今天的文化大革命还不可能有刚才讲的这样一个好的形势，人民解放军在这一方面有很大的功劳。当然，因为没有经验，因此，有一些同志，在一部分省军区、一部分军分区、一部分人武部，在这一些单位里面有一部分同志犯了错误。对待这样一个问题，主席很关心，反复地问了各单位的同志，怎么样犯错误的，为什么？总而言之，中间最重要的一条，**就是毛主席說的，长时期，在这一方面，因为军队的干部没有受到教育，没有經驗，所以犯錯误了。这是一个很重要的原因**。多数同志是这样一个问题。就是因为没有帮助他们，没有进行训练，教育不够。所以要进行训练。训练的方法就是开会，像现在这样子的会，实际上就是一种学习，一种训练班。这样的会，各个省都可以到北京来开。但是也不只是到北京来。因为全国这样多的省市，都分期分批地到北京来，轮过来这个时间就相当长了。那么在没有轮到以前怎么办？就在本省，或者由大军区、或者由省军区，也可以开这样的会，办这样的训练班。主要把我们部队的干部进行普遍的训练、教育，大家利用这个机会好好地学习。因为人的思想还会有反复的，就是在北京开了会，思想通了，回到本地以后，遇到了一些事又想不通了。因此从北京回去后，还可以找机会办训练班学习。这种用开会的方法，用学习的方法来对我们的干部进行一次普遍教育，这个方针是定了的。来开会的人，也不能只有犯过错误的人。犯错误的、没犯错误的、表现很好的同志都应该学习，都应该到一块来讨论，总结经验。而且**毛主席說，不只是军队的干部应該这样子学习，地方的干部也应該采取同样的方法；不只是干部应該这样，对紅卫兵，对各个方面的，比如工人的造反派也应該办一些学习班、訓练班，帮助他們提高。**这样可使得广大干部在文化大革命过程里面，普遍受到教育。**毛主席說，现在我們应該扩大教育面，縮小打击面，就是对干部用教育的方法解决問題，这个面应該扩大，受到打击或者受到处分这个面应該很小。**有一些同志，他们思想上一时不通，还应该给他时间，让他多想一个时候。对于那一种方法，用喷气式、挂牌子这种方法，毛主席和中央从来是不赞成的。在这次主席视察的过程里面，主席又反复地讲了，不赞成这个方法。我们还是应该按照我们党，按照我们人民解放军的一贯的传统，就是毛主席所规定的**团结——批评——团结**的这个公式来解决我们内部的矛盾。这样可以把教育面扩大，使得我们广大的干部受到教育，得到提高。这是第二点讲训练问题。

第三、主席在多次的讲話中间，提出了一个上下级关系問題。

这是从某一些同志被斗，包括戴高帽子、挂黑牌子、挨打这些事情，我们刚才讲过，毛主席、党中央从来是反对这些办法的。但是为什么尽管中央反对，他老是这样用呢？就需要研究一下这个原因。看起来：一个无非是我们有一些同志执行了资产阶级反动路线，惹得群众生气、愤怒了。因为整了他嘛，他在解决这个问题的时候一肚子气，他要出气，这是一个原因。但是更值得我们考虑的是还有一个，就是这些年来，我们的干部严重地脱离群众。**毛主席說：我們现在有一些干部，官做大了，薪金多了，房子住好了，出入都是坐汽車。主席說这四点还是可以的罗！还是允許的罗！但是还有一点，为什么架子大了呢？就是摆架子，遇到事情不是和群众商量，喜欢訓人，喜欢駡人，不是**平等的对待下级，对待群众。**主席还讲：我們的連长、指导員，他还經常碰到战士，一当了营长，那就和战士距离远了。从一个老百姓来看，当了連长就是很大的官了，如果一个营长，**那就是**不得了的官了。**我们小孩子时候也是这样，听说一个营长，那是很大的官了。**主席那天就說，你看现在我們一些干部官又多大，他不但职位高了，而且架子摆得很大，对群众不是平等的，非常喜欢訓人。**在这个过程里面，**主席每一次談話几乎都是挨着問的，說你怎么样呀！你怎么样呀！你平时是不是訓人呀！**几乎所有的人都问过。所以这个问题主席非常关心，非常重视，这个问题如果不解决，将来我们的干部还仍然是严重地脱离群众。那末为什么群众对干部那样整呀，有其他的原因，但是很大的原因就是我们干部的脱离群众，严重地脱离群众。所以等到他一有了机会，你老是训他嘛，一年三百六十天，他得不到机会，好几年也得不到机会，这次可找到了一个机会就狠狠地整你一次。所以要很好地注意解决这个问题，还是要用我们传统的办法，把我们人民解放军的好传统继承下来。现在我们的上下级关系，**主席說，严肃、紧张有余，团结、活泼不足。**这还是讲，不是对立很严重的情况下，是讲目前通常有这样的现象。现在三八作风的八个字，不是很完整地执行，不是按照八个字来培养我们的作风。上下级关系这个问题上，主席讲了这样一些。

我想利用这样一个机会讲这么三点，一个形势，一个训练，一个上下级关系。如果我讲错了，杨成武同志（他和我在一块，每天谈话，我们两个都在场的），他可以纠正。我就讲这些，完了。（热烈鼓掌）

楊成武同志：同志们，现在我们请陈伯达同志给我们作指示。（热烈鼓掌）

陈伯达同志讲話

到这个训练班来，我也是做一个学生来的，我希望同你们一块学习主席的著作、毛主席的思想。无产阶级文化大革命是一个新事物，当然这个问题对毛主席来说，他是酝酿很久很久的，他是想得很久很久了。对我们来说呢，都是新的东西，有很多事情，我们不懂得。我也是很不懂得。在文化大革命中我也是有错误的。不懂得嘛，就在游泳当中学游泳。同你们一样，是一个学生的资格和你们一块学习。学习的方法呢？主要的还是毛主席告诉我们的，就是不是什么灌，而是按照毛主席的思想，自己教育自己。采取批评和自我批评的方法。主要的是自我批评的方法。主席再三给我们讲的，主要的采取自我批评的方法。大概经过这么几个过程：

第一，首先学习毛主席著作。大家自己也提出来，要学习毛主席著作。我看刚才春桥同志说的毛主席说的这些话，是对我们有启发罗。我们同群众这个关系问题呀，要很好的学习，要很好的学习。用自我批评的方法，来搞好我们同志之间的关系，搞好我们同志间同群众的关系，搞好我们人民解放军同人民群众间更好的关系。因为我也没有什么很多话好讲，首先我表示这么一个态度。我也要向你们学习，（高呼：向伯达同志学习！向伯达同志致敬！）不管那一方面，在坐的很多同志，有很多经验，是我没有的。

在文化大革命当中，因为是一个新的事物，我们领会毛主席思想不够，犯了一些错误，这是没有什么奇怪的。按照毛主席告诉我们的，**犯了错误怎么办，改正了就行了嘛！**这个训练班还是自己教育自己，自己批评自己，主要采取这样一个方法，有错误改正就行了嘛。先学一学毛主席著作吧！大家提了应多学习毛主席著作，大家有个单子，对毛主席著作的学习，是不受限制的，能学多少尽量学，大家讨论。大家学习毛主席著作，学习林彪同志在文化大革命中的许多讲话，学习江青同志的许多讲话，还有中央的文件。学习了以后，你们还有座谈会，也可以一边学习一边开座谈会，这个活动可以交叉进行。不一定是完全学完了再开座谈会，可以边学习边座谈嘛，座谈里边就包含着批评和自我批评。有些问题就在学习当中，在座谈当中提出，最后请中央一些同志给大家讲讲，可以回答嘛。这样一个过程，这样一个方法，大家赞成不赞成？（答：赞成！）学毛主席的著作，学林彪同志的讲话，江青同志的讲话，中央的文件，还是自学为主，并可交换意见，可以交头接耳，大家互相请教。可以座谈，座谈里联系实际，听懂我的话吗？（高呼：读毛主席的书，听毛主席的话，照毛主席的指示办事，做毛主席的好战士）这里就必然会提出一些问题，有的可能你们自己就解决了，还有的你们不能解决的，有些问题要中央表示意见的，那个时候再来考虑嘛。中央的同志来给大家讲一讲，这个时间不是很长的，（江青同志插话：主要靠自学。）主要靠自学。自己教育自己，十六条，文化大革命的决定是这么写的。毛主席从来是提倡这样的自学。自学包括同志间互相交换意见。吴法宪同志可能和大家讲过这些。看这样一些办法妥当不妥当，你们可以考虑一下。我的话就讲到这里。（热烈鼓掌）

楊成武同志：现在让我们热烈地欢迎江青同志给我们作指示。（长时间热烈鼓掌，高呼毛主席万岁！毛主席万万岁！向江青同志学习！向江青同志致敬！）

江青同志讲話

同志们好！（热烈鼓掌）

我代表毛主席、林副主席问同志们好！（长时间热烈鼓掌，高呼："毛主席万岁！""祝毛主席万寿无疆！""祝林副主席身体健康！"）

欢迎同志们同以毛主席为首的党中央的同志和北京的革命群众、革命小将一块欢度国庆节。（长时间热烈鼓掌，高呼："毛主席万岁！毛主席万万岁！"）

今年是国庆十八周年，也是无产阶级文化大革命进入第二个年头，并且是取得决定性胜利的时刻。（长时间热烈鼓掌，高呼："毛主席的革命路线胜利万岁！""无产阶级文化大革命胜利万岁！"）所以，我觉得今年的国庆是一个特别值得高兴和鼓舞的节

日。（热烈鼓掌）

我是一个普通的共产党员。刚才伯达同志讲，他是一个小学生，我也是一个小学生，是毛主席的一个小小的学生。（群众高呼："向江青同志学习！向江青同志致敬！"）要向同志们学习！向同志们致敬！（鼓掌）几十年来，我亲眼看到了我们的党和我们的中国人民解放军在毛主席的领导下，推翻了三座大山——帝国主义、买办资产阶级、封建地主阶级，又胜利地进行着社会主义革命和社会主义建设。在这中间，我们在抗美援朝，打败了美国帝国主义；在中印边境，打败了印度反动派的进攻。这一系列的战斗，同志们都是参加了的。中国共产党和中国人民解放军的伟大功勋和同志们是分不开的。（高呼："永远忠于毛主席！永远忠于党中央！永远忠于毛主席的革命路线！""毛主席万岁！毛主席万万岁！"）

毛主席是非常信赖群众、依靠群众的大多数的，是非常信赖人民解放军的，对党员的大多数也是非常信赖的。由于长年跟随毛主席一块工作，我形成了一个概念：总觉得我们的军队，我们的党，我们人民的大多数是好的。坏人只是一小撮。（高呼："毛主席万岁！"）在无产阶级文化大革命中，人民解放军同样是建立了功勋的。虽然有一部分同志犯了错误，甚至少数、个别的同志所犯的错误比较严重。但是，只要认识了自己的错误，心明眼亮了，对党内走资本主义道路当权派的修正主义路线看穿了，就会改正的，就会回到以毛主席为首的党中央的革命路线上来的。（长时间热烈鼓掌，高呼："读毛主席的书，听毛主席的话，照毛主席的指示办事，做毛主席的好战士！"）我才不相信人民解放军广大指战员、全国广大的党员、革命干部，会跟那一小撮坏人走。不会！（热烈鼓掌）

同志们不仅打仗是勇敢的、可靠的，而且就在文化大革命中，讲政治、讲思想，绝大多数同志也是能够走在前头的。（热烈鼓掌，高呼："永远忠于毛主席！永远忠于党中央！永远忠于中央文革！""毛主席万岁！万万岁！"）当然罗！我们希望犯错误的同志也能够冷静地想一想自己犯错误的根源，它有主观原因，也有客观原因。冷静下来想一想，进行学习，作批评和自我批评，从错误中取得新的经验，然后，再重新上阵，就一定能打胜仗。

有些地方的红卫兵搞了一些过火行为，如什么喷气式呀，挂牌子，下跪呀，但这不是主流，这是支流。同志们想一想嘛，无产阶级文化大革命，这是一个大革命呀。这么大的革命出现了一些过火的行为，也是难于完全避免的，而且那是毛主席、林副主席、党中央一直反对的。同志们想一想，要是没有这次无产阶级文化大革命，没有这些冲锋陷阵的红卫兵小将，能够把党内这一小撮占据领导岗位的叛徒集团、特务分子揪出来吗？（众："不能！"高呼："打倒刘、邓、陶！""打倒王任重！""打倒党内最大的一小撮走资本主义道路的当权派！"）所以，我希望同志们在想到红卫兵小将们的时候，要看到他们的主流。他们为革命建立了丰功伟绩，这是应该肯定的。他们替我们揪出了党内的隐患，这样，资本主义在我们中国复辟就很困难了。红卫兵小将是非常可爱的，他们耽心我们党会出现修正主义，耽心中国会出现资本主义复辟，这种心情我们是应该理解的。他们到处闹革命，有的到图书馆一蹲就是多少天哪！那么认真地搞材料。同志们想一想，他们都是二十岁左右的青年人呀。现在，帝国主义国家，资本主义国家，修正主义国家，他们的青年是怎么样呢？他们是引导青年堕落、颓丧、不革命、反革命。而我们的青年，我们的红卫兵小将，却是朝气勃勃，满心眼地想革命。在这一点上，他们作了点过激的行为，而且还是支流，我想同志们是会原谅他们的。同志们！有了这样的接班人，我们应不应该高兴呀？（众："应该。"高呼："向革命小将学习！向革命小将致敬！""毛主席的革命路线胜利万岁！"）

人民解放军是中国无产阶级专政的柱石，是无产阶级文化大革命的捍卫者。红卫兵小将是革命的先锋、革命的闯将。人民解放军和红卫兵都是最听毛主席的话的。过去我们有些同志和红卫兵小将们接触得少，接触多了，你们就会觉得他们是蛮可爱的。而真正的革命造反派，他们要是和我们的干部接触多了，也会觉得我们的干部是可爱的。刚才春桥同志传达主席指示的这个**上下级关系問題**，是值得我们好好想想的，包括我本人。过去我们就是不太接触他们，也不晓得怎样去接触。那么，现在就多去接触一下嘛！向他们去作自我批评嘛！征求他们的意见嘛！我想这样子，老兵——人民解放军，后备军——红卫兵，就会步调一致起来。就不会是主席说的**严肃、紧张有余，团结、活泼不足**了。是不是这样呢？（答："是！"热烈鼓掌）

不打不相识啊，我想经过这次无产阶级文化大革命，互相交锋一下，人民解放军和红卫兵小将就会变成好朋友，就会都成为劳动人民的最可爱的人。（热烈鼓掌）我的话完了。（长时间鼓掌。呼口号："毛主席万岁！毛主席万万岁！"）

杨成武同志：现在请康老给我们作指示。

康生同志讲話

同志们！

关于训练工作，我对河南的部分同志谈过两次了。我的话就没有再多的或重复的了。我看了一些简报，知道同志们在开始来的时候，不大了解毛主席的伟大战略措施，训练我们解放军干部的意义。因此，有些同志有各种想法，但是经过学习中央文件，传达了主席的指示，听了江青同志九月五日的讲话录音以后，同志们的思想认识方面是大大提高了的。这一点也证明，只要我们把毛主席的方针，毛主席的路线，毛主席的思想向同志们讲清楚，同志们一时的犯错误，是容易改正的。

我今天只是简单地讲讲，在这个问题上，同志们还可以根据今天春桥同志的讲话，伯达、江青同志的讲话，首先对毛主席的重要战略措施，还要进一步认识清楚。春桥同志已经讲过了，我们的人民解放军很多干部在新民主主义革命中建立了功勋、战绩。但是在社会主义革命这一方面学习的还不够，思想的准备还不够。尤其是对史无前例的文化大革命，在思想方面、经验方面没有准备。因此，不免犯这样、那样的错误，甚至于个别同志犯了严重错误，这个是可以理解的。我们林副统帅对这个问题讲的很清楚，这个文件同志们也是学过的。同样，同志们对于马列主义、毛泽东思想，文化大革命的方针政策，社会主义的革命，理解不够，我们教育帮助不够。因此，主席的这个关于集训干部的决定是非常英明的、伟大的，的确是对我们解放军表示了极大的爱护，极大的关怀。对我们解放军的干部是大大提高。使我们在过去的功勋、战绩上面，在文化大革命中间建立新的功勋。这个措施，对于巩固我们的解放军，提高我们的解放军，有重大的战略意义。因此，同志们要认识清楚，我们这个叫会议也好，叫训练班也好，这是毛主席思想学习的训练班，文化大革命的训练班，活学活用、政治挂帅的训练班，是提高巩固我们人民解放军的干部的政治水平、思想水平的训练班，所以，这种意义，同志们要充分的了解。从这里就可以把各种想法，消极的想法，错误的想法，一个时候认识不清楚的想法，就可以解除的。所以，我想头一个问题根据同志们讲话更进一步的认识毛主席这个重大的战略措施的意义。

同志们参加这样的会议，参加这样的训练班，不是觉得是见不得人的，相反的是很光荣的。同志们可以看到，刚才江青同志讲的，主席、中央还允许同志们要求和我们一道来参加国庆的（热烈鼓掌、欢呼），我想这一点就可以使同志们的思想解放出来吧？认识清楚吧！（热烈鼓掌）（到会同志高呼：毛主席万岁！毛主席万万岁！）

第二，关于学习的态度问题。我们学习毛主席著作，林总的讲话，中央的文件，《红旗》《人民日报》的社论，江青同志九月五日的讲话。但是学习这些东西的时候必须要有一个态度，这个态度就是必须把中央的指示同你们的具体工作、活思想结合起来，也就是林副主席经常教导的活学活用，在用字上狠下功夫。把毛主席的伟大思想武器拿来端正我们在文化大革命中犯的一些错误。有力地去改正错误，更加有力地把文化大革命搞得更好。所以，同志们不是教条的学习，不是离开当前文化大革命的实际的学习，不是离开自己过去的工作的学习，也不是离开自己缺点错误的学习。而是把马克思主义的普遍真理同我们的具体实践，同我们的活思想结合起来，要以这样的态度来学习，不是教条主义的。

第三个问题就是有的同志或多或少犯过错误，但是这样的训练班，这样的会议，在今后还会扩大，就是不仅是军队的同志，地方的同志也要办这样的训练班。不仅是犯过错误的，没有犯过错误的，正确的同志也应该提高，也应该学习主席著作。至于犯过错误的同志，怎么对待自己错误，也该在学习中用毛主席的思想，正确对待自己的错误。当然错误有各式各样的，江青同志讲过了，有客观的原因，有主观的原因。有路线性质的，有个别性质的，有的还比较严重，总而言之一条，对待错误的态度应当用共产党员的，无产阶级的态度，有错就改。不要去掩盖它、包庇它、推托它。所以，彻底检讨好，还是不彻底检讨好？还是彻底检讨好。因为错误正如毛主席所说的，都是对革命不利的，那一种错误都应该坚决把它去掉，私字坚决去掉。所以，同志们，自我批评是主要的。其他同志的批评，应该是虚心听取，有的地方人家批评得过火一点的时候，要了解同志们主要还是善意的。对错误应该采取坚决改正的态度，认真改正的态度。武汉地区、河南地区这一个错误，部队方面有陈再道、钟汉华罗！河南方面有在座的何运洪、李善亭等同志的错误罗，当然他们自己应该很好检讨。同样的，也应该知道，中南地区和刘邓陶王的错误分不开的，尤其中南地区陶铸、王任重，他们反对毛主席的无产阶级革命路线，对各省、各个军队有很坏的影响。武汉的同志当你们批判陈再道、钟汉华的时候，河南的同志批判何运洪同志和李善亭同志的时候，你们还要掌握反对刘邓路线，反对刘邓陶王的这一套东西。从这个根子中间，进行彻底的深挖，把这些资产阶级的反动路线，党内最大的一小撮走资本主义道路的当权派斗深！批深！批透！当然，这里不是说自己的错误就可以减轻，自己就没有责任了。但是这个大方向是应该掌握住的。（到会同志高呼：打倒刘少奇！打倒邓小平！打倒陶铸！打倒王任重！誓死保卫毛主席！誓死保卫党中央！誓死保卫毛主席革命路线！）

第四，对待群众的态度问题。春桥同志讲，主席讲了这个问题，这个问题也可能是同志们犯错误一个基本的问题。所以在这一方面，刚才江青同志的这一番话，讲了我们的红卫兵小将的丰功伟绩，正确对待群众革命运动的问题，特别对待群众革命精神的问题。我希望训练班的同志们好好地想一想。我们刚才读了语录第八十九页第二条，语录上讲：“**这个军队之所以有力量，是因为所有参加这个军队的人，都具有自觉的紀律；他們不是为着少数人的或狭隘集团的私利，而是为着广大人民群众的利益，为着全民族的利益，而结合，而战斗的。紧紧地和中国人民站在一起，全心全意地为中国人民服务，就是这个军队的唯一的宗旨。**”这是我们伟大领袖毛主席讲的。我们这个军队以什么为宗旨呢？论联合政府讲了，这就是我们的唯一的宗旨。看来我们犯错误常常是违犯了这一宗旨，因此，同志们要正确的认识群众，这不仅是检查过去，还要准备今后对待群众是更重要的，有的同志摘帽子说，我们在北京检讨了，容易过关的，回到河南，回到武汉那不又挨揍吗？又挨揪吗？又过不了关吗？同志们，有这么个想法，也是可以理解的。不过这里边有一个思想不大对头、对群众不是那么信任的，文化大革命中间，你们只要注意一下，群众是讲道理的。解决河南问题中间，我问了“二七公社”和“八·二四”的几个同志，你们这样相互接触，他们对你们会有进一步深刻的了解的，同样你们对他们也有了深刻的了解。不能说群众在中央就讲道理，到了下面就不讲道理了。这个思想不对。相反，我们回去的时候，是更好的取得群众谅解的一个机会，我们真正回到毛主席的革命路线上来，真正检讨自己的错误，群众还是完全可以谅解的。同志们，你们相信不相信这个问题？这是不可动摇的真理。毛主席讲过，我们总是要依靠、相信广大群众的。中国共产党也好，中国人民解放军也好，离开了群众就象鱼离开了水一样，所以我们要用毛泽东思想去对待群众的关系。上下级关系，也就是对待群众的关系。把我们的错误、缺点，很好取得群众的谅解，不要怕这个问题，相反应勇敢去向群众承认这个责任，因为我们军队就是为他们服务的。

最后一点，就是对待敌人的态度问题。文化大革命是史无前例的运动，是尖锐复杂的阶级斗争。美蒋特务，苏修特务，地富反坏反革命分子，利用我们的缺点，我们的错误，去钻空子，破坏文化大革命，挑拨我们各方面的关系。现在同志们必须要注意，有些敌人，党外的以及党内的，利用我们解放军的少数同志犯了错误，或者党内的一些同志犯了错误，去进行挑拨离间。他们的目的就是江青同志九月五日所讲的，企图动摇以毛主席为首的党中央，以毛主席为首的无产阶级革命司令部。企图动摇我们的解放军，企图瓦解我们新生的革命委员会。利用你们个别同志犯错误，挑拨中央文革和部队的关系，好似他们说中央文革某个人，把矛头对着解放军，把解放军的老干部都整得一塌糊涂了。整得妻离子散了，无家可归了。甚至有的人还狂妄地问我们还要不要解放军？不要解放军他们就回家种地去。这些东西，不管是有意无意的，都是敌人瓦解我们，挑拨我们的活动。个别同志犯错误，千万不要上这个当，可不要受这一种挑拨，遇到了就以毛主席路线，坚决的顶回去。

所以，希望同志们知道阶级斗争是复杂的，对待敌人要提高警惕，这一点我希望同志们，特别是有过错误的同志，要很好注意。错误，只要做工作，或大或小没有不犯的，列宁在《左派幼稚病》中讲过嘛，不犯错误不是真正有才干的人。真正有才干的人是不犯大错误，或者犯了错误立刻能改正，这才是真正有本领有才干的人。所以我们犯了错误，在毛主席路线下是容易改正的。只要不坚持错误，我相信我们这个训练班能够完成毛主席交给我们的伟大战略任务，在这里我们欢呼毛主席万寿无疆！万寿无疆！万寿无疆！毛主席万岁！

楊成武同志：同志们，现在请总理给我们作指示。

（长时间的热烈鼓掌）（毛主席万岁！向总理致敬！）向同志们致敬！（祝总理身体健康！）

（高呼毛主席万岁！毛主席万万岁！）

周总理讲話

同志们，（热烈鼓掌）我现在借这个机会，有许多领导同志在座，向我们参加会议的同志，代表党中央、国务院、中央军委、中央文革小组，问候你们！（长时间热烈鼓掌，高呼：毛主席万岁！毛主席万万岁！感谢党中央的亲切关怀！感谢党中央对我们的亲切关怀！毛主席的革命路线胜利万岁！）

刚才春桥同志、伯达同志、江青同志、康生同志的讲话，都讲得很好。把许多要讲的问题都讲了。我现在只想交待几件事情。

第一件，今天参加会议的有，在北京开会的十一个省市军事代表同志在场。刚才春桥同志说了，我们伟大领袖嘱咐我们，把各省的问题一个一个的解决。特别提出最近这几个月，我们的文化大革命的发展形势大大的前进了。除去春桥同志说的运动更深入了，深入到每一个省市的地区，每个家庭，都在讨论文化大革命的问题。

另外，我想讲一讲如何来一个一个省的解决问题。已经成立革命委员会的省市是七个，已经成立革命委员会筹备小组和军管会的八个，现在正在北京等待解决问题的，有十一个省区：两广、福建、江苏、安徽、天津、河北、辽宁、吉林、山西、宁夏。还有已经成立革命委员会、还有问题需要解决的，在北京的有黑龙江。这就是十二个省、区在北京。我们按照毛主席的教导，一个一个省市的解决。但是，同时就来了十二个省区，前天主席还说，这很好嘛，大家找到中央来解决嘛！我们应该认真地负责地同在座的同志们，同革命群众组织的代表们，红卫兵小将们很好的商量这些事情。因此，这十二个省区就不可能很快的同时解决。特别又面临着国庆节了，在国庆前，每一个省区，至多再见一次面，谈一次。在这里头，我们有个经验，是康生同志在解决安徽问题时候创造出来的，就是由那个省本身的参加会议的各方面成立一个领导小组，自己来提出问题，讨论问题，然后，跟中央一道来解决所提出的问题。我看这个办法可以作其他省区参考。同时，这十二个省区情况也不一致，有的可能象刚才八个省区所说的成立革命委员会筹备小组，也可能还只是成立军管会，这样不要紧，我们可以作一个初步的，或者说基本的解决。因为每一个省市、区问题的解决都要重复一、两次，或者更多一点，这种反复不是重复的反复，而是不断地提高，不断地上升，不断地深入。很需要有这样的反复。

在这次文化大革命中，由我们的伟大领袖毛主席指点出来、群众创造出来的新的组织形式——革命委员会临时权力机构，不可能不发生一些缺点和错误，因为没有经验吆！江青同志在九月五日的讲话录音，你们大家都听了。这是新生的力量，新生的组织，有无限的生命力。可是大家都没有经验，特别是新的三结合，也是我们伟大领袖毛主席提出来的。军队的代表、革命领导干部，特别作为基础的革命群众代表，革命群众组织的代表结合在一起，处理公事，和担负领导工作，彼此要互相了解、认识，共同负责，创造民主的生活。怎么领导，集中群众的智慧，集中起来，系统化起来，总结经验，不断前进，就需要有些反复。按照毛主席的思想，我们从群众中来，再回到群众中去，多次反复来证实我们提出的办法，政策是对的，经过中央批准了的，是确实可靠的。不要因为我们这些组织出现反复，就觉得问题很多了，怀疑这个革命委员会，甚至想动摇这个革命委员会。怀疑、动摇是不对的，是错误的想法，错误的打算，最容易被还不甘心失败的走资派和坏人、特务钻空子，来破坏，易受社会上一种错误思潮所影响，所以我们应该坚信这个新生的力量。群众创造出来的，我们伟大领袖毛主席指点提高了的，这样一种权力机构，我们要很好的爱护，很好的来摸索经验，总结经验，不断的前进。尽管我们现在说，提出十一个省、区，还有黑龙江省是重复的罗！同那十五个加在一起，就二十六个省市区了。剩下来的呢？就是新疆、西藏和云南。形势的确是大好。的确最近这三个月是大大地前进。

但是，我们伟大领袖毛主席看到，要把这些省市区，问题解决得更好，还需要一段时间，所以他给我们解决问题的时间，不仅是到今年年底，并且设想到明年春节，这就给我们有宽裕的时间，要认真的，好好的解决，不要急躁，不要草率，不要掩盖，一些应该提出的矛盾，如何求得解决。这样才能够把事物推向前进。所以，现在在座的十二个省、区的军事同志，你们有责任把这个问题好好地想一想，因为现在问题很清楚，在毛主席为首的党中央无产阶级司令部之下，担负着各省市区责任的同志绝大多数都是军事同志，起领导的责任。原因就是在去年，两条路线斗争中证明，许多的党政组织领导瘫痪了，不称职了，也不认真的勇敢的改正错误，甚至认识错误都没有勇气，也不认识。所以，主要的责任就落在我们军队的身上，“三支”“两军”的任务，从今年一月起，到现在，八、九个月了，你们确实担负了重任。那个时候，我们遵照主席的教导，就给大家提出这是任重道远的一个艰巨任务，不是一个临时的任务。因为即使我们军管会从一个过渡形式走向三结合，三结合还有军事代表这方面嘛，使我们人民解放军不单单是一个我们过去所说的，战斗的部队，工作的部队，宣传的部队，而且是负担着党政军一元化领导的，在抗日战争的时候不是实现过这样的领导吗？这个责任，所以放在解放军身上，就是因为我们这个党是毛主席创造的党，毛泽东思想武装起来的党，首先是一个广大的革命群众，而且，我们首先组织起劳动人民的武装力量，通过战争，来取得民主革命的胜利。

现在，十八年的社会主义革命，社会主义建设，武装力量在这个时候，特别在这一次无产阶级文化大革命中仍然起着重大的作用。正是因为这样，所以毛主席对我们解放军期望深而且又期望切。所以我们想一想，一月的八条，四月的十条，六六的通令、九五的命令都把责任放到解放军身上。告诉我们广大的群众如何拥军，也告诉我们军队如何爱民。江青同志适时的在北京市革命委员会成立的庆祝大会上，讲了一篇话，把八条和十条结合起来，提出拥军爱民的新的解释，当时是很及时的，可惜我们当时没有很广泛的象现在这一次对江青同志在九月五号的讲话这样广泛的宣传，所以比较耽误了一些时候。这一次我们就应该很好的宣传这三个问题，不要动摇。以毛主席为首的党中央的无产阶级司令部，在无产阶级司令部里头，我们应当认识中央文革小组是很重要的组成部分，她是等于党中央的书记处，也就等于无产阶级司令部的总参谋部。这样，就不能把党中央和中央文革分开来看，应该合起来看。所以有人如果想在这个里头进行挑拨，就象有一次同志们讲的，红卫兵讲了的，拿放大镜找裂痕，这是找不到的。在重大关头，重要的指示都是我们伟大领袖毛主席指出来的。我们只有执行的责任，我们只有团结一致来按照我们伟大领袖毛主席指示的航向前进。任何动摇是不许可的。所以在这一点上，大家应该来这样子看问题，这样子信任毛主席为首的党中央无产阶级司令部，包含主要的部分中央文革在内。这一点非常必要。

我再说一说，因为有那么一些走资派或者是坏人，地、富、反、坏、右，特务分子，也有那些思想幼稚的人年轻人不懂事，受了资产阶级思想影响，就在中央几个领导同志当中找漏洞，找间隙，这都是错误的。那是一种资产阶级观点，那是过去受资产阶级教育思想的影响问题，我们人民解放军应该懂得，不会这么看的。江青同志讲的第二个问题就是不许任何人来削弱而要加强我们中国人民解放军嘛。我们说了，只要我们伟大领袖毛主席，我们的副帅林副主席一声令下，你们任何时候，都是积极响应嘛。（热烈鼓掌，高呼：坚决护拥党中央！坚决捍卫党中央！谁反对党中央就打倒谁！）因为我们跟红卫兵们常说嘛，尽管我们有些军事领导同志犯了错误，当他不认识的时候，他的确是犯了些严重的错误，犯了方向路线错误，但是只要认识了，只要我们毛主席一声号召说你是错了，你要改，我们人民解放军有光荣的革命传统，听到主席的话一定就会改的。（热烈鼓掌）因为三大纪律嘛，第一就是一切行动听指挥，四十年的光荣传统，我们不会忘记的嘛。我们并且向红卫兵也说过，尽管他现在犯了一些错误，只要革命精神还旺盛，不管他年老、体弱，如果一旦国家有事，他们跟青年们会一样的流血沙场的。（长时间热烈鼓掌）

这三个问题在江青同志九月五号的讲话录音中都讲了，现在我拿来提醒在座的军事领导同志，或者军事工作同志，你们正在负责解决这十二个省区的问题，或者正在这个地方接受训练学习，你们总要有个责任感，有个革命的志气。另外，我们责任还是很重大嘛！任重道远嘛。我们伟大领袖毛主席，我们的副帅林副主席把"三支""两军"任务放到你们身上，因此你们就要战战兢兢，战胜恐惧，要谦虚谨慎，很好的向革命群众和红卫兵小将们学习，因为他们是新生的力量，好好向他们学习，就会从他们中间取得智慧。我们伟大领袖就是善于把群众智慧集中起来加以系统化，理论化。当然是我们伟大的天才领袖做的啦，我们做他的学生，学了就可以懂得如何解决问题的方法。也就正如刚才江青同志说的，就能够跟群众接近了。就把上下级那种隔阂的关系改变了。所以这十二个省区在北京解决问题的主要责任，我现在提出来，放在你们身上好不好？（众答：好！）那么你们彼此讨论好了，我们为你们服务。这样子来报告毛主席、林副主席，达成协议就好办了。这是第一件要通知一下。

第二件事，现在各地方纷纷起来响应伟大领袖毛主席的号召，实行在革命的大批判，上，在毛泽东思想原则基础上进行革命的大联合，如同风起云涌，席卷全国。这的确是一件好事。但对这件好事，我们要善于推动，善于领导，善于促进，另外，不能无原则的联合。因为现在这些群众组织，首先在工人当中，这种势不两立的两大组织，或者几大组织，确实大方向多半是一致的。因为他还是认识到要对我们党内最大的走资派刘邓陶进行大批判，也懂得要结合本地区、本单位的斗批改，这个大方向是一致的嘛！现在我们伟大领袖毛主席号召联合起来，共同掌握革命的大方向，来进行联合。所以响应得很快，首先是工厂，其次是近郊区的公社。这样子推动了机关和学校，北京就是这样子，机关现在的联合也是形成一个高潮，但是就必须巩固这个联合。这就是前几天我们发表文汇报的那篇社论，人民日报也讲了这个问题。要紧紧跟随我们伟大领袖毛主席这个伟大战略部署，牢牢掌握革命斗争大方向，这样子来联合才能巩固。所以必定要结合本单位的斗批改，才能把工作做得深入，才能够推动我们伟大领袖毛主席号召的**抓革命、促生产、促工作、促战备**。而这个问题也是希望十二个省市区在北京的，拿这样一个方向告诉地方，在北京和本地共同来推动这个大联合，这就对于十二个省市解决问题就更有利了。

第三个问题，我想说一点，就是现在在这个地方接受教育的这两个省，一个河南，一个湖北，现在开始想做出样板来推动其他的省，如象湖南、江西陆续来的。中央文革成立一个小组，由伯达同志、康生同志、杨成武同志、吴法宪同志、邱会作同志，他们五位同志组成，来负责领导这个训练工作（热烈鼓掌），因为教育干部是我们伟大领袖毛主席经常注意的问题，他常说，凡是干部犯了错误，我们领导上总有责任嘛！因为事先没有告诉你们嘛！又没有交待好嘛！犯了错误，又没有提醒你们嘛，所以你们犯了错误，我们做领导工作的人，心里应该感到不安，应该想办法使你们怎样懂得错误，改正错误。拿我来说，我也是犯过严重错误的人，虽然现在近七十岁，也许做不了几年工作了，但是还是这么一个革命想法嘛。（众呼：向总理学习！向总理致敬！祝总理身体健康！）我们总是要做到老，因为你首先是要实践，你不实践，就不可能发现错误。也不能说一定是对了还是错了嘛，所以要做，做到老，学到老，你做了可能要犯错误，就要求教于毛主席的著作，林副主席的著作，求教于群众，求教于中央文件，这些地方急用先学，带着问题去学，就会学得好。所以就要学，学到老，不断地学。学了知道自己做错了，就要改，认识错误了就要坚决的改，改到老。最后一句，要跟到老。我们大家都说，我们要跟随毛主席，跟随林副主席，我们就要立下这个决心，不管今天在座的是负责各个省、区领导工作的，或者到这里来学习的，我们都要下定这个决心，就是只要我们保持我们无产阶级的革命精神，我们就应该做到老，学到老，改到老，跟到老（呼口号）。

我们现在高呼：我们的伟大领袖毛主席万岁！正好毛主席到了（暴风雨般的经久不息的掌声、最最热烈的万分激动的欢呼声）。

康生同志：

同志们，你们看到了毛主席，千万不要忘记毛主席对同志们的关怀（欢呼声）。

同志们，千万不要忘记毛主席对同志们的爱护（欢呼声）。

同志们，千万不要忘记今天晚上毛主席给同志们的重大的伟大的光荣（欢呼声）。

同志们，请你们看一看这样的情况底下，我们的稍微一点错误难道还不能彻底改掉吗！（众答：坚决改。）怎么样回答毛主席的关怀呢？就是要把毛主席的路线、思想学好，把我们训练班的任务好好地完成。

楊成武同志讲話

同志们，今天很晚了，我们伟大的领袖、伟大的统帅毛主席亲自到这里来看望我们这是我们最最幸福的一个晚上。我们永远忘记不了今天这个最最幸福的晚上。我们永远忠于我们伟大领袖毛主席，永远忠实于党中央，誓死保卫我们的伟大领袖毛主席，他指到那里，我们就打到那里。伟大领袖毛主席万岁！祝毛主席万寿无疆！（高呼口号）

同志们，今天很晚了。我们的总理、伯达同志、康生同志、江青同志、春桥同志、戚本禹同志、姚文元同志、谢副总理、叶群同志，还有其他领导同志都来看我们。这是我们的伟大领袖毛主席和他的最亲密的战友林副主席和中央的领导同志、中央文革小组的同志，对我们最大的关怀（热烈掌声、欢呼声），对我们最大的爱护，对我们最大的鞭策和期望，这是对我们中国人民解放军最大最大的信任（掌声，欢呼声）。同志们，让我们以最深厚的无产阶级的感情，来感谢我们伟大的领袖毛主席（掌声，欢呼声），感谢我们的副统帅林副主席（掌声，欢呼声），感谢我们的党中央和中央文革小组（掌声，欢呼声，口号声）。让我们今后最坚决地贯彻执行毛主席的一切指示（掌声），最坚决地贯彻执行林副统帅的指示（掌声）和党中央、中央文革的指示（掌声），让我们好好地学习和贯彻执行江青同志九月五号的指示(掌声)，我们要在今后的实际行动中、工作中、无产阶级文化大革命运动中，来表达我们是无愧于毛主席的好战士（掌声，欢呼声）。同志们，让我们共同高呼：祝愿我们伟大的最最敬爱的领袖毛主席万寿无疆！万寿无疆！！（欢呼声）。

同志们，这一次请同志们到北京来集训，就是遵照毛主席的指示请你们来的。**毛主席指示我們，全国所有的县人武部的干部和军分区的干部，都要进行集訓。在北京，在各大区，在各省市，輪流地分期分批地进行集訓**（掌声）。**毛主席指示，不但军队的干部要这样集訓，而且党、政、群的干部也要輪流分期分批地进行集訓**（掌声）。毛主席**还指示說，紅卫兵小将們，也要集訓**（掌声）。**毛主席还說，这样一个集訓，过去我們十七年来没有进行，今后，我們每年要进行一次輪流的集訓**（掌声），**每次集訓的时间不要太长，大体上在两个月左右**。同志们，这是毛主席的指示请你们到北京来进行集训的（掌声）。集训就是要我们很好很好的把主席的思想学得更好，更高更高地举起伟大的毛泽东思想的红旗，在革命的斗争中才能取得一个接一个的伟大的胜利（掌声）。

我们在文化大革命中间，军队里面有少数的同志，由于缺乏经验，跟毛主席的思想跟的不紧，犯了一些错误。但是**主席讲，犯错误没有关系，犯了错误改了就好了。解决这个問題的方法，主席讲，就是采取教育的方針，扩大教育面，用这个教育的方法来解决这个問題**（掌声）。刚才总理、伯达同志、康生同志、江青同志、春桥同志，都做了很重要很重要的指示。希望同志们，不管犯过错误的，或者没有犯过错误的，都要以毛主席的思想、毛主席的指示作标准，来检查我们自己。有错误立即改正，改了就是好的（掌声）。**毛主席讲，絕大多数的干部都是好的，不好的干部是极少数的**。毛主席告诉我们，要扩大教育面，我们就是要搞好这个集训。所以军委、各总部现在要用很大的力量来接受毛主席、林副主席、中央、中央文革赋予的集训任务。希望我们参加集训的每一个同志，真正地坐下来，好好的来读毛主席的书，通过这一个集训，把我们的毛泽东思想水平大大地提高一步。

毛主席讲，我們有的同志在无产阶级文化大革命中犯错误，主要是有两个方面：一个方面，就是因为执行了資产阶级的反动路綫，因此，群众就有了气了。刚才春桥同志已经告诉我们了。这表现在我们在支左工作方面，有的没有支持左派，支了保守派，支错了，当了保皇派，保了走资本主义道路的一小撮当权派，打击了革命派，打击了红卫兵革命小将，有的甚至还镇压了革命群众，这个错误是严重的。红卫兵革命小将在无产阶级文化大革命运动中，建立了丰功伟绩。我们要向红卫兵革命小将学习（呼口号），我们要感谢红卫兵革命小将。因为他们帮助了我们，帮助了我们搞好支左工作，帮助犯了错误的同志改正错误，帮助了犯过错误的同志回到毛主席的革命路线上来（呼口号）。同志们：现在有坏人企图挑拨我们军队同红卫兵小将之间的关系，必须提高无产阶级的革命警惕性，我们要很好地加强同红卫兵革命小将们的战斗的团结，战斗的友谊。犯错误的另一个原因，另一个方面，就是官做大了，薪金多了，有事情又不跟人家商量，不平等待人，不民主，严肃、紧张有余，团结、活泼不足，摆架子，駡人，訓人，严重地脱离群众。战士有意见，群众有意见，平时没有机会来讲，一有了机会，就爆发了，群众就提出批评，提出意见，进行揭发。这样是一个好事还是坏事呀？（众答：好事。）主席讲，这是个好事情，在群众的帮助之下，我們才能够更好地更快地改正錯误。

同志们，毛主席是最伟大的天才，毛泽东思想是当代马克思列宁主义的顶峰。林副主席在很早很早以前就教育我们。林副主席说，在任何时候，对任何问题，都要以毛主席的思想、毛主席的指示为标准。合乎毛主席思想的，合乎毛主席的指示的事情，上刀山，下火海，也敢干，敢闯，天不怕，地不怕。如果不合乎毛主席指示的，不合乎毛主席思想的，我们就要好好地想一想，要动动脑筋，不要盲目性，对违背主席指示的东西要坚决抵制，坚决反对。

林副主席特别强调，对毛主席的思想、毛主席的指示，理解的要坚决贯彻执行，暂时不理解的，也要坚决地贯彻执行。林副主席说，毛主席的水平高得很，高得很，我们的水平很低很低，如果以为什么问题，毛主席一提出来，我们就都理解，不可能。林副主席教育我们，一个最好的办法，只要主席说的，主席指示的，我们就立即坚决地贯彻执行。理解的要坚决贯彻执行，不理解的，也要坚决贯彻执行。在执行过程中间，边执行边理解。这样就不会犯大错误。同志们，这是一个最好的最聪明的办法。对不对？（众答：对）。

同志们，我们今后要更好地响应林副主席的号召，紧跟伟大领袖毛主席，紧跟毛泽东思想，紧跟毛主席的指示。永远按照林副主席的号召去做：读毛主席的书，听毛主席的话，照毛主席的指示办事，做毛主席的好战士。在我们的头脑中大树特树毛主席的绝对权威，大树特树毛泽东思想的绝对权威。这就能保证我们不犯大错误，犯了错误也能够比较快的纠正。

所以，我们这次的训练班，一定要用最大的努力把它办好。这样才不辜负毛主席对我们的爱护，对我们的关怀，对我们的鞭策和期望。希望我们全体同志，包括总部负责办训练班的同志，都要共同努力来完成这个光荣任务（掌声）。

同志们，最后我想向同志们提醒一件事情。刚才江青同志指示中，总理的指示中都讲了，都告诉我们了，同志们都很清楚的，中央文革小组是在毛主席、林副主席直接领导下，领导我们全军全党全国人民进行无产阶级文化大革命的，是毛主席、林副主席领导无产阶级文化大革命的总参谋部。毛主席说，中央文革小组实际上就是起到中央书记处的作用。中央文革小组在无产阶级文化大革命中，领导我们取得了一个又一个的伟大胜利（热烈掌声）。中央文革小组在伟大的无产阶级文化大革命中建立了丰功伟绩（热烈掌声）。同志们，我们中国人民解放军是无产阶级专政的柱石，是我们伟大领袖毛主席亲自缔造的亲自领导的、教育的，是林副统帅亲自指挥的，我们担负着保卫无产阶级文化大革命、保卫国防的光荣任务，我们每个指挥员、战斗员都要最最忠诚地最最坚决地拥护中央文革小组的正确领导（热烈掌声，呼口号），最最坚决地保卫中央文革小组（掌声）。

现在有一小撮坏人、反革命分子、美、蒋、苏修、日本特务，他们企图破坏我们伟大领袖毛主席为首的党中央的领导，企图破坏中国人民解放军，企图破坏挑拨中国人民解放军同中央文革小组之间的关系，企图破坏革命委员会。所以我们军队的所有同志，一定要百倍地提高无产阶级的革命警惕性，提醒全军所有的指战员，严防国内外阶级敌人的挑拨离间、捣乱、破坏等等反革命的阴谋活动。不管是谁，不管来自那一方面的，发现他企图挑拨、破坏中国人民解放军同中央文革小组的亲密关系时，我们就毫不犹豫地给予彻底的粉碎的打击（热烈掌声，呼口号），我们就要把他伸出来的黑手斩断（热

烈掌声），我们要坚决和他斗争到底！（掌声）

同志们，我们中国人民解放军在党中央和中央文革的直接领导下进行了轰轰烈烈的文化大革命，我们进行了“三支”“两军”的工作，我们的胜利，我们的成绩，要归功于伟大领袖毛主席（热烈掌声，欢呼声），要归功于我们的副统帅林副主席，要归功于党中央和中央文革小组对我们的领导！（掌声）

同志们，中国人民解放军必须更高地举起毛泽东思想伟大红旗，必须坚决按照毛主席的指示，戒骄戒燥，虚心向广大革命群众学习，努力搞好“三支”“两军”工作，坚决支持革命左派，武装革命左派。搞好革命的大批判，斗私，批修，搞好革命的大联合，搞好革命的“三结合”，搞好本单位的斗、批、改，在无产阶级文化大革命中立新功。誓把无产阶级文化大革命进行到底，夺取无产阶级文化大革命的彻底胜利！（热烈掌声）。

我们要誓死保卫毛泽东思想！
誓死保卫毛主席的革命路线！
誓死保卫伟大的领袖毛主席！
誓死保卫副统帅林副主席！
誓死保卫党中央！
誓死保卫中央文革！
我们高呼：
无产阶级文化大革命万岁！
无产阶级专政万岁！
伟大领袖毛主席万岁！
伟大的毛泽东思想万岁！
毛主席的革命路线万岁！
伟大的领袖毛主席万寿无疆！万寿无疆！！万寿无疆！！！
（高呼口号，纵情欢呼）

十不怕

1. 遇到反对和违背毛泽东思想的言说，不管对方是什么人，职位多高，资格多老，都要敢于揭发，敢于斗争，不怕打击报复。

2. 为了捍卫毛泽东思想，不怕当一时的少数，勇于坚持。

3. 勇于向一切剥削阶级的旧思想、旧文化，旧风俗，旧习惯冲击，支持一切无产阶级的新生事物，永做革命闯将，不怕挫折、不怕困难、不怕有人讥笑。

4. 不怕阶级敌人的恐吓，和组织围攻，经得起糖衣炮弹的袭击，不管在任何情况下，都要站稳无产阶级立场，坚持原则。

5. 在大是大非问题上，不当"和事佬"，不搞折衷主义，"合二而一"，勇于表示鲜明的态度，不怕批评。

6. 在斗争中学会斗争，在游泳中学会游泳，不断提高思想觉悟和斗争水平。尽可能不因自己的疏忽和错误，给党带来损失，但也不要怕犯错误而变的畏畏缩缩，谨小慎微，为革命不怕犯错误，有错误就改。

7. 为革命永于挑重担，不怕艰苦，不怕牺牲，不为名，不为利，当无名英雄。

8. 勇于自我批评精神，不怕刺刀见红，不怕别人揭自己痛处，触及自己的灵魂，向组织和同志大胆暴露自己的活思想。

9. 诚心诚意的向工农学习，甘当小学生，虚心听取各种意见，不怕别人意见和自己不同，善于团结绝大多数人一道闹革命。

10. 出身剥削阶级家庭的人，坚决与家庭划清界线，彻底与剥削阶级决裂，刻苦的改造自己的世界观，不要顾虑重重，不怕曲折反复，一心走革命的道路。

（材料来源：学习毛主席著作和参加实际斗争的体会中央军委指示大字报上的材料）

中国革命文协《红旗》战斗组

（翻印毛泽东思想一革命战斗队[illegible]

三、講話類

李正中教授著作目錄

1.《中國近代史簡明教程》（天津人民出版社出版）
2.《中國近代史資料研究與介紹》（天津人民出版社出版）
3.《管理倫理學》（天津市哲學社會科學研究「七五」規劃重點項目，天津人民出版社出版）
4.《中國傳統美德與跨世紀青年》（天津市哲學社會科學研究「八五」規劃重點專案，天津人民出版社出版）
5.《中國寶卷精粹》（臺北・蘭臺出版社出版）
6.《21世紀商業行銷發展戰略》（天津市哲學社會科學研究「九五」規劃重點項目，天津科技出版社出版）
7.《近代天津名人故居》（天津市哲學社會科學研究「十五」規劃重點專案，天津人民出版社出版）
8.《企業家奮鬥之路》（天津社會科學院出版社出版）
9.《幹部道德教程》（天津人民出版社出版）
10.《天津口岸通商研究》（國家教委博士點社科資助專案，河北出版社出版）
11.《南市文化風情》（天津市哲學社會科學規劃領導小組辦公室2002年委託專案，天津人民出版社出版）
12.《中國唐三彩》（天津人民出版社出版）
13.《中國紫砂壺》（天津人民出版社出版）
14.《中國古瓷銘文》（天津人民出版社、臺北・藝術圖書公司出版，入圍「德國法蘭克福國際書展」）
15.《中國古瓷匯考》（天津人民出版社、臺北・藝術圖書公司出版，入圍「德國法蘭克福國際書展」）
16.《中國青花瓷》（天津人民出版社、臺北・藝術圖書公司出版，入圍「德國法克福國際書展」）
17.《天津人民出版社出版》（天津社會科學院出版社出版）
18.《中國寶卷精粹》上中下（臺北・蘭臺出版社出版）。

19.《天津老城回眸》（延邊大學出版社出版）

20.《聞名遐邇的天津小白樓》（延邊大學出版社出版）

21.《不敢踰矩文集》（臺北・蘭臺出版社出版）

22.《無奈的記憶—李正中回憶錄》（臺北・蘭臺出版社出版）

23.《中國大學名師講義》（1-4卷）（臺北・蘭臺出版社出版）

24.《中國善書寶卷叢書》（1-10卷）（臺北・蘭臺出版社出版）

蘭臺出版社書訊

第一輯（六冊）目錄

前言：忘記歷史意味著背叛　李正中

序言：中國歷史界的大幸，也是國家、民族之大幸　張培鋒

第一冊：最高指示及中央首長關於文化大革命講話

　　最高指示

　　中央及有關負責同志關於無產階級文化大革命講話（二種）

第二冊：批判劉少奇與鄧小平罪行大字報選編

　　揭發批判劉少奇反革命主義罪行大字報選編（四種）

　　劉少奇鄧小平反社會主義反毛澤東思想的言論摘編

　　劉少奇在經濟方面的反革命修正主意言論摘編

　　紅砲兵——批臭黑《修養》

第三冊：劉少奇與鄧小平反動言論彙編

　　打倒鄧小平（農村版）

　　反革命修正主義分子鄧小平罪惡史

　　劉少奇鄧小平資產階級反動史學言論匯編

　　劉少奇鄧小平反革命黑話簡編

　　劉子厚反黨反社會主義反毛澤東思想黑話集

　　任白戈三反言行五百例

　　安源工人運動的歷史不容顛倒

　　以革命大批判推動鬥批改

第四冊：反黨篡軍野心家罪惡史選編

　　反黨篡軍野心家羅瑞卿罪惡史

　　反黨篡軍野心家賀龍罪惡史（二種）

　　憤怒聲討大軍閥大野心家朱德（大字報選編）

　　打倒李井泉（二種）

　　李井泉鬼魂東行記

第五冊：文藝戰線上兩條路線鬥爭大事紀

　　高舉毛澤東思想偉大紅旗

　　反革命修正主義分子胡喬木罪惡史

　　胡喬木的《三十年》必須批判

　　文藝戰線上兩條路線鬥爭大事紀 1949~1967

　　江青同志關於文藝工作的指示彙編

　　十七年來出版工作兩條路線鬥爭大事紀 1948~1966

　　三反分子侯外廬材料選編

　　《高教六十條》的出籠

第六冊：文革紅衛兵報紙選編

　　挺進報、文藝紅旗報、魯迅、紅太工、革命造反等報刊。

100 台北市中正區重慶南路1段121號8樓之14
TEL：（8862）2331-1675 FAX：（8862）2382-6225
E-mail：books5w@gmail.com
網址：http://bookstv.com.tw/

國家圖書館出版品預行編目資料

文革史料叢刊. 第二輯 / 李正中編著. -- 初版. -- 臺北市：蘭臺
2016.06　冊；公分. --（古月齋叢書：4）
ISBN 978-986-5633-30-1(全套：精裝)

1.文化大革命 2.史料

628.75　　　　　　　　105006291

古月齋叢書 4

文革史料叢刊第二輯

編　　著：李正中
編　　輯：高雅婷
美　　編：林育雯
封面設計：諶家玲
出 版 者：蘭臺出版社
發　　行：蘭臺出版社
地　　址：台北市中正區重慶南路1段121號8樓之14
電　　話：(02)2331-1675或(02)2331-1691
傳　　真：(02)2382-6225
E—MAIL：books5w@gmail.com或books5w@yahoo.com.tw
網路書店：http://store.pchome.com.tw/yesbooks/　http://bookstv.com.tw/
http://www.5w.com.tw、華文網路書店、三民書局
博客來網路書店 http://www.books.com.tw
總 經 銷：成信文化事業股份有限公司
電　　話：02-2219-2080　　傳 真：02-2219-2180
劃撥戶名：蘭臺出版社　帳號：18995335
香港代理：香港聯合零售有限公司
地　　址：香港新界大蒲汀麗路36號中華商務印刷大樓
C&C Building, 36,Ting, Lai, Road, Tai,Po, New,Territories
電　　話：(852)2150-2100　　傳真：(852)2356-0735
總 經 銷：廈門外圖集團有限公司
地　　址：廈門市湖裡區悅華路8號4樓
電　　話：86-592-2230177　　傳 真：86-592-5365089
出版日期：2016年6月 初版
定　　價：新臺幣20000元整（全套精裝，不零售）
ISBN：978-986-5633-30-1